浙江文叢

周廣業筆記四種

〔上册〕

〔清〕周廣業 著

祝鴻熹
王國珍 點校

浙江古籍出版社

圖書在版編目(CIP)數據

周廣業筆記四種 / 周廣業撰著；祝鴻熹，王國珍點校．—杭州：浙江古籍出版社，2013.9(2020.4 重印)
(浙江文叢)
ISBN 978-7-5540-0161-5

Ⅰ.①周… Ⅱ.①周… ②祝… ③王… Ⅲ.①周廣業(1730～1798)—文集 Ⅳ.①Z424.9

中國版本圖書館 CIP 數據核字(2013)第 232041 號

周廣業筆記四種

周廣業 撰著　祝鴻熹 王國珍 點校

出版發行　浙江古籍出版社
(杭州市體育場路 347 號　郵編：310006)
網　　址　www.zjguji.com
責任編輯　伍姬穎
責任校對　余　宏
封面設計　劉　欣
責任印務　樓浩凱
照　　排　浙江時代出版服務有限公司
印　　刷　浙江新華數碼印務有限公司
開　　本　710mm×1000mm　1/16
印　　張　37.75
字　　數　387 千字
版　　次　2013 年 9 月第 1 版
印　　次　2020 年 4 月第 2 次印刷
書　　號　ISBN 978-7-5540-0161-5
定　　價　190.00 圓(精裝)

ISBN 978-7-5540-0161-5
9 787554 001615 >

前言

祝鴻熹

周廣業，字勤補，號耕厓。浙江海寧鹽官人。生於清雍正八年（一七三〇年），卒於嘉慶三年（一七九八年），曾爲乾隆舉人。他一生著述十分豐富。已刊行出版的有蓬廬詩文集三十四卷（文集八卷，詩集二十六卷）、孟子四考四卷（孟子古注考、孟子逸文考、孟子異文考、孟子出處時地考）、冬集紀程、四部寓眼録、四部寓眼録補遺、經史避名彙考、寧志餘聞等。經周廣業注、校、輯、補的前人著作有唐馬總意林（補注、校正、輯佚）、唐趙蕤長短經（注）、南唐劉崇遠金華子雜編（校注）等。尚未刊行的著作多達十多種，除這裏彙編的幾種筆記外，還有：讀相臺五經隨筆、讀易纂略、季漢官爵考、兩浙地名録、客皖録、動物小志、目治偶鈔等。未刊行的手稿，大多屬於筆記。

這裏彙編了涉及面廣、内容豐富多彩、具有較强的代表性的四種筆記予以點校。这四種筆記包括：三餘摭録三卷，過夏雜録（以下簡稱『過夏』）六卷，過夏續録（以下簡稱『過續』）一卷，循陔纂聞五卷。其中，三餘摭録迄未刊行，後三種筆記已收入上海古籍出版社影印出版的續修四庫全書。

這四部筆記集子的題名值得探討，通過對『三餘』、『過夏』、『循陔』等語詞含義的解釋可以有助於了解作者著述的緣起和主旨。

三餘　據三國志魏志王肅傳裴松之注引魏略云：「魏人董遇教導學生讀書當以『三餘』，即抓緊利用『三餘』時間勤奮學習。董遇曰：『冬者歲之餘，夜者日之餘，陰雨者時之餘也。』」後乃以「三餘」泛指空閑時間。周廣業正是充分利用一切可以利用的空閑時間抓緊著述的。點滴積累，持之以恒，歷時六年（辛巳—丙戌，即一七六一——一七六六年），得以成三餘摭録三卷。

過夏　唐代李肇國史補（下）載：「（進士）捷而入選，謂之春闈，不捷而醉飽，謂之打毷氉……退而肄業，謂之過夏。」周廣業的宗叔周春在過夏雜録序中談到：「茲過夏雜録六卷乃癸卯計諧下第後所録。」癸卯年（乾隆四十八年，即一七八三年）周廣業以舉人身分赴會試（即所謂「計諧」），落第後，並未拋棄學業，於甲辰至丙午兩年内陸續隨筆記録所見所聞所學所思，成過夏雜録六卷，後又補撰過夏續録一卷。篇幅大，字數多，足見其勤奮有恒。

循陔　詩小雅南陔原詩已佚，毛傳曰：「南陔，孝子相戒以養也。」晉代束晳按毛傳之意作補亡詩南陔云：「循彼南陔，言采其蘭。」此後詩文多借「循陔」指奉養父母。清代學者趙翼有陔餘叢考一書，書名由來見趙翼所撰寫的小引：「余自黔西乞養歸，問視之暇，仍理故業，日夕惟手一編，有所得輒札記於别紙，積久遂得四十餘卷，以其爲循陔時所輯，故名曰陔餘叢考。」在家奉養父母的同時不忘學業，有所見聞或學有所得即纂録之，這正是周廣業循陔纂聞這部筆記題名的用意吧。

這些筆記所録内容極爲龐雜，涉及面十分廣泛。筆記條目總數達一千則以上。其中過夏雜録和過夏續録每則有小標題。另兩種筆記，則以首字高出一格爲標志，不列小標題。

這些筆記所録内容無所不包。有天文、地理、曆法、風俗、民情、典章制度、時事掌故、經義剖析、史實考訂、奇聞逸事、傳記故事、名物緣起、稱謂名號、博戲娛樂、服飾器用、農藝畜牧、醫藥衛生、烹飪食品、文字訓詁、音韻詩律、詩文賞析、佳句摘抄……有直接從經史子集及歷代筆記中摘抄的材料，也有個人心得體會、獨到見解的記述。總之，這些筆記提供了大量有關經學、哲學、史學、文獻學、民俗學、語言文字學、文學、美學以及自然科學等各個領域多方面多層次的有價值的參考資料。

周廣業曾引用梁代劉綏語：『不須衣食，不用身後之譽，惟重目前知見。』（見過夏卷末作者識語）又引後魏李琰之語：『吾好讀書，非求身後之名，但廣見聞耳。心之所願，足以孜孜搜討，欲罷不能。豈爲聲名勞七尺也？』（見循陔卷二）這正是周廣業一生勤奮著述的真實寫照。他不重個人功名富貴，一心看重的、感興趣的就是知識、見聞。他執著地孜孜探討學問，積累知識，不倦地廣泛采録記述。無怪乎人們贊譽他的筆記足以同晉代張華、梁代顔協、宋代洪邁以及清代王士禛等的筆記媲美，甚至『駸駸乎欲突過前人矣』（見趙懷玉循陔纂聞序）。

各則筆記篇幅長短不一，最長的有近萬字的。如『辟雍』一則（過夏卷四），詳考『辟雍』名義、制度並引述周文王、周武王、周成王、西漢、東漢歷代辟雍的有關記載。又如『宋代會稽六陵考』一則（循陔卷三），廣泛搜集有關六陵的文獻資料。除作者考證文字外，又附録涉及六陵事之專文及祠祭書共七篇。末後識語云：『今而後欲知六陵事者，余所紀庶得其大略矣。』篇幅短小的筆記祇有十字左右。如循陔卷四一則云：『秦檜墓碑無字，在建康。』同卷又一則云：『三韓，馬韓、辰韓、弁韓也。今遼東地。』過夏卷三『小生』一則云：『杜牧之投知己書自稱小生。』從這些篇幅小、數量多、內容豐富的筆記中可以發現，作者無論讀書、處事、生活處處留心、用心而專心，不放過點滴知識見聞的搜集。在循陔卷五中有一則云：『吾邱衍曰：「尚書無『也』字，三墳有之。」按：論語無「此」字，易有「于」字，孟子有「惟」、「悦」等字。雖小事亦宜留意。』這類爲作者所留意的『小事』往往是一般人粗心忽略或熟視無睹的，甚至是聞所未聞、發人深省的。像這則筆記所指出的『小事』，實際上是研究漢語史、文獻學、校勘學等有價值的資料。另如大戴禮連用十六個『然』字的絶奇文法（見過夏卷一）、傳説中的太陽生日（見過續）、四庫全書字數（同上）、雹古稱『硬雨』（見循陔卷二）等等，均爲生動有趣而有意義的值得留意的『小事』。

大量筆記不論篇幅長短，均不停留在資料的堆砌羅列上，而是有分析、有評論、有推論、有見解的。如三餘卷一關於集句詩一則，舉出了最早的集句詩和歷代有影響的集句詩及其作者。既溯其源（晉傳咸集詩經大小雅八篇各一句成詩），又述其流變發展，然後作出公允的有見地的評價。又如過續『詩換字有深淺』一則引謝枋得詩傳注疏説風雨篇云：『「凄凄」則風微雨細，但見其寒凉；「瀟瀟」則風勁雨大，瀟瀟然有聲；「如晦」則風狂雨驟，天昏地黑。一節緊一節。「夷」則心氣平和；「瘳」則如病頓愈；「喜」則有歡樂之心，不止於瘳也。』周廣業進一步指出：『其説草蟲、甘棠、北風諸詩亦然。余嘗推此以讀諸詩，大率如此。叠山可謂深於詩矣。』另如三餘卷一就古人行文立賓主之法悟出『賓爲主而主爲賓』的脱化之法。即如枚乘七發之客與太子，曹植七啓之玄微、鏡機，張協七命之冲漠、殉華均不同於宋玉始造對問及文選中兩都兩京三都上林子虚等賦的『賓爲賓而主爲主』之法。

尤其值得推崇的是，作者於所見所聞、所學所思所經歷中善於發疑、解惑。即於平日工作、讀書、生活、游歷中就一般人不得其解之疑點廣爲考索，多經博覽群書而得以解惑而知其所以然。如所舉廳事舊顔（指堂上楣題字處）曰『凔和』、曰『清澂』，少有知出處者。閲舊唐書褚遂良傳知『凔和』語出褚上疏語（『凔和染教皆爲善良』），『清澂』語出楚辭九章惜往日（『君含怒以待臣兮，不清澂其然否』）（見循陔卷二）。又如見族祖詩有『韻到八叉天匠事，文成三唾鬼工心』之句。『三唾』出處人多不知。閲雲仙雜記：『有人謁李賀，見其久而不言，唾地者三，俄而文成三篇，文筆噤喉。』又宋景文嘗言『太白仙才，長吉鬼才』，詩義乃明（見三餘卷三）。又如族叔小名寳爻，不得其解，閲京房易傳『天地爲義爻，福德爲寳爻』。陸績注：『天地即父母也，福德即子孫也。』乃知其説（見三餘卷三）。又如讀嵇康養生論『齒居晉而黄』，不得其解，後閲彭乘墨客揮犀載：『太原人喜食棗，無貴賤老少皆置棗於懷袖間，等閑探食之，則人之齒皆黄，緣食棗故。』乃驗叔夜之説（見三餘卷二）。另如西湖十景『柳浪聞鶯』中『柳浪』出處（見三餘卷二），鑷工何以被尊稱爲『待詔』、『大夫』（見三餘卷一），古書對話中的『啞』的含義（見過夏卷二）等均爲一般人輕易忽略放過，一經質疑必瞠目結舌不明其所以然者，作者均一一深入而廣泛地考察查閲而得其解。

在過夏卷二『韓信』一則中，作者明確提出不應『以後世之見揣測古人』，這是極有見地的。歷來詞語誤釋曲解多源於『以今律古』：該則筆記引謝在杭史測云：『王孫猶今言公子，蓋美稱也。』謝斥史記漢書注『謂魏其字王孫，（暴）勝之字公子，何異癡人前説夢耶？』周廣業列舉史籍所載以王孫、公子爲字之實例，駁正謝説。除漢書竇嬰傳明言『竇嬰字王孫』外，列傳有卓王孫、楊王孫，儒林傳有周王孫、田王孫，皆爲字。疏廣兄子受字公子，游俠傳趙他羽字公子……俱炳在史策，不得以後世用爲美稱來曲解古之以王孫公子爲名爲字者。同卷『孫叔敖』一則引古今姓氏辨證曰：『楚蔿敖字孫叔，一名艾獵。古人先字後名。』後世誤以孫爲姓氏，叔敖爲字或名，同樣犯了『以今律古』的毛病。又如三餘卷一有一則指出『臣之稱聖』，古已有之。天禄識餘批評李義山韓碑詩『帝得聖相相四度』推頌太過，有誇諛之弊。這也是以今律古的顯例。周廣業指出『聖相』二字本之晏子春秋『仲尼，聖相也』，非義山創爲此語。又列舉書湯誓、荀子臣道篇、吴越春秋等稱臣爲『元聖』、『聖臣』的語句，不得拘泥於『頌君曰聖，頌相曰賢』的所謂『立言之體』。

古代學者特别是清代學者重視小學即語言文字之學，精研文字、音韻、訓詁之學，以爲讀書稽古的必要基礎和輔助。周廣業雖早於清代小學大家、樸學大師段玉裁、王念孫諸人，但他也已十分重視精研文字學、訓詁學和音韻學。在這幾種筆記中對漢字形、音、義有十分可貴的記録資料和獨到見解。

文字方面，筆記中注意記録一般字書所不載的異體字、俗字，並注意文字形音義有異説者，或加辨正或存疑待考。如據漢石刻、資暇録（李濟翁）及别雅等考定漢代四皓甪里先生之『甪』字實爲『角』之誤。『角』本有禄音，後人不知而妄改爲『甪』（見三餘卷三）。又如同卷將作『卷』字用的『弓』字的形體來歷及確切音讀的各種異説一一列出存疑。有些筆記每則僅記一字音義。如過夏卷二『弔靡』、『俞俞』、『乚』等則，同卷『乾坤二字』一則批評龍龕手鑑『大抵收字之濫，此書爲最。釋藏杜撰之字，皆羼其中。世徒夸其浩博，不深究耳。』但對流行俗字則頗重視，往往從古籍或古字書中尋求用例或探索本字。如『䈏泥』字（見過夏卷三）。『䠷卧』字（見過續）。還對唐人將習用俗字入詩詳加引録，如『寱』、『遮莫』、『耐可』、『作箇』、『斗』、『底事』、『隔是』……（見三餘卷二）。這些俗字、俗語詞的搜集整理爲一般治經籍的學者所忽視。周廣業既注意古籍古注、古字書材料，又結合對照今方言俗語，實開後來研究俗語詞之先河。如過夏卷二『鼪』、卷三『泥窗』、卷六『方言』及過續『害少』諸則，兼引古詩文、古字書及今方言俗語，左右逢源，有本有據，義訓確鑿可信。

清代學者在訓詁學上的一個重大突破是發明並純熟運用『聲近義通』的條例。『就古音以求古義，引伸觸類，不限形體。』（見王念孫廣雅疏證序）深得訓詁學的奧秘和精髓，從而糾正了大量前人望文生訓的錯誤。周廣業的這幾種筆記中也屢有這一成績的反映。如三餘卷二云：『諸所謂姑姑、罟姑、顧姑、罟罛、罟罟、固姑，實一物也。』卷三云：龍鍾、隴種、躘踵、儱僮、籠東，『字雖不同，其義一也』。同卷引席上腐談云：『王昭君琵琶壞，使胡人造而其形小。昭君笑曰「渾不似」，今訛爲「胡撥四」。』周廣業指出：『火不思』乃『胡撥四』之轉語，又證『琥珀詞』、『虎撥思』亦『火不思』之轉語也。同卷又證『輿謣、邪許、噓㖂、邪謣、邪虎』音近義通。又如『赤子』歷來注家望文生訓，以初生兒色赤爲解。循陔卷一引虞兆漋天香樓偶得云：『尚書「若保赤子」謂始生小兒，僅長一尺也。古人以尺數論長幼，如「三尺之童」、「五尺之童」。俗諺亦云「六尺之軀」、「七尺之軀」。又成人曰「丈夫」。曲禮「服衣若干尺」是也。』周廣業又引孟子『赤子匍匐將入井』駁正『赤子』爲初生兒色赤之解。這也是以『聲近義通』原理證明『尺古通作赤』之説的例子。古詩文中屢見不鮮的通假現象必須不限形體，從音義聯繫上加以辨正識别。周氏筆記中注意及此，是既有理論意義又有實用價值的。

音韻學作爲小學乃至樸學的根柢之學，一直受到清代學者的高度重視。但音韻學論著常爲初學者視爲畏途，望而却步。周廣業這幾種筆記中有關音韻的記述則往往有較强的可讀性，熔學術性、通俗性、知識性與趣味性於一爐。如三餘卷一有一則云：『先高祖晦如公嘗與同里陸射山先生談及聲韻。先生曰：「南音絶少上聲。」公徐應曰：「豈有此理！」先生折服。』用四個上聲字『豈有此理』作答，駁正『南音絶少上聲』之説，具體而生動。不少有關漢字音讀的記述引用古詩文或今方俗語爲證，讀來親切有味。如三餘卷一云：『兄，江南人呼爲況。』又引釋名、白虎通、廣雅及漢書顔注爲證。又如同卷關於『中興』之『中』的讀音一則云：歷來『中』字讀音有二説，二説各以杜詩『新數中興年』與馬戴贈邊將詩『勤苦事中興』相詰難。又引藝苑雌黄、漁隱叢話等書所引杜詩、李賀詩、蘇軾詩及吕居仁詩有『中興』字之句，『中』既有平聲用者，也有作去聲用者。最後得出結論：『知此字本有二聲也。』三餘卷二説『犢』字讀音引今吴諺『春冷凍殺犢』。又説杭州語音自壩子門内半用官字，與汴音相似，城外則不然。亦引有關杭州舊音使用的趣聞。同卷論及詩家雙聲體亦以具體詩句爲例，通俗易懂。該則云：『留連千里賓，獨待一年春。』此頭雙聲句也；『我出崎嶇嶺，君行磝硌山』，此腹雙聲句也；『野外風蕭索，雲裏日朦朧』，此尾雙聲句也。在循陔卷五中還指出：『有習見之字相沿訛讀而不知所本者。』舉五經之尚書及官名之『六部尚書』爲例。其中『尚』字按秦音本作平聲讀如『常』。所有這些有關聲韻的筆記，均與實際用例緊密聯繫，互相印證，讀來絲毫没有枯燥乏味之感。

明文字、訓詁、音韻之學爲讀書破文字關奠定堅實的基礎，在此基礎上，進一步提高古詩文欣賞能力是爲鑒賞關，這是更高的境界。這幾種筆記不乏這方面的探索研討。周廣業大量摘抄古詩文名言佳句，並加簡要評點。尤對煉字、比喻等修辭手法細加剖析，使讀者不停留在識字辨詞明文字的形音義上，於古詩文寶藏中盡量發掘珍品。如過夏卷二『古人貴玉』一則云：『古人貴玉，以之比德，因之四肢百體皆取喻焉。』該則引古詩文以玉取喻之語詞多達十餘條：玉趾、玉面、玉體、玉貌、玉顔、玉躬、玉膚、玉腕、玉肱、玉臂、玉音、玉聲、玉色、玉衣、玉食。循陔卷三引佛經比喻精確實例：楞嚴經曰：『色如蓺金丸，執之則燒。聲如荼毒鼓，聞之則死。香如憋龍氣，嗅之則病。味如沸蜜湯，呑之則爛；又如塗蜜刀，舐之則傷。觸如卧獅子，近之則嚙。』比喻釋氏所謂色、聲、香、味、觸『五欲』不可犯。又卷五引劉子新論貴農篇：『值水旱之歲，瓊粒之年，則璧不可以禦寒，而珠不可以充飢也。』評曰：『瓊、粒二字甚新。』此就煉字而言。過夏卷三『杼山集』一則贊皎然杼山集『詩致清逸，美不勝收』。其末卷聯句戲爲大言、小言、樂語、饞語、滑語、醉語、遠意、暗思、樂意、恨意諸篇，一一引録以饗讀者，並探諸語之源：宋玉之大小言、東方朔之隱語、郭舍人之諧語、顧愷之與殷仲堪、桓靈寶共作了語、危語等（均引録典型詩句）『實諸語之濫觴也』。周廣業摘引各詩文名言佳句既注意藝術價值，也重視思想内容。如過夏卷三『廢周卿詩』一則，引度正贈張袁州隱齋詩三首及籠雞詩云：『讀前三詩令人惻隱之心滿腔活潑，讀後詩令人利禄之心化爲冰雪。』又同卷『贈富室詩』一則引杜清獻以葱虀麥飯接待一富室，致使其人怒而去，乃貽詩曰：『葱療丹田麥療飢，葱虀麥飯兩相宜，請君試上城頭望，多少人家午未炊。』類此憂國憂民諷喻世俗時事的内容在筆記中屢見。如過夏卷三『於菟夜兒傳』一則引元盧陵於菟夜兒傳故事，諷刺世之畏威俯伏寧齏粉其身而不思除其奸者，該則末了作者評曰：『嗟夫！予取其言有合泰山婦人所云，故從麟原集録之。見元季吏治墮敗如此！』此外，在鑒賞古詩文時作者對文人過爲緣飾之體取批評態度。如過夏卷三『銑溪虬户』一則云：『唐徐彦伯爲文多變易求新，以鳳閣爲鵷閣，龍門爲虬户，金谷爲銑溪，後進效之，謂之澀體（即東觀餘論所稱『銑溪虬户體』），此風至宋不絶，如所云「迅霆不及塞聰」之類。』

學無止境，知識見聞無邊無涯，這幾部筆記也難免有疏漏。作者對己所不知者抱闕疑態度。如過夏卷三『伏突』一則引顔魯公神道碑：『每臨陣嘗貯伏突于靴中，義不受辱。』加按語云：『伏突不知何物。』其實對照舊唐書李光弼傳所載顔真卿爲李光弼撰碑銘事有語云：『凡是擊賊常納短刀於靴中，有決死之志。』再對照周書異域傳突厥：『兵器有弓矢鳴鏑，甲矟刀劍，其佩飾則兼有伏突。』更確知『伏突』爲短刀之類兵器。筆記中沿襲前人誤訓處亦時而不免。如循陔卷四云：『老子「與兮若冬涉川，猶兮若畏四鄰」，與猶兩獸。』這是沿襲酈道元水經注、顔之推顔氏家訓、孔穎達禮記正義、顔師古漢書注、李善文選注及司馬貞史記索隱舊説。其實『猶與』是一個不可分拆的雙聲聯綿詞，亦作猶豫、容與、尤豫、由與、夷猶、游移，老子靈活分用。清代學者王念孫廣雅疏證、王引之經義述聞、朱駿聲説文通訓定聲以及早於周廣業的黄生義府均有詳盡而科學的辨析。此外，這幾種筆記顯得内容龐雜散亂，未能以類相從，適當歸類。不過，作者已另有明確歸類的筆記如孟子四考、動物小志、經史避名彙考等。過夏卷三『魏徵』一則云：『余於古今避名事每見必録，叢稿數十卷。』這就是指經史避名彙考一書。作者於歸類編集的筆記以外寫成的這幾部筆記就難免散而雜了。還必須指出的是，這幾種筆記在記述歷代異聞佚事中不免羼雜一些封建迷信、唯心宿命的内容，讀者不妨從古代習俗及文化史角度加以審察揚棄。如三餘卷三關於人死有冥役攝之，始死必置磬尸體旁謂擊以引路等，似可從而了解古代民情風俗，並考知擊磬鐘招魂習俗之由來。至於有關各種咒語（以治病咒語居多）之應驗、各種預兆之靈驗以及迎佛設壇祈雨之類迷信説法，只能姑妄聽之。其實作者在記述中有時自己亦持懷疑態度。如循陔卷一云『雷爲天鼓，人有罪惡多者，霹靂而死』一則，一面神其事，一面又承認『有偶然者』即『雷擊者亦不盡由罪惡而然』。並推崇王充論衡從自然科學角度的説明，『是説最有理』。

由於這幾種筆記内容雜而多，以上簡介難免挂一漏萬，祇希望幫助讀者窺其一斑，大體瞭解一個梗概。相信有興趣瀏覽全書的讀者一定會有所得益的。

點校説明

一、三餘摭録有清稿本、抄本。稿本藏于國家圖書館、上海圖書館，抄本藏於浙江圖書館。今以浙江圖書館藏清抄本（簡稱抄本）爲底本，參考國家圖書館藏稿本（簡稱『稿本』）進行點校。

循陔纂聞有清抄本，上海圖書館、國家圖書館、浙江圖書館藏，續修四庫全書據國家圖書館藏本影印。今以續修四庫全書影印的清抄本爲底本（簡稱影抄本），參考浙江圖書館所藏清抄本（簡稱抄本）進行點校。

過夏雜録、過夏續録有三種本子：一是清稿本，一是清抄本，一是清代種松書塾抄本，清周勳懋校。稿本今藏于上海圖書館，抄本今藏于上海圖書館、浙江圖書館，種松書塾抄本今藏于國家圖書館，續修四庫全書據種松書塾抄本影印（簡稱影抄本）。影抄本原稿版框高一七六毫米、寬二七六毫米。今以續修四庫全書影印的清種松書塾抄本爲底本，參考浙江圖書館所藏清抄本（簡稱抄本）進行點校。

二、影抄本每一則筆記起首縮進兩格或一格。現在每則均低兩格排列，並加了編號。

三、本次點校，加（　）表示删去該字，加［　］表示增加該字。周廣業筆記内引文有不少地方與原書有出入，我們祇對影響筆記閲讀的地方進行校改，其他一般保持原貌。除特殊説明外，本次點校的删改均據所引原書而改。無版本依據的校改，則加『〔　〕』標識。

四、影抄本中自注以小一號雙行附於正文下，今一律改爲小字單行排列。

五、影抄本中出現的避諱字。如避清康熙帝名玄燁諱，改『玄』作『元』，或缺末筆作『玄』；避雍正帝廟諱胤禛，改『胤』作『允』，避乾隆帝名弘曆諱，改『弘』作『宏』。又如避作者名諱，『廣』字缺末筆作『廣』。本次均回改本字或補上缺筆。

六、稿本常附有閲讀者的批注，考慮到批注對閲讀原文有一定幫助，本次點校在相關條目的『校記』中抄録了批注。有些批注的字迹較潦草，難以辨識，謄録未必準確，個别不認識之字用『□』代替。

七、原稿中有許多俗體字、古體字，本次點校采用繁體字，除必須保留的少許古體字、俗體字外都改爲規範繁體字。

總目

上册

前言……祝鴻熹(一)
點校説明……(一三)
三餘摭録……(一一〇一)
循陔纂聞……(一一八一)

下册

過夏雜録……(一一二三)
過夏續録……(一一五五)

三餘摭録

三餘摭録目録

三餘摭録卷一……（一）
三餘摭録卷二……（四〇）
三餘摭録卷三……（七四）

三餘摭録卷一

鹽官周廣業耕厓甫著
男勳常校録

〔一·一〕冬至後三戌爲臘。風俗通曰：『夏曰嘉平，殷曰清祀，周曰大蜡，漢改爲臘。臘者，獵也，言田獵取獸，以祭祀其先祖也。或曰：臘者，接也，新故交接，故大祭以報功也。漢家火行盛於戌，故曰臘。』又曰：『太史丞鄧平説：「臘者所以迎刑送德也。大寒至，常恐陰勝，故以戌曰臘。戌者，温氣也。」』蔡邕獨斷同。按：月令：『臘先祖五祀。』月令，固秦書也。史記載：『始皇三十一年十二月更名臘曰嘉平。』則臘昉自秦，審矣。五經要義則云：『三代名臘：夏曰嘉平，殷曰清祀，周曰大蜡，總〔二〕謂之臘。』夏、殷今無可考。左氏傳曰：『虞不臘矣。』似周亦稱臘。然蜡與臘實不同，蜡始伊耆，爲祭有八。郊特牲『皮弁素服而祭』是也。臘止先祖五祀，息民之祭。郊特牲『黄衣黄冠而祭』是也。晉博士張亮亦云：『臘者，祭宗〔三〕廟五祀。臘，接也，祭則新故交搆也。秦、漢以來，臘之明日爲祝歲。』朱子語類言：『秦始有臘祭。』而左氏謂『虞不臘矣』，是秦人文字分明。魯論『黄衣狐裘』，講家以爲蜡祭之服，或以爲臘祭之服。而朱子獨無明文。蓋經傳出自秦燔，皆經附會，今所引以爲據者，止『不臘』一語，旁引雅、頌、周禮皆無『臘』字，則應氏謂漢改爲臘者，或因秦已改嘉平而删之歟？鄭樵左氏非丘明辨謂左氏有『臘』字，知爲六國人，在秦惠王後〔三〕。

〔一·二〕西湖五雲山，先司農寺丞濬之公墓在焉，地特高寒。遊覽志載：『五峰森列，駕軼雲霞。宋時臘前得雪，寺僧捧雪表進城中，霰猶未集也。』又：煙霞洞，上有聯峰、象鼻巖、佛手巖等勝，洞口千官塔刻南渡諸臣姓名，先公實與扈蹕之列。今漫不可考矣。元張昱字光弼，有臨安訪古八首，其一功臣塔云：『峰頭石塔表功臣，五百年前是佛身。莫問蓬萊水清淺，野藤猶蔓劫餘春。』此錢王時所建也。與千官塔皆當搜考。

〔一·三〕西湖北山路有合澗橋，靈隱、天竺二水至此合爲一澗，橋因以名。蘇東坡詩所謂『靈隱前，天竺後，兩澗春深一靈鷲』也。先公宋廉訪使字伯施及宏詞公、大受公俱葬焉。按：雲麓漫鈔云：『靈隱寺東西澗二水，東曰龍源，横過寺前，即龍溪也。冷泉亭在其上。西曰錢源。二水合出横坑橋。』今西湖志遺龍源之名。

〔一·四〕宋玉招魂本古人始死之復而曼衍其詞耳。險詭變幻，類出憑虚。而幽都一節，遂爲後世地獄粉本。閻羅王即土伯也。敦脄血拇，虎首牛身，其又今之夜（乂）〔叉〕乎？

〔一·五〕楚辭湘君、湘夫人不知所指。王逸注『湘君』曰：『舜征有苗，二女從不反，道死沅、湘中，因爲湘夫人。』注『湘夫人』曰：『堯二女娥皇、女英隨帝不返，墮于湘水之渚，因爲湘夫人。』按：史記：『始皇浮江至湘山祠，問博士曰：「湘君，何神？」對曰：「聞之堯女舜之妻葬此。」』列女傳：『舜陟方崩於蒼梧，二妃哭死于江、湘間，俗謂之湘君。』張華博物志：『堯之二女舜之二妃曰湘夫人。舜南巡不返，二女追之不及，至洞庭之山，以淚揮竹，竹盡斑。妃死爲湘水神。』曹娥碑、述異記、洞庭志同。述異又曰：『湘水去岸有相思宫、望陵臺。』六朝人作湘妃、湘夫人曲皆據之。又史正義引括地志：『黄陵廟在岳州湘陰縣北五十七里，二妃之神，二妃塚在湘陰北一百六十里青草山上。』荆州圖經：『洞庭，湘君所遊，故曰君山。』韓愈黄陵碑、柳宗元二妃碑並同。劉昫舊唐書〔四〕亦載：『昭宗天祐二年封舜二妃爲懿節祠。』然戴〔五〕記：『舜葬于蒼梧之野，蓋三妃未之從也。』本謂未從合葬，詞旨甚明。鄭康成注乃云：『舜不立正妃，止三妃而已，謂之三夫人。離騷所歌湘夫人，舜妃也。』雖據史記，實未深考。孔穎達正義遂引秦紀『死而葬此』以辨王逸『溺死』之説，又以山海經作二女爲不可用，當依記爲正。相沿既久，牢不可破。嘗考竹書『舜三十年葬后育于渭』，沈約注：『后育，娥皇也。』羅泌路史云：『於商於得女英之壠。』夫娥皇既先舜卒，女英復葬商州，則葬湘之説誣矣。郭璞注山海經『洞庭之山，帝之二女居之』曰：『天帝二女，處江爲神。即列仙傳江妃二女。九歌之湘夫人、湘君也。』江妃二女，劉向以爲不知何所人。嘗出遊江漢間，解佩贈鄭交甫。使湘夫人、湘君果爲舜妃，景純何得一例引之乎？惟山海經内北經又載：『舜妻登比氏生宵帝王世紀作霄。明、燭光。漂粟手牘云『是娥皇所生』，誤。處河大澤，二女之靈能照此所方百里。一名登北氏。』吴任臣補注曰：『登比，他書多作癸北或癸比，舜第三妃也，亦名少匽。』按：大戴禮帝繫篇：『帝舜娶堯之子謂之女匽氏。』淮南子云：『宵明、燭光在河洲，所照方千里。』路史云：『舜次妃癸比氏生二女，曰宵明、燭光，處河大澤，靈照百里，是爲湘之神。』顧起元説略云：『大澤者，洞庭之謂；光照者，威靈所暨也。迄今湘靈所寶，靈正百里。』然則湘祠爲虞帝之二女，又何疑耶？江淹遂古篇：『帝之二女遊湘、沅，子[六]宵明、燭光何焜煌兮！』張説鄎國公主碑：『舜有宵、燭動百里之光耀。』皆本此。又冠編云：『禹封癸比氏之出于巴陵。』蛙螢子云：『癸比氏從子封巴陵，生二女，是謂湘神。』初學記：『舜妹有敤手，舜女有宵明、燭光，並未有封邑之號。』説略云：『湘陰黄陵爲癸比墓，臨桂縣城北十餘里，有雙女塚，舜女也。楚辭所稱湘夫人指宵明、燭光也。』夫湘靈之爲舜女，彰彰若此。而歷來訛爲舜妃，瀆神已甚。至登比之葬黄陵者，蓋從二女徙於瀟、湘，猶女英從子商均徙封所，而墓在商於也。據吴説如此，已足破千古之惑。然余細玩楚辭歌湘君曰：『捐余玦兮江中，遺余佩兮澧浦。』歌湘夫人曰：『捐余袂兮江中，遺余褋兮澧浦。』似正指江妃二女，而非宵、燭。其稱君及帝子，亦本山海經帝女而言。郭璞注自爲的解也。若小司馬史索隱謂夫人是堯女，則湘君當是舜女。郭茂倩樂府云：『娥皇爲舜正妃，故曰君。其二女女英自宜降曰夫人，故九歌謂娥皇爲君，女英謂帝子，各以其盛者推言之也。禮有小君，明其正自得稱君也。』明張鳳翼文選注謂舜正妃稱君，次稱夫人，俱謬説也。馮景少作有與閻百詩論舜生卒諸馮鳴條書，辨之甚詳[七]。

[一·六] 浙江又名羅刹江。盧肇曰：『浙者，折也。潮出海，屈折倒流也。亦名浙河。』

莊子所謂「浙河之水有吞天沃日之勢」，謝康樂云「浙河之外棲遲山澤」是也。水經又稱漸江，從未有指爲曲江者。元錢唐錢惟善鄉試羅刹江賦都元敬詩話作浙江潮賦。獨據枚乘七發「廣陵之曲江」立説，主司大爲稱賞，遂冠通場，人呼曲江居士。詩話作曲江老人。按：惟善字思復，領鄉試日以羅刹江命題，鎖院三千人莫有知羅刹爲曲江者。思復據枚乘首曰：『惟羅刹之巨江，實發原于太末。』大爲主司所賞，由是知名。朱竹垞廣陵侯詩序引此事爲證。郭子章郡縣釋名遂以浙江爲曲江〔八〕，云曲乃折之謂也。』按：漢書地理志『廣陵國』本注：『高帝六年屬荆州，十一年屬吴。景帝四年更名江都，武帝元狩三年更名廣陵。莽曰江平，屬徐州，縣四：廣陵、江都、高郵、平安。』『廣陵』下本注云：『江都易王非、廣陵厲王胥皆都此，並得鄣郡，而不得吴。』又『會稽郡』注：『秦置，高帝六年爲荆國，十二年更名吴，景帝四年屬江都，屬揚州，領縣三十六：吴、曲阿及錢唐云云。』則曲江自在廣陵國〔九〕，浙江自在會稽郡之錢唐。史記：『始皇至錢唐，臨浙江。』又曰：『水至會稽山陰爲浙江。』相去千里，風馬牛不相及。故徐堅初學記地部載水云：『長江之別有浙江。』注引顧野王：『發源東陽、新安間，不與岷山之江相涉，至錢唐入海。』又『長江別名有曲江』注云：『枚乘七發：「觀濤於廣陵之曲江。」今揚州也。』又言今韶州、長安並有曲江，以其水曲折，甚類廣陵之江故也。使浙江即曲江，不須兩出，况浙江並無曲江之名乎？南齊書州郡志云：『南兖州鎮廣陵，漢故王國，有江都浦水。魏文帝伐吴出此，見江濤盛壯，嘆曰：「天所以限南北也！」』又云：『南兖州刺史每以秋月出海陵觀濤，與京口對岸江之壯闊處也。』漢書『海陵縣屬臨淮郡』本注：『有江海利祠〔一○〕。』枚乘傳説吳主言海陵之倉，則海陵屬吳，明矣。南齊書海陵縣屬廣陵郡。文選七發『凌赤岸』注云：『赤岸，地名。按：曹子建表云：「南至赤岸，山謙之南。」徐州記云：「京江，禹貢北江，春秋分朔，輒有大濤，至江乘縣名北激赤岸，尤迅猛。」皆近在廣陵。』注既引此，又以文勢似在遠方爲疑。然郭璞江賦：『源二分于崌崍，流九派乎潯陽。鼓〔一一〕洪濤于赤岸，淪餘波乎柴桑。』李善注引或説云：『赤岸在廣陵興縣。』則赤岸之濤由來久矣。其近在廣陵無疑。又七發曰：『臨朱汜而遠逝。』朱汜蓋指朱方，即京口也。選注：『朱汜，蓋地名，未詳。』然則乘所謂『八月之望，與諸侯遠方交遊，弟兄並往觀濤於廣陵之曲江』者乃廣陵舊俗，正指今之揚子江，非羅刹也。浙江見於山海經，初不言有濤。史記始皇紀亦但言『水波惡』而已。舊説吳投子胥於江，驅水爲濤。王充論衡書虚篇已辨其妄。且言浙江、山陰江、上虞江皆有濤，其發海中之時，漾馳而已。入三江之中，殆小淺狹水激沸起，故騰爲濤。廣陵曲江有濤，文士賦之大江浩洋。曲江有濤竟以隘狹也。吳殺其身爲濤，廣陵子胥之神竟無知也。據此則浙江之濤、曲江之濤迥然各判，明矣。論衡又言『濤入三江，岸沸涌，中央無聲』。仲任生長會稽，言當不謬，然今之濤自大洋入大小尖山，已排山倒海，聲如萬雷，入浙江而尤壯，與漢時有異。考浙濤之壯，實因海潮逆奔相激所致。海日内徙，江濤且益奇，今觀濤不稱廣陵稱錢唐者，非漢時已然也。晉顧愷之有觀濤賦、蘇彦有西陵觀濤詩，皆指浙江。見藝文類聚。是始于晉。乘歷事吳王、梁王，此文託于吳客説楚太子，捨近且大者而言遠且小者，無是理也。乘，淮陰人，今淮安山陽縣有古枚里，與揚州爲近，耳目所集〔一二〕，言之斯詳。而思復以牽合羅刹擅名，恐未必不然。觀瞿元範段橋之戲，當時應亦有疑者。西湖志餘思復有西湖竹枝詞十首，有云：『阿姨住近段家橋。』瞿元範戲之曰：『此段家橋創見却與羅刹江不同也。』而吾鄉陳文簡公元龍康熙間奉敕輯歷朝賦彙一書，搜羅極富，獨逸錢賦，倘以知遇之文言易而傳不遠乎？或言乘作七發當在景帝時，未〔一三〕有廣陵國，不知廣陵本縣名，漢初已有之矣。

〔一·七〕杜少陵北征詩：『不聞夏殷衰，中自誅褒妲。』美明皇能誅貴妃，昔人稱其最得臣子立言之體。然寵褒妲者，桀紂也，貴妃之誅，以六軍怨望之故，非得已也。是直以桀紂比明皇矣。其餘馬嵬諸什刺譏雖甚，未嘗謂其主爲何如主也。且既曰夏、殷衰，則指妹喜、妲己無疑矣。揚雄少府箴所謂『耽樂流湎而妲妹作祟』者是也，何言褒妲邪〔一四〕？

〔一·八〕江湖紀聞云：『石尤風，石氏女，嫁尤郎。尤爲商遠行，妻阻之，不從。尤出不歸，妻思之病亡。將亡，嘆曰：「吾恨不能阻其行以至此！今凡有商旅遠行，吾當作大風爲天下婦人阻之。」自後商旅值打頭逆風，則呼爲石尤風。婦人以夫姓爲名也。』又云：『近有人自言有奇術能返此風，試之果驗。叩其術，乃密書「我爲石娘喚尤郎歸也，須放我舟行」十四字沉水中耳。』按：尤姓始唐末，閩人避王審知諱，沈姓去水爲尤，趙宋江東寧國多有仕宦至顯達者，而石尤風則唐以前已有之。宋武帝丁督護詩：『願作石尤風，四面斷行旅。』唐戴叔倫贈裴明州詩：『知君未得去，慚愧石尤風。』司空曙別盧秦卿：『無將故人酒，不及石尤江中水蟲名。此蟲出，必有惡風。舟人目打頭風曰石尤風，猶嶺南人云颶風，黄河人曰孟婆也。』

風。』則俗説殊不足信矣。洪［邁］容齋隨筆：『石尤風意爲打頭逆風。』楊慎外集：『石尤，

〔一・九〕集句詩始晉傅咸，如曰：『聿修厥德，令終有俶。勉爾遁思，我言維服。盜言孔甘，其何能淑？讒人罔極，有靦面目』是也。或言始王介甫，非也。文信國集杜二百首，因人益著。李和父剪綃集各體俱備。湯若士玉茗堂傳奇亦多集唐。獵精割腴，擬于天衣無縫。然特文心之旁出，能手之餘技，非全豹也。近小巧家頗尚之，終乖言志之旨。余向亦嗜之，日復技癢，雖極工緻，猶自惡其攘揄，况其不工？昌黎云：『可憐無益費精神。』此之謂矣。因決然捨去。高文虎蓼花洲閒録云：『集句自國初有之，未盛也。至石曼卿人物開敏，以文爲戲，然後大著。人言始王文公，非也。』

〔一・一〇〕古者妻有七出，然猶使之可嫁。曾子之炊梨不熟是也。後世蘭芝、王宋棄，非其罪，傷已。至於後娶一事，俗甚易之，弊難勝詰。顔氏家訓曰：『江右不諱庶孽，喪室之後多以妾媵終家事，限以大分，稀鬩鬩之恥。河北鄙于側出，不預人流，重娶至于三四，母年有少於子者，後母之弟與前婦之兄，服食婚宦，至于士庶貴賤之隔，身没之後，辭訟盈公門，謗辱彰道路。子誣母爲妾，弟黜兄爲傭。播揚先人之辭迹，暴露祖考之短長，以求直己者，往往而有。』按：朱子曰：『古者天子諸侯不再娶，后妃卒，祇以媵女繼室。至春秋，魯、齊始壞此

法，大夫娶三，士二，卻得再娶。』又：按禮，宗子雖七十必娶，蓋以祭必夫婦親之，不可乏主也。然則非宗子〔一五〕不再娶，而終以妾媵，亦齊家良術也。若適庶名分雖嚴，特俱託體先人，即宜視同手足。漢文賜佗書不諱言側室子，而曰『不預人流』可乎？又：唐盧履冰曰：『父在，爲母立几筵者一期，徹靈，心喪者再期，父必三年而後娶，以達子之意。』此皆準酌情理之言也。嘗見吳興一翁耆年喪耦，匝月重娶。昏憊之齡，蠱以幼艾。子婦竊誹，童稚含譏。不數年，家遂凋敝。窺其冠服唱拜，喜溢眉宇，若深怪前婦死之不蚤者。余爲之誦張融詩，終不聞其築別室也。融贈何點曰：『惜哉何居士，薄暮遘荒淫。』張璠漢紀載：『順帝時山陽太守薛勤，勤字恭祖，事詳風俗通。喪妻不哭，將殯，臨之曰：「幸不爲夭，復何恨哉！」』太尉王龔字伯宗，王粲之曾祖。妻卒，與諸子並杖行服，時人或兩譏之。然古者妻喪自有定制，故如太傅陳蕃、袁隗皆制衰絰，列在服位，躬入襚，哀以送之。晉世妻喪去官。潘岳悼亡詩曰：『亹亹期月周，戚戚彌相愍。』又曰：『投心遵朝命，揮淚强就車。』可證也。晉書劉隗傳：『元帝時，廬江太守梁龕明日當除婦服，今日請客奏伎。丞相周顗等三十餘人同會。隗奏曰：「嫡妻、長子皆杖居廬。周景王有三年之喪，既除而宴，春秋猶譏。況龕匹夫暮宴朝祥，慢服之愆，宜肅喪紀之禮，請免龕官削侯爵。顗等知龕有喪，吉會非禮，宜各奪俸一月。」從之。』後唐明宗敕原州司馬聶嶼曰：『喪妻未及于半年，別成姻媾。棄母動逾于千里，不奉晨昏。令本處賜死。』當時國法如此。今律既無明文，狂肆之子，殯肉未寒，良儷在室，相習成風，莫斷斯獄，殊可恨也。

〔一・一一〕北人不識盱眙，南人不識盩厔，以音有清濁輕重之分也。俗言北人語音上去爲多，南人語音平入爲多，然亦未可概論。先高祖晦如公嘗與同里陸射山先生嘉淑談及聲韻，先生曰：『南音絶少上聲。』公徐應曰：『豈有此理。四字出魏書裴叔業傳。』先生折服。（以上辛巳年稿）

〔一・一二〕今世言射者引弓輕重皆以力計，自四力、五力至十一二力不等。凡物所勝處皆力。考工記弓人：『量其力，有參均。均者參，謂之九和。』蓋幹角筋各重一石，幹勝一石，加角勝二石，加筋勝三石。其力均平爲參均。此弓之力也。北史載奚康生引强弓力至十餘石。梁武帝故作大弓兩張送之，康生得弓便會集文武乃用平射〔一六〕猶有餘力。其弓長八尺，靶中圍尺二寸，箭粗如今之長笛，此則人之力也。乾隆二十五年江蘇巡撫陳宏謀奏武場事宜，其一曰：『步弓用五力，馬弓用三力。』〔一七〕

〔一・一三〕朱子言葬法：槨内用篩過沙和石灰實之，久之沙灰相乳入，其堅如石。槨外四圍上下實以炭末，約厚七八寸許，既辟濕氣、免水患，又截樹根不入。蓋炭是死物，無情，故樹根遇之皆生轉去。有用黄泥拌石灰者，黄泥久之亦能引樹根。不可用其葬長子也。先砌石壙，壙内外皆用石灰雜炭末、細沙及黄泥築之。按：此即今所謂三和土也。亦名灰隔。三和者，用頂好風化石灰六分，太湖沙一分，黄泥二分，俱篩細，水灑拌極勻，以搏之成塊、撒之如沙爲度。葬時先築金井，底〔一八〕厚尺許，下棺四圍築之，每一棺用八人，更番椎之，盡三晝夜始息。或先用厚板四塊實灰，四旁起板下棺，免致振動，尤妙。棺面始令人穿不借躡之，盈尺乃築，逾年堅同石槨。亦有用烏樟葉搗汁和沙者，此吾鄉張莘皋先生朝晉所傳之法。陳古民先生梓爲作葬法篇云：『葬親三和土，其法始宋時。大孝紫陽子，萬古垂良規。沙一土二分，六分風化灰。灰得沙而堅，沙得土而滋。三分既和勻，同上竹米篩。篩净復用杷，就地水灑之。摶之則成塊，撒之如沙泥。築用木梢杵，一皮復一皮。金井底厚尺，升棺安葬基。執杵七八人，如法築四圍。沙土既平棺，棺上勿加椎。草鞋同躡實，盈尺杵仍施。覆蒙惟山黄，終古無阽危。或用烏樟者，其費苦不貲。自非素封家，何以竭孝思？石槨寧速朽，磚壙易隳頽。惟此爲中庸，一棺五金揮。貧士亦可辦，安用久羈縻？愚夫惑風水，拘忌隨地師。一年復一年，暴露良可悲。書此告人子，良法宜早知。』此法數十年來頗有信用之者。但朱子築灰，内外仍不廢槨，今則直築于棺之上下四旁，未免使土侵膚之憾。無財不可爲悦，第擇其善者從之可耳。

［一·一四］古人行文每立賓主，議論攻擊，層出不窮。劉勰謂宋玉始造對問是也。但其法却不同。如文選中兩都、兩京、三都，或直言賓主，或託憑虚（安）［妄］處，或假公子（主）［王］孫，皆賓爲賓而主爲主。上林、子虚亦然。至枚乘七發之客與太子，曹植七啟之玄微、鏡機，張協七命之冲漠、狥華，則又賓爲主而主爲賓矣，即此可悟脱化之法。

［一·一五］藝文類聚引桓譚新論曰：『揚子雲言成帝上甘泉，詔召作賦，卒暴，及倦卧，夢其五藏出在地，以手收内。及覺，大少氣疾，一歲而亡。』文選甘泉賦注引作『明日遂卒』。按漢

書行幸甘泉在成帝永始四年。雄之卒，北堂書鈔引揚雄家録云：『子雲甘露元年生，天鳳五年卒。』類聚、御覽引家牒並同。天鳳，王莽年號。時君山爲斂賻起祠，安得作賦時已亡？馬總意林載新論但云『氣病一年』，無『而亡』二字〔一九〕。

〔一一・一六〕世傳郭璞墓在鎮江府金山之足。余丁丑遊淮渡揚子，見江中凸起小阜，舟人曰：『此郭璞墓也。璞生有神術，故其墓常浮出水上。雖潮起伏不改〔二〇〕觀。』余時姑妄聽之。考地志，金山之支有鶻峰，亦曰鶻山。在山東麓，水中孤石如蹲，有善財石。在山東北日照峰下，水中西面曰石排山。米芾賦『石簰落潮』。稍南爲郭璞墓。鮑天鍾丹徒縣志：『三石山一名筆架山。東曰巧石，奇峭類削成，雖大水不没，曰石排山，亦曰石簰。相傳上有郭璞墓。』然則所謂常浮者必石排山也。周必大乾道庚寅奏事録曰：『三門借石牌爲椗。』乃江中三石峰耳。其外小山稍有樹木，而鳥雀不棲者，世傳爲郭璞墓。或謂石牌正爲浮玉，水漲不能没。唐人於此鑄鏡。有以南岸創亭處爲浮玉者，非也。一説：金山舊名浮玉，唐明皇改焉。前人詩所謂『天將白玉浮諸水，帝以黄金姓此山』也。南唐釋應之頭陀巖記、樂史寰宇記、鎮江府志俱云：『裴頭陀于江際得金。貞元二十一年節帥李錡奏易名金山。』若山海經：『浮玉山北望具區。』自指歸安之小浮玉，孝豐之大浮玉在湖州玉湖中。此説尤足相證。至郭璞墓，尤有辨。按：晉書本傳：『璞遇害於武昌南崗頭雙柏下，不詳葬所。』而葛洪神仙傳載：『王敦誅璞，江水暴上市，璞尸出城南坑，見璞家載棺器及送終之具，已在坑側兩松樹間，上有鵲巢。璞逆報家書所言也。殯後三日，南州市人見璞貨其平生服飾，與相識共語，非但一人。敦不信，開棺無尸。璞得兵解之道，今爲水仙伯。』據此，則墓當在南州，且屬虛葬，安得在金山下也？又按：劉義慶世説新語云：『郭景純過江居於暨陽，墓去水不盈百步，時人以爲近水。景純曰：「將當爲陸。」今沙漲，去墓數十里皆爲桑田。其詩曰：「北阜烈烈，巨海混混，壘壘三墳，惟母與昆。」』注引别傳云：『永嘉中，璞結親暱十餘家，南渡江，居於暨陽，今常州江陰縣其地瀕海，世殆因此傳訛爲金山耳。好事者遂爲詩譏之。沈啓南詩云：「氣散風衝豈可居，先生埋骨理何如？日中數莫逃兵解，世上人猶信葬書。」胡經用金山志亦載日本使臣中心叟詩云：「墓前無地拜，兒孫噫冤矣。」』日知録：『晉書郭璞傳：「璞以母憂去職，卜葬地于暨陽，去水百步許，人以近水爲言。璞曰：『當即爲陸矣。』其後沙漲，去墓數十里皆爲桑田。」而王惲集乃云：「金山西北大江中，亂石間，有叢薄，鴉鵲棲集，爲郭璞墓。」按：史文元謂去水百步，不在大江中，且當時即已沙漲爲田，而暨陽在今江陰縣界，不在金山。又所葬者璞之母，而非璞也。世之所傳皆誤。』又考應天府志云：『郭璞墓在玄武湖中，有大墩。』里俗傳璞墓在上元縣境。此又不知何所據也。

〔一一·一七〕武王九十三而終，成王六歲即位。見賈誼新書。太公九十乃顯榮，見宋玉九辯。太公百六十餘歲，見陳繼儒太平清話。邑姜未嫁，皆暮年得子，是翁是婿。

〔一一·一八〕演春秋繁露云：『徽州稻苦蟲害，俗呼横蟲，横音如黄。吴人却呼去聲。』

〔一一·一九〕兄，江南人呼爲况。今唯杭人盛行。劉熙釋名云：『兄，荒也。荒，大也。故青、徐人謂兄爲荒也。』白虎通三綱六紀篇云：『兄，况也。况父法也。』廣雅亦云：『兄，况也。』

音義各有所本。漢書尹翁歸字子兄。翟方進傳有竇兄。師古注皆云：『讀曰況。』而毛詩『倉兄填兮』，亦讀若況。

〔一·二〇〕中興『中』字，毛大可古今通韻云：『增韻音〔二一〕陟仲反，不當作平聲。』按：通鑑『宣王中興』注云：『中，去聲，當也。言當理而興也。』主其説者引杜詩『新數中興年』爲證。或又吟馬戴贈邊將詩曰『勤苦事中興』以難之。藝苑雌黄云：『杜詩「新數中興年」、「百年垂死中興時」，李義山詩「言皆在中興」，皆作去聲用。又如杜詩〔二二〕「神靈漢代中興主，功業汾陽異姓王。」「側聽中興主，長吟不世賢。」李義山云：「身閒不睹中興盛。」又皆在平聲用。』漁隱叢話云：『蘇詩「威聲又數中興年」，吕居仁詩「早爲君王了中興」，又皆作去聲用。』知此字本有二聲也。

〔一·二一〕吴俗專媚孟婆神，莫知所由來。蓋六朝已有之。北齊書李騊駼聘陳，問陸士秀曰：『江南有孟婆，是何神？』士秀曰：『山海經：「帝之二女遊于江中，出入必以風雨自隨。」以帝女故曰孟婆，猶郊祀志以地神爲泰媪也。』江湖紀聞云：『俗謂風爲孟婆。』潛確類書云：『宋徽宗詞「孟婆好做些方便，吹箇船兒倒轉。」江南七月間有大風，甚於舶趠，野人相傳以爲孟婆發怒。虞兆漋天香樓偶得曰：「楊升庵云：『孟婆，宋汴京勾欄語，謂風也。』愚謂重陽前後，多有大風，謂之重陽信。俗以九月十三日爲孟婆生日，以是日晴雨占一冬晴雨。然則孟婆生日猶云風生日也。祀孟婆者，祀風神以祈其協候耳。」又北户録曰：「船神呼孟公、孟姥，其來尚矣。」梁簡文船神記云：「船神名馮耳。」五行書云：「下船三拜三呼其名除百忌。又呼爲孟公、孟姥。」劉思真云：「玄冥爲水官，死爲水神。冥、孟聲相似。」又云：「孟公父名幘，母名衣；孟姥父名板，母名履。」或云：「冥父、冥姥，因玄冥也。」按：姥者，老婦之稱，與「婆」同義，則孟婆當是船神。」

〔一·二二〕王半山堅僻自用，行事具見宋史。仁宗嘗于内苑賞花釣魚，以金碟盛釣餌，羅几上臺，召群臣入觀。安石見而食之殆盡。帝聞不説〔三三〕，曰：『安石，詐人也。設誤食一粒則已，豈有食盡之理？』誠有以覷其微矣。余讀其與葉致遠彈棋贈之詩曰：『諱輸寧斷頭，悔誤乃批頰。』又絶句云：『莫將戲事擾真情，且可隨緣道我贏。』『明是遂非文過好，諛黨同供狀朱子。』有言其人光明正大者，其詩文疏暢洞達，必君子也；若澳澀詭怪，必小人也。以此觀人，蓍蔡不爽。丁謂詩有『天門深九重，終當掉臂入』。王禹偁曰：『入公門猶鞠躬如也，豈可掉臂入乎？其人必不忠。』見高齋詩話。蓋其生平志趣往往於無意中吐露。孔子視以觀由察安，孟子聽言觀眸，意祇如此。

〔一·二三〕宋世進士三試皆第一者三人：王曾、宋庠爲名宰相，馮京爲名執政。明世亦有二人：其一商文毅公輅，世所共知；其一爲黄觀，則人罕知之者。陳敬則皇明開創歷記曰：『洪武二十四年三月廷試進士，許觀等五十一人及第，出身有差。』王世貞鳳洲筆記雜編云：『辛未天下會試，六百六十人中式，三十一人廷試，賜黄觀及第，時年二十八。張顯宗次之，吴言信又次之。』案：『三』爲『五』之訛。觀，直隸貴池人，字潤伯，三試居第一。複姓黄，仕至禮部侍郎，死于靖難。妻翁氏女，二人亦死節，以革除事，故不傳。許相卿革朝志曰：『觀字瀾伯，父贅許氏，從其姓曰許。洪武二十三年觀應貢入太學，發解京府，明年會試第一人，廷試對禦戎策，以天道福善禍淫、人事練兵講武爲言，高廟喜之，擢狀元及第，仕至禮部右侍中兼尚寶卿。靖難兵起，奉詔徵兵上游。永樂命收之，自沉于羅刹江。妻翁氏，生二女，自溺于淮清橋。』屠叔、方建文朝野彙編載革除遺事云：『觀聞京師已定，哭謂人曰：「吾妻素有志節，必不受辱。」遂招魂葬之江上。明旦，家僮自京逃來，言當國者執其妻翁及二女配象奴，奴叱取釵釧出市酒肴，翁佯諾，悉解與之，俟其出，即携二女、家屬十人赴淮清橋下溺焉。一云：城南濠中。景泰中，有遼戍老卒朱巘曰：「翁氏，池口人。」』又載一説云：『陳瑛閲方孝孺等獄詞，將簿録其妻子，皆將給配。翁氏出通濟門，先擠二女于河，遂自沉死。』祝文彦聞見卮言：『夫人携二女投通濟橋河死，三尸順流，至賽工橋，相持列立水中數日，土人瘞于橋側。初，夫人投水時，嘔血數升于橋石上，久而不磨。血迹中現小影，如女人，陰雨尤著。司空徐良彦立祠祀之，顔其石曰：「翁烈婦血影石。」』此與商文毅一爲忠臣，一爲賢相。雖遇有幸、不幸，皆無愧于甲第者也。明狀元圖考不載黄觀，特避時禁耳。乃杭州府志訛稱洪武二十四年榜首爲韓克忠。吾邑張元岵先生竹窗雜録並謂國朝未有三元，實所不解。然余讀查初白先生那刹磯弔黄忠節公詩曰：『易名雖兩經，廟貌未嚴肅。』自注：『弘光南渡改謚文貞。按：文貞係顧錫疇居容臺時所定。』按：郭青螺謚論云：『我明謚法，翰林概謚「文」，公侯概謚「武」。』則忠節之謚，當時太常亦不知其爲三元也。至太祖實録並黄觀、景清所修書傳、會選亦削其名，未免太甚矣。黄溥間中今古録：『洪武二十四年辛未狀元許觀、吾鄞董恭禮、陳裕皆此年進士。』今刊本國朝登科録去許觀及此科進士姓名皆不刊，乃別録第一甲一名韓克忠、二名王忠、三名焦勝，第二甲蔡彧等二十九名，第三甲蘇文等二十九名，俱北方人，無一江南人，不知何謂而然。二十七年甲戌狀元張信，無榜眼、探花，三十年丁丑狀元陳郊。已後則革除，庚辰年間狀元胡靖，後更名廣者也。又云：『商輅三元，開科以來一人而已。』顧岕海槎餘録：『二十四年辛未許觀榜，是年五月重試韓克忠爲狀元。』臨江府志云：『杭州花綸年十八，黄觀榜及第三人，初讀卷官進卷以花綸第一人、練子寧第二、黄觀第三。御筆改定黄第一、練第二、花第三。南京諺有「花練黄，黄練花」之語。故後人猶以花狀元稱之。』是科題名記及登科録皆以黄練二公死，革除之難削毁，故相傳多誤。余按：花綸乃洪武十八年廷試第三，會元則黄子澄，狀元丁顯，第二名則練子寧也。王世貞科試考云：『乙丑會試，花綸第三，浙江解元也。廷試綸居第一，既啟封，上自以夢故，以丁顯爲狀元，而置綸第三，是以有花狀元之號。』又狀元考：『高皇初擢綸第一，因其年少，乃更丁顯，人遂相傳爲花狀元。』金門玉屑集載送花狀元詔許歸娶詩。俞憲登科考則以黄子澄並花綸姓名逸之。王世貞壬午諸臣讚曰：『有斐瀾伯，公車駿發。御新蟬冕，職邇璽節。飛檄逾琳，投湘擬屈。臣操松筠，閨儀霜月。』見湯紹祖公孟續文選〔二四〕。

〔一・二四〕蘇子瞻遊金山寺詩：『是時江月初生魄，二更月落天深黑。江心似有炬火明，飛焰照山棲鳥驚。悵然歸卧心莫識，非鬼非人意何物。江山如此不歸山，江神見怪驚我頑。』自注云：『是夜所見如此。』余往來淮揚間，未嘗一登山寺，不及訪山僧漁叟以軼事，及閱王子年拾遺記云：『南海之西有浮玉山，山下有穴，穴中有水，其色如火，入夜照耀波濤浩蕩而不滅，名曰陰火。』木元玄海賦有『陰火潛燃』之語。嶺南異物志亦言『海中水遇陰晦，波如然火，滿海熤然。以物擊之，迸散如星。有月即不復見。』因知子瞻所見正即此物，平生書無不讀，乃偶忘此，至曰『江神驚我』，則太無聊賴矣。丹徒縣志金山下引東坡云：『山名浮玉，隨波出没，潮夕不爽。』又焦山亦名浮玉山。

〔一·二五〕山海經：『繡山，草多芍藥。』芍，或作勺。爾雅翼云：『制食之毒，莫良于勺，故得藥名。』按：揚雄子虛賦：『勺藥之和具而後御之。』韋昭注：『勺藥和齊鹹酸美味也。』韓昌黎聯句云：『兩箱鋪氍毹，五鼎調勺藥。』疑即今俗所謂香料〔二五〕，詳拙著動植小志。

〔一·二六〕屈平涉江：『乘舲船余上沅兮，齊吴榜以擊汰。』漁父篇：『漁父莞爾而笑，鼓枻而去。乃歌：「滄浪之水清兮，可以濯我纓。滄浪之水濁兮，可以濯我足。」』此棹歌之緣起也。漢武帝令宫女泛舟昆明池。張鳳蓋，建華旂，作棹歌，雜以歌吹。又秋風辭云：『横中流兮揚素波，簫鼓鳴兮發棹歌。』張衡西京賦：『齊栧女發櫂歌。』始直以棹歌名，亦名棹謳。班固西都賦『櫂女謳』、左思吴都賦『櫂歌唱，簫籟鳴』是也。然其體不傳，後人作者絶少。朱文公集有武夷櫂歌九首，似七言絶句。國朝朱竹垞太史鴛湖櫂歌多至百首，爲浙西絶調，亦似七絶。以簫鼓簫籟之意言之，古棹歌可入樂，今則不然矣。

〔一·二七〕四時代謝，五行皆相生。春代冬，水生木也。夏代春，木生火也。冬代秋，金生水也。獨秋代夏爲火克金。故月令特置中央土，使火生土，土生金，而生生之義備。董子繁露五行對曰：『水爲冬，金爲秋，土爲季夏，火爲夏，木爲春。春主生，夏主長，季夏主養，秋主收，冬主藏。』又曰：『土者，火之子。五行莫貴於土，土之于四時不與火分功名。』史繩祖學齋佔畢曰：『土王于夏秋之間，此乃坤奠位于西南，而易繫所謂相見乎離，致役乎坤，説言乎兑，後天八卦致用之序已顯然于易繫是也。』（以上壬午年稿）

〔一・二八〕摺疊扇一名撒扇。劉元卿賢奕編云：『撒扇者，蓋以收則摺疊，用則撒開。或寫作翣者，非是。聞始自永樂中，因朝鮮國進撒扇，上喜其卷舒之便，命工如式爲之。南方女人皆用團扇，惟妓女用撒扇。近世良家婦女亦有用之者。又名聚頭扇。』張弼東海集云：『嘗見王秋磵記元初東南夷使者持聚頭扇，當時譏笑之。我朝永樂初始有，特〔二六〕僕隸所持，以便事人耳。及倭國充貢，太宗遍賜群臣，内府仿爲，供賜天下，始遍用之。而團扇革矣。』陳繼儒太平清話亦云：『始成祖時。』然余觀吴自牧夢（梁）〔粱〕録載：『小市周家摺揲扇鋪。』趙與時賓退録：『都下擊鼓射字之伎，全用切韻法，以七言詩，全用支齊平韻者，以應鼓節。亦有揮摺疊扇，同是一法。』則宋時已有之矣。陸深春風堂隨筆云：『自北宋已有，予見南宋以來詩詞咏聚頭扇者頗多，予收得楊妹子按：楊后之妹，工書。所寫絹面扇，摺痕尚存，東坡謂高麗白松扇，展之廣尺餘，合之止兩指。正今撒扇也。倭人亦製爲泥金面、烏竹骨充貢。張東海以爲出自東夷，信然。』按：高麗扇見郭若虚圖畫見聞志及鄧椿畫繼甚詳。郭志云：『高麗國使人每至中國，或用摺疊扇爲私覿物，其扇以鴉青紙爲之，上畫本國豪貴，雜以婦人、鞍馬，或臨水爲金砂灘，暨蓮荷、花木、水禽之類，點綴精巧，又以銀泥〔二七〕爲雲氣月色之狀，極可愛，謂之倭扇。本出倭國也。近歲尤秘惜典客者，蓋稀得之。倭國乃日本國也。』畫繼云：『高麗松扇如節板狀，土人云：「是水柳木之皮紋酷似松柏，故謂之松扇。」又有用紙而以琴光竹爲柄，如市井中所製摺疊扇者，但精緻非中國可及。展之廣尺三四，合之止兩指許。所畫多作士女乘車、跨馬、踏青、拾翠之狀。又以金銀屑飾地面，及作星漢、星月、人物，粗有形似，以來遠摩擦故也。倭扇以松板兩指許，砌疊亦如摺疊扇者。其柄以銅黶錢環子，黄絲絛，甚精妙。板上罨畫山川人物、松竹花草，亦可喜。竹山尉王公軒惠恭后家嘗作明州舶官，得兩柄。』二書載倭扇不同，而公壽稱松扇，如市井所製摺疊扇，則中原之有摺疊扇，由來舊矣。耆舊續聞載摺骨扇詞云：『宮紗蜂趕梅，寶扇鸞開翅。數摺聚清風，一捻生秋意。摇摇雲母輕，裊裊瓊枝細。莫解玉連環，怕作飛花墜。』金章宗亦有題扇蝶戀花詞云：『幾股湘江龍骨瘦，巧樣翻騰，疊作湘波皺。金縷〔二八〕小鈿花草鬭，翠條更結同心扣。冰簟珠簾間永晝，一握〔二九〕清風，皆喜懷中透。忽聽傳宣須急奏，輕輕褪入香羅袖。』觀此二詞知當時南北宮人已通用摺扇，但明以前倭扇即未嘗充貢，而中國摺疊又縉紳所勿尚。厓山而後，製復中絶，故元浦江吴淵穎萊作東夷倭人小摺疊畫扇子歌云：『東夷小扇來東溟，粉牋摺疊類鳳翎。』又云：『殊方異物須陳廷，富賈巨舶窺天星。祝融噓火時所丁，島濱賣箑送清泠。』又曰：『鄙夫卧病臨虚扃，百柄蒲葵稱使令。』不言中國有聚頭扇也。至明永樂間始盛行，宮中多用之。故内臣服佩記略云：『撒扇用木柄，長二尺餘，合竹作小骨二十餘根，用籃絹糊裱兩面，皆撒大塊金箔。放則遮日，收則入囊，自司禮監掌印至管事牌子皆于宮中夏間用之。祇可取陰，不能取風。其扇或如外之竹涼扇而不曲，長可二三尺，上闊下窄。』損齋備忘録載宣廟六言詩〔三〇〕三首，其咏撒扇詩云：『湘浦烟霞交翠，剡溪花雨生香。掃却人間炎暑，招回天上清涼。』成化間南京最有名者，李昭骨、王孟仁畫兼之者，誇以爲奇。顧文僖公清詩所云：『李郎扇骨王郎畫，三十年前盛有名』也。文人學士每于扇頭揮灑翰墨，而古制如紈扇、竹扇、羽扇、葵扇，一切屏棄不用。此陳貞慧秋園雜佩摺叠扇所由作也。誌變制。今則名製日侈，淫巧百出，即杭扇可知矣。

〔一・二九〕史記：『叔梁紇與顔氏野合而生孔子。』索隱云：『紇老而顔氏少，非壯室及笄之期，野合謂不成禮也。』正義云：『女子七七四十九陰絶，男子八八六十四陽絶。過此爲婚爲野合。時紇過六十四，娶顔氏少女，故云。』按：此即枯楊生(梯)〔稊〕之義。孔子繫象亦曰：『老夫女妻過以相與，其不如咸之二少明甚。古人男子三十而娶，女子二十而嫁。舊説以爲合成大衍之數，實不盡然。孔子年十九娶亓官氏，所謂三十、二十者，禮言其極，不是過也。二語係孔子之言，見家語。可見，過此者皆怨曠失時矣。』家語：『魯人曰：「吾聞男女不六十不同居。」明乎陰陽皆絶，雖同居不能淫欲也。』白虎通言：『男子六十閉房，人道已絶。』今叔梁年過指使而婚，得不謂之野合乎？以絶人道之後得麟書之兆。史家著此，實欲以見至聖篤生〔三一〕之奇耳。

〔一·三〇〕高江村天禄識餘云：『墨莊漫録考婦人弓足起于李後主。按：樂府雙行纏曰：「新羅繡行纏，足趺如春妍。他人不言好，獨我知可憐。」以此知起于六朝。然史記云：「臨淄女子彈弦纏足。」又云：「揄脩袖，躡利屣。」意古已有之。再考襄陽耆舊傳云：「盜發楚王冢，得宮人玉屐。」又晉世履有鳳頭重臺分梢之制。陶南村宗儀謂唐人題咏略未及之，亦未博考。杜牧詩：「鈿尺裁量減四分，碧琉璃滑裹春雲。五陵年少欺他醉，笑把花前出畫裙。」段成式云：「醉袂幾侵魚子纈，彯纓長戛鳳凰釵。知君欲作閑情賦，應願將身託繡鞋。」花間集云：「慢移弓底繡羅鞋。」亦屢見於詩咏矣。』此段本出楊慎丹鉛總録中，或有誤，如『彈弦纏足』不見史記。又〔三二〕：脩袖，貨殖傳作『長袂』。又起李後主之説，今墨莊漫録中無有。史貨殖傳：『中山女子鼓鳴瑟，跕屣。』臣瓚曰：『躡跟爲跕，音貼。』

〔一·三一〕道山清話曰：『婦人札脚起李後主，宮嬪窅娘纖麗善舞，以帛繞足，令纖小屈上如新月狀。』余按：後主宮中樂府有『衩襪步香階，手提金縷鞋』之句，此其裹足誠不待言。楊慎丹鉛録則據六朝樂府有雙行纏及唐杜牧段成式詩、花間集詞以斷其非始南唐。但行纏之義猶言行縢，即詩所謂『邪幅』、内則所謂『偪』也。内則鄭注：『以幅帛邪纏于足，所以自偪束。偪即縢約也。』釋名曰：『所以自偪束，今謂之行縢，言以裹脚可以跳騰輕便。』則『裹脚』之名由來舊矣。增韻云：『縢，約也，纏也。』焦氏筆乘云：『淮南子「纏以朱絲」，纏讀如戰。古樂府有雙行纏，謂行縢即足衣也。蓋古者男子婦人皆著襪。』釋名：『襪，末也，在脚末也。』婦人所著亦名袴襪。楊太真名袴襪爲藕覆是也。『新羅繡行纏』者，以羅爲之，而加繡焉，以襯於襪中。七林亦謂之羅縢。至杜牧咏襪詩云：『鈿尺裁量減四分。』考唐開元九年敕度以十寸爲尺，尺二寸爲大尺。唐一尺比六朝制一尺二寸，六朝用晉後尺，實比周尺一尺二寸一分二厘，今比六朝制一尺二寸，則唐尺亦不甚短矣。唐書張孝忠傳言『孝忠魁偉長六尺』。李晟傳『長六尺』。馬燧、楊收傳並云『長六尺二寸』。高力士長六尺五寸。使非尺之長，則六尺當言短，何反言長乎？但唐令鐘律、冠冕之類用秬尺，内外官司悉用大尺。秬尺即十寸尺也。其云鈿尺，當即金粟尺之類。云減四分，正言襪之長九寸六分也。舊唐書輿服志：『武德令，皇后服：受册、助祭、朝會諸大事則服青襪舄，舄加金飾，親蠶去舄加履。』皇太子妃、命婦同。又曰：『武德來，婦人著履規制亦重。開元來，例著綫靴，取輕妙便于事。侍兒乃著履。』而韓偓咏屧子詩但言『六〔三三〕寸趺圓光緻緻』，六寸而趺又圓，其非纏足亦明矣。墨莊漫録云：『唐尺短，以今校之，亦自小也，而不言弓。』而李太白並以素足咏女子，是升庵所引亦未足爲據，唯毛熙震「慢移弓底繡羅鞋」的是弓足摹狀。』按：嫏嬛記載『馬嵬老媼拾得太真錦靿襪以致富，其女玉飛得雀頭履一隻，真珠口，以薄檀爲苴，長僅三寸。玉飛奉爲至寶，不輕示人。』使非纏足，何以長止三寸？姚鷟尺牘亦引此事。而南宋向宗厚纏足極彎，王佾公嘗戲之曰：『脚似楊貴妃。』車若水嘗〔三四〕疑世言裹足始貴妃爲不見出處，此説足以破之。又瑯琊代醉編載麗情集云：『唐郭華吞鞋而死，店主於喉中拔出紅繡鞋一隻。』設令如男子之鞋，安能入於喉中耶？是弓足始唐無疑也。漢雜事秘辛云：『保林吴㚬奏乘氏忠侯梁商女足長八寸，踁跗豐妍，底平指斂，約縑迫襪，收束微如，禁中漢尺小。』楊用脩跋謂：『此纏足之始。』顧起元説略亦云：『女子纏足始此。』考漢銅尺一準周尺，得今六寸六分，則八寸秖得今五寸二分有奇。謂之纏足，當亦無辨。但是書晚出，識者疑之。余以漢諱審之，決其爲僞。況漢魏婦人多著靴，故曹操遺楊太尉彪夫人袁氏織成靴一量。見古文苑。安有著靴而弓足者乎？篤而論之，唐以前女子即有纏足者，必不至如後世之弓然，即不弓，斷不至如男子之大。以旋娟、提嫫之行無踪影，趙飛燕之作掌上舞，石崇群妾之踐塵無迹推之自知。且此風無論昉自何代，要與穿耳、揃爪同是賤者之飾，宫嬖寵姬間爲之，以逞妖媚耳。故見于史傳詩歌者絶少。方北宋熙寧、元豐間猶不盛行。至理宗朝，宫妃束足纖直，名『快上馬』，又小變屈上之制。民間争效，以不爲爲深恥。今則童女未齔便與束縛，上自朝紳，下及黎庶，無不以分寸計。究竟布裙練裳安事此矯揉造作？車若水所謂『纏得小來不知何用』者也。若以供楊鐵厓載琖行酒，恐金蓮杯之名又非名族所樂聞。吾鄉蘇平，景泰間以繡鞋詩著名，時號蘇繡鞋。『半彎』一聯，蕭士瑋已譏其惡派，静志居詩話又以爲其風斯下，有識者于誨淫之具固宜廢而不講。余所以歷考諸説者，實欲得始作俑者定其罪案耳。乃前所云臨淄女子既姓氏無考，事物考『妲己，狐雉之精，猶未變足，故以帛裹』之説，升庵所謂瞽史以欺閭巷者，尤屬不經。後漢梁后女瑩藉姊兄廕勢，專寵極奢，自以無子懷忌宫人，孕育鮮得全者，卒以憂恚崩。即云裹足，其罪更有大于是者。則殲厥渠首，其在楊太真乎？崔星洲攤飯鳩譚載晚唐夏侯審咏被中睡鞋詩云：『雲裏蟾鉤落鳳窠，玉郎沉醉也摩挲。』又載野獲編云：『予向觀文皇長孫后繡履圖，與男子無異，又見則天后畫像，其芳趺亦不下長孫。則知初唐此風尚未行也。』二説皆足補余所不逮，附識于此。

［一·三二］婦人穿耳，留青日札以爲賤者之飾。故莊子曰：『天子之侍御不揃爪、不穿耳。』劉熙逸雅曰：『穿耳施珠曰璫，本出蠻中所爲。』余考古人詩賦，如陌上桑『耳中明月珠』咏羅敷也，焦仲卿妻『耳著明月璫』咏小吏妻也。辛延年羽林郎『耳後大秦珠』咏酒家胡也。若陳思［王］美女篇即不復言耳珠矣。杜子美詩云：『玉環穿耳誰家女？』而麗人行亦不言耳飾。他如宋玉神女、曹植洛神俱無及此者。惟諸葛恪嘗言穿耳貫珠古尚也。西京雜記又言『合德遺飛燕，合歡圓璫續』。漢書皇太后、皇后入太廟服：紺上、皂下，蠶青上、縹下，隱簪珥。珥璫，垂珠也。似又不盡賤者之飾，當更考之。

［一·三三］世傳蔡中郎無子，後漢書本傳亦不載有子與否。唯董祀妻傳云：『曹操素與邕善，痛其無嗣。』文姬悲憤詩亦云：『既至家人盡，家既殄兮門户單。』似乎無子。但操實遣使以金幣贖文姬，而悲憤詩又云：『骨肉來迎己，家既迎兮當歸寧。』晉書羊祜傳云：『祜，蔡邕外孫。祜討吴賊有功，將進爵，乞以賜舅子蔡襲，詔封襲關内侯。』世説新語注：『蔡充别傳曰：「充祖睦，蔡邕孫也。好學有雅尚。歷成都王東曹掾。」』晉諸公贊：『充字子尼，陳留雍邱人。』即以九錫戲王丞相者。邕既有孫曰襲曰睦，則其有子明矣。但考邕没時年六十有一，

而中郎集被收時表云：『臣年四十有六，孤特一身，前無立男，得盡節王室。』則漢書所謂無嗣者正以未有成立可嗣續者耳。否則，暮年得子，年幼無聞，或襲父早亡，俱未可知。又晉書景獻羊皇后傳：『父衜，上黨太守，母陳留蔡氏，漢左中郎將邕之女，以后故，追贈蔡氏濟陽君，謚曰穆。』羊祜傳：『祜，景獻皇后同産弟。』白樂天談氏小外孫玉童詩云：『中郎餘慶鍾羊祜，子幼能文似馬遷。』野客叢書：『羊祜父衜，先娶孔融女，生發，後娶蔡邕女，生承、祜。時發與承俱病，蔡氏度不能兩存，乃專心養發，故得濟，承竟病死。』而太平御覽引三十國春秋又云：『羊祜年十五而孤，事伯母蔡氏，以孝聞。』蔡氏每嘆曰：『羊叔子可謂能養。今顔叔子也，其諸葛孔明之亞乎？』豈祜母及伯母皆蔡耶？然亦可知邕女不止文姬一人。

〔一·三四〕鄧伯道無兒却有女。世説注：『諸葛恢子衡，字峻文，娶河南鄧攸女。』

〔一·三五〕宋史載林君復終身不娶，無子。故野史言：客有自稱逋十世孫者，謁陳嗣初太史，陳取林傳使讀，因贈詩曰：『和靖當年不娶妻，如何後代有孫兒？想君自繫閒花草，不是孤山梅樹枝。』然閔雪巖讀林可山西湖衣鉢詩云：『祇道梅花全屬我，不知和靖有仍孫。』升庵詞品亦云：『林洪家山清供言先人和靖。』洪即可山名也。又林景熙謁和靖墓詩：『耳孫今白髮，持酒酎寒蕪。』則處士固非無後，史殆謂喪耦後終身不娶耳。洪字龍發，嘉熙間人，所著文房圖贊十八人，自爲序，稱和靖七世孫。詳崔星洲所著攤飯鳩譚中。

〔一·三六〕天禄識餘：『古人頌君曰聖，頌相曰賢。立言之體，自有分寸。李義山韓碑詩乃云：「帝得聖相相曰度。」推頌太過。蓋唐人夸誕之習波蕩使然。」余按：湯誓曰：『聿求元聖，與之戮力。』是臣之稱聖，載於經矣。荀子臣道篇有態臣、篡臣、功臣、聖臣。又曰：『殷之伊尹，周之太公，可謂聖臣矣。』吴越春秋：『越有聖臣范蠡。』是臣之稱聖，見于子矣。且『聖相』二字本之晏子春秋『仲尼，聖相也』，非義山創爲此語。惟起處『彼何人哉』句，先輩譏其大失體，此則極允。若潘勗撰魏武九錫文曰：『明君達主引之于上，賢臣聖宰受之于下。』以明達頌君，反以聖頌臣，誠不免誇誕耳。

〔一・三七〕舜子義鈞見竹書。以封於商，稱商鈞，猶堯子封于丹，稱丹朱也。

〔一・三八〕三輔黄圖云：『甘泉谷北岸有槐樹，今謂玉樹，根幹盤峙三二百年木也。』楊震關輔古語云：『耆老相傳，以爲此樹即甘泉賦所謂玉樹青葱也。』按：漢武故事：『上起神屋，前庭植玉樹，以珊瑚爲枝，碧玉爲葉，華子青赤，以珠子爲之，空其中如水鈴，鎗鎗有聲。』則是真有所謂玉樹者。彼稱『蒹葭倚玉樹』，及杜詩『皎如玉樹臨風前』，斷非指槐樹明矣。

〔一・三九〕朱子曰：『今人以侄爲猶子，亦可以先生爲猶父矣。』漢人謂從子，却得其正，蓋伯叔皆從父也。然檀弓明言『兄弟之子猶子也』。梁任昉代齊明帝表太祖高皇帝『篤猶子之愛，降家人之慈』，千文『猶子比兒』，實出于此〔三五〕。

〔一・四〇〕顔氏家訓云：『婦人之性，率寵子婿而虐兒婦。寵婿則兄弟之怨生，虐婦則姊妹之讒行。然則女之行留皆得罪于其家者，母實爲之。至有諺云：「落索阿姑湌。」此其相報也。婚姻素對，靖侯成規。近世嫁娶遂有賣女納財，買婦輸絹，比量父祖，計校錙銖，責多還少，市井無異。或猥婿在門，或傲婦擅室。貪榮求利，反招羞恥，可不慎歟？』余惟此風近日益甚，而倡之實自搢紳，彼蓋推其苟且竊禄之心，置兒女腹中也。

〔一·四一〕生民之本，要當稼穡而食，桑麻以衣，蔬果之畜，園場之所産，雞豚之美，塒圈之所生。爰及棟宇、器械、樵蘇、脂燭，莫非種殖之物也。至能守其業者，閉門而爲生之具已足，但家無鹽井耳。此説亦出顔黄門。余深韙〔三六〕之。近世儒素多托客授爲活，雖本分事，實不足給俯仰，因有去而爲從事、爲衙推者，如惡影而走日中，非計之得也。然則欲厲廉恥，端風骨，舍老農、老圃，其誰與歸乎？

〔一·四二〕青藤山人路史云：『杜甫陪王漢州泛西湖詩注引藝苑雌黄所載世説中陸機對王武子「羊酪之敵」云：「千里蓴羹，但未下鹽豉耳。」人皆疑「千里」二字，説者謂千里是吴中地名。而人猶未信。近閲南史崔思祖傳亦有「千里蓴羹」之説。又杜公别賀蘭銛詩：「我戀岷下芋，君思千里蓴。」以「岷下」對「千里」，則千里爲湖名無疑矣。羊酪即羊酥也，極清淡，蓴味亦然。但蓴須和以鹽豉，故言當蓴之未下豉時則然也。』小注：『郎艸亭七脩類稿作「末下鹽豉」，云：「末下亦地名。」亦甚通，但未見指末下是何地，且「但」字無着落，或郎所見别本無「但」字，故作此解耶？』余謂世説此語傳訛已久，故雖淹博如蘇長公尚有『每憐蓴菜下鹽豉』及『未肯將鹽下蓴菜』之句，何况文長？考晉書陸機傳：『王濟指羊酪曰：「卿吴中何以敵此？」機曰：「千里蒓羹，末俗本作未下鹽豉。」』時人以爲名對。藝文類聚載郭子曰：『陸機詣王武子，武子有數斛羊酪，指以示陸：「卿東吴何以敵此？」陸云：「有千里蒓羹，末下鹽豉。」世説言語門文同，惟多『但』、『耳』二字。皆無「但」、「耳」二字。』郭子者，東晉中郎郭澄之也。計三卷，見隋藝文志，其書在世説前，故唐人作晉書類皆取之。野客叢書援證『千里』甚核。野客叢書云：『嘗見湖人陳和之言：「千里，地名，在建康境上，其地産蒓甚佳。」』一統志：『千里湖在溧陽縣東南十五里，至今産美蒓，俗呼千里湴。』而『末下』止引張鉅山『一出修門道，重嘗末下鹽』之詩，亦不能究其何地。又云：『湘素雜記、漁隱叢話皆引世説之言，謂「末下當云未下」，而漁隱謂千里者湖名，且引酉陽雜俎酒食門亦有千里之蒓。末下少見出處。』偶閲吾鄉陳元瑞所刻玉烟堂法帖中有米芾贊謝安書晉太帝神翰，其詞曰：『有赫太帝，天造翰藝，末下龍迹，震驚大地。』則末下之在江南，其明證矣。且鹽豉實非蒓所宜。司馬懿嘗以肉脯、鹽豉、大豆送曹爽。王褒步擔乾飯，兒負鹽豉，用以和羹，實所未聞。周平園庚寅奏事録云：『飯于金山方丈，白絲糕、黑鹽豉、糖豆粥，三者並山中精饌。』至今金山豆豉猶獨擅名，其法以豆漬鹽而成，和以糖蜜香料，味甘美，而鹽是鹽豉，以吴中爲最，由來已久。江西淡豆豉入藥。詩家去『豉』用『鹽』字，尤爲誤解。』七脩類稿：『末下、千里皆蘇州地名。』自注：『出因話録。』〔三七〕

〔一・四三〕近世喪家始死最重迎煞。吴俗尤甚。言不迎且致禍，然士大夫家亦頗有不行者。按：顔氏家訓曰：『偏傍之書，死有歸煞。子孫逃竄，莫肯在家。畫瓦書符，作諸厭勝。

喪出之日，門前然火，户外烈炭，祓送家鬼，章斷注連，凡如此比，不近有情。』此風聞徽州尚有之。凡歸煞以死之日支干所值爲斷，多至十餘日，少即數日。届期親戚悉避他所，設酒饌，閉空屋中，久之歸視，便如有人飲食之者，然此尤可怪也。案：朱子曰：『神煞亦是五行旺衰之氣，推之亦有此理。但曉得了、見得破，如上蔡言「我要有便有，要無便無」，方好。』儲泳袪疑説云：『人之生也俱受陰陽生殺之氣，及其死也亦然。某日死則受某日之殺氣。』陰陽家載有雌煞、雄煞，有出、有不出，其説似不可信。然雌煞不出，則死者右足鉗而向左。雄煞不出，則死者左足鉗而向右。雌雄煞皆不出，則左右足皆鉗而相向；皆出，則左右足皆向外而不鉗。豈非生殺之炁貫乎萬有，而著見乎外之象乎？又俗傳煞神類鷄，犯者致斃。宣室志補遺載一則云：『人死數日當有禽自柩中出曰殺。太和中，有鄭生嘗于隰州與郡官獵于野。網一巨鳥，蒼色，高五尺餘。主將命解視之，忽無所見。生驚，訪里民。有對曰：「里中有人死且數日。」卜人言：「今日殺當去。」伺而視之，有巨鳥色蒼，從柩中出。君所獲殆是乎？』歐陽玄睽車志亦載一則云：『崔嗣復宿僧寺，夜見一物如鶴，色蒼黑，目炯炯如燈，鼓翅大呼甚厲，崔懼。僧曰：「旬日前，有叢柩堂上，恐是耳。」後遇一僧曰：「藏經有之，此新死屍氣所變，號陰摩羅鬼。」』據此，是真有物去來其間矣。寧俗于迎煞時率布灰于屍床靈座之下，辨有鷄狗迹及鳥迹者爲神來。余嘗助喪于姻友，驗之信然。崔嗣復事亦見廉宣清尊録，云是王碩侍郎説〔三八〕。

〔一·四四〕蠶神曰苑音鬱窳音與婦人、寓氏公主。見淮南子。苑、窳，晉書作苑、窊。

〔一·四五〕余渡楊子，見江岸崩者不下數百丈。舟人曰：『此猪婆龍所害也。家猪露宿，偶感龍氣而生，好於水中穴地。』按：國憲家猷：『南都上河地，明初，江岸常崩，蓋猪婆龍于此搜抉故也。以其與「國」同音，嫁禍于黿。朝廷又以與「元」同音，下旨令捕盡。然岸崩如故。有老漁過曰：「當以炙猪爲餌以釣之〔三九〕。」力不能舉。他日，老漁又曰：「四足爬土石爲力耳。當以甕通其底，貫釣緡而下之。甕罩其頂，必用前二足推拒，乘此並力掣之，則足浮而起矣。」已而果然。衆曰：「此黿也。」漁曰：「此即世所謂猪婆龍。汝等告天子，江岸可成也。」衆問姓，曰：「姓晏。」倏不見，後岸成。太祖悟曰：「昔救吾于覆舟山，自云晏公。」遂封爲神霄玉府晏公都督大元帥，命有司祀之。』釣法甚奇巧，何今治江者不踵行之也？徐山人路史：『世傳晏公爲劉晏，誤也。乃臨江府臨江縣人，名成仔。元初爲文錦局堂長，病歸尸解，立廟祀之，靈顯江湖，本朝封平浪侯。』

〔一·四六〕伊川云素問出於戰國末，氣象可見。謂之三墳書，非也。余弱冠時曾讀一過，了不復記。今考之，漢初書也。欲明醫者捨此都是野戰，然無好注。南史載侍郎金元起欲注素問，以砭石問王僧孺，對曰：『古人當以石爲砭，必不用鐵。』説文有此『砭』字，曰『以石刺病也』〔四〇〕。

〔一·四七〕徐文長路史載松江何〔良〕俊言：『家有漢畫在蜃殼上。姑蘇沈辨之從山東買回。聞彼處盜墓人每發一墓，得數十石。其畫皆作人物，如今之春畫，間〔四一〕有幹男色者，畫筆甚拙。晉宋間顧陸尚有其遺意。』觀齊梁哀册中有蜃輅、蜃綍、蜃衛，恐帝王墓中皆用之。蓋置柩之四旁，以防狐兔穿穴。其畫春情，亦似厭勝，恐蛟龍侵犯也。徐爲辨曰：『蜃，大蛤也。』引周禮掌蜃注及鬯人『蜃器』，謂古以蜃飾祭器。後世淫亂之君乘此畫其生平所嗜以娱死。諸哀册云云，並指祭器。又曰：『唐書蠻夷傳：「夜郎，滇池以西，用蠡蚌封棺。」取其堅燥。久之，得地氣而化以護棺，免獸蟲穿穴，猶吴越之用石灰也。春畫厭勝，理誠有之。狐狸蟲蛇爲妖爲祟，並在所厭。有士人藏書甚多，每匱必置春畫一册，曰：「此物能厭火灾。」世傳藏書家皆然。』余按：周禮掌蜃：『掌歛［互物］蜃物，以共闉壙之蜃。祭祀，共蜃器之蜃，共白盛之蜃。』則墓中所用之蜃，與蜃器各異。徐以爲繪于器及蜃輅等皆指祭器，誤也。左傳：『宋文公始厚葬用蜃灰。』蓋以用蜃本天子之禮，故文公用之爲厚耳。春畫始漢武帝，嘗繪紂擁妲己圖是也。蜃畫春情恐未必然，或蜃能變幻入地，積久偶得其形如雲南大理石之類，非真畫也。漢書景十三王傳：『海陽王畫屋爲男女羸交接，置酒請諸父姊妹飲，令仰視畫。』事在宣帝年。春畫蓋昉于此〔四二〕。

〔一·四八〕玉曆通政經云：『男女兩體主國淫亂，而二十八宿真形圖，心房二星皆兩形，與丈夫婦女更爲雌雄。』異物志云：『靈狸一體自爲陰陽，故能媚人。』褚氏遺書云：『非男非女之身，精血分散，皆天地不正之氣也。』癸辛雜識云：『趙忠惠帥維揚日，幕僚趙參議有婢慧黠，身具二形，犯姦狀非一，置之極刑。近李（氏）［安］民〔四三〕得一徐氏處子。年十五六，交接一再，漸具男形。蓋天真未破〔四四〕，則彼亦不自知。小説中有池州李氏女及婢添喜事，正相類。而此外絶不見古今傳記。嘗考佛書稱博叉半一作義半釋迦〔四五〕者，半月能男，半月不能男。又造像經有五種不男，曰生、堅、妒、變、半。半者，二形人，人中惡趣也。晉五行志謂之人痾。』余按：兩體人今頗有之，俗稱二雄人。有殺在勢下者名男二雄，能兩用人道。有勢在殺中者，名女二雄。乃又有石女，僅可以溺。余第四弟館江南陳氏時，有一僕娶婦不可交接，怒而還其母，此尤異聞。余謂兩體者可呼人妖，石女可呼爲天幽。古者男子宮刑，女子幽閉。幽者，刺左右兩乳下，令衝任脉絶，則交骨不能開合而永閉矣。相傳如此，未知然否。張竺仙起鳳言有一翰苑年少美姿容，好畜〔四六〕妾侍，而其實天宦，又好男嬖，嘗狎一優伶，優狡黠有力，反爲所辱。天宦見於素問，蓋自古有之。魏志公孫虞傳：『公孫恭病陰消爲閹人。』前秦録：『趙整字文業，無鬚而瘦，有妻妾而無兒，時人謂爲閹。』齊東野語云：『世有男女雖娶婦而終身無嗣育者，謂之天閹，俗謂之黄門。』晉海西公嘗有此疾，北齊李庶生而天閹。余按：北史『天閹』自作『天閹』，疑傳寫之誤。周氏未暇深究也。史言崔諶嘗調李庶，教使種鬚，以錐編刺作孔，插以馬尾致死，托劉氏爲女。又楊約字惠伯，兒時登樹墜地爲查傷，由是竟爲宦者。今俗遇此等率呼爲太監或阿婆。晉書郭璞傳：『元帝時暨陽人任谷因耕息于樹下，忽有人著羽衣就淫之，有娠。積月將産，羽衣人復來以刀穿其陰下，出一蛇子便去。谷遂成宦者。』此又異事也〔四七〕。

〔一·四九〕物原載閹潔六畜始漢文帝，或又曰始少皞。然易稱『豶豕之牙』，則非漢始矣。

劉屏山諭俗詩極言其戕害生理，不爲無見。潔猶净也。吴俗羊之閹者稱潔羊。臞仙肘後經：『騸馬、宦牛、羯羊、閹猪、鐓鷄、善狗、净猫。』鐓鷄亦呼鐓鷄，皆去勢者也。唐人號宦者爲私白身。

〔一・五〇〕荒親今俗曰霍親，見郎瑛七脩類稿。按：周禮：『荒政，十曰多昏。』正謂此。今乘喪嫁娶者亦曰霍親，有傷政俗非淺。李之彦東谷所見云『反以送死者爲緩，惟以借親爲急。棄親喪之禮，而講合卺之儀。寡括髮之戚，而脩結髮之好』是也。可取曾子問使讀。册府元龜載唐中宗神龍元年九月壬午制曰：『在外百官，婚娶之家，百兩未行，二親俄殞。停哀之際，更即成婚，遂輟苴絰之容，敢申牢卺之禮。寧戚之心安寄？罔極之志闕如。敗俗傷風，莫過于此。自今已後，宜即懲革。』

〔一・五一〕今人呼鑷工爲待詔，亦曰大夫，不得其解。徐文長路史引石屋語録云：『時有某大夫官待詔，每施剃于衆僧。石屋以詩止之曰：「大夫祇管來求福，我福如何有許多？」』今尊稱剃頭爲待詔，本此。今吴中婚娶用以相禮，謂之掌禮。老學庵筆記曰：『北方民家吉凶輒有相禮，謂之白席。北人稱醫生亦爲大夫，南人呼郎中。』案：石屋者，元僧温清珙也。所著山居集有送净髮待詔詩二首，其一云：『結緣待詔到山中，廊下諸僧盡整容。方丈老人何不剃？要留白髮過隆冬。』其二云：『剃了又長長又剃，一年幾度，遠煩過大夫』云云。

〔一・五二〕今人拜謁先通名刺，如係尊長，或降等。客稱謂謙下，臨别還刺，示不敢當也。昔寇準訪魏野將别，魏謂寇曰：『盛刺不復還，留爲山〔四八〕家之寶。』是宋時已然矣。

〔一·五三〕俗有影戲，以山羊皮剪鑿人物，加繪五色爲之，亦名羊皮戲。路史曰：『始漢武帝李夫人事。宋仁宗朝，市人有能談三國事者，或采其説，加緣飾作人影，始爲魏、蜀、吴戰争之象。』〔四九〕

校勘記

〔一〕總，稿本作『捴』，俗字。

〔二〕宗，抄本作『先』，今據稿本改。

〔三〕批注一：三代統名臘，此語極是不□。

批注二：『三戊』蓋『三戊』之訛，猶立春、立秋後五戊爲社戊，土爲火子，故云火盛于戊。

批注三：體按：火死于戌，故『威』字從戌從火，五行家謂戌爲火庫，亦此意也。『盛于戊』三字疑誤。

批注四：臘一而疑，左氏爲秦没人，此是宋人所用習氣，不可□也。秦德公時，已名臘，亦非起惠王也。

批注五：改易時節容齋五筆詳之。

〔四〕稿本此處脱『劉昫舊唐書』五字。

〔五〕戴，抄本作『載』，誤。今據稿本改。

〔六〕子，抄本誤作『兮』，今據稿本。

〔七〕批注一：鳴條有蒼梧山，見於沈約竹書注。注云：今海州六安邑，西有海光亭，劉宋時疑即此置海州，而地志皆不載。

批注二：孟子：『(舜)卒于鳴條。』在今山西安邑，其地有蒼梧山，即舜所卒，更或以岳州蒼梧山當之，甚謬。又有以今廣西梧州、江西贛榆當之，則更謬矣。舜既倦勤遜位，豈復驅走關里，蹈不測之深，□□之此！則□湘君云皆烏有也。

〔八〕抄本此處脱『江』字，此據稿本。

〔九〕批注：朱竹垞廣陵侯詩序引錢事爲證。

〔一〇〕稿本此處有一『□』，今據漢書地理志上補『祠』字。利，漢書地理志上作會。

〔一一〕抄本誤作『數』，此據稿本改。

〔一二〕集，稿本作『習』。

〔一三〕未，抄本作『宋』，此據稿本改。

〔一四〕邪，稿本作『耶』。

批注一：竹垞廣陵在錢塘侯廟詩序引及錢惟善事，亦以錢説爲然。朱説當不謬，再須細考。

批注二：汪□莊云：此□宜節去此，惟恐與竹垞説相迕也。

〔一五〕稿本此處有『者』字。

〔一六〕射，抄本作『躬』，此據稿本改。

〔一七〕奚康生事亦見魏書。

〔一八〕底，稿本作『庢』，『底』的俗字。

〔一九〕稿本『馬總』前有一『閲』字。

『二』，稿本作『一』。

批注一：或有辨子雲並無仕莽之事，其卒實在哀、平之際，美新一篇乃谷子虚所爲耳。班固典引曰：『相如封禪，靡而不典；揚雄美新，典事不實。』

批注二：藝文類聚引揚雄家牒云：『子雲以天鳳五年卒，葬安陵阪上，所厚沛郡桓君山平陵如子禮，弟子鉅鹿侯芭共爲治喪，諸公遣世子、朝臣、郎、吏行事會送，桓君山爲斂賻，起祠塋；侯芭負土作墳，號曰玄冢？』

〔二〇〕稿本此處作『叹』。抄本作『改』字于義爲優。

〔二一〕音，抄本訛作『因』，據稿本改。

〔二二〕抄本此處脱『杜詩』二字，據稿本補。

〔二三〕説，稿本作『悦』。

〔二四〕批注：馥按：『積』當作『福』。鄭室甫遜國臣記云：『建文中，觀與方、齊並見信用，文皇索齊、黄時，觀草詔，極其詆斥。羅刹江記作李陽河湍流中。』抄本正作『福』。

〔二五〕料，稿本作『科』，誤。

〔二六〕特，抄本作『之』，此據稿本。

〔二七〕泥，稿本作『涅』。

〔二八〕縷，抄本作『鏤』，誤。

〔二九〕握，抄本作『掘』，此據稿本改。
〔三〇〕詩，抄本誤作『時』，此據稿本改。
〔三一〕抄本此處脱『篤生』二字，此據稿本補。
〔三二〕抄本此處脱『又』字，今據稿本補。
〔三三〕稿本此處脱『六』字。
批注：馥按：『六尺』當作『六寸』。
〔三四〕甞，稿本作『常』。
〔三五〕批注：馥按：朱子曰：『檀弓之文正爲喪服，兄弟之子與己子同，故曰兄弟之子猶子也。豈以爲親屬之定名哉？猶即如也，其義繫于上文不可殊絶，明矣。若單稱之，卻與世俗歇後語無異。』
〔三六〕抄本此處缺字。
〔三七〕批注：意者：太末與今人稱金華豆豉，金衢接壤，亦未可知。其曰末下在猶吴下之例也。（文韶《臆説》）
〔三八〕批注一：馥聞張香雪先師言如皋風俗亦尚避煞。
批注二：此事莫詳于胡氏筆叢。
批注三：吾引歸耕久矣，此氣大足起。
〔三九〕批注：馥按：『以鉤之』當作『釣之』。
〔四〇〕批注：馥按：康齋先生講濂洛關閩之學，率弟子以躬耕。楊園先生慕而效之，讀書館課之餘而能言其理，諄諄以『耕讀』二字教人，言惟衣食可以無求于人，然後廉恥可立、禮義可行。誠善教也，先生之言正與之合。

〔四一〕問，抄本作『問』，今據稿本改。

〔四二〕武林舊事所記社會甚夥，中有云：别戲爲繪群社者，當即今之羊皮戲也。詳攤飯續譚。

〔四三〕抄本、稿本均作『氏』，今據癸辛雜識原文，改爲『安』。

〔四四〕破，抄本誤作『頗』，今據稿本改。

〔四五〕抄本作『义』，是『叉』的俗寫。自注曰：『一作義半』，據此『义』似乎是『義』的簡體，但據瑜珈師地論應該是『叉』。

〔四六〕畜，稿本作『蓄』。

〔四七〕王沅亭談異中載有一天宦比一頑童，童叠生。生子亦怪事。

〔四八〕山，抄本作『小』，今據稿本改。

〔四九〕稿本卷末有『門人王星羅校録』等字。

三餘摭録卷二

鹽官周廣業耕厓甫著
男勳常校録

〔二·一〕子規一名謝豹，見禽經。又虢州有蟲名謝豹，見酉陽雜俎。並詳拙著動植小志中〔一〕。

〔二·二〕吴俗稱蠶神曰馬鳴王。或曰馬鳴菩薩。説者非一。傳燈録云：『富那夜奢爲毘舍利國王，其國有一類人如馬倮露。王運神力，分身爲蠶，彼乃得衣。王後復生中印度。馬人感戀悲鳴，因號馬鳴大士。』蟫史云：『世傳蠶乃馬化，故背負馬迹，蜕殼時頭如馬。今人祭馬頭娘，名馬面菩薩，即其神也。』説皆荒渺難信。按：周禮馬質：『禁原蠶者。』天文：辰爲馬，蠶爲龍精。月值大火而浴種。是蠶與馬同氣。故荀況蠶賦曰『此夫身女好而頭馬首者』，與東方朔别傳曰『蠶狀喙呐呐似馬』。因物無兩大故禁之，古人禁蠶慮其傷馬，後人祀馬將以祈蠶，理相因也。

〔二·三〕邵氏録：『吕晉伯〔二〕云：「除虱法：吸北方之氣噴筆端，書『欽深淵默漆』五字，置之床帳間，即盡除。」吕公正直，非妄者。』

〔二·四〕錢枋説臆載京師學究大書其門曰：『秋爽擇日來學。』無異百工之肆，大非童蒙求我之義。今吴越間村夫子榜門招致徒侣者，所在皆是。甚至屠販、緇黄，無聊失業，輒從事於此。世俗父兄利其簡便，率爾委贄，計及錙銖，真師道之大厄也。

〔二·五〕夢溪筆談：『幽州僧行均集佛書中字爲切韻訓詁，凡十六萬字，分四卷。號龍龕手鏡。燕僧智光作序。契丹重熙二年集。』晁氏讀書志：『龍龕手鏡三卷，凡二萬六千四百三十字，注十六萬三千一百餘字，智光序後題統和十五年丁酉。』卷帙、字數多少，二説不同。

〔二·六〕蔡邕獨斷：『大樂郊社祝舞者冠建華，其狀如婦人縷簏。』又曰：『建華冠以鐵爲柱卷，貫大珠九枚。今以銅爲珠，形制如縷簏。』縷簏不知何物，疑即今婦人所帶挽頭，俗名盤圈。以鐵絲結就，冒以黑紗或緞，以綴珠翠。按：草木子云：『元朝后妃命婦皆戴姑姑，次戴皮帽。姑姑，高二尺許，用紅色羅，蓋唐金步摇冠之遺制。』書隱叢説載席上腐談云：『體長而頭尖，儼如靴形，想即今罟姑。』真珠船〔三〕云：『顧姑冠，鐵絲縛成，如竹夫人，長三尺許，用紅青綫繡或珠玉飾之。』南村輟耕録：『翰林學士承旨阿目茄八剌帶罟罟娘子十五人。』〔四〕周達觀真臘風土記：『八思頭戴紅布或白布如韃靼娘子罟姑之狀而略低，八思，彼國呼道者也。』聶碧窗詩：『雙柳垂鬟别樣梳，醉來馬上倩人扶。江南有眼何曾見，争捲珠簾看固姑。』元宮詞：『侍從皮帽總姑姑。』又：『罟罟高冠勝六珈。』又云：『罟罟珠冠高尺五，暖風輕裊鶡鷄翎。』楊允孚灤京雜咏：『香車七寶固姑袍，旋摘修翎付女曹。』自注：『凡車中戴固姑，其上羽毛又尺許，拔付女侍，手持對坐車中，雖后妃駝象亦然。』楊鐵厓吴下竹枝詞：『罟罛冠子高一尺。』諸所謂姑姑、罟姑、顧姑、罟罛、罟罟、固姑，實一物也。蓋其制始于元朝。然曰長二尺許、長三尺，高一尺、高尺五各不同。意亦各隨時製。余幼時所見挽頭直上高六七寸許，近吴中所尚極矮，僅三四寸，頭鋭曲向後，迴非曩式。達婆帶者較高，杭人呼紗罩，猶罟姑遺制也。

〔二·七〕老學庵筆記：『陳亞詩云：「陳亞今年新及第，滿城人賀李衙推。」李乃亞之舅爲醫者也。北人市醫皆稱衙推，不知何謂？』舊唐書鄭注傳：『注以藥術依李愬，署爲節度衙推。』蓋自此始也。昌黎文：『軍事衙推李濟。』衙，或作牙，位在節度推官之下。北夢瑣言云：『莊宗後唐好俳優，宫中暇日自負蓍囊，令繼岌破帽相隨。以后父劉叟以醫卜爲業，后方晝寢，造其卧内，自稱劉衙推訪女。后大恚，笞繼岌。』歐公五代史伶官傳祇作劉山人來省女。蜀僧仁顯廣畫新集云：『路衙推不知何許人，善畫魚。』〔五〕

〔二·八〕余族叔有小名寶爻者，不得其解。及睹京房易傳曰：『八卦，鬼爲繫爻，財爲制爻，天地爲義爻，福德爲寶爻，同氣爲專爻。』陸績注：『天地即父母也。福德即子孫也。同氣，兄弟爻也。』乃知其説。

〔二·九〕千字文，梁書及隋、唐志中互有異同，日知録論之詳矣。今所傳者獨周興嗣本耳。按：梁書本傳：『興嗣字思纂，高祖時銅表銘、栅塘碣、北伐檄、次韻王羲之千字，並使興嗣爲之。興嗣兩手先患風疽，隆昌十二年又染癘疾，左目盲。高祖撫其手曰：「斯人也而有斯疾也。」手疏治疽方賜之，普通元年卒。』劉禹錫嘉話録云：『梁武帝教諸王書。使殷鐵石集大王書，得千字，使散騎常侍周興嗣次韻成文，命諸王學之，文義完美。』書斷云：『梁武帝命殷鐵石于大王書中榻一千字不重者，每字片紙，雜碎無序，召興嗣韻之。一夕編綴進上，鬢髮皆白。』出尚書故實。獨異志云：『興嗣多才思。武帝出千言，無章句，令嗣次之。因成千字文，歸而兩目俱喪。及死，開視之，心如掬營燥泥。』又一書忘其名。武帝取鍾、王真迹授興嗣，令選不重複者千字，韻而文之。一宿而上，髮鬢皆白，大被賞。此説兼言鍾、王，與前數説異。蓋即宋太宗鍾繇破碑云云所本也。見宋史李至傳，日知録已載。余所親盛子百二著柚堂筆談云：『右軍所書即太尉千文也。』見金壇王氏鬱岡齋帖，題云：『魏太尉鍾繇千字文，右軍將軍王羲之奉敕書。起四句：「二儀日月，雲露嚴霜，夫貞婦潔，君聖臣良。」結二句與周氏同。』是書歷代臨摹不下數千本。宋時避諱多所竄易。今天下貢院號舍用以編次。文獻通考：『紹興時兩浙運副吴革嘗請立千字文印造田宅契紙，給付諸縣過買田宅者。今凡數積至十百者，皆以此編列。』以首句第三字犯廟諱改爲『元』，循宋例也。次句『荒』改爲『長』，其書便于童蒙，故冬烘村兒皆能成誦。而問其所出，雖老儒亦不得其詳者。因備著之。

至唐時進士周遜嘗改次千文，更換天寶應道千字文，呈宰執右相陳希烈。陳曰：『有添換乎？』遜曰：『翻破舊文，一無添換。』右相曰：『「枇杷」二字如何翻破？』遜曰：『祇此二字依舊。』右相曰：『若如此還未盡。』遜逡巡不能對。載張洎賈氏談録。宋侍字良器，皇祐元年進士，官至朝散大夫，善書。以意遷避周興嗣千文所用字，別著續千文。黄庭堅稱之。見正字通。隋潘徽爲萬字文，見本傳。此又日知録所未及也。淳化閣帖有漢章帝書千文數行。有曰：『罔談彼短，無恃己長。』無，今作靡。『尺璧非尚，寸陰是兢。』尚，今作寶。兢，今作競。宋劉次莊釋文云：『千文，章帝時未有，東書堂帖定爲杜度書，亦誤。』或云是蕭子雲書，意當時原本如此，惜不得其全也。

〔二·一〇〕俗呼屋旁小巷曰衖。南史：『蕭諶接鬱林王出至延德殿西弄。』集韻：『弄，廈也，屏也。俗又呼衖。』唐，詩中『唐有甓』，『唐』亦路也。見祝允明前聞記。按：離騒：『啟九辨與九歌兮，夏康娱以自縱。不顧難以圖後兮，五子用失乎家衖。』以韻叶之，衖當作平貢反，讀若衖。近俗本直作衖。而注云『與巷同』，非也。揚雄宗正箴：『昔在夏時太康不恭，有仍二女五子家降。』章樵古文苑注：『謂太康失邦，五子皆降爲家。』引楚詞自作『家衖』。

〔二·一一〕蒙求有數本。一石晉李瀚撰，余五歲入塾時所讀者。宋史藝文志載王範續蒙求三卷，白廷翰唐蒙求三卷。範所作曰續蒙求，宜其先有一蒙求矣。王、白本今皆不傳，獨李本存。宋王令又撰十七史蒙求，令自爲注，凡十六卷，中避宋諱，如以敬爲欽，貞爲正之類。二書皆當讀之，但令書首句犯余家諱，次句又同賤名，兒輩以備披覽可矣，不必用爲課本也。野客叢書引李瀚蒙求二事，一周公握髮，謂禹先嘗一饋而十起，一沐而三握髮。事見淮南子。一江革忠孝，王覽友弟，謂諸家注盡引後漢江革，且後漢江革是江巨孝，非忠孝也。南史梁時亦有一江革，年十六喪母，以孝聞，後爲魏人所執，詞色莊正，不少屈服而歸。梁明帝曰：『今日始見蘇武之節。』此正兼忠孝二事。然今本正作江革巨孝。

〔二・一二〕通鑑：『唐德宗貞元三年值霖雨，李叔明之子昇及郭子儀子曙等六人著行縢、釘鞋，更鞚上馬以至梁州。』注：『釘鞋，以皮爲之，外施油蠟，底著鐵釘。』按此乃釘鞋之始也。今俗呼雨鞋。

〔二・一三〕唐崔遠有文而風致峻整，人目爲『釘座梨』，言座所珍也。釘坐，今之攢果裝釘而成，設之坐前，以爲觀美。俗有大筵宴皆用之，亦作飣。昌黎詩：『肴核分飣餖。』唐少府監御饌，用九盤裝累，名九飣食。見玉海。

〔二・一四〕舊唐書德宗王皇后傳：『詔曰：「祭筵不可用假花果。」』蓋今祭席中所用蓪草五色紙花樹，自唐已然也。像生以粉爲之，牲魚果品皆有。自梁武宗廟以麪爲犧牲始，燭奴以紙爲之，用以捧燭，燭亦紙也。俗稱蠟燭鬼，或號爲波斯。不知何出。其實自唐申王撝以龍檀木爲燭奴始。天寶遺事：『申王奢侈，每夜宮中與諸王貴戚聚宴，以龍檀木雕成燭跋童子，衣以緑袍，繫以束帶，使執畫燭列于席側，目爲燭奴。時貴皆效之。』又清異録：『江南烈祖案上捧燭鐵人高尺五，云是楊氏時馬廄中物。一日黄昏急須燭，呼小黄門：「掇過我金奴來。」』楮錢，漢時葬墓有瘞錢，名昏寓錢，謂昏晚埋之壙中，爲死者之用也。後世里俗易之以紙。至唐玄宗時，王嶼爲祠祭，使有所禳祓，大類巫覡，始造楮鏹以事神，自後喪祭皆用紙錢矣。戴埴鼠璞云：『法苑珠林載紙錢起于殷長史。』〔六〕

〔二・一五〕和尚所居曰方丈。釋氏要覽云：『唐顯慶中王玄策〔七〕使西域至毘邪離城，有維摩石室，以手板縱横量之，得十笏，故名方丈。手板今失傳。據此，則手板長一尺也。漢蕭何有相手板經云：『板長一尺五寸，廣一寸五分。』見山堂肆考。是十笏當十五丈矣，與此不合。隋經籍志：『相手板經六卷。』

〔二·一六〕人蓡，十餘年來價值昂貴，每揀參一兩，直百金。度古未之有。然梁書載阮孝緒母疾，須人蓡。陳群曰：『頗有蕪菁唐突人參也。』劉晝新論心隱篇云：『若齊尼之亂人參。』在當時已非易得之物矣。近市肆作僞尤多，莫可究詰，其所産有數處。詳動植小志。

〔二·一七〕古詩呼鷄作朱朱，呼犬作盧盧。湘煙録：『呼鷄聲爲咿，鵝爲呵，鴨爲伊，猪爲囉，猫爲㘈，羊爲哩。』真臘風土記：『呼鷄爲欒，猪爲直盧，牛爲箇。』

〔二·一八〕漢書：『于定國食酒至數石不亂，冬月治讞，飲酒益精明。』此『食』字乃傳寫失其欠旁也。柳宗元序飲云：『吾病痞，不能食酒。』據此用之。漢書：『張蒼老無齒，食乳。』

〔二·一九〕繁欽弭愁賦：『點圓的之熒熒。』圓，一作圜，天子諸侯群妾進御，有月事者以丹注面爲的。釋名作勺，謂『有月事者灼然可識也』。楊升庵云：『「的」與「勺」同。』王粲神女賦：『脱桂裳免簪笄，施華的兮結羽釵。』温庭筠靚妝録：『華的，一作圓的，又曰星的。』説文云：『姅，女污也。』漢律：『見姅變不得侍祠。』姅，音半，唐世名入月，宮詞曰『密奏君王知入月』是也〔八〕。

〔二·二〇〕語有耳語。漢書灌夫傳：『呫囁耳語。』附耳而語，人不聞聲，荆軻所謂出口入耳之言也。烈士傳：『燕丹使田光往候荆軻，値其醉，唾其耳中。軻覺曰：「此出口入耳之言，必大事也。」則往見光。』見藝文類聚。又有眼語。陳後主歌：『眼語送杯嬌。』漢書李陵傳：『未得私語，輒目〔九〕視陵。』師古注曰：『以目相視而感動之，即今之眼語也。』楚詞：『滿堂兮美人，忽獨與余兮目成。』亦此意。又有眉語。李白詩：『眉語兩自笑。』温庭筠詩：『眉語柳毵毵。』柳惲詩：『窗間眉語度。』又有手語。李白詩：『佳人當窗弄手語。』又：『間將手語彈鳴箏。』此皆無語之語。若左傳：『魏壽餘履士會之足于朝。』史記：『陳平躡漢高祖足。』亦可稱足語也〔一〇〕。

〔二·二一〕後漢：『宋均客授潁川。』注謂：『客潁而授生徒也。』禮無往教，始作傭者，其均乎？

〔二·二二〕天禄識餘：『禰衡〔一一〕鸚鵡賦文不加點。』點者，塗也。加者，乙也。唐試士式塗幾字，乙幾字。即今闈例添注塗抹若干字。雍正間裁去，乾隆乙酉科復行，旋以無關弊竇裁。乙音注，與『黈』同，文字遺落鈎其旁而添之也。東方朔傳：『止輒乙其處。』謂有所絶止，黈而記之曰乙，如士人讀書以朱識其止處也。按：昌黎師説云：『句讀之不知。』句者，旁點也。讀者，中點也。又韓滂墓誌云：『滂讀書倍文，功力兼人。』注：『倍文謂背本暗記也。』今通作背，此皆初學所宜知者。

〔二·二三〕今小曲中有所謂嘆五更者，詞極俚鄙，由來却古。陳伏知道從軍五更囀五首曰：『一更刁斗鳴，校尉逴連城。遥聞射雕騎，懸憚將軍名。二更愁未央，高城寒夜長。試將弓學月，聊持劍比霜。三更夜驚新，横吹獨吟春。强聽梅花落，誤憶柳園人。四更星漢低，落月與雲齊。依稀北風裏，胡笳雜馬嘶。五更催送籌，曉色映山頭。城烏初起堞，更人悄下樓。』詩載藝文類聚。

〔二·二四〕劉知幾謂李陵書是齊、梁文士擬作。然江淹獄中上建平王景素書有云：『此少卿所以仰天搥心、泣盡而繼之以血者也。』乃全用李陵語。淹在劉宋初，何由得取齊、梁間語？即昭明所不知，亦不應以時作入選。疑此書出自三國或晉人耳。

〔二·二五〕王筠裁衣詩：『袙腹兩邊作八撮。』按：劉熙釋名曰：『帕腹，横帕其腹也。』又曰：『抱腹，上下有帶，抱裹其腹上，無襠者也。』楊升庵解此詩則云：『袙腹，今之裹肚，袙音末，同袜。崔豹古今注謂之腰綵，今吴人謂之袜胸。』然腰綵、袜胸其制實異。腰綵以裹腹，即釋名所謂抱腹。馬縞中華古今注：『抹肚，文王所制，謂之腰巾，但以繒爲之。宫女以綵爲之，名腰綵。漢武帝以四帶名曰袜肚，至靈帝賜宫人蹙金絲合勝袜肚，亦名齊襠，亦名袜腹。』陳書周迪傳『迪無威儀，冬則短身布袍，夏則紫紗袜腹』是也。吴人謂之兜肚。袜胸，闊四五寸，兩旁有帶横繫胸前，以護兩乳，其制始楊太真。吴人謂之欄子，亦名抹胸。

〔二·二六〕王楙野客叢書言唐人有以俗字入詩用者。如張祜：『銀注紫衣擎。』許渾：

『橘邊沽酒幾壚空。』元微之：『櫓窢動摇妨客夢。』杜子美：『遮莫鄰鷄下五更。』杜荀鶴：『子細尋思底模樣。』云云。廣按：窢，丁滑切，穴中出貌。當即櫓臬，亦名櫓牙。俗名櫓人頭。又云櫓和尚。遮莫，唐詩釋箋云：『猶言儘教也。』因而推之，此類甚多。李白詩：『耐可乘流直上天。』耐音能，猶言如何可也。又曰：『作箇音書能斷絶。』作箇猶言何爲。韓愈：『斗覺霜毛一半加。』杜牧：『至竟息亡緣底事？』白樂天：『如今格是頭成雪。』格亦作隔。元微之：『隔是身如夢。』猶言已是。皆當時習用俗字也。

〔二·二七〕廣雅：『翁、叟、爸、爹、奢，父也。媓、妣、妑、[女畢]、嬭、姐，母也。』按：集韻：『爸音霸，吴人稱父也。』木蘭歌云：『軍中十二卷，卷卷有耶名。』今吴人稱父亦爲爺，『爺』由來古矣。閩人呼郎罷，見顧况詩。回紇呼阿多，見唐書回紇傳。疑音考略：『巴人呼母曰姐。』北齊書：『諸王呼嫡母爲家家，乳母爲家姊姊，婦爲妹妹。』李賀傳稱母爲阿㜷。韓昌黎祭女挐文：『阿爺阿八。』是南陽俗呼母爲阿八，江南曰阿媽，或呼嬭，或呼阿奶，則皆『母』音之轉也。

〔二·二八〕母之姊妹曰姨，其夫曰姨夫。表異録云：『袁聿脩爲姨丈人崔休所知賞。』是稱姨丈人也。

〔二·二九〕今稱庶母曰姨娘，通呼阿姨。按：南史：『齊蕭鈞五歲，所生區貴人病。左右進五色餅，不肯食，曰：「須待姨差。」』又晉安王子懋七歲時，母阮淑媛病，請僧行道，有獻蓮花供佛者。子懋泣曰：『若使阿姨因此和勝，願諸佛令花竟齋不萎。』則由來已久。王右軍法帖中亦有之。

〔二·三〇〕妻父，漢時稱婦翁亦稱婦公，見第五倫傳。六朝時稱丈人。三國志先主傳：『獻帝舅車騎將軍董承。』裴松之注云：『古無丈人之稱，故謂之舅。』則知宋稱丈人也。自唐迄今，稱妻父爲太山。酉陽雜俎曰：『明皇東封泰山，張説爲封禪使，事竣，三公以下皆轉一品。説婿鄭鎰官九品，因説遷五品。黄幡綽曰：「泰山之力也。」因謂丈人爲泰山。』摭遺曰：『歐陽永叔言今人呼妻父爲岳公，以泰山有丈人峰也。』二説未知孰是。晁氏客語云：『今人乃呼岳翁。』又有呼妻母爲泰水，呼伯叔大人爲列岳。謬誤愈甚。

〔二·三一〕男女締姻，兩家相謂曰親家翁、親家母。皇家亦然。新唐書蕭嵩傳：『嵩妻入謁明皇，呼爲親家。』或云『親』當作去聲。盧綸王駙馬花燭詩：『人主人臣是親家。』因話録載柳侍御芳代郭汾陽草祭獨孤皇后代宗后文，官銜之首稱駙馬都尉郭曖父。

〔二·三二〕囡地，子初出胎聲也。續獻徵録：『李日華生時無囡地聲。』囡，和去聲，今人驟聞響聲則稱之，或云本進船聲。

〔二·三三〕天中記：『唐文宗開成元年，歸融爲京兆尹。時逼上巳，兩公主出嫁，事繁。曲江賜宴，奏請改日。上曰：「去年取九月十九日爲展重陽，未爲失。」遂改十三日爲展上巳。』書隱叢説云：『文宗曰：「去年重陽取九月十九日，未失重陽之義。今改取十三日可也。」蘇東坡有「菊花開時即重陽」之句，故在海南藝菊九畹，以十一月望與客泛舟作重九，則今節亦可通融移易也。』據此，是唐改十三日爲重陽矣。其説訛錯，當從天中記。

［二·三四］唐時宮中稱父兄皆曰哥。宋稱王子爲哥。唐時弟稱兄曰哥。白樂天祭弟文自稱二十二哥居易。

［二·三五］史記酷吏傳：『置伯格長。』『伯』同『陌』，『格』同『落』。言阡陌村落皆置長也。漢書作『伯落長』，師古曰：『伯亦長帥之稱，置伯及邑落之長，以收捕司察奸人也。』此即今總甲、保長之類。

［二·三六］余讀嵇康養生論：『齒居晉而黄。』不得其解。後閲彭乘墨客揮犀載：『太原人喜食棗，無貴賤老少皆置棗於懷袖間，等閒探食之，則人之齒皆黄，緣食棗故。』乃驗叔夜之説。陸佃埤雅云：『啗棗令人齒黄。』亦以晉人食棗爲證。

［二·三七］今人呼溺器曰虎子，始自漢李廣。西京雜記云：『廣獵（冥）［冥］山，殪臥虎，斷其頭爲枕，示服猛也。鑄銅象其形爲溺器，示厭辱之也。』後遂以名溺器。唐人則謂之夜瀦，名溺爲房中弱水〔一二〕。

［二·三八］山堂肆考：『蒼蠅多生於榆葉間，卷葉作房，久則小蟲蜕爲蠅，是蠅屬蟲化也。』又按：淮南子：『爛灰生蠅。』類從亦言蠅生于灰。蠅值水溺死，以置灰中，須臾即活。余親試有驗。則其生又無復胚胎矣。近武原朱太史佩蓮，乾隆己卯秋典試陝西。閲卷有不當

意者，舉筆欲抹，有蠅抱筆端，揮之不去。以指彈之，去即復抱，深以爲異。乃祝曰：『若士當中式者，集其卷號。』蠅應聲飛集，士因中式。及謁見，問曾有功于蠅否？士曰：『無之。』此亦可稱物異。余按：白六帖載苻堅作赦文，傳自青衣童子。青陽記載郭代登科歸坐家庭，有蠅數萬作人行立折躬者三。術士所謂青蠅拜賀，方能及第者也。似蠅頗與知人事。又蠅糞最能敗物，玉亦不免，故曰蠅糞點玉。蓋物之靈者也。

〔二·三九〕宋祁筆記曰：『漢趙過始教人牛耕。』余按：山海經：『稷之孫叔均始作牛耕。』注：『始用牛犁也。』孔子弟子冉伯牛亦名耕。

〔二·四〇〕今世成婚，婦家枕函衾角，率繡『長命富貴』、『金玉滿堂』字樣，以爲吉讖。考唐景龍中，中宗出降睿宗女荆山公主，特鑄撒帳錢，敕近臣及脩文館學士拾錢，其銀錢散貯絹中，金錢每十文繫一絲縧，文曰：『長命守富貴。』徑寸，重六銖，形五出。見洪邁泉志。又董逌錢譜：『李唐鑄撒錢，其文有曰「長命富貴」、「金玉滿堂」。又有「忠孝傳家」、「五男二女」、「天下太平」、「封侯拜相」之類。』則其由來亦古矣。按：『金玉滿堂』四字見焦延壽易林。

〔二·四一〕水車，王鳳稑名物通云：『江浙間目爲龍骨車。』留青日札：『水車中蝦蟆練頭名龍骨。』按：水車之制，三才圖會載之甚詳。又有水轉翻車、牛轉翻車，俱比人踏功倍。逸雅：『耞，打穀具也。或曰羅耞。』方言謂之僉餘。冬序録：『打稻具，吴人謂之連耞，楚人謂之棹花。』篰禾具名叉，三才圖會亦詳其制，謂之鐵禾叉。農田餘話：『元至元丙子，丞相伯顔禁江南農家用鐵禾叉，犯者杖一百七十，防南人造反也。民間止用木叉。』説文：『𦓤，叉可以劃麥。』耰田器，布種後以此摩之，使土開發處復合以覆種者。見庶物異名疏。三才圖會名田盪，又名平板輥軸，皆吴中田器，布穀時用之以均泥者。秧馬，據東坡秧馬歌序：『武昌農夫皆騎秧馬，云：以榆棘爲腹，欲其滑。以楸梧爲首，欲其輕。腹如小舟，昂其首尾，背如覆瓦，以便兩髀雀躍于泥中。繫束藁其首以縛秧，日行千畦，較傴僂而作者勞佚相絶。』今吴中所稱秧馬，僅用木尺許，縱横爲之，如丁字，高止尺許，婦人騎以拔秧，農夫則不騎也。喬扦，挂禾具，前在吴興見之。農器圖譜載之詳焉，吾邑地高，無需乎此。

〔二·四二〕易漸上九：『鴻漸于陸，其羽可用爲儀，吉。』『陸』字，胡氏、程氏皆云：『當作逵。』朱子取之，謂以韻讀之，良是。按：新唐書：『陸羽不知所生，或言有僧得之水濱，畜之既長，自筮〔一三〕，得蹇之漸曰：「鴻漸于陸，其羽可用爲儀。」乃以陸爲氏，名而字之。』因話録：『竟陵龍蓋寺僧姓陸，收育之，遂以陸爲氏，爲太子文學。』文苑英華載周願三感説云：『羽之出處無宗祊文籍，始自赤子，洎〔一四〕乎冠歲，爲竟陵苾芻所生活，老奉其教。』〔北〕周王褒上庸公陸騰勒功碑頌云：『遐觀命氏，眇求世禄。龍圖紀河，鴻漸于陸。霸楚傳姓，命吴啟族。君子篤生，降靈惟岳。』則宋以前固讀元文也。顧亭林日知録以韻證之，亦有見。又按：六十四卦，六爻取象，無同出於一物者，獨漸六爻皆取象於鴻。蓋雁之大者爲鴻，月令于其來也，以賓目之。其飛有行列，次第不相紊亂，是行之最有漸者莫鴻若也。卦體山上有木，故内卦二取漸磐，艮體也；外卦四取漸木，巽體也。三上二爻同居卦之上，故皆取象於陸。高平曰陸，非水鳥所樂居，三在内勢方進而不已，又過剛不中，必不能久於其〔一五〕所，故不復不育而凶也。上則無意于進，不與群聚，而獨位于高所，正應之。三亦已散去，故雖漸陸與三同而養尊處優，人皆瞻仰其羽毛焉，非吉而何？小象繫以不可亂，正言群醜不得而亂之也。若以雲路爲解，竊恐鴻飛冥冥，弋人何篡？又何羽之可取爲儀乎？班固演連珠曰：『臣聞鸞鳳養六翮以凌雲，帝王乘英雄以濟民。易曰：「鴻漸于陸，其羽可用爲儀。」』正謂此也。（以上癸未年稿）

〔二·四三〕撚香蓋始於漢。周祈名義考曰：『周人焫蕭，漢始爲博山爐，而所焚惟蘭蕙。劉向博山爐銘：「中有蘭錡，朱火青烟。」古樂府：「香風難久居，空令蕙艸殘。」無今之香也。自武帝通南越，中國始有龍腦、鷄舌等香。通西域，始有安息、薔薇水等香。蘭與蕭不復用矣。』程大昌演繁露則云：『秦漢以前宗廟燔蕭，灌獻尚鬱金，食品貴椒，皆非今香也。至漢始有鷄舌等香，然尚無沉腦香。因疑漢武内傳載王母降，爇嬰香等品。多異名，乃後人爲之。以史、漢未嘗紀載爲據。按此則封禪、洞冥諸記直不足信，然撚香之始自漢無疑也。至所謂行香者，沈存中曰：『當以香末散撒爲行香。』引畢仲荀幕府燕閑録曰：『國忌行香起於後魏，江左齊梁間每燃香薰手，或以香末散行謂之行香。』程大昌演繁露據南史駁之曰：『按南史王僧達好鷹犬，何尚之「設八關，齊集朝士，自行香，次至僧達，曰：『願郎且放鷹犬。』」其謂行香次及僧達者，即釋教之謂行道燒香者也。行道者，主齋之人親自周行道場之中；燒香則爇之于爐也。東魏静帝嘗設法會，乘輦行香。高歡執香爐步從，鞠躬屏氣。按：凡云行香者，步進前而周匝道場，仍自炷香爲禮也。静帝，人君也。故以輦代步，不自執爐，而使高歡代執也。此可見行香祇是行道燒香，無撒香之事。』近世官府行香祇炷香于爐而已。若庶民佛寺燒香，本外國之俗。漢武故事：『昆邪王殺休屠王，以其衆來。上得其金人之神置之甘泉宮。金人者皆長丈餘，其祭不用牛羊，惟燒香禮拜。』是亦始于漢也。又蔡絛鐵圍山叢談：『奉宸庫有龍涎分錫大臣、近侍，模製甚大，而外視不甚佳。每以一豆大爇之，輒作異花氣，芬郁滿座，終日不歇。於是太上大奇之，命籍被賜者，隨[數]多寡，復收取以歸中禁。因號曰「古龍涎」。諸大璫争取一餅，可直百緡，金玉爲穴，而以青絲貫之，佩于頸，時于衣領間摩挲相示，由此遂作佩香焉。』今佩香由此始也。

〔二・四四〕糊臉，古稱胡面子，季咸所造。留青日札云：『西京賦曰：「總會仙倡，戲豹舞熊。白虎鼓瑟，蒼龍吹篪。」注曰：「皆爲假頭也。」假作其形，即今面鬼兒。』按：此或稱假面，或稱人面。『孫興公嘗著假面戲爲儺，至桓宣武家。温覺其應對不凡，推問之，乃興公。』見建康實録。『高齊蘭陵王長恭貌類美婦人，乃著假面對敵。今之人面是也。』見隋唐嘉話。

〔二・四五〕凡木皆有雌雄，雄者多不實，可鑿作方寸穴，取雌木填之，乃實。見俞宗本種樹書。

〔二·四六〕西湖十景有柳浪聞鶯，『柳浪』字不知所出。及閲唐書：『王維别墅在輞川，有柳浪。』乃知所自。

〔二·四七〕今人試武習騎，先用木馬。余考南史齊本紀：『後主始欲騎馬，未習其事，俞靈韻爲作木馬，人在其中，行動進退隨意所適，後遂善騎。』則其由來亦舊矣。

〔二·四八〕今時憲書前刻繪春牛圖，策牛人或居前，或居後，或居中。每年不同。俗説：牛屬土，爲財。人居牛前，爲財趕人，主歲豐稔。人居牛後，爲人趕財，主歲薄收。余閲唐李涪刊誤云：『月令「出土牛，以示農耕之早晚」。謂於國城之南立土牛。其言立春在十二月望，策牛人近前，示其農早也。立春在十二月晦及正月朔，策牛人當中，示其農中也。立春在正月望，策牛人在後，示其農晚也。』予以今時憲書考之，良然。賢於俗説多矣。又曰：『今天下州郡，立春日，製一土牛，飾以文彩，即以綵杖〔一六〕鞭之，既而碎之，各持其土以祈〔一七〕豐稔，不亦乖乎？』按此，則今時憲所繪，正是月令遺意，奈何忽焉不考也？

〔二·四九〕晉書鄭氏婚物贊曰：『羊者，祥也。』然則婚之有羊，自漢末始也。按此説本于董子繁露。

〔二·五〇〕南陽張機字仲景，總角造何顒。顒謂曰：『君用思精而韻不高，後將爲良醫。』卒如其言。顒先識獨覺，言無虚發。王仲宣年十七，嘗遇仲景。仲景曰：『君有病，宜服五石湯，不治且成。後年三十，當眉落。』宣以其歲長遠，不治也。後至三十，果疾成，眉落。其精如此。仲景在京師爲名醫，於當時爲上手，時以爲扁鵲、倉公無以加之。見何顒別傳。

〔二·五一〕崇禎年，枚卜閣臣，一時大僚及臺諫相搆不休。其不得與會推者，造爲二十四氣之目，以搖惑中外。其曰：二十四氣者，殺氣吴甡，棍氣孫晉〔一八〕，戾氣金光辰，陰氣章正宸，妖氣吴昌時，淫氣倪元璐，瘴氣王錫衮，時氣黄景昉，膻氣馬嘉植，賊氣楊枝起，悔氣王士鎔，霸氣倪仁禎，疝氣周仲璉，糞氣房之騏，痰氣沈維炳，毒氣姚思孝，逆氣賀王盛，臭氣房可壯，望氣吴偉業，雜氣馮元颷，濁氣袁愷，油氣徐汧，穢氣瞿式耜，屍氣錢元慤。各有諢號。中間賢不肖參雜。其指爲淫氣、逆氣、油氣、穢氣者，後皆死國難。至天啟中，尚有天鑒、點將二録，崔呈秀密以呈魏奄者，抄傳甚衆。故不具録。見朱茂曜兩朝識小録。

〔二·五二〕乙酉冬，余入南山省墓，南山者，臯亭山之支也，去杭州府治二十餘里。由洛塘至山，竟日始達。山高約數十仞，墓在其麓，凡五塚，皆東北向。十世祖妣方太君位中。其左爲九世祖太學契蓮公、妣節孝孫太君。其右宋孺人，太學公側室也，年十九而嫠，襄孫太君撫孤，有節操。事俱詳仁和邵文僖公鋭墓表及汪御史道昆墓誌。爲八世祖贈〔一九〕中憲大夫亭山公手扦云。圍冢以石，前有三大松，挺然特立，遠望夭矯如龍，高踰千尺，蓋三百餘年木也。其東數十步爲七世祖別駕南龍公、妣徐太安人。冢亦圍以石，大泌山人李維禎作誌。其西抱石城而窆者，爲六世祖徵君孟醇公、妣錢太孺人。別駕公之長子，而二千石公之嗣子也。舊葬邑東北硤石里，雍正癸卯遷葬于此。雖用灰隔，久而就頹。又土不甚隆起，爲灌莽所掩，旁無石砌，初幾不辨其爲墓，山足斗峭不可容俎豆。感嘆良久，思有以脩治之而力未能也。近墅叔祖指墓西偏、山勢自然平凹處，謂西江一地師云當葬此。既而，按行山地率丈餘，得古刺杉一株，旋繞墓側，蓋用以别疆畛者。山下有池，有田，有稑地，有桑地，屋三楹，舊有兩所，今存其半。田畝數詳載贈公筆記，約計之得二十七畝。噫，祖宗詒謀不可謂不善，而後每陵夷，可勝嘆哉！時十月初七日也〔二〇〕。

〔二·五三〕秀水朱茂曜兩朝識小録載：『魏奄柄權，獻媚者争爲立祠，自永恩祠一倡，而懷仁、崇仁、隆仁、彰德、顯德、昭德、茂德、戴德、瞻德、崇功、報功、元功、旌功、崇勳、茂勳、表勳、感恩、祝恩、瞻恩、德馨、鴻惠、隆禧，内而中官，外而封疆大吏，丹黄土木，遍于寰宇。至杭州建于關壯繆、岳武穆兩祠之間，而國子監生陸萬齡請建祠于太學之側，則無忌憚極矣！』余考宦官之禍，歷代皆有，從未有恣横如忠賢者。至於朝士阿附，祠滿天下，國之危亡，旦夕可待。其遷延十數年，始有煤山之變者，亦幸也。其時惟福建、江西未有祠。永恩之建，作俑于浙江巡撫潘汝禎。牌坊書『一柱擎天，三朝捧日』八字。三朝野史載：『祠共四十所。以「仁」名者，尚有景仁、存仁、廣仁、威仁、仁溥；以「德」名者，崇德、仰德、萃德、懷德；以「勳」名者，鴻勳、隆勳、褒勳；以「恩」名者，隆恩、廣恩、洽恩、留恩；又有宏愛、永愛、著愛、留敬、嘉猷、懋懿等名。其一祠兩名，則山東之隆禧，又名湛恩，一從巡撫李精白請，一從巡按黄憲卿請也。名德芳者二，一在遼東，一在都城。』朱竹垞書其先君子五言詩後，額〔二一〕名尚有：沾恩、普德、隆德、成德、懋猷，而萬齡所請建祠國學者，額曰『配聖』。其時最宏麗者，開封之戴德。毁民房二千餘間，建宫殿九重。榆林之祝恩，直用琉璃瓦。而揚州瞻恩，上梁之日，熹廟哀詔已頒，巡鹽許其孝等哭臨畢，易吉往拜，還復衰絰哭臨。吁，有是事哉！時惟福建未及請，江西巡撫益都楊邦憲疏請在思陵即阼後云。

［二·五四］晉書：『謝安有疾，曰：「昔夢白鷄，今歲在酉，殆不起乎？」尋薨。』王荆公詩『老過白鷄身不死』，正翻用之也。

［二·五五］湖郡南潯鎮祇園寺後有隙地一區，草蕪中土稍隆起，上立石碑。題曰：『無爲州生員雲潤礎墓。』土人言：康熙末，雲生過其戚家，買得一婢，年十餘歲。將載歸江左，泊舟寺前。適寺演劇，觀者雲集。生適市，婢向岸窺伺，見人則畏縮。時浙西諸郡拐黨方熾，遺失小兒女無算。相傳巢穴在太湖中，以噉人肉爲事，所拐皆小男女。中其術者，輒隨之去。狀若痴呆，遺失者無算，人人切齒。謂之拐子。〔二二〕時婢狀適與相符，因共詰舟人曰：『莫是拐子否？』舟人惡其妄也，謬應曰：『然。』言未畢，生至，舟人益自恃，指謂人曰：『拐子來也。』衆遂譁然。蜂擁縛生，隨牽婢登岸，急扣所從來，婢驚惶不能答。衆曰：『此服啞藥，故不能出聲，其爲拐子無疑也。』生無由自白，衆因共舁舟於寺後空地，聚薪焚之。投雲火中，兩舟子亦被縛焚死。有間，婢稍稍道其故，衆始駭走。明日，其戚家聞有是事，鳴之官，株連甚多，爲首者伏誅。其弟舉人某訴之部，奉部檄，即其地表爲墓，並勒石戒踐牧焉。此余甲戌春親歷其

地，悉其顛末云。甲戌去今三十九年，當時目擊碑字，詳詢始末，以其客死非命，由舟人一言之失，憐而録之。前年冬，江行經無爲境，嘗以此事問人，無知者。後在周方伯署閱州志，無舉人雲姓者，心頗疑之。及來桐汭覽舊志，則〔一三〕潤礎兄弟名在孝友傳，乃知雲固廣德人，非無爲人，碑石誤也。但事經部檄，不應籍貫差謬，恐是寄籍無爲，而土人又並言無之。還問之南潯人，則墓地已屋其上，不復可踪迹矣。向使余不至廣德，即至而不與聞志事，則雲生終爲無爲人矣。夫天下可信者無如目，而猶不足憑如此，著書洵不易哉！乾隆壬子春三月既望，廣業又識。

按：雲氏家乘記載德復仇事甚詳。載德者，潤礎兄也。康熙壬寅潤礎客上海，買二童一婢以歸，艤舟南潯鎮祇園寺前。無賴子目爲拐掠，叢毆之立斃，並殺同伴錢某、舟人沈某。燔其屍，所遺止腸三段、脇骨一條而已。載德號慟，誓復弟讐，顧未得無賴子姓名。鎮故有巡檢營弁先以事聞于縣矣。乃控守，令推問，始知凶。渠爲楊世昌富室也，重賄吏文致之。謂潤礎拐掠屬實，而坐載德以冒親之罪。載德又控之院，委錢塘令鞫之。幾平反，俄以事去，獄久未決。載德因歸鬻産，爲赴部計。而浙撫已據成案具題矣。及載德抵京，知無可挽，痛哭曰：『事已如此，惟有捐軀以謝冤魂耳。』投部叩冤，拘禁獄一旬，大司寇涂天相、大京兆唐執玉憐而奏之。世宗特命通政司王沛檀、刑部員外郎佛保往浙覆訊。無賴皆伏辜，大辟者十二人，問官褫職，撫臬降調。以二犯未獲，遺骸未得歸葬。越五年，始許暫瘞寺後。又二年，于瘞處樹碑。

又十餘年，其子彰改葬之故里。方載德之控院也，鎮人啗以重利，且以危言動之，冀寢其事，載德不聽。赴京時，有欲剸以利刃者，覺之得脱。禮稱兄弟之仇，弗與共國。若載德者殆過于古人矣。此皆余昔所未聞者，故並録之。

〔二·五六〕五月一日屬錢財宜進不宜出，見神樞及家塾事親書。又五日五更，使一人堂中向空扇，一人問云：『扇甚的？』答云：『扇蚊子。』凡七問七答乃已，則一夏竟無蚊子。

〔二·五七〕俗言：人死必有冥役攝之。中亦有用人爲之，遇有勾攝即赴冥受役，否則與平人無異，謂之陰總甲。按：南史：沈攸之孫僧昭別名法朗，少事天師道，常以甲子及甲午日夜著黄巾衣褐，醮于私室。時記人吉凶，頗有應驗，自云爲泰山録事。有所收録，必僧昭署名，此其由昉歟？

〔二·五八〕又今人始死必置磬屍旁，言擊以引路。按：廣異記載：潞城縣令周混妻韋璸乾元中卒，月餘忽至其家，靈語云：『太山府君嫁女，令我裝束染紅，借家婢暫去。』家人難之。韋云：『但借兩日耳。若過兩日，汝宜擊磬呼之。夫磬聲一擊，鬼神畢聞。』又杜陽編云：『同昌公主薨，帝哀痛，令賜紫尼及女道冠擊歸天紫金之磬以導靈昇。』磬本名銅鉢，仰貯擊之如鐘聲。釋氏亦名曰磬。説見紺珠。是知擊磬本屬招魂之意。又吴楚俗，初喪，令寺僧撞鐘七七四十九晝夜，謂之撞七鐘。按：高僧傳：『唐京師大莊嚴寺僧智興于大業五年仲冬次當值殿鳴鐘。其寺僧三果之兄從煬帝南幸道亡，通夢于妻，曰：「吾死墜地獄，賴智興鳴鐘，聲振地獄，同受苦者一時解脱，汝可具絹謝之。」後凶訃至，與夢符，乃詣寺謝之。寺衆問智興：「何故？」智興曰：「吾聞㔻膩叱王受苦，聞鐘解脱。」」然則今之鳴鐘，必自此始矣。

〔二·五九〕青藤山人路史：『犢音沆，上聲，牛之雛也。』按：沆，下黨切，『杭』上聲。今吴諺云『春冷凍殺犢』，正謂此也。

〔二·六〇〕舍西北二里許有社廟，里人陸桂茂題額曰『相希庫上陸嘉淑所書』。幼時嘗經之，不得其解。後讀史記陳丞相世家至『里中社，平爲宰』注：『索隱曰：其里名曰庫上里。蔡邕東昏庫上里社碑云：「惟斯庫里，古陽武户牖鄉。」陳平由此社宰遂相高祖也。』又北堂書鈔載蔡邕碑云：『惟斯庫上里曰東昏縣者，衛地，古陽武之户牖鄉也。秦時有池子爲丞相。漢興，陳平由此爲社下宰，隨相高祖，剋定天下，爲右丞相。孝平之世，虞延爲太尉，延熹中（平）〔延〕（當）〔從曾〕孫放爲尚書令。宰相繼踵，咸出斯里。延雖有積德終身之政，亦斯社所相。乃樹碑作頌云。』合此二書始知額字所出。

〔二·六一〕漢書食貨志：『無農夫之苦，有仟伯之得。』師古曰：『仟，千錢；伯謂百錢也。』廣韻『佰』字注：『一百爲一佰。』漢書通用『伯』字，亦有作『陌』者，今俗亦謂百錢爲一伯。然吴中市人頗有以七十錢爲一伯及七十零錢爲一伯者。考宋書晉平剌王休祐傳：『以短錢一百賦民田求白米一斛。』曰短錢，則不滿百錢可知。隋書食貨志：『梁武大同、普通中更鑄鐵錢。破嶺以東，八十爲佰，曰東錢；江郢以上，七十爲佰，曰西錢；京師以九十爲佰，名曰長錢。大通十一年，乃詔通用足佰錢。詔下而人不從，至末年遂以三十五爲陌。』唐皇甫鑄爲蟄錢法，至昭宗末，乃定八十爲陌。劉漢隱帝時，三使司王章每出官錢，又減三錢，以七十七爲佰。至今輸官有八十佰者，則自宋以來已有之矣。

〔二・六二〕高江村天祿識餘：『世傳呂布妻貂蟬，史傳不載。唐李賀呂將軍歌：「榼榼銀龜摇白馬，傅粉女郎大旗下。」似有其人。』按：三國志布傳言與卓侍婢私通。又裴注載英雄記：『太祖謂布曰：「卿背妻，愛諸將婦。」』又『布妻曰：「昔在長安已爲將軍所棄，賴龐舒私藏妾身。」』又曰：『布見劉備甚敬之。請備于帳中坐婦床上，令婦向拜，酌酒飲食。』又：『布在下邳時，其將河内郝萌反，攻閤，布率婦科頭袒衣，相從溷上排壁出。』皆不言爲貂蟬也。而艮齋雜説解李賀詩言：『呂布貌似婦人耳。』升庵證爲貂蟬，豈呂布、貂蟬同出（馬）〔焉〕[二四]乎？可發一笑。然今陝西米脂縣却有貂蟬墓，錢唐姚素山先生嘗令米邑，歸道之云。

〔二・六三〕河南許州有五女店。論者謬引淳于五女云，舍此别無可據。余考傳異記云：『李晝爲許州吏，永（春）〔泰〕二年二月二十六日夜歸伯梁河。見路傍有塚，塚上有穴，大如盤，有火光。晝異之，下馬至塚觀焉，見五女衣華服相坐穿鍼，俱低頭就燭。晝呼之，五燭皆滅。五女亦失所在。晝恐，上馬而走。五炬火從塚出逐晝。晝走不能，以鞭揮拂，爲火所焚，行十里達伯梁河，火始滅。』與太平廣記所載小異。廣記：『五女一坐中，四女東西南北環坐，衣色各如其方所，拈綫亦然。』據此二書足以證五女之説矣。又考滑縣有五女塚。姚德聞滑縣志云：『五女塚在廢臨河，縣西北三十里。漢太倉令淳于意無子，有五女。意卒，五女墓于此，高五丈。』據此亦是意之墓也。

［二·六四］陶九成説郛周益公日記：『正月逢三亥，桑田變成海。是歲壬辰正月初六丁亥，十八己亥，三十日辛亥，是歲有年無雨。癸巳，正月亦三亥，則立春在逢亥之後，是歲大水。』余按：乾隆三十年乙酉，正月初五辛亥，十七癸亥，二十九乙亥。是歲立春在十四庚申，宜大水，而五六月反致旱。三十一年丙戌亦三亥：初五乙亥，十七丁亥，二十九己亥。立春宜少雨，而四五月雨澤甚多，惟直隸少雨耳。（以上乙酉稿）

［二·六五］贅婿亦名就婿。前漢嚴助傳注：『令子出就婦家爲贅婿，曰贅子。』徐廣曰：『男無聘財，以身自質于婦家也。』其風蓋始自戰國，而秦俗爲甚。以男從女，陰陽倒置，非禮之甚者也。在昔陶唐釐降二女，帝乙歸妹，見於大易；王姬歸齊，筆於春秋。位莫尊于天子，而其女猶下嫁焉者。陰陽之義，夫婦之道，人倫之所自始，不可苟也。至漢中葉承秦法，乃有尚主之禮。王吉傳已言其失。漢宣帝時王吉疏：男事女，夫屈於婦，逆陰陽之位，故多女亂。後漢延熹間荀爽對策言：宜改尚主之制。荀悦申鑒亦有『陰乘陽，婦凌夫』之説。高后長女爲宣平侯張敖妻，史不書尚主也。沈約宋書云：『漢魏之禮，公主居第，尚公主者來第成婚。司空王朗以爲不可，其後乃革。』然則尚主且不可，況贅婿乎？且贅者瘤贅之謂，乃與槐癭、棗瘤相等。俗説呼爲布

袋，言如入布袋，氣不得出也。猗覺寮云：『漢末張超〔二五〕作誚青衣賦。』古之贅婿尚猶塵垢，况明智者欲作奴父。三餘帖：『馮布少贅孫氏，其外父有煩瑣事，輒曰俾布代之。』至今吴中以贅婿爲布代。顧名思義，智者不爲。秦始皇三十三年，發諸嘗逋亡人、贅婿、賈人，略取陸梁地，爲桂林、象郡。漢貢禹論贖罪之弊，言孝文時貴廉潔，賤貪污，賈人、贅婿及吏坐贓，皆禁錮不得爲吏。豈不以爲贅婿者率由利財好色而然，心迹猥瑣不可以膺民社之任與？賈人、贓吏同科，不爲周内，蓋漢世敦尚風節類如此，吏治之盛，有由來矣。公主之稱，宋政和間采周之王姬之稱，改稱帝姬，郡主曰宗姬，縣主曰族姬，至建炎初仍稱公主，見却埽篇。夫姬乃周姓，趙之先與秦同祖，嬴而稱姬，又失之矣。漢世以女妻人亦曰尚。史記司馬相如傳：『卓王孫自以使女得尚司馬長卿晚，時相如貴故也。』

〔二·六六〕春秋僖公二十二年：『楚成王取鄭二姬以歸。』杜注：『文芈女。』是以舅匹甥也。至漢惠帝以宣平侯張敖女爲后，敖娶吕后長女。史外戚傳直書之。吴志：『孫休娶朱據女，休姊公主所生。』此時甥舅之義何在？若鄧伯道渡江，取妾得甥，亂離之際，坐失不知，宜從末減。以古人買妾則卜之意揆之，則伯道且不能無罪，况帝王乎？

〔二·六七〕杭州語音，自壩子門内半用官字，城外即不然。郎瑛七修類稿云：『初皆汴人，扈宋南渡，遂家焉，故至今與汴音相似。江干人言（動）躁動，爲杭人舊音。教諭張傑嘗戲曰：「高宗南渡止帶一百過來。」百音擺，言惟城中語好也。』按：北夢瑣言載羅給事隱、顧博士雲俱受知相國令狐公綯。顧雖鹺商之子，而風雅詳整。羅，錢塘人，鄉音乖刺。相國子弟厚顧而薄羅，則知杭舊音初不佳矣〔二六〕。

〔二·六八〕今四書經史有所謂監本、監板，此蓋始自南宋。朝野雜記云：『監本書籍，紹興末年所刊，尚書張彦實下諸道州學，取舊本書籍鏤版頒行，然尚多殘缺，故冑監刊六經無禮記，正史無漢、唐。二十一年輔臣以爲言，上復令次第鋟板，由是經籍始全。其板存監中，郡縣各市一本，置之于學。』五雜俎云：『宋板〔二七〕不惟點畫無訛，亦且鐫刻精好，若法帖然。字有肥瘦，肥者學顔，瘦者學歐。』明時王弇州舊藏宋板漢書，得自吴中陸太宰家，紙爲羅紋箋，字類歐陽率更，是趙文敏故物。卷首有文敏自作小像，弇州亦畫像于後，今已携往塞外。按：宋時注釋未有定本，所刊止本文，其字絶大，陸劍南詩『眼澀惟觀冑監書』可證也。今易經注皆作大字本，文每行頂格，禮記亦然。此猶監本之式〔二八〕。

〔二·六九〕程大昌演繁露：『牛羊豕具爲太牢，但有羊豕而无牛，則爲少牢。』今獨以太牢名牛，失之矣。

〔二·七〇〕宋李易安居士者，趙明誠妻也。改適張汝舟，卒以反目致對簿。其上翰林學士綦崇禮啟曰：『素習義方，粗明詩禮。近因疾病，欲至膏肓。牛蟻不分，灰釘已具。嘗藥雖存弱弟，應門唯有老兵。既爾倉皇，因成造次。』又曰：『忍以桑榆之晚節，配兹駔儈之下才。身既懷臭之可嫌，惟求脱去。彼素抱璧之將往，决欲殺之。遂肆侵凌，日加毆擊。可念劉伶之肋，難勝石勒之拳。』又曰：『友凶横者十旬，蓋非天降。居囹圄者九日，豈是人爲？』又云：

『清照敢不省過知慚，捫心識愧？責全責智，已難逃萬世之譏。敗德敗名，何以見中朝之士』云云。其詞慷慨愷切，庶幾以文救過者，而『既爾倉皇，因成造次』，尤道盡古今失節才人病痛。余觀易安作金石録後序始叙其夫婦同志嗜古之篤，後記其夫死後書册散亡之悲。且云『書此以戒後之藏書畫者』。夫德甫不能保其妻，何有于書！易安不能保其身，何有于書！况以季隗就木之年，效辰嬴捧匜之舉，即非汝舟猶不免焉，况遇人不淑乎？是故非才之難，而以德勝才之難。至曰因病而嫁，尤欺人太甚也〔二九〕。

〔二·七二〕快雪堂跋毘陵孫覿尺牘云：『尚書實大蘇公遺體，孫老得公棄婢而生。畏時禁不能自明，而詳其顛末於家乘。』朱子語録：『梁師成自謂東坡遺腹子。』又周密〔三〇〕齊東野語：『檜以王氏子熺爲子。檜畏内，妾嘗孕，其妻逐之。生子爲仙遊林氏子，曰一飛。以檜故，仕至郎，兼給事中。曹咏嘗勸檜還一飛，未果而檜死。』語類亦載此事，云是檜爲教官時婢所生。秦死，王夫人自陳林非是，林遂貶何地，林死有子，今皆無禄。按：秦檜十客，曹咏以獻計取林一飛還作子，爲説客〔三一〕。林居興化。孫、梁、林三人皆謂他人父，而卒不復姓。一飛苟且取富貴，其是否逆檜血胤〔三二〕，孰從而辨之？余嘗謂秦、吕禪代，終是疑案。堯母不再，安見政必孕過期乎？史家曲筆正恐不免。若東坡性本豪邁，觀朝雲詩序可以見其大概。孫、梁二公以克自振拔當時，後世猶有樂溯其本源者。東坡遺體正恐不止此二人也。愼之哉！毋逞風流，致先人骨血長爲他氏之子也。

〔二·七二〕雲邁淡墨載元伯顔屯兵臯亭山，初至之夕大雷電。伯顔望見四山旌旗閃鑠，皆作『精忠岳家』字。伯顔宰牲爲文告祭，祭訖，風雷乃止。七修類稿：『韋太后自北歸至臨平，問：「何不見大小眼將軍？」人曰：「岳飛死獄矣。」遂怒帝，欲出家，故終身在宫中道服也。』

〔二·七三〕虹俗名鱟。東鱟晴，西鱟雨。見農桑要覽。按：鱟音候，亦音吼。又按：丹鉛總録云：『詩謂之蝃蝀，字從虫。俗謂之鱟，字從魚。俗又謂之旱龍。』京房易傳：『蜺四時有之，惟雄虹見藏有月。』又按：電俗謂之閃。司馬相如大人賦：『貫列缺之倒景兮。』服虔注曰：『列缺，天閃也。』則其字甚典矣。

〔二·七四〕杜子美曰：『熟精文選理。』又曰：『續兒誦文選。』雪浪齋日記：『昔人有言「文選爛，秀才半。」正爲文選中事多可作本領耳。』老學庵筆記：『國初尚文選，當時文人專意此書，故草必稱王孫，梅必稱驛使，月必稱望舒，山水必稱清暉。』塵史：『宋景文母夢朱衣人携文選一部與之，遂生景文，故小字選哥。』

〔二·七五〕吴俗婦女十數年來好衣所謂馬甲者，制略如背心，而短不覆腰腹，屈曲其袵，以〔三三〕紐合於右，自昏葬賓祭而外，無老幼皆服之。竟不知何所取義，亦近服妖也。

〔二·七六〕莊周，字子休，見陸德明釋文。

〔二·七七〕三月三日水禊，由來已久。蔡邕月令章句以論語『暮春浴乎沂』爲據是也。拾遺記曰：『周昭王溺于江漢，二女延娟、延娛夾擁王身同没焉。江漢之人至今思之。至春三月之日，禊集祠間。或以時鮮甘味，采蘭杜包裹以沈水中，或結五色紗囊盛食，或用金鐵之器，並沉水中以祭之。』風土記：『漢末郭虞有三女，一女〔三四〕以三月上辰，一女以上巳，一女以上午，三日三女，乳時並亡。』南齊書禮志論作：『三月上辰生二女，上巳又生一女。』迄今時俗以爲大忌，故是月是日婦人忌諱，不復止家，皆過東流上祈祓自潔。續齊諧記載晉武帝問尚書郎摯虞：『三月曲水，其義云何？』答曰：『漢章帝時平原徐肇以三月初生三女云云，曲水之義起于此。』帝曰：『如所言，非佳事。』束晳曰：『摯虞小生，不足以知之。臣請説其始。昔周公〔三五〕城洛邑，因流水以汎酒，故逸詩云：「羽觴隨波。」秦昭王置酒河曲，見金人出捧水心劍，曰：「令君制有西夏。」及秦霸諸侯，乃因此處立爲曲水祠。二漢相緣，皆爲盛集。』帝曰：『善。』賜金五十斤。其説不一，郭虞、徐肇姓名互異，不可考矣。

〔二·七八〕范石湖爲參政，同官聞其爲吴郡人，即云獃子。後因醵會，每云請獃子。今則呼杭人曰杭獃，而呼蘇人曰空頭，以其專事虚文也。

〔二·七九〕士人應試，倩人懷挾，最是醜行。三朝政要云：『賈似道爲相，患舉人猥衆，覆試之日，露索懷挾。辛未榜有李鈁孫者，少時戲雕摩睺羅于股間，搜者視之，駭曰：「此文身者。」事聞被黜。』按：摩睺羅，泥孩〔三六〕兒也。七夕競市之，浮水爲戲者。又朝野雜記云：『燈挾之禁，近歲雖行，國子監及南省行之，兩浙漕司則雖禁燈而已，弛挾書之律矣。他郡秋試，達旦乃罷。紹興二十九年，王瞻叔護試復禁之。然習俗已久，今秉燭挾書如故。』今燈挾之禁甚嚴，而倩人及傳遞頗多，爲政者宜設法禁之也。

〔二·八〇〕謝莊語王玄謨，云：『玄』、『瓠』爲雙聲，『磝』、『碻』爲叠韻。詩家因有雙聲體、叠韻體，或在頭尾，或在腹，各有不同。如：『留連千里賓，獨待一年春。』此頭雙聲句也。『我出崎嶇嶺，君行磝碻山。』此腹雙聲句也。『野外風蕭索，雲裏日朦朧。』此尾雙聲句也。

〔二·八一〕十月謂之小春，亦古人以亥月爲陽月之義。邢昺曰『十月得乙曰橘陽，丁曰圉陽，己曰則陽，辛曰塞陽，癸曰極陽』是也。陽大陰小，故曰小春。然此時實有春色。凡梅杏桃李諸樹，向陽枝多著數點花。范石湖於西湖十月折梅花，亦是此種，非真有早梅也。余去年十月入皐亭山中，李樹每株著花，但不能多耳。余有詩云：『却怕狂花能笑客，葦綃開向小春枝。』最前戊寅十月下旬，在武林同伯氏謁濂溪公祠，見庭中桃樹，有一條花可六七朵，艷冶可愛。時方微雨。余詩云：『白沙堤外飛寒雨，散作夭桃一樹春。』皆紀實也〔三七〕。

校勘記

〔一〕抄本無此條，今據稿本補。

〔二〕吕晉，抄本倒作『晉吕』，今據稿本。

〔三〕船，稿本作『舡』。

〔四〕南村輟耕録原文作：翰林學士承旨阿目茄八剌死，大夫遣司馬明里往唁之，及歸，問其所以。明里云：承旨帶罟罟娘子十有五人皆務争奪家財，全無哀戚之情，惟正室坐守靈幃哭泣不已。此處引文多有脱誤。

〔五〕批注：古無『衙』字，『衙』即『牙』也，故衙門亦可稱牙門。

〔六〕周禮有廞喪、皮車，櫝弓有塗車、芻靈，漢世祠祀亦用京龍、京馬，漸開其端，後乃踵增益甚。今杭城每至中元前後，紙衣冥錢盈街積巷，鐃聲鼓響震天徹地，其敝極矣。紙乍事莫詳于愛日齋叢鈔。

〔七〕王玄策，原本因避諱而改爲『元』，今作回改。

〔八〕批注：婦人怒而面赤曰頩音丙。楚詞遠遊：『玉色頩以脕顔。』宋玉神女賦：『頩薄怒以自持兮。』東坡紅梅詩：『玉人頩頰固多姿。』

〔九〕目，抄本誤作『日』，今據稿本改。

〔一〇〕左傳伯州黎上下共手亦可云手語也。

〔一一〕禰，抄本作『稱』，今據稿本改。

〔一二〕批注：他書引孔安國執虎子，今京師呼力免起，二字甚有意。牛耕事詳馬通考。按：『牛耕事』是〔二·四八〕的批注。

〔一三〕抄本此處有『之』字，今據稿本删。

〔一四〕洎，稿本作『泊』。

〔一五〕稿本此處無『其』字。

〔一六〕杖，抄本作『仗』，誤。今據稿本改。

〔一七〕抄本此處脱『祈』字。

〔一八〕晉，抄本作『普』，今據稿本改。

〔一九〕抄本此處脱『贈』字，今據稿本改。

〔二〇〕批注：短陌詳日知録。吕布妻云云乃楊升庵之説，江村抄之耳，當改。淮安府志據妝可附入也。

按：『吕布妻』是的〔二一·六二〕批注。

〔二一〕抄本此處衍一『恩』字。

〔二二〕『遺失者……拐子』句，抄本作『謂之拐子，人人切齒』，今據稿本改。

〔二三〕稿本無『甲戌去今三十九年……則』一段文字，衍〔二一·五六〕條。

〔二四〕『馬』，誤。當爲『焉』。

〔二五〕超，稿本字形似『起』。

〔二六〕『狐』、『錢』，抄本誤作『孤』、『鐵』，今據稿本改。

〔二七〕板，稿本用『版』字。

〔二八〕批注：明初易經，程傳、本義並刻，與他經同。或後人删去程傳，改爲大注，以爲監式，殊不然。牛羊豕亦太牢，見禮記注、左傳注。按：『牛羊豕』以下内容爲〔二一·六九〕條批注。

〔二九〕馥按：秦繆公以宗女五人妻重耳，故子圉妻與往。懷嬴與文公分屬甥舅。觀臼季之言，則文公之不欲受，亦但以婦侄爲嫌，甥舅之義竟置而不講矣。

〔三〇〕密，抄本誤作『蜜』，今據稿本改。

〔三一〕稿本自注『按：秦檜十客……爲説客』在『林居興化』下。

〔三二〕胤，稿本爲避胤禛諱而作『允』。今據抄本回改。

〔三三〕抄本此處無『以』字，今據稿本補。

〔三四〕稿本此處無『女』字。

〔三五〕周，抄本作『用』，誤。今據稿本改。

〔三六〕孩，抄本作『孫』，今據稿本改。

〔三七〕邵堯夫詩以八月爲小春天，亦見晏元禮田家五行。塗竹以八月爲春。因爲小壽之名，殆因竹起。（秋穀雜誌）

三餘摭録卷三〔一〕

鹽官周廣業耕厓甫著
男勳常校録

〔三·一〕今鄉會試各房分經校閱，始自宋理宗紹定二年。當理宗時，有司命題苟簡，發策用事訛舛，所取之士既不精，數年之後命主文，時謂之謬種流傳。見宋史。噫！主持文教者尚留意焉。

〔三·二〕漢書載太原郡舊俗以介子推焚骸至二月莫敢烟爨，周舉爲并州刺史革之。鄴中記亦言并州俗冬至一百五日爲介子推冷食。今所稱寒食及禁烟節是也。楊慎據周禮司爟出火、納火辨之，論最精核。琴操又言介子綏不肯出，文公燔山求之，抱木而死。於是令每年五月五日不得舉火。雜志亦云。所傳互異，不可考也。

〔三·三〕伏侯古今注：『成帝建始三年七月夜有青黄白氣，長十餘丈，光明照地。或曰天裂，或曰天劍。』南史：『梁太清二年六月，天裂于西北，長十丈，闊二丈，光如電，聲如雷。陳至德元年冬夜，天開自西北至東南，内有青黄雜色隆隆。』郎瑛七修類稿：『馬浩瀾言少時夜行，聞空中砉然有聲，見青天中如瓜皮船一條，色蒼黄，隨開隨合，人言是天開眼。』姚桐壽樂郊私語：『己亥秋九月曉詣嘉禾，見西南天裂數十百丈，光如猛火，村犬皆吠，宿鳥驚啼。其裂處蠕蠕而動，中復大明，若金融于冶，少時方合。操舟者曰：此天開眼也。』按：天開眼時有，余弟與參曾見之，余友王英岩亦嘗見之。戊子九月初八日，友人王某又見之。

〔三·四〕南斗注生，北斗注死。凡人受胎皆從南斗過，及有所祈求皆向北斗。其説見干寶搜神記。道家因之有斗姥懺，然斗實不止南北。度人經：『東斗主算，西斗記名，北斗落死，南斗上生，中斗大魁，總監衆靈。』玄門寶海經：『北斗有九星，七見二隱。』蓋帝皇太尊精神也。徐整長曆謂之陰星。玉樞經：『二星大如車輪，見者壽千歲。』

〔三·五〕日月木火土金水謂之七曜。術家增月孛、紫炁、羅睺、計都四餘星爲十一曜。蓋日月行道如兩環，兩環相交，一處曰天首，一處曰天尾。天尾爲計，天首爲羅。月行遲速有常，度遲之處即孛也。故孛生于月，二十八年十閏炁行一週。炁、孛皆有常度，無光象，故與羅、計同謂之四餘。今七政曆亦有四餘躔度。見丹鉛總録。

〔三·六〕珍珠船：『宋居士説擲骰子法咒，云：「伊帝彌帝彌揭羅帝。」』念滿十萬遍，彩隨呼而成。

〔三·七〕明紀：『元至正庚寅，江浙鄉試八月二十二日夜二鼓，院中彷彿見一猛獸馳過，因出「角端」爲賦題。』按：角端音端，似猪角，在鼻上。堪作弓，角端有肉。張揖云似牛。

〔三·八〕人知有春禊，而秋禊則知者絶少。然今南中風俗都以中元設放水燈，有三十六類燈。以紙爲之，名曰度孤。七月晦建盂蘭會，水燈尤盛。此雖因道書載中元爲地官校籍之辰、藏經載七月晦爲地藏王誕辰而起，實秋禊之遺意也。古人秋禊用七月十四日。劉禎魯都賦所謂『素秋二七，天漢指隅。人胥被禳，國子水嬉』是也。沈約宋書引此以證用七月十四日。

〔三·九〕杭州每遇晴雨愆期，輒迎天竺觀音于海會寺，設壇祈禱，往往靈應。夷堅志載紹興五年夏大旱，朝廷遍禱山川祠廟，不應。遣臨安守往上天竺迎觀世音于海惠寺，建道場，滿三七日，弗應云云。則其由來久矣。按：劉同人帝京景物略：『上天竺觀音像，晉天福中，僧道翊得奇木刻之。宋建炎四年，兀朮入臨安，高宗遜于海。兀朮知佛像所在，遂與玉帛、圖籍，盡航〔二〕而北，僧智完從之。至燕，舍于玉河鄉，建寺奉之，曰觀音寺。成化丁酉，僧德顯得刻石于土中，載梁王徙像事甚悉。』又程敏政玉河觀音寺碑記云：『予嘗至天竺，見所謂沉香大士像。杭僧指爲梁時物。以金石刻證之，則已北徙中失于兵燹久矣，而僧不知也。』據此，則天竺寺所奉已非晉像，而夷堅志所云即在紹興五年，則必因兀朮徙去而重刻者也。然不可考矣。

〔三·一〇〕張寧方洲雜言云：『家藏石蟹一枚，(具)〔貝〕體如生，水磨之，腥氣如蟹。病目者稍塗兩眥，頗能定痛。』按：虞衡志石蟹生海南，形真是蟹，云是海水所化。又有石蝦，余所親歸自粵中，攜一石蝦云。初出軟，久之即硬，以塗瘡即〔三〕愈。

〔三·一一〕豖涉波，月離畢，爲將雨之驗。畢星好雨，月離之，其雨宜矣。豖涉波何以知其將雨？張子曰：『豕之負塗曳泥，其常性也。今蹢白而與衆涉波，多雨可知，是特據以見雨之甚多，而非以爲雨徵，如鸛鳴、鱉浮之類矣。』余惟豕者土畜而色黑，陰之屬也。涉波乃以類相求，故知爲將雨之兆。負塗亦雨兆。易暌上爻『見豕負塗』下云：『往遇雨則吉。』蓋其性剛躁，取塗泥以自濟，亦以陰從陰也，故亦知爲雨兆。丙戌秋少雨，八月十有六日，余舟過硤石鎮，見一猪浴水中，僅露頭及背，良久不起，酷似水牛。謂舟人曰：『此將雨也。』越二日，果大雨。

〔三·一二〕朱提出善銀，故號〔四〕銀曰朱提，音銖。時近都以鉛雜鎔其中，謂之灌鉛銀。按：五代史慕容彦超在鎮嘗置庫質錢，得奸民僞銀，使教千餘人爲之，皆鐵爲質而包以銀，號鐵胎銀，則其風由來已久。

〔三·一三〕小兒生匝月剃去胎髮，謂之滿月頭。富貴家輒張筵宴客，而親朋亦都慶賀。蓋即古人三月擇日翦髮之遺制也。然周禮薙人鄭氏注云：『讀如鬀小兒頭之鬀。』則當時已鬀而不剪矣。

〔三·一四〕煙草之煙，北方肆中榜門皆作菸。此字本音於。説文曰：『菸也。』楚詞『葉菸邑而無色』是已。正韻音煙。廣韻又音飫，而訓爲臭草。烟於植物居叢莢之間，字應從艸。兼生時氣臭，曝後色蔫，則義取許、陸而音從洪武，亦無不可。其通作『烟』者，蓋以始入中原時，見其火灼筒，吸烟裊裊然，遂舉其功用名之，初無他據，不若北人作『菸』爲較典古也。姚旅音欤？粤中又謂之仁草。種法：擇新菑沃壤及青漬泥，于除夕前鋤鬆布子，至來歲清明始萌，稍長分畦植之。有尖葉、團葉二種，尖者味尤濃辣。時其壅灌，度高一尺，摘去正頭，葉益肥大。頂上兩葉最佳，名曰蓋露。老漸生泡，三伏日正午採得，以竹片夾之曬乾縷切。性特多蟲，宜不時剔除。秋深開花如小酒鍾，淡紅色，結子極細，一囊數千粒。初盛行于閩海間，今則是處有之矣。每遇賓主雜沓，酒茗雜陳，非此無以爲娱。近見京師士大夫作詩乃有指爲蘆酒者，引楊升庵藝林伐山『蘆酒以蘆爲筒，吸而飲之，即今之咂酒』爲據。不知咂酒一名嚽〔五〕酒，宋〔六〕大觀間，時立愛語郭隨曰：『糜穀醖成，可醱醅。』取其不醉。胡侍珍珠船謂即齊民要術所稱粟米爐酒。凡大小麥、糯米皆可造之，與烟草相去殊遠。雖事非典要，但既口不絶嘘，而名實罔辨，亦儒者所恥也。烟筒以竹爲之，或用倭木，通呼煙袋，亦呼烟管。中山謂之啟力，或文其名曰芬吹。見夢餘日札。

〔三·一五〕馬端臨文獻通考：『左氏昭公十七年：「有星孛於大辰，魯申須曰：『彗所以除舊布新也。』」公羊傳曰：「孛者何？彗星也。」文公十四年：「有星孛于北斗。」杜預曰：「孛，彗也。」』郭璞釋爾雅曰：『彗，妖星也。亦謂之孛。』綜其實不然，彗、孛、長三星，其占略同，而其形少異。孛星光芒短，其光四出蓬蓬孛孛然。彗星光芒長，參之如埽帚。長星，光芒一直或竟天，或十丈，或三十丈。宋均注鈎命訣曰：『彗，五彗也。蒼則王侯破天子，苦兵。赤則賊起，强國恣。黄則女害色，權奪于后妃。白則將軍逆，二年，兵大作。黑則河決，賊處處起。』史記：『彗出東井，東井，齊分，景公以爲憂。晏子曰：「君高臺深池，賦歛如弗得，刑罰恐弗勝。孛星將出，彗星何懼乎？」』然則孛甚于彗也。董仲舒曰：『孛者乃非常惡氣之所生也。大率孛、彗爲除舊布新，火災。長星主兵革事。』隋天文志：『彗星世所謂埽星，本類星，末類彗，小者數寸，長或竟天。見則兵起，大水，主埽除，除舊布新。有五色。按：彗體無光，傅日而爲光，故夕見則東指，晨見則西指，在日南北，皆隨日光而指。光芒所及則爲災。』

〔三·一六〕先大父爲諸生時，嘗夢神告曰：『爾捷于卯。』公更有請，神則曰：『慈源。』辛卯秋果舉鄉薦，而『慈源』則猝難解。既四赴禮闈，戊戌下第，館同邑陳侍郎邦彦寓邸，己亥病卒，櫬寄慈源寺。始知其爲凶讖也。按：張爵五城坊巷衚衕集：『慈源寺在南城正陽門外，近三里河。』劉侗帝京景物略：『寺，成化二年指揮朱善建。』沈進行國録云：『慈源寺碑，正統初立，太常少卿括蒼潘辰撰文，中書舍人張天保書。』噫！方建寺時，豈知數百年後有寓櫬于此者？而神之先知，一似有成數然，所不可解。

〔三·一七〕成王賜伯禽以天子之禮樂。載于戴記明堂位、祭法中，劉恕外紀、羅泌路史又載：平王四十八年，惠公請行郊廟之禮，王使史角止之。不曰不許，而曰使人止之，蓋惠公既請于王，即行之也，然則成王所賜特天子之禮樂，未嘗賜之郊禘也。今按：春秋之作托始於魯隱公元年，實平王之四十九年。禮運：『孔子曰：「我觀周道，幽、厲傷之，吾舍魯何適矣。」魯之郊禘，非禮也，周公其衰矣。杞之郊也，禹也；宋之郊也，契也，是天子之事守也。故天子祭天地，諸侯祭社稷。』魯論曰：『禘自既灌而往者吾不欲觀之矣。』其曰舍『魯何適』，以魯猶秉周禮也。曰『周公其衰』，以舉非禮之祭，可卜其衰也。曰『吾不欲觀』，則刺之者至矣。以秉禮之國而敢以干天子之事守，此聖人所大懼也，春秋之作正有所大不得已者存。則禮運數言，雖謂孔子春秋自序可也。又考魯頌四篇，舊説以爲皆僖公申之詩。朱子以其無考，獨閟宮一詩爲僖公詩無疑。按：閟宮次章曰：『王曰叔父，建爾元子，俾侯于魯。大啓爾宇，爲周室輔。』三章曰：『乃命魯公，俾侯于東。錫之山川，土田附庸。』未聞賜以天子禮樂。『皇皇后帝，皇祖后稷』乃屬之『周公之孫，莊公之子』，則非始自魯公，明矣。又：無祀周公、魯公之詩，則並賜禮樂，無是事也。又按：諸侯不得祖天子。魯之禘祭周公也，蓋以魯公爲始祖，而所自出則周公也。明堂位以禘禮祀周公于太廟是也。趙伯循以爲文王，誤矣。伯循名匡，唐人〔七〕。

〔三·一八〕群碎録云：『孔子無鬚。』孔叢子：『子思告齊君曰：「先君生無鬚眉，天下侯王不以此損其敬。」』今像多鬚，誤。元儒黄四如記孔聖遺像，惟宗廟小影爲真，亦引孔叢子子思答魯君之言爲據。今考孔叢子居衛篇：『子思適齊，齊君之嬖臣美鬚眉，立于側。齊君指之而笑，且言曰：「假貌可相易，寡人不惜此之鬚眉于先生也。」子思曰：「非所願也。昔堯身修十尺，眉乃八彩，實聖。舜身修八尺有奇，面頷無毛，亦聖。禹、湯、文、武及周公勤思勞體，或折臂望視，或禿骭背僂，亦聖。不以鬚眉美鬣爲稱也。且吾（性）［祖］〔八〕無鬚眉，而天下王侯不以此損其敬。由是言之，伋徒患德之不劭美也，不病毛鬋之不茂也。』據此，則子思無鬚，非孔子也。又按：祖庭廣記稱孔子四十九，表在面部者凡二十：反首、洼一作注。面、月角、日準、河目、海口、龍顙、虯唇、昌顏、均頤、輔喉、駢齒、圩頂、注頭、堤眉、後耳，面如蒙倛，耳垂珠庭，眉一十二采，目六一作二。十四理。獨不及鬚，豈祖孫固有相肖者歟？又太平御覽引論語隱義注『有人取孔子一隻屐去者，其屐長一尺四寸，與凡人屐異』。晉書：『武庫火，孔子屐亦焚焉。』此亦一異表也。李贄疑耀謂生無鬚眉，乃孔子年少未有鬚眉，已爲侯王所敬也。引左傳孟僖子言『達者孔某，時年十七』爲據。

［三·一九］王宇泰準繩載醫學大全曰：『婦人未産前乳汁自出者，謂之乳泣。生子多不育。』經書未嘗論及。余婦前兩舉子不育，皆犯此，其育者洵不如是也。

［三·二〇］凡潦倒笨纍者謂之龍鍾。荀子議兵篇作隴種。埤蒼作蹱踵。指南作儱僮。北史李穆傳：『穆以策擊周文背，罵曰：「籠東軍士，爾曹何在？」』字雖不同，其義一也〔九〕。

［三·二一］禋古作煙，考史晨碑云：『以共禋祀。』周禮大宗伯：『以禋祀昊天上帝。』鄭氏注云：『禋之言煙，周人尚臭，煙氣之臭聞者也。』以煙爲禋，有所自來。又魏受禪表用尚書『禋于六宗』，改作烟，『烟』即『煙』之重文，亦以烟爲禋也。通鑑梁紀有『魏東郡太守裴烟』，注：

『烟，俗「煙」字。』

〔三·二二〕後漢書：『安帝詔謁者劉珍及五經博士校定五經、諸子、傳記、百家，整齊脱誤，是正文字。』三國志蜀來敏傳：『好提正文字。』『提』同『是』。陳書姚察傳：『尤好研覈古今，提正文字。』蓋用其語也。月令：『是察阿黨，則罪無有〔一〇〕掩蔽。』當作『是』。

〔三·二三〕山陽吴玉搢别雅引通雅云：『輿謣、邪許，舉重唱呼也。』『邪』在中原韻爲亨遮反，許音虎。古詩紀有邪許歌，又有嘘嗅歌。注：『與「邪許」同。』按：劉晝云：『牽石拖舟必歌嘘嗅。』昔人有謂聲重爲邪許，聲輕爲嘘嗅者。由今論之，『嘘嗅』亦不讀作『邪許』矣。吕氏春秋：『今舉大木者前呼輿謣，後亦應之。』高誘注：『或作邪謣。』淮南子道應訓作『邪許』。方子謙曰：『今人上梁文中稱兒郎偉，即邪虎類也。』許音虎，然則今吴中呼『許墅』爲『虎墅』，固其宜也。』

〔三·二四〕通雅云：『升庵曰：「弓音周，道書以一卷爲一弓。」智按：「弓」本出真誥，而周音可疑。孫愐尤韻『丩』，篆作ㄐ，説文：「糾繆也。」將以此音一卷之「弓」乎？隋經籍志、唐藝文志，何遜集皆八弓。詩紀刻作「弓」〔一一〕字，蓋緣陶九成説郛以弓紀書而作「弓」也。黄伯思云：小宋太一宮詩「仙圖幾弔開」，蓋誤用「弓」爲「弔」也。真誥所謂「弓」即「卷」字。陳景元據真誥以「弓」即「篇」字，亦誤。「弓」即「卷」篆之省文耳。則音周者，皆因近「丩」而誤也。智又思：書稱一函，函本作圅，圅從弓音菡，一弓蓋一圅也。省文作弓，訛而爲「弓」

矣。』吴玉搢別雅曰：『按：「弓」字又與「卷」近，以一弓爲即一卷則可，至謂「弓」蓋「卷」篆之省文，則殊不然。「卷」篆作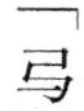，不與「弓」近也。楊氏以爲音周，必別有所據。豈僅因形類「丩」字篆文而遂定爲周音也？此字終當存疑。』按：法帖危素跋蘭亭後云：『右薛紹彭臨蘭亭序一弓。』又黄伯思法帖刊誤序：『米元章嘗跋弓尾。』〔一二〕

〔三·二五〕今俗謂賃人役使者爲雇工，亦有所本。漢書鼂錯傳：『斂民財以顧其功。』師古注：『顧，讎也。若今雇賃也。』平帝紀：『天下女徒已論，歸家，顧山錢月三百。』師古注：『女徒論罪已定，並放歸家不親役之，但令一月出錢三百以顧人也。』潛夫論浮侈篇：『顧人書祝。』通鑑：梁武陵王紀謀逆，湘東王繹命將軍樊猛追之，紀以金囊擲猛，曰：『以此雇卿，送我一見七官。』按：『顧』、『雇』二字皆無『雇賃』之義，『顧』爲顧視，『雇』爲鳥名。廣韻于『雇』字下注云：『相承借爲「雇賃」字。』是「雇賃」本無其字，古借用「顧」，俗借用「雇」耳，今人但知「雇」爲「雇賃」字，而以「顧」爲別字矣。』按：『雇』字始見神仙傳『老子客徐，甲少賃于老子，約日雇百錢，計欠甲七百二十萬錢』。

〔三·二六〕漢四皓有角里先生。角，俗多作用，音禄。荀悦漢紀作『禄里』。齊東野語云：『古字「禄」與「用」通，故樂書作龣。魏書江式傳『宫商龣徵羽』注：『龣即角字。』鄭康成〔于〕禮書「用」皆作「禄」。陳留志又作「角」。唐李涪嘗辨之。』又引吴俗紀注曰：「角、觸，協音也。」又曰：『後漢有角善叔，乃讀作覺音。』余按：『角』字本有禄音。詩召南：『誰謂雀無角，何以穿我屋？』史記刺客傳：『天雨粟，馬生角。』漢書東方朔傳：『臣以爲龍，又無角；謂之爲蛇，又無足。』太玄：『嘖以牙者童其角，以翼者兩其足。』古人用『角』字皆入屋韻，後人不知『角』有禄音，妄改爲甪。蜀志魏延傳：『延夢頭上生角，曰：「角之爲字，刀下用也。」』東都事略載崔偓佺對太宗野語亦載云：『刀下用音榷。兩點下用音鹿。用上一點、一撇者，俱不成字。』此由不識六書及古人音讀耳。觀漢石刻四皓神坐、神胙機，但作『角里』可證。乃毛大可古今通韻論『角』字在屋韻者，但解作獸名及獸角挺然之貌，與在覺韻之『角』字音義全別。不知如上所引諸條，何一不是『角』字本義？何一作獸名與角貌解者，而皆讀作禄？不知與覺韻『角』字何别也。又李濟翁資暇録謂『甪』即『角』字之誤，係後人僞爲之。其説甚正。毛氏反以爲臆見妄説，亦執迷甚矣。詳見别雅。

〔三・二七〕孔子生卒歲月，傳記所載互異，諸家論辨亦各不同。明宋景濂辨略云：『公羊氏：「魯襄公二十一年冬十有一月庚子，孔子生。」穀梁所紀年日同公羊，而謂冬十月孔子生，則與公羊實差一月。司馬遷孔子世家云：「孔子生于襄公二十二年。」則與公、穀實差一歲，日同公羊而月復與穀梁異。司馬貞謂二十一年，遷誤爲二十二年者，蓋以周正十一月屬之明年也，不知三代改正朔，未嘗改時月也。司馬後于公、穀，孔子所生之年當從公、穀，然以春秋長曆考之，二十一年己酉十一月無庚子，庚子乃在十月之二十一日，所生之月當從穀梁。左氏云：「魯哀公十六年夏四月己丑孔丘卒。」司馬遷及諸儒遵之，故所卒之年當從左氏。然十六年乃壬戌歲，是歲[一三]四月戊申朔有乙丑，而無己丑，「己」與「乙」文相近，故誤書也。自壬戌上溯己酉，孔子之年乃七十四。』自宋辨一出，而漢以來諸説悉廢，且極詆小司馬改月之説爲謬。明季吾鄉張元岵先生名次仲作孔子年譜依之。又崔銑松窗寤言云：『孔子以襄公二十一年己酉冬十月二十一日庚子生，夏八月也。哀公十六年壬戌夏四月十八日己丑卒，夏二月也。年七十四。』生從穀梁，卒從左氏，移庚子于十月，改己丑爲乙丑，長曆可據。國朝冉永光先生名覲祖作至聖生日考，亦徧採三傳、史記及羅泌、吴澄之説，而謂孔子生年己酉十月二十一日爲今八月二十一日，卒日四月十八日爲今二月十八日，享壽七十四。聖裔孔繼汾作闕里文獻考，其序世系，亦從穀梁，得年七十四歲。此二書雖用宋辨而仍不以改月爲非。今考周正改月，左傳、孟子諸書所載顯然，陳櫟一論最明了，載後。不容臆斷。至七十四之説，本出劉恕外紀，亦非至論。黄梨洲南雷文案有答陳士業論孔子生卒書略云：『左氏哀公十有六年夏四月己丑，孔某卒。此出自門弟子所書，無可復疑，逆推至襄公二十二年庚戌爲七十三歲。其説見于史記、家語、杜預左傳注、孔子家譜、祖庭記年皆然。公、穀謂二十一年者，安知非周靈王二十一年誤書爲襄乎？蓋靈王二十一年，正襄公之二十二年也。至生之月日，穀梁書冬十月庚子孔子生，公羊書十一月庚子孔子生。陸德明釋公羊云：「庚子，孔子生，傳文上有十月庚辰，是亦十月也。一本作十一月庚子，又一本無此句。」以經文庚辰朔推之，知有此句者爲誤本也。以曆法推之，襄公[一四]二十一年有閏，子月甲寅朔，丑月甲申朔，寅月癸丑朔，卯月癸未朔，辰月壬子朔，巳月壬午朔，午月辛亥朔，未月辛巳朔，申月庚戌朔，酉月庚辰朔，戌月己酉朔，亥月己卯朔。襄二十二年：子月己酉朔，丑月戊寅朔，寅月戊申朔，卯月丁丑朔，辰月丁未朔，巳月丙子朔，午月丙午朔，未月乙亥朔，申月乙巳朔，酉月甲戌朔，戌月甲辰朔，亥月癸酉朔。若不從公、穀，以家語、史記爲準，則孔子之生在二十二年酉月。自甲戌推至庚子爲二十七日，故羅泌以爲八月二十七日是也。路史有論甚詳。景濂謂三代未嘗改月，按襄二十一年經文，九月庚戌朔，日有食之。冬十月庚辰朔，日有食之。九月、十月乃建申、建酉之月，爲七月、八月，若周不改月，則九月爲己酉朔，十月爲己卯朔矣。而庚戌、庚辰爲七月、八月之朔，是與經文大悖矣。景濂能不信諸經乎？據此則是孔子之生乃周靈王二十一年庚戌冬十月，實夏正建寅之八月二十七日也。其卒乃在周敬王四十一年壬戌，正得七十三歲。』(黎)[梨]洲素精曆法，此所推乃本史記正義，且以襄公二十有三年二月癸酉朔合之，尤爲可信也。近世陳厚耀作春秋長曆，襄公二十一年正月乙酉朔，二月甲寅朔，推至閏八月辛巳朔，九月庚戌、十月庚辰以及襄二十二年，並與黄同。是年之閏，杜氏長曆在八月，大衍曆、古曆並閏二月。至蜀志譙周傳曰：『昔孔子七十二，劉向、揚雄七十一而没。』事文類聚謂孔子生于五月四日。佛記云九月十五日。五行書庚戌二月二十三日庚子，並誤。南史齊臧榮緒以宣尼庚子日生，其日陳五經拜之。

〔三·二八〕孔氏世系，鯉生伋，不聞伋有兄也。然檀弓載『子思之哭嫂也爲位，婦人倡踊』，則固有兄矣。

〔三·二九〕景濂『周不改時月』之説，較胡文定『春秋以夏時冠周月』尤無理。文定説學者雖皆宗之，然孔子自言『吾學周禮，今用之，吾從周』，即行夏之時亦止私爲顔子言之。春秋既爲魯國之史，安得以夏時改易時王之正朔乎？余嘗疑之，而未有以定也。後閲經義考載陳櫟論胡氏春秋傳略云：『月數於周而改，春隨正而易，證以春秋、左傳、孟子、後漢書陳寵傳極爲明著。成十年六月丙午，晉侯使甸人獻麥。六月乃夏四月也。僖五年十二月丙子朔，晉滅虢。先是，卜偃言克虢之期在九月、十月之交。偃以夏正言而春秋以周正書，可見十二月丙子爲夏十月也。僖五年春，王正月辛亥朔，日南至。正月冬至，豈非夏十一月乎？經有祇書時者。僖十年冬大雨雪，襄二十八年春無冰。春秋祥瑞不録，災異乃載，惟夏時八九月而大雪，不當嚴寒而嚴寒；夏時十一月、十二月而無冰，當嚴寒而不嚴寒，故異而書之耳。春蒐，夏苗，秋獮，冬狩。四時田獵定名也。桓四年：「春正月，公狩于郎。」杜氏注：「冬獵曰狩。周之春，夏之冬也。」魯雖按夏時之冬而於子月行冬田之狩，夫子即書曰「春，狩于郎」。此所謂春，非周之春而何？哀十四年「春，西狩，獲麟」亦然。定以十三年「夏，大蒐於比蒲」。魯雖按夏時之春於卯辰之月行春田之蒐，夫子祇書曰「夏，蒐于比蒲」。此所謂夏，非周之夏而何？次年又書「五月蒐于比蒲」亦然也。陳寵傳尤明白曰「天以爲正，周以爲春」，注：「今正月也。」孟子「七八月之間旱」等，不待多言而明。是三代之正，子、丑、寅三陽月皆可以春言也。胡氏不敢謂王正月爲非，而于「春，王正月」「春」字謂以夏時冠周月，皆考之不審，安有隔兩月而以夏時冠周月之理？』讀此疑如霧解。

〔三·三〇〕四思堂文集載崇禎己卯，上鋭意復古，倣周試士射宫之制，命於賓興後，群聚較射于國學之觀德堂，射者皆戎服，壬午亦然。家孝廉五重公（瑋）〔諱〕宗彝舉北畿，己卯賢書本傳載：『其明年會試後，以母病，不及候騎射而歸，遂不成進士。』則是會試後亦較射也。但在國學與否，則不可知。又史惇慟餘雜記云：『崇禎〔一五〕庚辰，上有厭薄進士之意，故將下第舉人與廷試貢士史惇等一百六十三人、吴康侯等一百人盡留特用。惇等上疏請援〔一六〕進士例，謁文廟，行釋菜禮，並立石題名，上從之。時大學士周延儒奉敕撰文，太僕寺少卿兼翰林院侍書朱國詔奉敕書。』按高承埏鴻一亭筆記載：『是年三月，策試諸貢士於皇極殿，上傳諭：「須用心作文字。作得好，還要召對。」越二日，果召對于文華殿，三百人齊集，而傳宣召對僅四十人，稱旨者二十五人。又拔下第舉人史惇等一百六十三名、廷試貢生吴康侯等百名俱留特用，授主事知州、推官有差。其後殉節者，進士則陳純德、馮垣登、張經、陳纁、蔡肱明、葛奇祚，舉人則郟縣知縣李貞佐，貢生則户部郎中徐有聲。是科承埏會試中式第二十八名。』其言如此，則厭薄進士之意亦不然矣。且吴康侯係貢生，謂之貢士，亦誤也。

〔三·三一〕黄金在漢時最多且賤，黄金一斤直萬錢。沈存中云：『古之一斤，今四兩餘也。』是一兩所值僅二千五百錢。故高祖善家令之言，賜金五百斤。罷醫不使治疾，賜金五十斤。使陳平爲反間，捐金四萬斤。至六朝時，齊太祖每曰：〔一七〕『使我治天下，十年當使黄金與土同價。』其表上順帝曰：『禁民間華僞雜物：不得以金銀爲箔，馬乘具不得金銀度，又諸雜漆物不得以金銀爲花獸，不得輒鑄金銅爲像。』唐時太宗以于志寧、孔穎達能諫太子，各賜金一斤，則其價珍貴甚矣。大中祥符元年上詔：『金箔、金銀綫、貼金、銷金、間金、蹙金綫，裝貼什器土木玩之物，並行禁斷，非命婦不得以金飾首，許人糾告，並以違制論。』八年三月庚子詔：『自中宮以下衣服並不得以金爲飾。』蓋自西教盛行，耗於土木者，既不勝計，而衣物之飾，又日趍于華靡。有金綫、金箔、間金、戧金、戭金、解金、剔金、陷金、明金、楞金、燕翼貽謀録作榜金。背金、影金、闌金、盤金、蹙金、蒙金、掐金、流金、滲金、減金、描金、煮金、灑金、皮金、遍地金，其名號至夥，耗費若斯，焉得如昔之多？丹鉛總録：『唐六典有十四種金：銷金、拍金、鍍金、織金、砑金、披金、泥金〔一八〕、鏤金、撚金、圈金、貼金、嵌金、裹金。今則糜費益甚，名號尤多，其價之貴不待言矣。』丹鉛總録又云：『張懷瓘書録嘗見古鐘二枚，有古文三百餘字，紀夏禹功績皆紫金鈿，似大篆。』蓋三代鈿金爲篆，其精如此。又李伯時得彫戈，蟲鳥書黃金文銘六字，曰：『主用文作彫戈。』鈿金法，今亦不傳。六典及真珠船所載皆無鈿金，則並其名亦不傳矣。

〔三·三二〕今鄉試以子、午、卯、酉年，會試以辰、戌、丑、未年。命題，大學、中庸量出一道，論語、孟子各一道，皆明制也。命題，成化元年順天鄉試猶未定此例，故但出論語二道、孟子一道而不及學、庸焉。程文之刻自洪武戊辰會試始也。國初亦遵用之。近則間一有之。兩朝求舊録云：「北京解元，明初不盡北直隸人。如景泰丙子徐泰，正德丙子周光宙，嘉靖戊子馬一龍，辛卯馬從謙，癸卯沈紹慶，隆慶丁卯莊允中，俱南直隸人。正統辛酉章以占，甲子司馬恂，天順壬午鄭宏，宏治戊午孫青，辛酉謝丕，嘉靖壬午周襗，己酉孫鋌，俱浙江〔一九〕人。成化丙午羅玘，江西人。宣德壬子宋雍，隆慶庚午李廷機，萬曆癸酉柯挺，俱福建人。嘉靖丁酉鄭光溥，山東人。宣德乙卯鄒冕，河南人。嘉靖乙卯楊濂，四川人。自萬曆壬子宋鳳翔以浙人領解，此後必北直隸人居首矣。南京解元，其初亦不盡南直隸人。如正德庚午許繼先，嘉靖戊子許仁卿，俱浙江人。洪武甲子廖孟瞻，丙子尹昌隆，永樂辛卯徐則寧，嘉靖壬午孫溥，俱江西人。洪武庚午黄文史，永樂戊子黄壽生，俱福建人。夫科場取士，期于得人，莫非王臣，議者必欲區別之，名從公而實私也。至鄉試分南、北卷，北止五處而南十處，其取數則均。會試分南、北、中卷，廣東置南卷，而安慶則置中卷，名爲均而實不得其均，北人不肯言，南人不敢言，遂垂爲不變之法矣〔二〇〕。」

〔三·三三〕錢，於古無所見，詩所謂錢乃農器也。漢時名錢爲刀。如淳云：『以其利民也。』封演錢譜言漢時厭勝錢、藕心錢，狀如干盾，長且方，不圓，蓋古刀布之變。意古製有似銍刈之刀，故亦稱爲錢歟？夾漈鄭氏云：『古錢形如篆泉文，一變而爲刀器，再變而爲圜法。錢文載年號，自宋武帝始。稱「元寶」，自唐高祖始。稱「重寶」，自唐肅宗始。稱「通寶」，自宋人誤讀「開通」錢文始。改元更鑄，自宋太宗始。今制：錢輕重大小倣唐開通，而文則襲宋人之誤讀也。』按：杜氏通典云：『宋武帝孝建初，鑄四銖錢，文曰「孝建」，一邊文曰「四銖」。』至所謂誤讀『開通』者。唐食貨志云：『高祖武德四年，鑄開通元寶，得輕重大小之中。』六典則謂之『開通元寶』。稗史類編云：『開通元寶錢積十錢重一兩，計一千重六斤四兩。』蘇冕曰：『今錢爲古秤七銖以上，比古五銖錢則加重二銖以上，通謂一大兩爲七十二銖，即一錢爲七銖。畸十分銖之二，則所謂三兩爲一大兩者可無疑矣。』鄭虔會粹云：『詢初進蠟様日，文德皇后掐一甲迹，故錢上有掐文。熙寧中劉斧撰青瑣集，則謂事由明皇、楊貴妃。而天下謂之兒錢，謬矣。彼徒見錢文有「開元」字，便謂明皇開元事爾。』孔氏雜説云：『開通元寶錢，徑八分，重二銖四絫，凡積十錢重一兩，命給事中歐陽詢撰其文並書，回環可讀，世俗不知，遂以爲明皇所鑄。』南部新書載：『王元寶，富厚人。以錢文有「元寶」字，因呼錢爲王老。』元寶係開元時人，此亦一證也。野客叢書云：『徐彭年謂明皇時有富民王元寶，因命鑄錢司皆書其名，遂有「元寶」字。』此誤。張舜民畫墁録：『開通錢亦曰開元通寶，仰篆、隸、八分體，十(分)[文]重一兩，背有眉，即大(復)[德]竇后指甲痕也。其銅劑後人皆不能法。今獨隸體錢行于世，八分與篆體皆不復見矣。開元之識已見武德年。』按：此事通鑑載在武德四年。考異曰：『薛璫唐聖運圖：「掐甲係文德皇后。」凌璠唐録政要云竇后。按：時竇后已崩，文德后未立，皆不取。』又按：唐志玄宗時，詔出銅所在鑄開元通寶錢，盜鑄益起，江淮偏鑪錢數十種，雜以鐵錫，輕漫無復錢形。公鑪者號官鑪錢，一以當偏鑪錢七八。封演錢譜云：『武宗會昌五年，鑄開元錢，李德裕請以廢寺銅鐘、佛像及僧尼瓶碗等物，命所在鑄錢。揚州節度使李紳於錢背加「昌」字以表年號，又敕令鑄錢所各加本郡州號名爲背文。在京兆曰「京」，河南曰「洛」，鳳翔曰「秦」，汴州曰「梁」，江陵曰「荆」，廣西曰「桂」，湖南曰「潭」〔二一〕，廣東曰「廣」，福建曰「福」，浙東曰「越」，江西曰「洪」，鎮江曰「潤」，成都曰「蜀」，湖廣曰「鄂」，兖州曰「兖」，東川曰「梓」，襄州曰「襄」，河北曰「丹」，四川曰「益」，宣州曰「宣」，燕山曰「平」，楊州曰「楊」，藍田曰「藍」，共二十二監。』是『開元』本有數種，而稗史又有左挑、右挑之説。閩書載宋竇祐初，仙遊南溪涌出開元錢，背有『閩』字。則其形式約有數十種矣，但有眉、無眉爲異耳。若背文之加郡名，在先秦時已有之。研北雜志云：『于京師得古錢數十品，曰「屯留」，在上黨。曰「安邑全貨」、曰「平陽」，並在河東。曰「高陽」，在涿郡。曰「安陽」在汝南。者甚多，篆文不可盡識。』五銖錢鑄於漢元狩五年，最得輕重之中，行之最久，至新莽簒位，始罷五銖，更鑄小錢，其文即所謂『白水真人』者也。光武建武十六年，以馬援言，復鑄五銖錢。董卓擅政，壞五銖，以更鑄小錢，然未嘗廢也。魏文帝時罷之。至明帝復鑄。先主備鑄傳形五銖錢，輕重大小一如五銖，但以『五』字在左，『銖』字在右，謂之傳形。自晉而後其制興廢不常：至魏孝文帝，詔天下鑄錢，文曰『太和五銖』。宣武帝永平三年，又鑄五銖錢。後魏敬宗永安間鑄永安五銖。北齊神武帝亦鑄『永安五銖』。又陳文帝、後魏宣帝、西魏文帝皆有鷄目五銖，北齊文宣受禪，改鑄常平五銖，製造最精。隋高祖亦鑄五銖錢。自唐『開通』出，而『五銖』之名始微矣。有鐵錢者，始於漢公孫述，至梁普通〔二二〕中，議盡罷銅錢，更鑄鐵錢，而私鑄者紛然矣。陳書沈炯傳：『炯爲景將宋子仙記室，子仙敗，王僧辨購得之，酬所獲者鐵錢十萬。』僞蜀廣政中亦鑄鐵錢，每鐵錢一千兼銅錢肆百，凡銀一兩直錢千七百，絹一疋直錢千二百，錢工精好，殆與銅相似。蜀既平，沈倫等增鑄鐵錢，易民銅錢，頗失裁制。他如劉建鋒爲湖南留後，教馬殷鑄錢鐵十當一，宋真宗時，景元寶有大鐵錢、小鐵錢。江南李唐因韓熙載之議亦用鐵錢，民間病之。宋太平興國二年，詔收鐵錢，鑄爲農器，以給江北流民之歸附者。於是江南之鐵錢盡矣。川、蜀、陝西之鐵錢，至和間，起居舍人綦毋湜上言陝西鐵錢不便于民，乞廢之，未即行。至慶曆八年，以張方平、宋祁言，始詔改鑄銅錢，自後無復有鑄鐵錢者矣〔二三〕。

〔三·三四〕賈誼新書鑄錢篇：『世民用錢，縣異而郡不同，或用輕錢，百加若干，輕小易行，或用重錢。』稗史類編：『南部新書載京兆戶曹日俸一百八索，謂錢之貫於索者一百有八耳。今北方以千錢爲一弔，百錢爲一串，曰弔曰串，亦索之義。自古用錢貫皆以千陌，皆以足錢。以八十爲陌，自梁朝始。』又曰：『唐憲宗朝，吳元濟等拒命，經費重盡竭，皇甫鎛建議内外用錢每緡墊二十，民間墊陌至七十。穆宗初〔二四〕，米鹽每陌錢墊七八，所在用錢墊不一。詔從風俗所宜，則蹺墊自皇甫鎛始也。今俗謂明除者爲蹺，暗者爲墊。』會要云：『唐昭宗天祐二年敕市肆交易，並須以八十五文爲陌。』沈括筆談云：『今數錢云陌者，借「陌」字用之，其實祇是「百」字。如「什」與「伍」耳。唐自昭宗末定八十爲陌，漢隱帝時三司使王章每出官錢，又減三文，以七十七爲陌，輸官，仍用八十餘。』按：文苑英華載會昌五年南郊赦文云：『京畿内近日足陌用錢，唯益富室，匹帛苦賤，反害疲人。宜却令依前行墊陌錢，每墊八十文。』則八十之制武宗時已嘗復之，不始昭宗也。歐公歸田録：『五代以來，以七十七爲百，謂之省陌，今市井交易又剋其五謂之依除。』通略云：『宋初因漢制，以八十爲陌，或八十五。然民間私用猶各隨俗，至有以四十八爲百者。丁酉詔所在悉用七十七爲百，每千錢必及四斤半以上方得行用。』按：蹺墊雖始自鏄，然漢時已有之。武帝紀『初算緍錢』注：『李斐曰：「緍，絲也，以貫錢。一貫千錢，出算二十也。」』此正蹺墊之法，謂始自鏄非也。又隋食貨志：『梁普通中，罷銅錢，更鑄鐵錢。及大同以後，鐵錢積如邱山，交易者不復計數，而唯論貫，姦商因以求利。自破嶺以東，八十爲百，名東錢。江郢以上，七十爲百，名西錢。京師九十爲百，名長錢。中大同元年，詔通用足陌錢，而人不從。至末年，遂以三十五爲百。』則七十者爲陌亦不始自唐也。事物紺珠：『繈，貫錢具。緍，貫錢細索。』按：陌者，百也。古「陌」與「伯」通，管子四時篇『正千伯』即『阡陌』也。

〔三·三五〕唐史書太宗縱死囚三百餘人，及期自歸。宋歐陽文忠以爲逆情干譽不可爲常法。此論甚正。然余考縱囚之事，史載甚多。晉書：『曹攄字顔遠，爲臨淄令，獄有死囚，歲夕，攄行獄，愍之，曰：「卿等不幸至此非所，如何？新歲人情所重，豈不欲暫歸家邪？」衆囚泣曰：「若得暫歸，死無恨。」攄悉出之，剋日令還。（椽）〔掾〕吏固争。攄曰：「此雖小人，義不見負，自爲諸君任之。」至日，相率盡還，一縣嘆服，號曰聖君。』又：『元康初，王長文試守江源令。縣收得盜馬賊及發塚賊。時遇臘晦，長文皆遣歸家。先有繫囚，亦遣之，謂曰：「教化不厚，使汝等如此，長文過也。蜡節慶祚歸就，汝上下善相歡樂，過節來還，當爲汝思他理。」群吏惶悚，争請，不許。尋有赦[令]。所宥人誓不爲惡，曰：「不敢負王君也。」』見華陽國志。『宋謝方明爲南郡相，當年終，江陵縣獄囚事無輕重，悉聽還家，使過正三日還到。罪應入重者有二十餘人，綱紀以下莫不疑懼。宏季盛、徐壽之固諫，以爲：「昔人雖有其事，或是記籍過言。且當今民情僞薄，不可以古義相許。」方明不納。至期，有重罪二人不還，方明不聽討捕。其一人醉不能歸，逮二日乃返。餘一囚十日不至，五官朱千期欲討之，方明謝曰：「囚當自反。」囚逡巡墟里，不能自歸，鄉村責讓之，率領將送，竟無逃亡者。』見宋書。『梁何胤字子季，爲建安太守，爲政有恩信，民不忍欺。每伏臘放囚還家，依期而返。』又『傅岐字景平，除(如)[始]〔二五〕新令。縣民有因鬥相毆而死者，死家訴郡，郡録其仇人，考掠備至，終不引咎，乃移獄於縣。岐命脱械，以和言問之，即首服。法當償死，會冬節至，岐乃放其還家，使過節一日復獄，曹(椽)[掾]固争曰：「古者乃有此，于今不可行。」岐曰：「其若負信，縣令當坐，主者勿憂。」竟如期而返。太守嘆異，遽以狀聞。』並見梁書。據此，則縱囚未爲不可，兼亦美事，但循良官守間爲之，故稱異耳。王者法所自出，而以之干譽，則非矣。

[三・三六] 山堂肆考：『漢京房卜易卦以錢擲，以甲子起卦。』賈公彦儀禮注云：『以三

少爲重錢，重錢九也。三多爲交錢，交錢六也。兩多一少爲單錢，單錢七也。兩少一多爲拆錢，拆錢八也。』多少蓋謂錢文。攤錢，梁異傳謂之意錢。錢戲，今之擲錢也。項安世曰：『以京房易考之，世所謂火珠林者，即其法也。以三錢擲之，兩背一面爲拆，兩面一背爲單，俱面爲交，俱背爲重，蓋以錢代蓍，一錢當一揲，此後人務徑捷以趨卜肆之便，而本意尚可考，但不以交重占而以世爲占，故止六十四卦，而不能盡三百八十四爻之變。』梁有衛元嵩元包，其法亦與火珠林合。宋志有六十四卦火珠林。陳振孫曰：『今賣卜者擲錢占卦多用此書。』朱竹垞云『未見』。至今之斷法用青龍、朱雀、勾陳、螣蛇、白虎、玄武六神』，則又本之郭璞洞林也。（以上丙戌年稿）

〔三·三七〕素問曰：『頭者，諸陽脉之會也。諸陰脉皆至頸項，還不上，獨諸陽之脉上頭。故頭去則無不死者。』余幼讀左氏傳，至宣公八年『晉伐秦，晉人獲秦諜，殺之絳市，六日而蘇』，心殊怪之。後閱郭子章崇論云：『嘗疑左傳秦諜事。及讀子元史通「秦諜從縊，六日而蘇」，夫縊而蘇，容或有之；殺而蘇，吾未之見也。子元博學有識，當另有據。』後閱廣異記載：『清河崔廣宗，開元中爲薊縣令，犯法，張守珪梟其首，形體不死，昇歸。飢即畫地作「飢」字，家人進食于頸孔中；飽即書〔二六〕「止」字；家人等有過犯，書令决之。如是三四歲，世情不替，更生一男。一日書地云：「後日當死。」如其言。』又宋趙葵行營雜録云：『監左帑張宣義言有親戚宦遊西蜀，道經襄漢，晚投店，見一人無首，以爲鬼也。主人曰：「人也。往年，患瘰癧，頭忽墜，竟不死，每有所需，則以手指畫，日以粥湯灌之。故至今存耳。」』病與殺雖殊，其爲無首均也，此較返魂重生更奇，皆理之不可解者。又酉陽雜俎載：『吴孫權有美姬，每梳洗輒置頭于膝上，用手梳髮，梳畢即以頭屬頸。自言是飛頭國人。今嶺南溪洞中往往有飛頭者，故有「飛頭獠子」之號。桓譚新語：「南城有飛頭之夷。」將飛一日，前頸有痕，匝項如紅縷，及夜，頭忽生翼，離身而去，于岸泥尋蟹蚓等食之，將曉飛還，乃如夢覺。』搜神記亦云：『南方有落〔頭〕民。吴時將軍朱桓一婢夜卧，頭輒〔二七〕飛去，以耳爲翼，至曉復還。人舉火照視，其體微冷，蒙之以被。頭還，礙被不得安，墮地，則其體氣急疾若將死者。去被，頭復起得安，如常人。』星槎勝覽云：『占城國尸頭蠻。按：亦名屍致魚。本是婦人，但無瞳人爲異，夜飛頭去食人穢物，飛回復合。若封固其體，或移體他處，則死。』此婦亦罕有，民間有而不報官者，罪及一家。此殆不可以常理推測，恐亦造物好奇之過也。

〔三·三八〕『硯』字從石。太公金匱硯銘曰：『石墨相著而黑。』此硯之始。物原言仲由作硯，非也。然唐中世以前未盡用石硯。石林曰：『晉世善書者不自研墨，使人研之成漿，乃以斗供。』言以器貯墨汁也。學齋佔畢云：『唐人多以瓦爲硯，故昌黎毛穎傳稱爲陶泓。及國初，端、歙二石始擅用天下。』今世通用石硯，而猶言硯瓦，蓋沿唐俗也。然東坡雜記〔二八〕載杜叔元所藏許敬宗硯是端石爲之。他如李衛公之結鄰及柳公權所自扃鎖者，竟不知是石是瓦。杜少陵有石硯詩。李白詩云：『宣州石硯墨色光。』柳宗元柳州山水記云：『龍壁下多秀石，可爲硯。』皮日休序：『處士魏不琢買鼉頭山疊石硯。』則亦不盡是瓦，但瓦者多耳。唐六典注虢州貢硯瓦，是開元前未用石也。

〔三·三九〕族祖青羊公跋錢聖月詩集詩云：『韻到八叉天匠手，文成三唾鬼工心。』八叉，易曉；三唾，人多不知出處。余閱雲仙雜記載：『有人謁李賀，見其久而不言，吐地者三，俄而文成三篇，文筆噤喉。』公蓋用此事。宋景文嘗言『太白仙才，長吉鬼才』。故曰鬼工心也。屬對可謂工絶。

〔三·四〇〕今俗言人行走盤轉不前者謂之鵓鴿旋。旋，去聲。審其來歷，自宋時傳此語也。東京夢華録元宵：開封府絞縛燈山，正月十四日御輦團轉一遭倒行觀燈山，謂之『鵓鴿旋』。蓋鵓鴿飛不甚遠，好回翔旋轉也。

〔三·四一〕舊説西施名夷光，不知何據。拾遺記：『越王有美女二人，一名夷光，一名脩明，以貢於吴。吴王處以椒華之房，貫細珠之簾幌。朝下以蔽景，夕捲以待月。』夷光、修明即西施、鄭旦之别名。高士奇曰：『旋波、移光，越之美女，與西施同進於吴王。』則移光别是一人矣。

〔三·四二〕原始撒帳始漢武帝，非始翼奉也。李夫人初至，帝迎入帷中，共坐歡飲之，後預戒宫人遥撒五色同心花果，帝與夫人以衣裾盛之，云：得多言得子多也。

〔三·四三〕磨鏡時祇以往手，無以來手，則照指自見其端有如氣焰。楊文公談苑載：京師有畜鐵鏡，自謂奇物，以照人手，則指端見白氣，以氣之長短，驗人之壽夭。好事者乃以厚價取之。詢之博物者，乃知如上所云也。

〔三·四四〕元志『天樂』一部有火不思，『制似琵琶，直頸，有小槽，圓腹如半瓶，以皮爲面，四絃，皮絣同一孤柱』。今山陝中州彈琥珀詞，其制似之。蓋『火不思』之轉語也。按：北征事蹟云：也先奉上酒，自彈虎撥思兒唱曲，衆齊聲和之。席上腐談云：『王昭君琵琶壞，使胡人造，而其形小。昭君笑曰：「渾不似。」今訛爲胡撥四。』然則『火不思』乃『胡撥四』之轉語也。庶物異名疏：『長二尺許，三弦。』

〔三·四五〕孔子兄子弗字子蔑，蓋孟皮之子也。弗，史記及文翁石室圖皆作忠。説苑政理篇：『孔子弟子有孔蔑者，與宓子賤皆仕。』家語作『孔子兄子有孔蔑者』〔二九〕。

校勘記

〔一〕稿本有『鹽官周廣業漸厓氏著』等字。

〔二〕航，抄本字形似『航』。

〔三〕即，抄本作『瘨』，稿本作『瘨』。兩字均爲『即』的增旁俗字。

〔四〕抄本此處衍一『曰』字，今據稿本删。

〔五〕此字抄本作『囋』，是『囋』的俗字。稿本作『嘈』，蓋是誤字。

〔六〕宋，原本作『唐』，誤。大觀係宋徽宗年號，時立愛爲金國人，當作『宋』是。

〔七〕天子禮未及郊禘事，楊博南辨之最審，見文集。

玩文義自見。

〔八〕『性』字誤。今四部叢刊本孔叢子作『先君』。稿本此處批注：『吾性無鬚眉』『性』乃『祖』字之誤，

〔九〕竹有名龍鍾者，石亦有之。郭憲洞冥記云：『陽關之外花牛津，時有異石，長十丈、高三丈，立于望仙宮，因名龍鍾石。』又老人亦曰龍鍾。蘇鶚演義曰：『龍鍾謂不昌熾、不翹舉之貌，爲籃髟、拉搭之類。』字亦作隴踵。盧仝詩：『盧子隴踵也，賢愚總莫驚。』又劉向新序：『隴種而退。』『隴種』亦即『龍鍾』之異文。（鳩樗）

〔一〇〕抄本此處脱『有』字，今據稿本及今本禮記月令補。

〔一一〕弓，抄本作『弓』，今據稿本改。

〔一二〕『弓』字辨考前人已多。冬郎是韓偓。温飛卿詩『内史書千弓，將軍畫一厨』以『弓』字入詩，當始冬郎。（秋爲雜誌）

〔一三〕抄本此處無『是歲』，今據稿本補。

〔一四〕稿本此處無『公』字。

〔一五〕禎，稿本作『正』。

〔一六〕援，抄本作『授』，今據稿本改。

〔一七〕曰，抄本作『日』，今據稿本改。

〔一八〕泥，抄本作『抳』，『披金』『泥金』互易。今據稿本及丹鉛總録改。

〔一九〕淅，抄本誤作『浙』，今據稿本改。

〔二〇〕批注：　馥按：　張楚城九山，江陵人，隆慶戊辰進士。江陵柄國時，與應城陳蕖同在省垣，江陵深

注意焉。乃不願爲都給事中，補憲副去。九山大參吾浙彦約，節儉爲仕宦中所僅有，官至光禄卿，致仕。

今按：後兩個『江陵』是張居正的别稱。

〔二一〕湖南曰潭，原本『湖』作『河』，誤。隋唐以來，設潭州，治所在長沙，當以『湖南』爲是。

〔二二〕普，抄本誤作『晉』，今據稿本改。

〔二三〕批注：馥按：唐書食貨志曰『其字含八分與隸體』。今行于世者開作開、元作元、通作通，寶作寶，正是含八分及隸體，恐未必此外别有八分與篆體也。

〔二四〕抄本此處脱『初』字，今據稿本補。

〔二五〕始，抄本、稿本均作『如』。中華書局點校本《梁書》卷四十二《傅岐傳》校勘記：『除始新令，「始」，各本譌「如」，據南史及册府元龜七〇四、太平御覽二六七改。』今據改。

〔二六〕書，抄本作『畫』，今據稿本改。

〔二七〕輙，抄本作『忽』，今據稿本及搜神記原文改。

〔二八〕記，稿本作『説』。當以抄本爲正。

〔二九〕批注：孔子之兄曰伯尼。最近附會孔子因禱于尼丘之山而生，故名厶，字仲尼。若伯尼，則何所取耶？（柏枝祭墨）

循陔纂聞

循陔纂聞目録

序……………………………………………………………趙懷玉(一)
循陔纂聞卷一………………………………………………………(一)
循陔纂聞卷二………………………………………………………(三九)
循陔纂聞卷三………………………………………………………(七五)
循陔纂聞卷四………………………………………………………(一一一)
循陔纂聞卷五………………………………………………………(一五九)
跋……………………………………………………………周勳常(一八一)

序

隋書經籍志云：「雜者，兼儒、墨之道，通衆家之意，蓋出史官之職也。放者爲之，不求其本，材少而多學，言非而博，是以雜錯漫羨，而無所指歸。」蓋言雜述之非易易也。又云：「小説者，街談巷語之説也。傳載[一]輿人之誦，詩美詢于芻蕘。故道聽塗説，靡不畢紀。子曰：『雖小道，必有可觀。』」蓋言小説之亦有取爾也。晉張華撰張公雜記一卷、雜記十一卷，宋徐益壽撰記聞二卷，梁沈約撰俗説三卷、雜説二卷、袖中記二卷，類雜家言也。梁顔協撰瑣語一卷，殷芸撰小説十卷，伏棰撰邇説一卷，類小説家言也。後世乃合而一之，非復[二]經籍志之舊矣。然要其指歸有在，體例固不足限也。海寧周君耕厓砥尚素業，所著循陔纂聞二卷，上引墳典，旁援子集，下及稗官家説，參錯異同，研（竅）［覈］[三]詳審。殆所謂擇言必雅者歟？剖釋經義，釐訂史謬，又采雜史傳記中之可以旁引曲證者，一一書之。殆所謂博取而約守者歟？其持論平允，諷刺深長。不泥於古，不背於今。殆所謂語若衡平且無戾時俗者歟？披其篇章，衆説備列。攬其意趣，途轍分循。反覆尋玩，津涯靡測。殆所謂宗旨宏遠難得其要領者歟？綜此數長，以追媲張華、顔協諸君，駸駸乎欲突過前人矣。哲兄致堂與余己亥同歲，而君兄弟皆未及見。迨官山左，始識長君虞嘉，近過海寧，復識次君紀君，皆能讀父書，紹其家學，因從紀君許得讀遺書，此其一斑〔四〕也。君所著孟子四考已見賞於名公卿，久傳海内。其校注馬氏意林亦於三十年前讀過於鮑氏知不足齋。此外未刻者尚有讀相臺五經隨筆、讀易纂略、季漢官爵考、經史避名彙考、兩浙地志録、寧志餘聞、動植小志、三餘摭録、目治偶鈔、四部寓眼録及文集八卷、詩集二十六卷，可謂富矣。今就所見循陔纂聞聊綴數言，以志悦服。而在君之著述，則猶吉光片羽耳，不可即此以例其餘哉！嘉慶二十五年立秋日，武進趙懷玉力疾拜序。時年七十有四。

校勘記

〔一〕載，抄本作『者』。

〔二〕抄本此處無『一』字。

〔三〕竅，抄本、影抄本均作『竅』。抄本偉校：『竅，疑「覈」。』今據改。

〔四〕斑，抄本作『班』。『班』可通『斑』。

循陔纂聞卷一

海寧周廣業耕厓甫著
門人沈俊堯明録
男　勳常重録

〔一·一〕清異録云：『桑維翰未仕時，縕衣藍縷，穿結類鳳毛，謂之鳳毛袍。』其名較『懸鶉』、『了鳥』爲雅。

〔一·二〕傳國璽改稱爲寶，始唐玄宗開元六年。

〔一·三〕今雜樂器中有所謂漁鼓、簡板者。漁鼓，截竹爲之，長二三尺，用油膜鞔其一頭，以手拍之。稗史彙編云：『靖康初，民間以竹徑二寸長五尺許，冒皮於首。鼓成，節奏其聲，似曰通同詐。』是始於北宋也。簡板，用竹緊厚者兩片治之，長二三尺，手中相擊爲節，其聲舒緩以節。漁鼓有一種，長數寸者，紺珠謂之簡子。其聲緊促以節。小擔鼓，惟市兒唱小曲者用之，不入太常之掌也。

〔一·四〕物類相感志云：『妊娠，人欲男，將斧潛安床下，刃著下，必生男。欲驗之者，但將斧刃向下，於雌鷄伏卵時試之，盡出雄鷄也。』按：劉熙釋名：『斧，甫也，始也。凡欲制器必先以斧，伐木已乃制之。』又曰：『父，甫也，始生己也。』『斧』有父義，蓋取諸此。

〔一・五〕莊綽雞肋編云：『釣絲之半繫以荻梗，謂之浮子，視其没則知魚之中鈎。』韓退之釣魚詩曰：『羽沉知食駛。』是唐世浮以羽也。近則以文章草心爲之，貫緡之半，纍纍相屬，可六七枚，視荻梗爲尤勝。邵子漁樵問答：漁〔一〕者曰：『吾以六物具而得魚。竿也，綸也，沉也，浮也，鈎也，餌也。』沉不知何物，今釣者於近鈎處綴以小錫塊，如粟米大，謂之墜，其即此乎？

〔一・六〕棋枰謂之木野狐，言其蠱惑人如狐也。亦謂之鬼陣。舊傳堯造圍棋以教丹朱。皮襲美辨其非是，謂必始自戰國縱横者流，然用心猶賢。孔子固嘗言之，正不特巴邛橘叟遊戲塵寰也。至漢馬融乃作圍棋賦，班固作棋旨，講求既精，機變益出。究其大要，祇王無功『雙關防易斷，隻眼畏難全。魚鱗張九拒，鶴翅擁三邊』四語盡之。初亦無甚理趣，而足以墮事功、耗神力。中散一論誠砭石也。吾邑有施甲、范乙者，以此擅名三十年。所居蘇村遠近十數里聞風效習者，幾於家坐隱而户手談矣。争勝則渾忘瓜葛，諱輸則不辭燕子。世道人心，因以敗壞，所關殆非淺鮮，抑余聞施、范之誨人也，必先與對局，下〔二〕子既定，乃盡壞之，旋復自爲次第，指授曰：某着是，某着非，不差一道，謂之默棋。昔王粲觀人圍棋，輒能記憶，棋者不信，以帊蓋局，使更以他局爲之，較無一誤。北齊王孝瑜好讀書，覆棋不失一道。唐高智周覆棋誦碑無謬者。明隆萬間閣子明圍棋爲京師第一，終日對局，令次第再布，不差一子。藝士之微，竟與文人分席。所謂用志不紛，乃凝於神者歟？效之者徒竊其機詐耳。俗語『觀棋不語真君子』，言觀棋者互袒護。宋徐羨之工棋，觀戲常若未解，當世倍〔三〕以此推之。則古今人情略同也。

〔一・七〕隋地理志：『豫章俗頗同吴中，一年蠶四五熟，勤於紡績，亦有夜浣紗而旦成布者。俗呼爲雞鳴布。』今江西不知何如。予季弟嘗客建昌，云其地率不事蠶桑。吴中至今稱盛，至杭郡之海寧、嘉郡之桐鄉石門，鄉民抱布趁墟，多在五更，買紗亦然。蓋以日出便須力作，不遑入市故也，實非成於旦。

〔一・八〕豆腐，淮南王作，名菽乳。虞集序曰：『鄉人呼爲來其，一名黎祈。』陸放翁詩：『拭盤堆連展，洗釜煮黎祈。』淮人以麥餌連展。

〔一・九〕羅文恭公云：『宋文信公至景泰中賜謚忠烈，人多不知。』余閲王弇州文天祥論祇稱信公，其後有如臯李道生之本評云：『推文忠烈公之才自是確論。』道生及兄大生之椿係萬曆、天啟時人，與弇州先後，已知稱忠烈。何弇州獨未知之耶？宜文恭之有是言也。

〔一・一〇〕鬻子名熊，殷人，年九十爲文王師。周封爲楚祖，著書二十有二篇，爲子書之冠。見漢書藝文志道家，今佚不傳。其散見者，賈誼新書脩政篇所引七條，文選注所引一條，今世本所存十四篇皆無之。明楊文憲公慎鬻子論據此斷世本爲贋，而欲取賈誼書中七條以補之，誠爲有見。王元美世貞又掇舉世本中如禹據一饋而七十起，禹得七大夫，有所謂東門虚、南門蠕、西門庇、北門側者，頗近於戲。又末篇，昔者魯周公使康叔往守于殷云云，皆極其淺陋，決爲僞書。升庵又稱新書七條如『和可以守，而嚴可以守，不若和之固也』云云，皆正言確論，則知二公所言，但指世本爲僞，如劉炫之僞三墳，張霸之僞書，劉歆之僞周禮，李荃之僞陰符，阮逸之僞玄經耳。非謂本無是書而後人憑空結撰也。余壬午科試策問諸子源流，余文云最先有鬻熊子，閲者批其旁曰僞書也。是誠然矣，但未知執筆者意中曾知有真本鬻子否也。鬻熊，列子作粥熊，賈子新語作粥子。劉向新序曰：『文王學乎鉸時子斯。』唐藝文志有逢行珪注鬻子一卷。馬總意林亦首言鬻熊著子二十二篇，今一卷六篇。唐世已止六篇，何今反有十四篇？其爲僞書益無可疑。意林所載有云：『發政施令，天下福謂之道，上下相親謂之和，不求而得謂之信，除天下之害謂之仁。信而能和者帝王之器，聖主在位百里有一士，猶無有也。王道衰，千里一士，則猶比肩也。知善不信謂之狂，知惡不改謂之惑。』又云：『昔文王見鬻年九十，文王曰：「嘻，老矣！」鬻子曰：「若使臣捕虎逐麋，臣已矣。坐策國事，臣年尚少。」』此二條亦可取補。文選江淹恨賦李善注：『鬻子曰：「君王欲緣五常之道而不失則可以長矣。」』鬻，列子作粥。

〔一·一二〕通鑑云：『殷武乙無道。爲偶人，謂之天神，與博，不勝而戮之。爲革囊血，仰射之，謂之射天。獵于河渭之間，暴雷震死。』邵氏聞見録載張芸叟云：『嘗見唐野史言明皇爲李輔國所弑。肅宗知其謀不能制，不數日雷震死。』翻譯名義集云：『夏赫連勃勃據夏州，凶暴無厭，以殺爲樂。後爲天震死，及葬，又震出之。』一不敬，一不孝，一不仁，天之殛之，不以人君貸也，宜哉！此見郭青螺集中。按：甘石星經：『雷電二星主興雷電。霹靂五星主天威擊擘萬物。』夫禮樂刑政，王者之大法。天于禮樂政俱無可見，獨于刑則威怒震疊，婦稚知畏，何也？天亦有所不得已也。故中古始有之。肅宗雷震之説不見正史。芸叟所云，未知何如也。新唐書玄宗紀：『建巳月崩于神龍殿。』肅宗紀：『建巳月甲寅，聖皇天帝崩。』又曰：『建巳月爲四月丙寅，閑廄使李輔國、飛龍廄副使程元振遷皇后于别殿，殺越王係、兖王僩。是夜，皇帝崩于長生殿。』通鑑綱目云：『帝仲春寢疾，及太上皇崩，哀慟〔四〕，疾遂篤。』李槃世史類編云：『帝聞宫中兵亂，驚怖崩。』今計肅宗之崩去玄宗纔〔五〕十三日。或云哀毁，或云驚怖，未有云震者。丙寅，李槃作丁卯。又新唐書言肅宗性純孝。

〔一·一二〕雷爲天鼓，人有罪惡多者，霹靂而死。商武乙其最著者也。春秋書震夷伯之廟，左氏謂展氏有隱慝。後世雷公、電母引鼓操椎，益神其事。每歲夏秋，傳聞雷擊者不下十數人。按：京房易傳曰：『君承用節度則雷以節，暴人威福則雷殺人。』似雷擊者亦不盡由罪惡而然。朱子曰『有偶然者，有爲惡而感召者』是也。又王充論衡曰：『盛夏太陽用事，陰氣承之，陰陽分争，則相校軫，校軫則激射，激射爲毒，中人輒死，中木木折，中屋屋壞。』是説最有理。治世餘聞録：『明弘治癸丑閏五月，薊州忽然晝晦，風雷迅猛，空中見雷神無數，形狀不一，皆披甲執兵及鎚斧劍鑿刀戟枷鎖之屬。震死九人，身體手足分裂，又震牛十九頭，亦然，並拔去舌，皆攝入空中，移時擲下。其在地，震死人牛亦十數，同攝者八九十人，擲下皆無恙。』吴偉業綏寇紀略載天啟六年五月初六日，雷震王恭廠，御史何廷樞、潘雲翼被震死，全家覆入土中，竟不知何罪，致不容於天地也。

〔一·一三〕關壯穆一生祇是不詐，徐文長嘗爲是言。余深然之。及閱郭青螺論云：建安二十五年春正月，三國志是二十四年十二月。吴吕蒙以詭詐襲關某，蒙未膺爵而死。比傳首至洛陽，不數日而曹操死。夫曹、吕之死，即未必盡侯所爲，特以侯之不詐，致受蒙之詐。詐者之見死於不詐者，猶不詐者之見死於詐者，天道也。操于君臣、父子、朋友，無往非詐，雖欲緩死于不詐者，烏可得哉？侯累世未嘗易謚，國朝平定準夷，乾隆二十五年山左臬臣沈名廷芳奏請改謚，上詔部議，易謚『神勇』云。

〔一·一四〕古人所重者正朔，不重紀年。春秋首書曰：『元年春王周正月。』元年者，隱公元年也。正月則繫於王周。是所重者正朔也，後世則以編年爲重。

〔一·一五〕明弘治六年癸丑狀元，劉中柱六館日抄作毛澄，黄光昇昭代典則作羅欽順，未知孰是。顧鼎臣狀元録：『是科狀元毛澄，探花羅欽順。』

〔一·一六〕石敬瑭使桑維翰草表請父事契丹。受唐禪後，以馮道及左僕射劉昫爲册禮使上契丹，尊號稱父皇帝，自稱兒皇帝。契丹亦報稱兒皇帝。通鑑紀事本末：高祖天福六年，黨項表上數千言，大抵斥帝父事契丹，出帝命范質草降表，自稱孫男臣重貴。方維翰草表時，劉知遠以爲稱臣可矣，以父事之太過。然知遠爲北平王時，屢奉表契丹，契丹主賜詔褒美及進書親加『兒』字于知遠姓名之上。知遠弟崇即位，乃稱契丹爲叔父，自稱侄崇。子鈞事契丹稱男，契丹賜詔稱兒皇帝。夫莫尊於天，而宋、齊、梁、陳諸書載郊天之文曰『皇帝臣諱』，對天稱臣，猶冠以『皇帝』，見名號之不可褻也。今乃冠之以『兒』，此真瀆亂蔑恥之甚者。然石、劉本沙陀人，假契丹威力偏據中原，不惜痛自貶損，以苟免侵伐，猶可言也。至宋之徽、欽，以中夏正統，丁國破身虜之會，不思爲社稷死，其奉表于金，稱謂亦同晉、漢，何耶？方斡離不之遣使議和也，欽宗命李棁往，斡離不曰：『今若議和，當輸金五百萬兩，銀五千萬兩，牛馬萬頭，表緞百萬匹，尊金帝爲「伯父」。割中山、太原、河間三鎮之地，而以宰相、親王爲質，送大軍過河，乃退耳。』彼其意固在金帛，即尊號亦止於『伯父』而已。李邦彦，浪子宰相也，何誓書之不盡依所言耶？而其後稱『父』稱『兒』，恬不愧怍，吾不知當時握筆作表者何人，千百世後猶令人汗顔也。考二帝之再至金營也，何栗及李若水實勸之行，豈表成于二人之手耶？然栗于京師陷後尚思帥都民巷戰，若水於金人逼二帝易服之日駡不絶口而死，恐未忍出此也。

〔一·一七〕九天，淮南子曰：『中央鈞天，東方蒼天，東北變天，北方玄天，西北幽天，西方昊天，吕氏春秋『昊』作『浩』。西南朱天，南方炎天，東南陽天。』廣雅『蒼天』作『昦〔六〕天』，『炎天』作『赤天』，『昊天』作『鸞天』。太玄經曰：『一中天，二羨天，三順天，藝文類聚作『從』。四更天，五晬天，六廓〔七〕天，七咸天，八沈天，九成天。』其説互異。又三十六天，雲笈七籤云：『二十八天，在三界内。黄曾天、玉完天、何童天、平育天、文舉天、七曜摩夷天，爲欲界。越衡天、濛翳天、和陽天、恭華天、宗飄天、黄笳天、堂曜天、端靖天、恭慶天、極瑶天、元載孔昇天、皇厓天、極風天、孝芒天、翁重浮容天、江由天、阮樂天、曇誓天，爲色界。霄度天、元洞天、翰寵妙成天、秀樂天、梵度天、平育賈奕天。此四人天。外曰：清微天、禹餘天、大赤天、最上大羅天，合之爲三十六云。』

禁上天，爲無色界。在三界外者名四人天，亦名四梵天，又名種民天。曰：常融天、玉隆騰勝

〔一·一八〕玉堂閑話：『上元日豎一丈之竿，候日午，影至七尺，其年大稔；九尺或一丈，有水；五尺，歲旱；三尺，大旱。』天中記：『吴俗以十月初五日爲五風生日，此日有風，則每五日風雨如期而至，終歲皆然，謂之五風信。』

〔一·一九〕陸機要覽云：『昔羽山神人逍遥中岳，與左元放共遊薊子訓所，坐欲起，子訓欲留之，五日之中三雨。今呼五日〔八〕三雨爲留客雨。』焦氏書蕉引此作三月三日。

〔一·二〇〕凡各府州縣衙門當甬道立石，名戒石，上覆以亭，此自蜀主孟昶昉也。宋初删其文爲十六字，曰：『爾俸爾禄，民膏民脂。下民易虐，上天難欺。』今鎸刻於石之陰焉。或云是景焕野人閑話書中語。歐公集古録云：『戒碑起唐明皇時，特不見其詞。』或云宋高宗頒，是黄庭堅書。羅大經鶴林玉露：『静春先生劉子澄，朱文公高弟也。守衡陽時，以冠裳涖事。憲使趙民則嘗紫衫來見子澄，不脱冠裳見之，民則請免冠裳，子澄端笏肅容曰：「戒石在前，小臣豈敢？」民則皇恐退，具冠裳以見。』

〔一·二一〕魏了翁古今考：『經傳有額有角，未有稱顔者，曰額曰顔，亦後世之稱。』然詩秦風『顔如渥丹』，則已稱顔矣。

〔一・二二〕黄帝書曰：『知五臟神名，晨暮常呼之與言語，有痛處，自令其神治之即差也。心神姓張氏字巨明，肝神姓婁氏字君明，肺神姓文氏字元明，脾神姓己氏字元己，腎神姓元氏字子真。』雲笈七籤載：心神名豪邱字陵陽子明，又名焕陽昌字道明；肝神名開君童字〔九〕道青，又名方長宜字子元；肺神名青龍字燕龍子方，又名素靈生字道平；脾神名黄庭字飛黄子，又名寶元全字道騫；腎神名雙以字林子，又左腎神名春元真字道卿，右腎神名象地無字道生。黄庭内經載：心神名丹元字守靈，肝神龍烟字含明，肺神皓華字虚成，脾神常在字魂停，腎神元冥字育嬰。其説各不同。

〔一・二三〕成湯頭長，漢賈逵頭亦長，故曰『問事不休賈長頭』。五代時范岫亦長頭，故南史云：『進止威儀，當問范長頭。』

〔一・二四〕妝臺記：美人妝面既傅粉，復以胭脂調匀掌中，施之兩頰。濃者爲酒暈妝，淺者爲桃花妝，薄薄施朱以粉罩之爲飛霞妝。梁簡文詩云：『分（粧）〔妝〕間淺靨，繞臉傅斜紅。』則斜紅繞臉即古妝也。按：此（粧）〔妝〕始魏時。夜來初入魏宫，文帝在燈下咏，以水晶七尺屏風障之。夜來至，不覺，面觸屏上，傷處如曉霞將散。宫人傚之，用胭脂畫曉霞（粧）〔妝〕。

〔一・二五〕目眇者近有作假睛代之。聞京師及蘇人頗工此技，價亦不廉。按：吴越備史載：『唐立武選，以擊毬較能否，置鐵鈎于毬，仗以相擊。周寶嘗與此選，爲鐵鈎所摘，一目睛失。寶取睛吞之，復擊毬，獲頭籌，遂授涇原，敕賜木睛以代之。一日晨起漱，木睛墜水，棄之。』注：『木睛不知何木，置目中無所礙，視之如真睛。』太平御覽：『唐崔嘏失一目，以珠代之。施肩吾嘲之曰：「二十九人及第，五十七眼看花。」』陶宗儀輟耕録：『杭州張存幼患一目，遇巧匠爲安一磁睛，障蔽其上，人皆不辨其僞。』則假睛由來久矣。但未知今所用果〔一〇〕是何物，恨不使梁元帝知之，聊釋徐娘半面之憾也。

〔一·二六〕婦人乳汁，神仙服食經謂之陰丹。有身已後，月客下絶，上爲乳湩。博物志云：『嬰兒號，婦乳出。』物類相感志云：『母愛惜其子之至，則乳出多，愛疏則出少。』引唐贊善大夫吕旬母張氏八十餘，旬不歸，母念之，忽乳汁自出爲驗。又云：『則天朝孟景休有弟景禕在繈褓，景休乳之，乳爲之溢。畢搆爲户部尚書，二妹大唐新語：「丁繼親憂，其蕭氏、盧氏二妹。」俱在繈褓，搆自乳之，乳爲之出，飲至長成。二事本大唐新語。』則是愛子而乳出者不獨母然也。余按：宋書朱修之傳：『（修之）隨到彦之北伐，母聞其被圍既久，常憂之。一旦，乳汁驚出。母泣告家人曰：「吾今已老，忽復有乳汁，斯不祥矣。」後問至，修之果以此日陷没。』此亦愛子乳出之徵。又後漢書：李元遺孫續失恃，蒼頭李善字〔一一〕次孫親自哺養，乳爲生湩。唐書又載：元德秀撫兄子，以己乳含之，涉旬有汁，遂長大。信如諸書所言，天下亦安得有不育之子哉？余族中有兒失乳者，其祖母鞠之。年五十餘矣，乳自湩流，今兒已十餘歲。益足徵鄧氏之説。

〔一·二七〕留青日札云：『小兒周歲，項帶五色彩絲繩，名曰百索，不知何義。』按：東宮舊事有六色罽緄，云象水中蔕藻，以飾緄帶者。宋齊書謂魏爲索虜，謂以索辮髮也。今小兒亦以色絲辮髮而後垂之。又宋淳熙中，剃削童髮，必留大錢許，于項左右偏，或留之頂前，束以彩繒，宛若博焦之狀，曰鵓角。愚謂索者，紡絲爲繩也。風俗通云：『五月五日以五綵絲繫臂，名長命縷，一名續命縷，亦名朱索。』而唐百官志載中尚署五日進百索綬帶，賜學士諸官壽索，則此小兒所帶正取諸此，蓋祝其壽考安寧之義。辮髮云云，失之牽扯矣。

［一·二八］今佛宇稱寺者，名山藏云：『漢明帝遣使之西域求佛書，及沙門以來，圖其形像置于鴻臚寺，以胡人爲六卿之爵，改廟曰寺。』似其初固號爲廟也。李華杭州開元寺碑云：『漢永平中，佛教初至洛陽，始置寺，賓而尊之，比於曹署。』翻譯名義集：『寺本是司名。西僧乍來，權止公司。移入別居，不忘其始，還標寺號。』按：高僧傳：『明帝於城門外立精舍以處摩騰，即白馬寺也。名白馬者，相傳天竺國有伽藍名招提，其處大富，有惡國王利于財，將毁之，有一白馬繞塔悲鳴，即停毁。自後改招提爲白馬，諸處多取名焉。』此寺所由昉也。王阮亭分甘餘話曰：『漢明帝時，西域僧迦葉摩騰、竺法蘭以白馬馱經至雒陽，處之鴻臚寺，故後世僧所居皆曰寺。元帝被疾，求方士，漢中送道士王仲都，處之于昆明觀，故後世道士所居皆曰觀。』上見洛陽伽藍記及石林燕語，下見雲麓漫鈔。道士所居曰觀，六朝多曰館。

［一·二九］升庵外集説杜詩『蘆酒多還醉』云：『蘆酒，以蘆爲筒，吸而飲之，今之咂酒也，又名鈎藤酒。酒以火成，不醡不篘，兩缶西東，以藤吸取。』莊綽雞肋編云：『關右塞上人

造嘈酒，以荻管吸於瓶中。』老學庵筆記：『辰、沅、靖州蠻飲酒以鼻，一飲數升，名鈎藤酒，不知何物。』孫公談圃云：『辰溪有鈎藤酒，是蘆酒、咂酒、鈎藤、嘈酒，名異而實同也。但其作法不傳〔一二〕。』胡侍珍珠船云：『齊民要術作粟米爐酒法：「五、六、七月中作之倍美。取受兩石以下甕，以石子二三升蔽甕底。夜炊粟米飯，攤令冷得露氣，雞鳴乃和之，大率米一石殺麴一升。和法：痛挼令相雜，填滿甕爲限，以紙蓋口，磚壓上，勿泥之，恐太傷熱。五六日後，以手内甕中看，令無熱氣，便熟矣。酒停亦得二十許日，以冷水澆筒飲之。酮出者，餲而不美。」詳其法，即今所謂咂酒，然今法衹用小白麴或大麥、小麥、糯米，瓶罌中皆得作之，而澆飲以湯。古爲蘆酒，因以蘆筒吸之，故名。今云『爐』，當是筆誤。酮，公縣切，以孔下酒也。按：以筒吸飲，取酒味之全也。占城飲椰子酒亦賓主繞甕筒而咂，且注水，味盡而止。近見有人作煙詩，妄謂蘆酒是煙，牽扯可笑！』桂海虞衡志：『南人善鼻飲，用陶器如盃，旁植一小管若瓶嘴，以鼻就管吸酒漿。暑月飲水，云水自鼻入咽，快不可言。邕州人已如此。』陸次雲峒谿纖志：『咂酒一名鈎藤酒，以米雜草子爲之，以火釀成，不篘不酢，以藤吸取，多有以鼻飲者，謂由鼻飲入喉，更有異趣。』

〔一·三〇〕浙江名酒最著者吴興若下酒。取上若溪、下若溪水釀之，醇美勝於雲陽。次則金華酒。酒史言京師獨尚金華。至有『晉字金華酒，圍棋左傳文』之語。若杭州之梨花春，見于長慶集。至宋南渡，錢塘設官酒庫，每歲清明前開煮，中秋前賣新，先期以鼓樂妓女迎酒穿市，見於楊炎正詩注。秀州之清若空，見於武林舊事。乃今所重者，則獨推紹興酒，味既濃厚，行亦甚遠，每罎可三十斤許，以石灰周塗之，泥封其口，不知始何時。按：朱弁曲洧舊聞載張次賢能臣記天下酒名，有明州金波、越州蓬萊。則宋時已然矣。又云杭州有竹葉清、碧春白酒，又湖州有碧蘭堂、霅溪，又秀州月波。

〔一·三一〕北夢瑣言載治火燒傷瘡，無出醋泥。光憲家人作煎餅，一婢抱元子擁爐，不覺落火炭之上，遽以醋泥傅之，至曉不痛，亦無瘢痕。按：醋泥想以滴醋和泥也。滴醋用米製造，色紅，謂之珠兒滴醋。

〔一·三二〕宇文懋昭金志：俗酒三行，進大軟指、小軟指，如中國寒具蜜糕，人各一盤，曰茶食。按：蜜糕以松實、胡桃肉漬蜜，和糯米粉爲之。形或方或圓，或爲柿蒂花，大略類浙中寶階糕。今揚州宴客中席進茶食者三，猶此俗也。寶階糕，俗呼百果糕〔一三〕。

〔一·三三〕形體肥瘠若有分定，然過肥者多不滿人意。方言：『益梁間諱其肥盛，謂之臁。』楊泉物理論：『穀氣勝元氣，其人肥而不壽。』博物志：『食豆令人肥。』古諺云：『堯舜至聖，心如脯腊。桀紂無道，肥膚三尺。』陶穀清異録：『諺云：「闌單帶，疊垛衫，肥人也。」闌單，破裂狀；疊垛，補衲，言掩之多也。』楊升庵曰：『俗戲稱體肥者爲勵子。勵，「淪」上聲。』『晉書諸王傳載司馬保體質豐偉，嘗自稱重八百觔，喜睡，痿疾，不能御婦人。王戎子萬有美名而太肥，戎令食糠，而肥愈甚，年十九而卒。又史疇肥大，時人目爲『笨伯』。宋書：『明帝體肥憎風，夏月常著小皮衣，拜左右二人爲司風令史，風起方向，輒先啟閉。』南史宋王玄謨傳：『孝武時，黄門侍郎宗靈秀肥壯，拜起艱難。每集會，輒賜器服飲食，欲其占拜傾踣，以爲歡笑。』南齊書：『湘東王彧、山陽王休佑形體肥大，帝常以籠盛稱之，彧尤肥，號曰「猪王」。隨郡王子隆年二十一而體過充壯，常使徐嗣伯合蘆茹丸以自銷損。』又北齊文宣以宰輔楊愔體肥，呼爲『楊大肚』，令執厠籌。世説補：『宋盛度體豐肥，一日自殿前趨出，顧見宰相在後，即欲趨避，行百餘步，乃得直舍，隱其中。石學士中立見其喘甚，問之，盛告以故。石曰：「相公問否？」盛曰：「不問。」别去十餘步，乃悟。駡曰：「奴乃以我爲牛。」』人之肥瘠雖不自主，然上數者似皆以肥腯爲苦，故聊掇記之，誠能如閔子、子夏之所爲，及東平之『爲善最樂，言副要腹』斯可矣。

〔一·三四〕左傳：『鄭莊公寤生。』杜注：『寤寐而莊公已生，故驚而惡之。』辨之者曰：『如此當喜，何得復驚而惡之？』又曰：『寐而生是當云寐生矣。杜説非是。史記鄭世家云：「寤生，生之難也。」』楊升庵曰：『生子而開目者爲寤生，言生而能視。』陸放翁曰：『寤當作逜。逜者逆也。凡生子首先出者順，足先出者逆。莊公蓋逆生。』然墮地能視，亦事之常，改字爲『逜』，未免於鑿。且釋文訓逆者乃『遻』字，亦音謣。字書作遻。爾雅：『遘、逢、遇、遻，見也。』今曰『逜』，亦未知何據。文選班固幽通賦：『上聖寤而後拔兮。』吕向注：『寤，觸也。』曹大家曰：『迕，觸也。』李善云：『曹大家以「寤」爲「迕」也。』故善本『寤』作『迕』，則亦是『迕』，非『迕』也。或曰：『寤猶蘇也。言生之難，絶而復蘇也。』按：崔鴻南燕録載慕容德母公孫夫人晝寢生德，左右以告，方寢而起，覞曰：『此兒易生，似鄭莊公，長必有大德。』遂以『德』爲名。則在晉世固皆以『寤生』爲易生矣。

〔一・三五〕『尺』古通作『赤』。禽經：『雉上有文，鶡上有赤；雉上飛能文，鶡上飛能赤。』王褒僮約曰：『三丈一樹，八赤爲行。』藝文類聚『赤』訛〔一四〕爲『樹』。』北史：魏孝文太和十九年詔改長赤、大㪷，依周禮制度頒之天下。魏書『赤』作『尺』，『㪷』作『斗』。又文獻通考云：『深赤者十寸之赤也。』米芾書畫史云：『朱長文收錦織成諸佛，闊四赤，長五六赤。上有織成牌子，題「晉永和年造」。』宋朝詞話有燈花婆婆，第一回載皇宋出三絶：第一絶是理會五凡公赤上，底後排出幾個詞客：蘇子瞻、周美成等十六人。『公赤』今作『工尺』。字彙補：『「尺牘」古作「赤牘」。』嬾真子書『尺』亦作『赤』。楊博南有赤牘清裁。虞兆漋天香樓偶得：『尚書「若保赤子」，謂始生小兒，僅長一尺也。古人以尺數論長幼，如三尺之童、五尺之童，俗諺亦云：六尺之軀、七尺之軀。又成人曰丈夫，曲禮「服衣若干尺」，皆是也。』『赤子』或以兒初生色赤爲解，然孟子曰『赤子匍匐將入井』，豈亦初生者乎？則以爲長一尺者是也。

〔一・三六〕吴俗：新婦入室以紅緑二帨用同心結繫定，夫婦各持一頭以行，謂之牽巾，當是古人牽絲之義。戊辰雜抄云：『女初至門，婿去丈許，相者授以紅緑連理之錦，各持一頭，然後入。俗謂通心錦，又謂之合歡梁。通心、合歡爲名雅甚。』按：紅巾起唐天寶時，今富貴家猶用之。

〔一・三七〕莊綽雞肋編云：『宋人刻絲法起定州。不用大機。以熟色經於木棦上，隨所欲作花草、禽獸，投以小梭。織緯時先留其處，方以雜色綫綴於經緯之上。合以成文，不相連，視之如雕鏤之狀，故名刻絲。如婦人一衣，終歲方就，使百花不相類亦可，蓋緯綫非通絲所織也。』按：刻絲，馮氏事始作『克絲』。洪忠宣松漠紀聞云：『回鶻以五色綫織成袍，名曰剋絲。』王佐格古要論謂之剋色，作白地、青地皆可。周祈名義考云：『刻絲，宋已有之，而刻之義未詳。』廣雅：『緙，乞格切，織緯也。』則『刻』本當作『緙』。周禮内司服〔鄭氏注〕：翟〔一五〕衣，其色玄。揄狄，青。闕狄，赤。皆刻繒爲雉形。此即刻絲所由昉也。又按：玉藻：『士不衣織。』鄭氏注云：『織，染絲織之。』釋文音志，今訛爲『注』，遂稱『注絲』，或寫爲『苧絲』，今又書爲『紵絲』，則亦刻絲之類也。

〔一・三八〕婦人抹額以縐紗爲之，俗名包頭。相傳出湖州雙林者佳。余少時所見皆用方紗一幅，摺疊而成，約闊二寸許，從額上縛於笄下，藉以紅錦前繫方結子，結上綴珠。近蘇人新製則縫合爲帕，前豐後殺，當額處爲圓稜下垂謂之太妖嬈，遍考古制無聞。惟漢書載薄太后以冒絮提文帝。晉灼注云：『巴蜀異物志以頭上巾爲冒絮。』應劭謂之陌額絮。顏師古云：『冒，覆也。老人所以覆頭也。』疑是〔一六〕此飾之權輿，但晉灼之説即所謂絮巾。漢書『皇后親蠶，絲絮織室作祭服，皇后得以作絮巾』是也。蜀人蓋呼絮巾爲冒絮陌額〔一七〕，或曰陌頭，即幧頭也。從項中而前交額上，卻繞於髻，與此不同。二儀實録載禹會塗山夕，雷電中，有甲卒千人，不被甲者，紅綃帕抹其額，云海神來朝。而韓退之元和聖德詩云『以紅帕首』，言以紅綃縛頭，如今抹額。又皆非婦人之飾。馬縞中華古今注云：『隋煬帝淫侈，欲見女子之容，詔去席帽，戴幞頭巾子，即幗也，以皂羅爲之。此製起於周武帝，用三尺皂絹向後幞髮，本名折上巾，如今結巾，垂兩角而無帶。唐則天時以絲葛爲之。開元間始易以羅，添設四角，兩角垂前，兩角繫腦後，故亦謂之四脚，實四帶也。當時男女蓋通服之。』元稹贈官妓劉采春詩『謾裹常州透額羅』可證。宋時謂之撩頭編子，今俗所用或其遺制歟？毛晃增禮部韻略：『幧頭，一曰帓帶，亦作帕。帕，額首飾也。』

〔一·三九〕席帽即古帷帽，亦名圍帽。創自隋代，唐劉子玄曰：『今畫昭君入匈奴，而婦人有施帷冒者。帷冒創于隋代，非漢宮可用。豈可因畫爲故實乎？』男女通用，以韋爲之，四周垂絲網之，婦人則施以珠翠，丈夫則否。唐永徽中拖裙到頸。事物原始云：『今世士人往往用皂紗全幅綴於油帽或氈笠之前，以障風塵，爲遠行之服。蓋本於此。又有面衣，前後全用紫羅爲幅，下垂，雜以他色爲四帶，垂于背，爲女子遠行乘馬之用。亦曰面帽。』按：面衣疑即羃羅，其制亦起齊隋間。中華古今注云：『唐武德、貞觀間，宮人騎馬多著之，至神龍末始絶。象類今之方巾，全身障蔽，繒帛爲之。開元初，宮人馬上著胡帽，靚妝露面，士庶咸效之。』胡帽即帷帽也。大唐新語云：『顯慶中詔曰：「官家家口咸厠士流衢路之間，豈可全無障蔽？比來多著帷帽，遂棄羃䍦，曾不乘車，祇坐擔子，過於輕率，深失禮容。自今已後，勿使如此。」至天寶中，士流之妻或衣丈夫服，靴衫鞭帽，内外一貫矣。』新唐書五行志：『唐初，宫人乘馬者依周舊儀，著羃䍦，全身障蔽。永徽後乃用帷帽，施裙及頸，頗爲淺露。至神龍末，羃䍦始絶。皆婦人預事之象。』清波雜志：『士大夫於馬上披凉衫，婦女步通衢以方幅紫羅障蔽半身，俗謂之蓋頭。』蓋唐帷帽之制也。石林燕語云：『席帽、裁帽分品級。』〔一八〕後魏辛紹先有至性，丁父憂，三年頭不櫛沐，髮遂落盡，故常著垂裙皁帽。官至下邳太守。

〔一·四〇〕名義考云：『今言段者，紈繒之堅美者。古無段之稱，其曰段者猶言端匹也。今人妄從絲作「緞」，非是。』余按：杜工部集有『遺織成錦段』。『段』字僅見于此。續松漠紀聞云：『耀段褐色，涇段白色，生絲爲經，羊毛爲緯，好而不耐。豐段、駞毛段，其色有褐、有白，然非今中土所謂緞也。』玉海載宋太宗端拱元年幸國子監，賜李寬繡段百疋。至靖康末，金人索表緞百萬疋。不知與今所尚者何如。然明世尚無緞，今之緞熟絲織成，五色皆有，價最貴。意即古所謂縑。縑，兼也，絹之兼絲而細密堅緻不漏水者也。古詩：『新人工織縑，故人工織素。』是縑爲五色絲所織可知。而晉令縑一匹當絹六丈，則在當時價已昂貴矣。今則無貴賤皆服之。

〔一·四一〕席上腐談云：『褐乃編枲粗短衣，不黄不皁，賤者之服，非毛布也。「褐」字從衣，「毼」字從毛。鄭康成誤以「褐」爲「毼」，遂云毛布。毛布乃今之斜毼，價貴于苧麻多矣。

此豈賤者之服？』名義考云：『褐，説文：「編枲韈也。」馬路頭也。亦名馬衣。賤者編枲爲衣，寬大似韈，故曰褐寬博。毛布以禦寒，何取寬博哉？今士子出身曰釋褐，言去賤而將貴也。若毛布則罽也，亦謂之毲。』愚按：罽即今之氆氌。揚雄蜀記所云南越之毲㲪者是也。亦名霞氈，紅色，出吐蕃、中天竺等國。又名毾㲪，又名多羅羢。出秦蜀邊境，及廣中洋舶携至者，五色皆備。出西番及陜西、甘肅者，用羢毛織就，闊一尺許，亦名普羅，與灑海剌〔一九〕相似，却不緊厚，價亦不貴。灑海剌出西番，亦羢〔二〇〕毛織成，闊三尺〔二一〕許，緊如毡。果爾，賤者安得有是服耶？

〔一·四二〕中興繫年録載：紹興二年，王彦恢制飛虎戰艦，旁設四輪，每輪八檝，四八旋轉，日行千里，此公輸鉤拒、伍員戰具所未備也。考後漢岑彭傳載『棹卒六萬餘人，露橈數千艘』，注：『棹卒，持棹行船也。露橈，謂露檝在外，人在舟中。』則漢時已有之矣。吴志：『吕蒙〔二二〕襲關羽，至潯陽，伏精兵于䑓艫中，使船中摇櫓作商賈服，晝夜兼行。』南史：『王鎮惡水軍自河入渭橋，乘蒙衝小艦，行船者悉在艦内，外不見人，北人驚以爲神。』而楊誠齋海鰌（船）賦序言：『采石戰艦曰蒙衝，「大而雄」曰海鰌，人在舟中蹈〔二三〕車以行，但見船行而不見人。』然則飛虎即蒙衝之遺制耳。

〔一·四三〕船有銅船。交州記『安定縣有越王銅船，潮退則見。又陰雨日，百姓樵採，見銅船出水上』是也。有鐵船。淮南子云〔二四〕『鐵可爲船』是也。又華山記：『王元仲登蓮花峰，有破鐵舟存焉。』述異記云：『滄州有澄永泉，亦名流永渠，金石不沉，州人以瓦鐵爲船舫。』有土船。蜀録[二五]：『南部蠻五姓相争，乃以土爲船，彫畫之，浮于水中，曰：「其船浮者以爲廩君。」李特之先巴氏子務相船獨浮，因共立之，乘土船。』有石船。臨海記『白鵠山中有湖，湖中有石舴艋』是也。有竹船。山海經『衛邱之田竹大可爲舟』是也。有皮船。後漢書『護羌校尉鄧訓令長史任尚縫革爲船，置箄上以渡河，掩擊迷唐』是也。又後燕録：『慕容垂擊翟釗，爲牛皮船百餘艘，載短兵，列杖，泝流而上。』南史：『宋沈攸之等造皮艦千乘。』又正字通：『明少保戚繼光濟水法，用生牛馬皮竹木緣之，如箱形，火乾，再用竿繫助之以浮水。一皮船可乘一人，兩皮船合可乘三人。』有漆船。續述征記：『石壺臺有敗赤漆船，土民皆謂爲堯時物』是也。

〔一·四四〕演繁露：『杜詩「舟行多用百丈」。問之，蜀人云：「水峻，岸石又多廉稜，用索牽，遇石輒斷，故劈竹爲大辮，以麻索連貫其際，以爲牽具，是名百丈。」百丈以長言也。』余按：爾雅邢疏：『李巡云：「薢竹爲索，所以維持舟者。」』何承天纂文：『竹索謂之筰。』則竹索由來久矣。南史朱超石傳：『宋武帝北伐，超石董舟師入河陽，軍人緣河南牽百丈，有漂度北岸者。』注：『百丈，以巨竹四破之，大如人臂，用麻索連貫，爲牽舟具。』然則亦不專爲石稜設也。

〔一·四五〕轎古稱肩輿，亦稱擔子。其字始見於漢書嚴助傳，云：『發兵入越地，輿轎而隃嶺。』服虔曰：『轎音橋。』臣瓚曰：『今竹籅車也。江表作竹輿以行。』是也。蓋山嶺峻險，非車馬所得通，因有此制。史記夏本紀：『禹泥行乘橇。』集解：『孟康曰：「橇形如箕，擿行泥上。」如淳曰：「橇音茅蕝之蕝，謂以板置泥上通行路也。」』正義云：『形如船而短小，兩頭縱起，人曲一脚泥上擿進，用拾泥上之物。』今杭州、温州海邊有之。又河渠書曰：『禹泥行蹈毳，山行即橋。』徐廣曰：『橋，一作檋。直轅車也。尸子作「山行乘樏」。』又曰：『行塗以楯。』是則橇與橋二者實皆轎之權輿也。轎初以竹爲之，故公羊傳『筍將而來』。漢時籅車，如史記張耳傳『上使泄公持節問貫高于便輿前』，乃今之兜子。嚴助所乘亦是物。漢書王莽傳：『莽子臨久病，朝見挈茵輿行。』晉灼曰：『漢儀注：「皇后、婕妤乘輦，餘者以茵，四人舉以行。」』豈今之板輿而鋪茵乎？今之轎亦用竹，以人舉之。蓋合筍輿、茵輿爲之。而簾幃深密，飾以華縟，美于蒲輪、安車多矣。嘗考官僚出入乘轎，殊非古制。魏書：『高祖以游明根爲五更，行禮辟雍，賜步挽一乘。』三國魏志：『明帝時，太傅鍾繇有膝疾，拜起不便。華歆高年疾病。朝見皆使載輿車，虎賁舁上殿就坐。是後三公有疾，遂爲故事。』新唐書禮儀志云：『永徽中，婦人始用帷冒，施裙及頸，坐擔以代乘車。命婦朝謁則以駝駕車，詔禁不止。中宗後，宮人從駕皆胡冒乘馬，海内傚之。巴蜀婦人出入有兜籠。乾元初，蕃將又以兜籠易負，遂以代車。文宗即位，詔定儀制：一品導從七騎，二品、三品以五騎，四品三騎，五品二騎，六品一騎，五品以上及節度使册拜、婚會則車有幰。外命婦一、二、三品乘金銅飾犢車，擔舁以八人；三品舁以六人；四、五品乘銅飾犢車，擔舁以四人。胥吏、商賈之妻老者乘葦軬車、兜籠，舁以二人。商賈、庶人、僧道不乘馬。開成末定制：宰相、三(品)〔公〕、師保、尚書令、僕射、諸司長官及致仕官，疾病，許乘擔，如漢魏載輿、步輿之制。三品以上官及刺史有疾暫乘，不得舍驛。』唐會要云：『開成五年，黎植奏朝官出使，自合乘驛馬，不合更乘擔子。自此請不限高卑，不得輒[二六]乘擔子。如疾病，即任所在陳牒，申中書、門下及御史臺，其擔夫自出錢雇。其宰相至僕射致仕、疾病者，許乘之。』王(偁)〔稱〕[二七]東都事略：『仁宗景祐三年詔：民間無得乘擔子，其用兜子者，所舁無得過二人。』朱子語類：『宋世南渡以前，士大夫皆不甚用轎，如王荆公、程伊川皆云：不以人代畜。朝士皆乘馬，或有老病，朝廷賜令乘轎，猶力辭後受。自南渡後，則無人不乘轎矣。』周煇清波雜志：『政和間[二八]，詔：非品官之家不許乘暖轎，武臣任主兵差遣，緣邊安撫兵走馬承受，並不得乘轎，亦紹聖之制。』雲麓漫鈔：『舊並乘馬，政和三年十二月十一日以雪滑特許暫乘車轎，不得入宫門，候[二九]路通，依常渡江後方許乘轎。迄今不改。』鄭曉今言曰：『洪武癸亥賜六部尚書馬，已巳賜有司方面官馬。諭兵部尚書茹瑺曰：布、按二司官，方面重臣，府、州、縣官，民之師帥，跨驢出入，非所以示民，或税馬部民，甚乖治體。其官爲市馬，司二十匹，府半之，州縣又半之。』稗史類編云：『明洪武、永樂間，大臣無乘轎者，觀兩京諸司儀門外各有上馬臺可知矣。或云：乘轎始于宣德、成化間，始有禁例，文職三品以上得乘，四品以下乘馬。』後説非是。明通紀述遺：『憲宗成化十三年，太監汪直言：洪武、永樂間，人臣無敢乘轎者。正統時，文官年老或乘肩輿。景泰以來，師保既多乘轎。至於今兩京五品以上無不乘轎者。文職三品年六十以上可許，武職宜一切禁止，從之。本稿乃吴綬所撰。』又曹臣舌華録：『明舊例科道俱乘馬，不得乘轎。王化按浙，一舉人入謁。化問曰：「若冠起自何時？」舉人徐曰：「起於大人乘轎之年。」』似明中葉内外大員已皆乘轎。然余觀野獲編載嘉靖間供事内廷奉元修者，惟嚴分宜以衰老得賜腰輿，至八十再賜肩輿。夏文愍、瞿文懿俱賜乘馬。二公自私用腰輿，上聞以爲僭，心銜之。夏被禍，瞿被逐，已胎於此矣。王鳳洲筆記亦載此事，云：『嚴以年老得乘腰輿。己未，以八十賜肩輿。此希特之典。則是非恩賜，並文臣三品無乘轎之理也。』本朝文武職官一二品八轎，七品以上四轎，未入流者與庶人等用二人肩之。乾隆丁丑，聖駕南巡，詔武官自兵部侍郎以下俱不得乘轎，於是擐甲執戈之士皆騎馬矣。而文臣則乘轎如故。舊唐書褚無量傳：『爲造腰輿，令内給使舁於内殿。』狀蓋略如今之兜子，舁者用力在腰，故曰腰輿。若肩輿則用力全在肩，故禮較優於腰輿。今南方肩輿無不得乘者，但視其力耳。

［一·四六］周書：『王朝步自周。』黄公紹曰：『步，步輦也。謂人荷而行，不駕馬也。』則亦是後世擔子所緣起矣。

［一·四七］方書：馬鐙治野田燐火。或火光出没，用馬鐙相戛作聲，即滅。故張華云：『金葉一振，遊光斂色。』注：『金葉，馬鐙也。』

〔一・四八〕傘一作繖，即古之蓋也。古今注：『黄帝始作華蓋，太公始作曲蓋。』周禮：『輦車有羽蓋。』蔡邕獨斷云：『凡乘輿車皆羽蓋，金華爪，黄屋左纛。』黄屋者，以黄爲裏也。金根車以青縑爲蓋。漢公侯皆皂繒蓋，二千石皂蓋，餘皆青蓋。至晉輿服志：『功曹吏繖扇騎從。』始有繖名。史記五帝紀：『舜以兩笠自扞而下。』注：『皇甫謐云：「雨繖，繖笠類。」』晉書王雅傳：『遇雨，請以繖入。』南齊書：『長沙威王晃多從武容，熛赫都街。時人語曰：「焕焕蕭四繖。」』而魏書裴延儁傳：『山胡持白傘白幡。』南史：『王縉一作籍徒行市道，輒以笠傘覆面。』又直作傘。通雅謂『繖』本因古之『縿』。説文：『縿，旌旗之斿。』爾雅：『纁帛縿。』注：『衆旒所著正幅爲縿。』此即繖之原也。其繖頂，金人謂之浮圖。嘗考之杜氏通典，言晉諸臣乘車有蓋無傘。元魏自代北有中國，北俗便于騎，則傘蓋施于騎耳，疑是後魏時制，亦古張帛爲繖之遺事。高齊始爲之等差。今天子用紅黄二等，而庶人通用青。又玉屑云：『魏人以竹碎分並油紙造成傘，便於步行騎馬，傘自此始。』今按：南齊書魏虜傳：『宏率公卿戎服繞相天壇〔三〇〕，以繩相交絡，紐木棖，覆以青繒，形制平圓，下容百人坐，謂之爲繖，一云百子帳。』宏是魏孝文帝名，此則繖自魏始之明徵也。或曰魯班妻造，謂其夫曰：『君爲人造居室，固不能移；妾爲人所造，能移千里之外。』則是蓋與繖之制不相同。然自有傘而蓋不復用矣。唐及五代、宋初，京師不禁打繖。五代始命御史服裁帽。宋淳化初，命公卿皆服之。既有繖又有帽，故謂之重戴。祥符後，惟親王宗室得打繖。其後通及宰相樞密參政。宋初京城士人舊用青凉繖。祥符五年，惟親王得用之，餘悉禁。六年，中書樞密院亦許用，然每車駕行幸，扈從皆徹去。明代鹵簿有紫方繖、紅方繖、曲柄紅繡繖、直柄黄繡繖十餘樣，文武官一品至四品俱用黑色、茶褐羅表紅絹裏三簷，五品用青羅表紅絹裏兩簷，六品至九品俱用青絹表裏兩簷，本朝因之。四品以上紅傘，五品以下皆青傘。

〔一·四九〕因話録：『近歲衣制，有一種如旋襖，長不過腰，僅掩肘，以最厚之帛爲之，仍用夾裏，或其中用綿者，以紫皂緣之，名曰貉袖。聞起于御馬苑圉人。其短前後襟者，坐鞍上不妨脱著。短袖者，便控馭也。』按：此即今之馬鐙子也。特當胸用紐及無紫皂緣爲異耳。

〔一·五〇〕古時女子衣與裳連，如披襖，短長與裙相似，有尊一之義。自始皇元年詔宫人及近侍宫人皆服衫子，亦名半衣，而衫與裙始分矣。然長袖猶至于膝，今且不然矣。余見滿洲婦人衣長委地，不分衫裙，蓋古制也。

〔一·五一〕研北雜志云：『鄭康成言易、詩、書、春秋簡長尺二寸，每簡三十字。孝經半之，論語簡八寸。蓋古今簡册字有定數，每一簡三十字。』此蓋言竹簡也。秦漢以還，始用石刻。蔡邕奏定六經刊于碑，謂之石經。嵇康亦有石經。邯鄲淳有三字石經。裴頠刻石寫經是也。人間則用楮墨鈔録，至隋文帝開皇十三年十二月八日，敕廢像遺經悉令雕撰。自此書有印板矣。但五經尚未有鏤板。後唐明宗長興三年宰相馮道、李愚請令刊，國子監田敏校正九經，刻板印賣，從之。景德中，又摹印司馬、班、范諸史，迄宋而刻鏤益精。故胡應麟筆叢云：

『雕本肇自隋時，行于唐世，擴于五代，精於宋人。』

［一・五二］開元禮儀纂：漢制，朝服帶劍，晉代之以木，謂之班劍。雲谷雜記云：『近世官府騶從所持假劍，以木爲之，號木劍。東齊著令，謂爲象劍，言象于劍。』

［一・五三］夏禹鑄九鼎以象九州。尚書正義曰：『左傳：「王孫滿云：『貢金九牧，鑄鼎象物。』」然則九牧貢金爲鼎，故稱九鼎，其實一鼎。戰國策：「顔率説齊王云：『昔武王克商，遷九鼎，鼎用九萬人。』」則以爲其鼎有九。游説之辭未可信用。然鼎之上備載九州山川異物，又亦可疑。未知孰是也。』王嘉拾遺記云：『禹鑄九鼎，五者以應陽法，四者以象陰數，使工師以雌金爲陰鼎，以雄金爲陽鼎。鼎中常滿，以占氣象之休咎。自顯王四十二年，鼎淪泗，没於淵，見竹書。後始皇使數千人求之不獲，見史記。至今終不可踪迹。』文獻通考則云：『赧王五十九年，周亡。秦昭王取九鼎。其一飛入泗水，餘八鼎入于秦中。』不知何據。孫暢之述書云：『九鼎日移五步，人多不覺。自周郟鄏以來東南移，不知今至何國也。』道人商行傳曰：『鼎在罽賓，于陽州又是西北。』又郡國志載：成都鼎鼻山，周九鼎淪一於此。往往見鼎耳，故名。南移之説莫可考證。余謂楚子問輕重大小，不爲無見。蓋在當時已無復有知之者矣。湯時大旱，使人持九足鼎祝山川，而天大雨。見説苑。伊尹修玉鼎以事湯，湯賢之，以爲相。見楚詞注。學齋佔畢：『每鼎重八千一百斤。』

［一・五四］魏了翁讀書雜鈔云：『明堂位：「夏后氏之四璉，殷之六瑚。」鄭注云：「皆

黍稷器。制之異同未聞。」皇氏曰：『鄭注論語「夏曰瑚，殷曰璉」誤也。』

〔一・五五〕憶壬申秋余謁祝人齋先生於海鹽之天寧寺。時先生方纂禮記，爲廣業説犧象云：『舊在曲阜觀聖廟祭器，犧尊作牛形，象尊作象形，皆穴背受酒，高一尺餘。』此蓋本王肅之説，惜未得明證。余心識之。後讀南史載：『劉杳博綜群書，嘗與沈約語及宗廟犧樽。約曰：「鄭玄答張逸，謂爲畫鳳凰尾婆娑然，今無復此器，則不依古。」杳曰：「此言未必可安。古者樽彝皆刻木爲鳥獸，鑿頂及背以出内酒。魏時魯郡城中得齊大夫子尾送女器，有犧樽，作犧牛形。晉永嘉中，賊曹嶷于青州發齊景公冢，又得二樽，形亦爲牛象。二處皆古之遺器，知非虚也。」約大以爲然。』又按：博古圖載：周時犧尊二皆有蓋，以口爲流，四足，無銘，並全牛像之形，而鑿背爲尊。象尊有蓋〔三二〕，四足，有提梁，無銘，全作象形，開背爲尊。據此則今廟中所用正合古制，而犧象本是二器。注家謂畫鳳尾而飾以象骨者，大誤矣。

〔一・五六〕世本言堯臣無句作磬，其制詳于博古圖。大約中高而上大者爲股，其下而小者於所當擊則爲鼓。上股下鼓，分爲倨句之勢以成磬，而屬之于簨。凡特磬、編磬大小雖殊，其制則一。或用玉，或用石，更有煎金鎔範而成者。周時已有之。然磬自是石部樂，不得用金。胡侍珍珠船云：『梁因方響之制爲銅磬。南齊太祖以宮城更鼓驚眠，易以鐵磬。』通典云：『梁有銅磬，今之方響也，以代磬。』則直以金代石矣。按：鐵磬即今之雲板，古名響板。蔡確傳有侍兒名琵琶，公每叩響板，鸚鵡輒呼其名是也。方響，據樂府雜録，祇是擊甌。擊甌出於擊缶。武宗朝郭道源特善此技，以邢甌、越甌共十二隻，旋加減水于其中，以筯擊之。又似今之九雲鑼。明皇雜録胡部無方響，以直板聲不應諸調。惟太宗内庫片鐵方響，應二十八調。舊唐書樂志：『方響以鐵爲之，修八寸，廣二寸，圓上方下，架如磬而不設業，倚于架上，以代鍾磬。人間所用者總三四寸。』文苑英華載李沇方響歌云：『季倫怒奪珊瑚摧，靈芒當作芸整鬟步摇折。十六葉中侵素光，寒玲震月雜佩璫。』牛殳詩云：『樂中何樂偏堪賞，無過夜深聽方響。緩擊急擊曲未終，暴雨飄飄生座上。鏗鏗鐺鐺寒重重，盤渦蹙派鳴蛟龍。高樓漏滴金壺水，碎雹打着山寺鍾。』又云：『長短參差十六片，敲斷宫商無不徧。此樂不教外人聞，尋常衹向堂前宴。』宋(祈)[祁]筆記云：『樂石有磬，今浮屠持銅鉢亦名磬。世人不識樂石，而儒者往往不曉磬折義，故不獨不識磬，又不能知鉢。』

[一·五七] 古瑟五十弦，黄帝破之爲二十五弦。秦人鼓瑟，兄弟争之，又破爲兩。筝之名自此始。其制十三弦，亦有十二弦者，謂之『秦筝』。或云：秦俗薄惡，有父子争瑟者，各入其半，遂名爲筝。

[一·五八] 今備火具有水龍，激水甚便。後漢宦官傳：『靈帝作翻車渴烏，施于玉門外西郊，用灑南郊路，省百姓灑道之費。』按：渴烏爲曲筒，以氣引水而上。水龍殆其遺製歟？

[一·五九] 唐人酒令有骰盤，擲色争勝者。有用籌箸者，以槍旗等爲色目。有用指巡胡者，指巡胡一名酒胡子。徐夤詩：『直指寧偏黨，無私絶覬覦。當歌誰擐袖，應節漸輕軀。恰

與真相似，毡裘滿頷鬚。』足想見其遺制。有藏鬮者，本古藏鈎戲。唐人詩云『城頭椎鼓傳花板，席上搏拳握松子』是也。又有拋打飲酒等曲。其拇戰：五指呼爲五峰。名蹲鴟者，大指也。鈎戟，食指也。玉柱，中指。潛虯〔三二〕，無名。奇兵，小指也。竇子野酒譜又載：『酒令皆隱合古人名姓。如「孟嘗門下三千客，大有同人」；「湟水渡頭千萬羊，未濟小畜」、「鉏麑觸槐，死作木旁之鬼」；「豫讓吞炭終，爲山下之灰」之類，亦有別趣』。

〔一·六〇〕庶物異名疏：『穆天子傳：「盛姬病，求飲。天子命人取漿而給。是曰壺輲。」郭璞云：「壺器名輲，音遄，速也。」今京師於煤爐上暖酒、煮泉，以取速者曰輲子，當用此字。顏師古急就章注：「椯，水巵也。上有蓋。椯亦音遄。」』按：輲子，吳中亦用之，讀若端。李濟翁資暇録：『元和末始用注子酌酒，其形若罃，而蓋、觜、柄皆具。太和九年，後中貴人仇士良等惡其名同鄭注，乃去柄安繫，若茗瓶而小異，目之曰偏提，論者亦利其便。』林洪山家清（供）〔事〕：『偏提，猶今酒鱉，長可尺五而匾，容斗餘；上竅出入，猶小錢大，長可五分；用塞，設兩環帶，以革爲之。和靖翁送李山人故有「身上袛衣粗直掇，馬前長帶古偏提」之句。』

〔一·六一〕袁了凡先生嘗遇一僧授以功過格，力行數十年，功名嗣壽，求無不獲。或疑其近于計功謀利，然自求多福，理實如此。季文子不云乎『舜有大功二十，而爲天子』？

〔一·六二〕古人祭用丁日，故有上丁、仲丁之稱。亦有用戊者，金史禮志：『大定七年，建社稷壇。祭用春秋二仲月上戊日。』野獲編：『嘉靖十年，上于西苑隙地立帝社、帝〔三三〕稷之壇，用仲春、仲秋次戊日，躬行秋報禮。蓋以上戊爲祖制〔三四〕，社稷祭期，故抑爲次戊。蓋又爲天子私社稷也。』

〔一·六三〕今國家誥敕首標『奉天承運』四字，承明制也。野獲編云：『太祖初定大朝會正殿曰奉天殿，門名亦如之。其後文皇營北京，遂仍其名，毀于火。世宗更其名曰皇極。而一切封拜，無論爲功勳，爲恩澤，爲文武，必以「奉天」爲號，列聖相傳不改。太祖敕命曰「奉天承運皇帝」，太宗封功臣曰「奉天靖難」，次曰「奉天翊衛」、「奉天翊運」，惟此稍異耳。』

〔一·六四〕今郡縣東嶽廟獨多，以嶽本衆山之宗，而岱又諸嶽之宗也。古者祭以壇壝而已。自拓跋氏始爲五嶽四瀆立廟。五嶽總立一廟于桑乾之陰。桑乾，今盧溝河也。然尚未有封號，至唐始分立廟于五嶽之麓，而東嶽泰山神封爲『天齊王』，此開元十三年十一月壬辰事，載在會要。已乖五嶽視三公之義矣。其遍天下則肇自宋之中葉。文獻通考云：『宋大中祥符元年會要作二年封禪禮畢，詔加號泰山天齊王爲「仁聖天齊王」。五年〔三五〕，詔加上〔三六〕東嶽曰「天齊仁聖帝」。』而元史祭祀志載至元二十八年加上東嶽爲『天齊大生仁聖帝』，迄今神祀不絶。夫泰山地祇也，古祀典具在，今之立廟，名爲崇敬，實褻之也。元吳文正公澄東嶽仁聖宮碑云：『宜禮以地祇而不人其像，尊比三公而不帝其號，兆之如四望而不屋其祠，庋縣于其方嶽而不遍祠于郡縣，如是雖元聖復生，必無「曾謂泰山不如林放」之譏。』此數言者所以風切時事者至矣。是碑蓋應吴閒閒全節之請而作。至泰山三郎廟，五代會要載後唐長興四年封爲

『威雄大將軍』，宋大中祥符元年一作七年加封『炳靈公』，則尤不經甚矣。唐書：天寶六載正月十二日，封四瀆，河爲『靈源公』，濟爲『清源公』，江爲『廣源公』，淮爲『長源公』。宋會要：仁宗康定二年詔封四瀆皆爲王，又真宗大中祥符四年十一月二十九日詔加封嶽后號，東嶽『淑明后』，南嶽『景明后』，西嶽『肅明后』，北嶽『清明后』，中嶽『正明后』。

〔一・六五〕世傳關侯所騎馬曰赤兔，不知所據。考曹瞞傳：『呂布有駿馬名赤兔，人語曰：「人中有呂布，馬中有赤兔。」』則赤兔乃布所有，非侯也。劉侗帝京景物略載姚彬關王廟，俗傳吴將姚彬盜關公馬，被獲不屈，廟塑縛彬像，其馬回望公，色歕沫。而趙吉士寄園寄所寄則云：『彬初爲黄巾賊將，母病，思食良馬肉。彬知壯繆所騎赤兔最良，因投麾下，竊赤兔以逃，關吏執之以歸。壯繆將殺之，忽大哭，言將與母永訣，乃釋之。』此事若信，則赤兔誠爲侯馬矣。但其説並爲稗野所不載，恐不免於荒唐。趙氏又云：『廟中塑像甚古，殆元時舊塑。』劉同人至謂隋氏像，斯亦奇矣。

〔一・六六〕今人呼老泉曰『老蘇』，子瞻曰『大蘇』，子由曰『小蘇』，總呼曰『三蘇』。此不獨當時人呼之，子瞻弟兄亦自稱之。元祐四年八月，子由充賀遼生辰國信使，至彼，每問大蘇學士安否。子由經涿州寄詩于兄，曰：『誰將家譜到燕都，識底人人問大蘇。莫把聲名動蠻貊，恐妨他日卧江湖。』蘇子瞻得詩次韻，云：『毡毳年來亦甚都，時聞鴂舌問三蘇。那知老病深無用，欲向君王乞鏡湖。』詩見吾鄉陸辛齋詩話中。又薊州古北口僧寺有石刻子由古北口道中詩云：『亂山環合疑無路，小徑縈迴長抱溪。髣髴夢中尋蜀道，興州東谷鳳州西。』塞北小鈔載此詩云是宋元祐間子由奉使契丹時所作。張芸叟奉使大遼，宿［幽］州，館中有題子瞻老人行于壁者。聞襄陽書肆亦刻子瞻詩數十篇。芸叟題其後曰：『誰題佳句到幽都，逢着胡兒問大蘇。』見澠水燕談。

［一·六七］前秦録：王景略見桓温，捫蝨談當代事，旁若無人。『捫』字甚有意態。按：風俗通：『東漢趙仲讓爲梁冀從事中郎將，冬月坐庭中，白日解衣裘捕蝨。』晉書顧和傳：『爲王導從事，月旦將朝，停車門外。周顗遇之，和方擇蝨，夷然不動。』北齊書邢邵傳：『子才對客，或解衣覓蝨，且與劇談。』李延壽北史司馬子如傳：『子如出獄，神武哀其鬒頳，以膝承其首，親爲擇蝨。』齊東野語：『嘗見山翁野媪，得蝨則置之口中。』揆之古人，應侯謂秦王曰：「得宛臨，流陽夏，斷河内，臨東陽，邯鄲猶口中蝨。」王莽校尉韓威曰：「以新室之威而吞胡虜，無異口中蚤蝨。」陳思王曰：「得蚤蝨者，莫不靡靡齒牙，爲身害也。」三人之言乃爾，則野老嚼蝨蓋亦自有典故。『擇』、『嚼』字尤新。先叔曾祖柯雲翁取捫群之義作捫蝨詩，亦甚創闢。

［一·六八］余閲勝國史，至靖難、復辟二案，未嘗不掩卷而嘆也。成祖革建文年號，英宗削景泰帝號，此趙高所以待二世、劉知遠所以待出帝者，而悍然施之叔侄兄弟間而不顧，此豈復有人心者哉！金川門之變，楊士奇成祖實録謂中使出建文屍于火中，越七日，備禮葬之，遣官致祭，而不言葬地所在，知爲欺世之詞。或謂松陽王景請葬以天子禮，成祖從之。果爾，何以

無陵寢可據？好事者乃指北京金山口景皇帝陵北天下大師之墓以當之。野史又言：葬之西山，不封不樹，遂舉不知誰何之墓以實之，轉相紀述。觀崇禎中駙馬都尉鞏永固疏請建文帝尊謚及入祀典思陵，曰：『建文無陵，從何處祭？』萬授一經嘗云天下大師墓乃蒙古僧，則諸説之妄自見。夫建文以太孫册立於洪武二十五年，越七年而始登極，在位四年而殉社稷。即其設施，亦一中材主也，而終明世不置陵寢，不入祀典。枉魄憤胔，痛等若敖。其不得加美謚，又無論已。吾不知建文竟何罪于明而至此。若景皇帝授命慈宫，計安社稷，遣使奉迎上皇，至再至三，此徽、欽所不敢望於九哥者。而南内奉養且八年無間，雖建儲之際不無遺議，要不得以篡竊罪之也。奈何復辟而後，即廢爲郕王？所立皇太后、皇后、太子俱革其名號。及薨，葬祭禮如親王，謚之曰『戾』。貴妃唐氏等俱賜紅帛自盡以殉葬。其不從石亨之言，革除年號者幸耳。嗚呼，亦不仁甚矣！賴憲宗幹蠱追復帝號，詔禮部張懋等議上尊謚『恭仁康定景皇帝』，遣官致祭，禮如長獻諸陵，稍厭衆心，然猶遲之又久，至成化十一年始有是舉。國史唯疑載景帝追復謚號，始荆門州訓導高瑶，初爲黎淳所駁，辭甚厲，訖〔三七〕如瑶請，亦公論之不容泯也。余嘗見南都太僕寺少卿萬元吉疏奏言：『弘治中，布衣繆恭伏闕上書，請復建文時故號，爵其後裔奉祀。時繫恭獄，以聞于上，敬皇帝赦勿罪。』又考萬曆十四年七月，南京太常寺卿沈子木亦嘗上疏，請立建文帝祠祀，不報。後至十六年始以國子監司業王祖嫡言，僅復建文年號而已。其公論何在乎？靖難兵起，燕王上書建文爲報父讐事，末署『元年十一月初九日，臣諱』，是時已不稱『建文』。吾鄉許杞山先生撰革朝志，追尊帝號，凛然春秋之義。然『遜位南服，迎養南内』，亦泥于俗論。而皇太后呂氏但云『相傳以焚崩，莫可考』。皇太孫妃馬氏、皇太子文奎皆云『存殁無考』。許聞造曰：『洪熙元年長陵碑云建文雖廢没猶書崩。崩非天子何以得書？』皇明紀略乃云宣德間卒，禮葬于平山隙地。或云送葬鳳陽。夫太祖作法於凉，不再傳而變生骨肉，成祖肆行簒弑，三傳而釁起寇戎。吁，可不戒哉！

［一·六九］明高廟孝陵、文廟長陵、仁廟獻陵、宣廟景陵，皆用人殉葬。至裕陵始革除之。皇明通紀云：『天順八年正月，上遺命勿以殯御殉葬，命太監牛玉執筆書之。』否泰録云：『英宗臨崩召憲廟，謂之曰：「用人殉葬，吾不忍也，此事宜自我止，後世子孫勿復爲之。」至今遂爲定制。』又京城阜成門外，去慈慧寺約二里有静樂堂，其墻陰則宫人斜也，磚甃爲二井，屋(以)［似］塔，南通方尺門，謹閉之。井前結石爲洞，四方通風。凡宫人無名稱者，有病則出之禁城後順貞門傍，承以殮具，舁出玄武門，迤邐達安樂堂，授守者，召本堂土工〔三八〕易以朱棺，禮送之静樂堂火葬塔井中。嘉靖末，有貴嬪捐貲易民地數畝，其焚燼不願井者，悉内地中。詳載菊隱紀聞。夫殉葬始於暴秦，燼葬昉自佛氏，皆不經之極至者。而明制亦復乃爾，英宗盛德，固遠出尋常萬萬，而貴嬪一舉亦差强人意。然生侍宫闈，死投灰燼，仁人殊不忍聞，當時、後世乃相習而不知其非，則惑于西方之書者深矣！惟是漢唐以來諸帝升遐，宫人無子者，悉遣詣山陵，朝夕具盥櫛，治衾枕，事死如生。明制諸陵惟中官灑埽，不遣宫女，爲遠過前代耳。

〔一·七〇〕宦官之禍至明末而酷甚矣。太祖不許寺人識字，庶幾防微杜漸之意，而其制乃使直房内官與司房宫人自爲伉儷，謂之對食，亦謂之菜户，亦有强作伉儷者，稱白浪子。此非誨淫而何？忠賢、客氏公然牝牡，實胎核于此，立法誠不可不慎也。考對食之名，實始自漢。漢書外戚傳云『房與曹對食』，謂中宫史曹宫與宫婢道房也，皆係婦人，猶之可也。

〔一·七一〕天下大師墓之非建文陵也。兩京求舊録、客座贅語辨之詳矣。但老佛既屬無稽，闔宫自焚，不應並其屍無之也。當日中官出自火中，即妄指后屍爲帝屍，亦不應竟無頓放處。蓋自惑于正統移入大内之説，好事者遂以金山、西山疑似之間求之。考萬曆間南京太常寺卿沈子木疏言建文帝御宇四年，死葬西山，不得一盂麥飯，下同庶民，宜敕禮官議立祠祀。似西山實有是事。然永樂定都北京，在十九年正月，是十九年以前固在南京也，葬用天子禮之説，雖萬無是事，即云藁葬，但當於南京求之，或者冬青細雨偶一遇之耳。

〔一·七二〕曲禮：『奉席如橋衡。』橋亦衡也。符子『燕昭王豕大如沙墳，異之，命衡官橋而量之，折十橋，豕不量』是也。

〔一·七三〕江表傳載：魏武欲知象觔重，莫出其理。鄧王沖尚幼，曰：『置象大船上，刻其所至，秤物以載之，校可知也。』魏武大喜。按：符子載：燕昭王大豕大如沙墳，異之，命衡官橋而量之，折十橋，豕不量。又命小官舟而量之，其重千鈞云。舟量正鄧王秤物以校之説也。慧悟者自與古人暗合耳。

校勘記

〔一〕抄本此處脱『漁』字。

〔二〕抄本此處衍『之』字，抄本偉校：『之，爲「先與之對局，下子既定。」』

〔三〕抄本偉校：『「倍」字疑誤。』

〔四〕慟，抄本作『痛』。

〔五〕纔，抄本作『鏡』，誤。抄本偉校：『「鏡」字誤。』

〔六〕畀，抄本作『界』，誤。

〔七〕廓，抄本作『廊』，誤。

〔八〕日，影抄本作『月』，今據抄本正。

〔九〕字，抄本作『子』，誤。

〔一〇〕抄本此處衍『士』字，蓋涉下『是』字而誤。

〔一一〕抄本此處無『字』字，偉校：『一本「李善」下有「字」字。』

〔一二〕傳，抄本作『同』。

〔一三〕影抄本此字不清楚，據抄本補『糕』字。

〔一四〕訛，抄本作『化』，誤。

〔一五〕影抄本作『暈』，今據抄本正。

〔一六〕是，抄本作『俟』，偉校：『俟，「俟」語誤。』

〔一七〕額，抄本作『頭』。

〔一八〕本條『羃䍦』之『䍦』，影抄本一處作『䍦』，其餘三處均誤作『羅』，今據抄本正。

〔一九〕刺，抄本作『刺』，誤。

〔二〇〕羢，抄本作『絨』。『羢』特指羊的細毛。字彙補羊部：『羢，羊羢也。』

〔二一〕三尺，抄本倒作『尺三』。

〔二二〕抄本此處無『吕』字。

〔二三〕抄本偉校：『蹈，疑「踏」。』今四部叢刊所收海鰌賦序也作『蹈』。

〔二四〕云，抄本作『曰』。

〔二五〕抄本脱『船蜀』兩字。

〔二六〕輒，抄本作『出』。

〔二七〕偁，影抄本作『稱』，今據影抄本。

〔二八〕間，抄本作『家』，誤。

〔二九〕候，抄本作『侯』，誤。

〔三〇〕天壇，抄本作天臺。此句費解。南齊書原文爲：『宏與僞公卿從二十餘騎戎服繞壇，宏一周，公卿七匝，謂之蹋壇。明日，復戎服登壇祠天，宏又繞三匝，公卿七匝，謂之繞天。』據此，疑此句當爲『戎服繞天』。

〔三一〕抄本此處脱『蓋』字。

〔三二〕此字抄本、影抄本均作『蚪』，抄本偉校：『蚪，疑「虯」。』今按：本書中常將『丩』寫成『斗』，『蚪』當是『虯』的俗字。

〔三三〕抄本此處無『帝』字。

〔三四〕抄本此處脱『爲祖』二字。

〔三五〕抄本此處脱『五年』二字。

〔三六〕上，抄本作『號』。

〔三七〕訖，抄本作『迄』。

〔三八〕土，抄本作『宫』，誤。

循陔纂聞卷二

海寧周廣業耕厓甫著
門人沈俊堯明録
男勳常重録

［二·一］俗有所謂火葬者，乃釋氏之流禍也。民家遭喪，率集僧道女尼追薦齋壇，浮費不貲，將以爲厚其親也。獨舉屍焚灼，相習成風，恬不知痛。堪輿家又爲之神其説曰：熟骨獲福尤捷。此王惲烏臺筆補所謂『敗俗傷化，無重于此』，理合禁止以厚薄俗者也。至無主之棺，論者謂與其暴露，毋寧火化。西神脞説載：『北京土俗以清明日聚無主之柩，堆居邱陵。又剖童子之棺，殮而未化者裸而置之高處。剪紙爲旗，縛之于臂。此尤不仁之甚者。』今吴越之俗雖不至剪旗縛臂，而燼葬則所在皆然。杭州霸子門外無主棺，每冬有司遣吏燒焚，歲以千計。近奸吏巧變其法，先於地上掘數坎，就剖其棺，裒骨而瘞之，所存之棺，輒有賤工市之，製成水桶、浴盆諸器皿，以售于人。此余壬午冬所目擊者。屍幸免焚灼之慘，而吏遂緣爲利藪，其弊必有抛棄骨殖以希利者矣。又聞所瘞之骨，久之亦潛市於人。霸子門對岸甘露亭歷年所納骨不下數百石，而塔不加多，俱以此故。其人係江西窑户，用燒磁器，能成巧異色樣，或山農雜之牛豕骨中，碓碎壅田，此甚駭聽，余亦未敢深信。果爾，是更慘于焚灼也。考燼葬實始于

要離火妻灰子，以友慶忌。見揚子法言。至宋元始盛行，厲禁不止。宋太祖禁火葬，元世祖禁焚屍。俱載國史。顧亭林日知録載：『宋史：「紹興二十七年，監登聞鼓院范同言：今民俗有所謂火化者，生則奉養之具惟恐不至，死則燔爇而捐棄之。國朝著令，貧無葬地者，許以官地安葬。韓琦鎮并州，以官錢市田數頃，給民安葬，至今以爲美談。今宜仍飭守臣措置荒閒之地，使貧民得以收葬。從之。」又：景定二年，黄震爲吴縣尉，有乞免再起通濟寺化人亭狀歷叙焚燼之慘。其略云：「寺僧久爲焚人空亭以罔利，愚民悉爲所誘，親死即舉而付之烈焰，餘骸不化，又投之深淵。震久切痛心，欲言未發。五月六日夜，雷雨驟至，獨撮此亭。意者穢氣彰聞，冤魂共訴，皇天震怒，爲絶此根」云云。又曰：「自宋以來，此風日盛，國家雖有漏澤園之設，而地窄人多，不能遍葬，宜里給空地若干爲義塜，以待貧民之葬，除其租税，而更爲之嚴禁。焚其親者以大不孝罪之」云云。』亭林又言：『宋以禮教立國，而不能革火葬之俗。于其亡也，乃有楊璉真伽之事。』按：梁書海南傳：『林邑國俗，死者焚之中野，謂之火葬。』南史：『扶南國死者有四葬：水葬，投之江流；火葬，焚爲灰燼；土葬，埋瘞之；鳥葬，棄之中野。』出自夷狄，固無足怪。今之火化者，子若孫拾取遺骸，置之鏍中。其鏍約容斗許。據方書：男子三百六十五骨，女人無頂威、左洞、右棚及祈步等五骨，共三百六十骨，豈止斗許？是則火後所得，十不過六七耳。雖視投之深淵者，罪少末減，而其喪心逆理，已在不聽之列。魯國語載夏父弗忌以躋僖公之罪，其葬也焚煙徹其上。今生不獲罪，而死加酷罰，可乎？他若非親長及無嗣續者，焚後輒拾其骨，裹之以綿，繫橋下，久之繫絶，則亦歸於澤國矣。更有拾置罏中，圍以烈炭，謂之煅骨，晝夜變爲灰塵。此又漢廣川王去及姬昭信所以待王昭平等者，而以施之戚屬，忍乎哉？蒙齋筆談：『洛中營西内，都轉運使宋昇主之，其屬有李實、韓溶二人。時梁柱、欄檻、窗牖皆用灰布，期既迫，竭洛陽内外猪羊牛骨不充用。韓溶議掘漏澤園人骨代之，昇欣然。一旦，李實暴死，還言冥官追正骨灰事甚急。未幾，溶與昇皆死。』

〔二·二〕男子三百六十五骨，女子三百六十骨。兩手臂有進賢骨者，近腕，在龍本骨上之内。男人此骨隆爲名臣。有及爵骨者，亦近腕，在虎端骨上之内。

〔二·三〕七修類稿載：宋制于二月十二日會試鎖院，十八、十九、二十試詩賦論策爲三場，二十二、二十三、二十四又試經義論策爲三場，其期可謂寛矣。至殿試及第，唱名賜第，自太宗雍熙二年梁顥榜始。當時進士所習有何論一首。何論者，如『三傑佐漢孰優』、『四科取士何先』之類。其摹印題目，事物紀原云：『宋真宗大中祥符五年三月二十三日，親試進士於崇政殿内，出三題，摹印以賜。』印題始此。容齋隨筆云：『先禮部貢院言近年進士惟鈔略古今文賦挾懷入試。昨者以正經命題，多懵所出，則知題不示以出處也。至景祐元年四月初三日始詔進士題目具經史所出，摹印給之。』燕翼貽謀録作『三月丙子』，石林燕語云：『唐禮部試詩賦題不皆有所出，或自以意爲之，舉子皆得進問題意，謂之上請。本朝既增殿試，天子親御殿進士，猶循用禮部故事。景祐中稍厭其煩，詔御藥院具試題，書經史所出，模印給之，遂罷上請之制。』二説微不同。按：蘇軾元祐八年劄子乞詩題、論題，許于九經、孝經、論語、子史並九經、論語注中雜出。更不避見試舉人所治之經，但須于所給印紙題目下備録上下全文並注疏，不得漏落。則本經與非本經，舉人所記均更無可避取云云。合此三説，則是印題始真宗，印經史出處始仁宗，印注疏始哲宗。良法美意，每進益加，宜其名儒輩出也。聞宋科制策題有問堯、舜、禹、湯所舉如何者，乃漢時宫中謁者，趙堯舉春，李舜舉夏，倪湯舉秋，貢禹舉冬，各職天子所服也。又問湯、周福祚，乃張湯、杜周。當時士子皆以唐虞三代爲對，則可知懵所出者，不獨正經爲然。又仁宗時郎中查拱知袁州，因秋試進士，取文選詩『黄花如散金』爲題，學子多以秋景賦之，惟六人不失詩意。舊例袁州解額十三人，自此止解六人。則是具出處者止經史題，而詩賦不與；亦止廷試進士，而州試不爾也。又表異録載：李揆爲禮部侍郎，病取士［不考實］，徒露搜索禁所挾，而迂〔一〕學陋生，葄枕圖史，且不能自措于詞。乃大陳書廷中，進諸儒曰：『可盡所欲言。』噫！是公真善于取士者矣。四朝聞見録：『慶元二年考官葉翥發策，士莫知對。莫子純以小紙帖所出於柱間，士皆感之。』

〔二·四〕飛白書由來舊矣。唐書載太宗五日飛白『鸞』、『鳳』等扇子遺長孫無忌等各二枚，又學士署御書『玉堂之署』四字，李德裕詩所謂『銀花懸院榜』者也。又玉海載唐貞觀十八年二月十七日，召三品以上賜宴玄武門，太宗操筆作飛白書，群臣就太宗手中競取，散騎常侍劉洎登床引手始得之，其不得者咸稱洎登床罪當死，請付法。太宗笑曰：『昔聞婕妤辭輦，今見常侍登床。』則在唐時已見貴重如此。至宋世尤珍尚之。玉海云：宋太宗雍熙三年十月出飛白書一軸，賜宰臣李昉等曰：『朕留意真草，近又作飛白書。惟雖非帝王事業，然不愈于遊畋聲樂乎！』仁宗嘗以飛白『天性』二字賜端明殿學士李淑，又以飛白文詞字賜之。淑出守許州，日爲飛白寶章記摩石州廨。又寶元二年賜張士遜等飛白書各一軸。歐陽文忠有御書飛白記，王羲之帖中間有之。按：飛白，始于蔡邕，梁蕭子雲能之。作篆皆大書，用帚筆輕拂過，或有帶行者，其體若白而勢若飛。王諳曰：『飛白，變楷體也。本是宮殿題署，其勢既勁，文字宜輕微不滿，名爲飛白。王僧虔云：『飛白，八分之輕者。』宋仁宗最精此體。凡飛白以點畫象物形，而點最難工。李唐卿撰飛白三百點，自謂窮書物象。仁宗爲『清凈』二字，六點尤奇絕。又出三百點外。然則今所謂飛白書絕古製，祇是雙鈎耳。

〔二·五〕醉鄉記：『夏月霹靂時，收雨水掬禾〔二〕釀酒，謂霹靂酒。』

〔二·六〕貴耳集：高宗之生，徽宗夢吴越王引御衣曰：『我好來朝，便留住我，終須還我山河。』夢覺，與鄭后言：『朕被錢王乞取兩浙甚急。』鄭后奏云：『昨二十一日夜，韋妃生子。』及建炎南渡，適應是夢。湖海新聞：洪皓買一妾，東平人，偕其母來，曾侍明節〔三〕。劉后言韋后初生高宗時，夢金甲神人，自稱武肅王，即錢鏐也。鏐年八十一，高宗亦八十一，都錢唐事豈偶然？二説微不同。

〔二·七〕明寧庶人父康王甚賢，初艱于子，嘗設齋禱。盛夏晝寢，夢天狼降宮中，食宮人殆盡，更來趨王。王覺，甚惡之。俄而生宸濠。王命亟殺之。王素與弟鍾陵王不協，聞之，以言激怒王，因遂育之。濠年十三，私幸樂妓，微服遊市中。王曰：『符吾夢矣。』縛濠于柱，手鞭之數百，必殺之。會王之甥臨海王春者馳至，以身蔽濠。王素愛春，不得已捨焉。其後卒符所夢。濠母洪氏，或云其母馮鍼兒，故倡也。

〔二·八〕集異記載陳留蔡少霞幼而奉道，早歲明經得第。一日，夢褐衣鹿幘人引至一所，令書石碑。醒猶能記所書，乃蒼龍溪新宫銘，紫陽真人山元卿撰。文曰：『良常西麓，源澤東滋。新宫宏宏，崇軒轞轞。雕玳盤礎，鏤檀竦桀。壁瓦鱗差，瑶階肪截〔四〕。閣凝瑞霧，樓横祥霓。騶虞巡徼，昌明捧闌。珠樹規連，玉泉矩洩。靈飈遐集，聖日俯晰。太上游儲，無極便闕。百神守護，諸真班列。仙翁鶴駕，道師冰潔。飲玉成漿，饌瑀爲屑。桂旗不動，蘭屋在設。妙樂竟臻，流鈴閒發。天籟虚徐，風簫泠澈。鳳歌諧律，鶴舞會節。三變元雲，九成絳闕。闕，紺珠集作『雪』。易遷虚語，童初浪説。如毁乾坤，自有日月〔五〕。』後題清寧二百三十一年四月十二日建。其文贍〔六〕麗雅，近六朝手筆。因嘆李賀白玉樓記必有可觀。意天公亦甚秘密，不輕易流播人間也。東坡遊羅浮山示兒子過詩云：『汝應奴隸蔡少霞，我亦〔七〕季孟山元卿。』自注：『唐有夢書新宫銘者，紫陽真人山元卿撰。其略曰「良常西麓」〔八〕云云。又有蔡少霞者，夢人遣書碑曰：「昔承魚車，今履瑞雲。躅空仰塗，綺輅輪囷。」其末題云：「五雲書閣吏蔡少霞書。」』據此則是二事。獨異志牽合，誤也。

〔二·九〕江南俗：芒種後逢壬立梅，謂之梅雨。閩俗：立冬後逢壬入液，謂之液雨，亦名藥雨。人皆知之。獨詹雨罕知之者。在白露後逢壬便立詹，故八月初三日至二十三日雨，通謂之詹天雨也。此是北方俗也。

〔二·一〇〕朱弁曲洧舊聞云：『中秋玩月不知起何時。考古人賦詩始杜子美，而戎昱登樓望月、冷朝陽與空上人宿華嚴寺對月、陳羽鑑河望月、張南史和崔中丞望月、武元衡錦樓望月，皆在中秋。則自子美以後，班班形于篇什。前乎杜子，想已然也。特賦咏不著于世耳。江左如梁元帝江上望月、朱超舟中望月、庾肩吾望月，而其子信亦有舟中望月，唐太宗遼城望月〔九〕，雖各有詩，皆非中秋宴賞作也。然則玩月盛于中秋，其在開元以後乎？』廣按：古樂府有霜娥怨，解者謂漢人以中秋無月而作，在初唐則李嶠已有咏中秋詩云：『盈缺清冥外，東風萬古吹。何人種丹桂，不長出輪枝。』又曰：『圓魄上寒空，皆言四海同。』而駱賓王靈隱寺詩：『桂子月中落，天香雲外飄。』禪林備覽言天竺山八月十五夜常有桂子落，是亦中秋月之一證。故謂中秋玩月盛于開元則可，始于杜子美則不可也。柳宗元鈷鉧潭記云：『尤于中秋觀月爲宜。』

〔二·一一〕今諸市肆欲誇其物美，必標曰京式。其意以出自輦轂之下，制樣當必不同耳。然亦有所來歷。近杭州秋時栗子正熟，賣栗者以糖雜和小石子炒之，其皮裂而不焦，味甘美踰于他栗。每碟大者二枚，小者三四枚，碟直一錢。立小木牌曰『京式糖炒栗子』。余閱析津日紀，知其法實出于燕人也。

〔二·一二〕宋史：高宗紹興五年九月，言者請依雍熙故事賜新進士儒行篇以勵士檢。有旨添賜中庸，送秘府校勘正字。張粱校中庸，高閌校儒行。閌奏：儒行雖間與聖人意合，而詞類戰國縱横之學，蓋漢儒雜記，决非聖人格言，止賜中庸，庶幾學者知聖學淵源。奏可。

〔二·一三〕三輔舊事云：『漢惠帝爲四皓作碑。』高江村天禄識餘曰：『四皓有羽翼太子之功。其没也，惠帝爲之製文立〔一〇〕碑。此上世人主賜葬人臣恤典之始。通典、通考皆不之載。而四皓碑目、集古録、金石録、鄭樵金石略皆遺之，獨見于任昉文章緣起。故特表出之。』按：古之碑在廟以麗牲，在墓以下棺，皆以木爲之，間有以石爲之者。初不著文字。孔子題延陵季子墓，不知勒在何處。七十二(家)〔君〕封禪但言勒石。穆天子傳但言爲名迹以弇兹石。故歐公集古録云：『欲求前漢時碑碣不可得。』是冢墓碑後漢以來始有也。劉熙逸雅言起自王莽，四皓于惠帝即位後絶無所表白，其卒年無考，且當時陵寢祇有石麟、石象、辟邪、石馬之屬，不聞有碑。廣博物志載齊武帝欲爲裴后立石誌墓，王儉以爲非。古物原載晉武帝始置神道碑，此謂始于晉宋，未免失實。揚雄元后誄曰：『既作下宫，不復故庭。爰緘伊銘，嗚呼哀哉！』則碑銘始西漢之末，劉熙之説信矣。若四皓者，宋儒常疑高后時四人在甚處。邵康節謂事定四人便自去。朱子以爲恐其老死，亦不可知其碑有無。彦昇説正未可深信，且高氏既已云然，而其後復有『墓碑之始』一條云：『墓碑自晉始。』何其自相牴牾也！宋裴松之曰：『勒銘寡取信之實，刊石成虚僞之常。』崔鴻前凉録：『張重華問索綏曰：「四皓既安

〔二·二〇〕北魏延興三年，秀容縣婦人一産四男，四産十六男。秀容，今太原之忻州。

〔二·二一〕齊東野語曰：『俗以每月初五、十四、二十三爲月忌，事必避之。衛道夫云：此三日乃河圖數之中宫五數耳。五爲君象，故民庶不敢用，因爲圖曰河圖，一數爲初一、初十、十九、二十八日，二爲初二、十一、二十、二十九日，三爲初三、十二、二十一、三十日，四爲初四、十三、二十二日，五爲初五、十四、二十三日，六爲初六、十五、二十四日，七爲初七、十六、二十五日，八爲初八、十七、二十六日，九爲初九、十八、二十七日。今堪輿家算九宫飛跳法，謂五黄入中宫者爲大不利，正此意也。』互詳後。

〔二·二二〕堯設衢尊。尊，酒器。六尊爲衢。今解者云『設尊于衢路』，誤矣。

〔二·二三〕牛以鼻聽，其耳無竅。盟誓以不聽爲戒，故盟于神者用之。

〔二·二四〕唐進士有姓單者，主司誤書『单』。乞改正〔一〕，主司曰：『方口、尖口何足辨？』答曰：『台州、吴縣作吕州、矣縣，可乎？』主司無以答。見赫京山髦記。今『单』、『單』既混爲一字，並有以兩點代『口』及『厶』者矣。按：此事見高彦休唐闕史，單名長鳴，『吴縣』作『吴兒』。恐『兒』字誤也。〔二〕

〔二·二五〕范石湖吴船録載：入蜀青城山當渡繩橋，每橋長一百二十丈，分爲五架，以十二繩相繼排連，上布竹笆，攢立大木數十于江沙中，輂石固其根，每數木作一架，挂橋于半空，大風過之掀舉幡幡然，大略如漁人曬網、染家晾綵帛之狀。又須捨輿疾步，稍從容則震掉不可太子，住乎？還山乎？」綏對以「未悉」。重華曰：「四皓死于長安，有四皓冢，爲不還山也。」』

〔二·一四〕唐時學士有宮中眠兒歌，即今剃胎文也。

〔二·一五〕李琰之曰：『吾好讀書，非求身後之名，但廣見聞耳。心之所願，是以孜孜搜討，欲罷不能，豈爲聲名勞七尺也？』蘇黄門曰：『人生逐日，胸次須出一好議論。若飽食暖衣，惟利欲是念，何自別于禽獸？』余作動植志，正是此意。

〔二·一六〕阮步兵臨廣武城，嘆曰：『時無英雄，遂令豎子成名。』蓋傷時無劉、項，使名歸司馬氏耳。李白詩乃謂『沉醉呼豎子，狂言豈至公』，則竟以豎子爲沛公，失其指矣。

〔二·一七〕穀梁傳曰：『日入至于星出謂之昔。』是『昔』乃初夜也。然左傳『爲一昔之期』、莊子『蚊蚋噆膚，通昔不眠』，則又作『夜』字解。文選詩：『伏枕終遥昔。』

〔二·一八〕醫院十三科，祝由居末。然素問言：古之病者，祝由而已。則似甚重于古昔。按：禮記：『祭有祈報、由、辟三者。』『辟』讀爲『弭』，謂弭災兵、遠罪疾也。由，用也。蓋非祭之常，或有因而用之也。『祝由』之義，亦猶是耳。

〔二·一九〕零丁，今之尋人招子也。續齊諧記有失兒女零丁、後漢書戴良失父零丁，皆用韻語。古人往往有此，如王褒僮約、石崇奴券，皆用韻語。今尋人招子，其上必另書『尋人』二字，『人』字必倒寫，云如此易獲，不知何理。見後。

行。望者皆失色。余伯氏自同州歸，言華山勢若削成，高四十餘里，峰嶺險峻，下臨洪河，土人登陟者皆援鐵索而上。其最險有數處，皆絶壁陡削，懸鐵索于〔一三〕空中，以一頭釘石罅，鑿磴僅可容半武，行者以手承索，則身繫空中，如打秋千狀，一回顧則駭眩不能自主，應時粉碎矣。此真所謂縣度之厄者，以其路皆奇險，故類誌之。韓非子外儲篇云：『秦昭王命工施鉤梯而上華山，以松柏之心爲博箭，而勒之曰：「昭王嘗與天神博于此。」』余丁丑〔一四〕客遊淮上，遇友人曾登華山者，道其遊歷頗悉，云嘗至一峰，羽士言此下有石棋，因命從者緣索取其一，大如斗，重可三四觔，正圓無字。後閲登華記云：『東峰南下一小峰，如篁笋竦出，廣丈許，亦削成四方，曰「叔卿博臺」。有鐵亭一、棋枰一、鐵棋子二百餘，數者或多一少一，卒不能定。凡欲至博臺者，索而下陡石，石凹索不能倚，則握索反擲，逾三四尺許，以及厓趾茹已，乃釋索，仄身行上下四五厓乃至，是秦昭王施鉤梯之所。』乃益信之。但記曰鐵棋，友人曰石，不同。豈數有盈縮，棋亦鐵石時異耶？又按：後周書達奚武傳：『高祖時，因天旱敕武祀華岳廟，廟舊在山下，常所禱祈。武獨登峰展誠，嶽壁立千仞，人迹罕通，武將數人攀藤援枝然後得上。』則知此時尚未施鐵索也。爲此者其在隋唐之世乎？

〔二·二六〕吴人謂虹爲鱟。夏秋雨初晴時，每見之。舊説天地淫氣所成，多青赤間色，故名彩虹。吴人祇呼爲『紅緑鱟』。又有一種白鱟，見則土人大懼，謂能吸物，凡稻麥正熟及蠶繭已成時，有此則所收必薄。因相率嗾犬辟之，村落聚噪，逾時乃滅。天禄識餘載：『楊大芳嘗爲明州高亭鹽場，場在海中，或天宇[一五]晴霽時，見如匹練横天，其色淡白，則晴雨中分，土人名之曰短蓬，亦蜃氣之類也。』余按：吸物之説誠有可據。異苑載：『義熙初，有虹飲薛順家釜中酒立盡。』獨異志載：『白虹入劉義慶室，食其粥。』成都記載：『虹霓自空而下，垂首韋臯筵上，吸其飲食且盡，五色如霞，首似驢。』夢溪筆談言：使契丹，見虹下帳前澗下，兩頭皆垂澗中。陸佃[一六]亦言其能吸水。楊慎曰：朱子言既能吸水，亦必有形質。詩謂之蝃蝀，其字从虫，俗謂之鱟，其字从魚，俗又謂之旱龍，今關中人謂之旱蓬。而後漢書[一七]：靈帝時有虹入御座，身五色，有頭，體長十餘丈，形似龍。蔡中郎謂之天投虹。又後魏明帝，有虹下飲于溪，久之，化爲女子。則亦有形質矣。謂之蜃氣，信通人之論也。虹，陰類。運斗樞曰：九女並訛則九虹並見。故舊有『紛虹肆灾，女主之禍』之説。陸次雲湖壖雜記：『半山後嘗有白蚯，起自林端，狀如曳帛，見則農損田禾，鳴金逐之，方去。此蝃蝀之類。村人謂山之神倪姓者爲之。』案：倪姓神即今半山娘娘也，以守貞死。

〔二·二七〕咸陽有六岡，如乾之六爻，故曰咸陽。唐時作太清宫于九五岡上，百官府在九四岡上。

〔二·二八〕元微之答樂天詩：『八采詩成未伏盧。』按：隋盧思道傳：『齊文宣崩，文士各作挽詩十首，擇其善者用之。魏收等不過一二首，獨思道采擇八首，故時人稱爲「八采盧郎」。』或遂戲稱『盧八』。後訛『采』爲『米』。李義山獻鉅鹿公啟『比齊日之黄門，慙非八米。』

西齋藁説：『關中以六米、七米、八米爲上、中、下穀。取八米，數之多也。』困學紀聞引徐鍇云：『八米以稻喻之，言十稻之中得八粒米也。』宋山谷詩『尊前八米』句，徐師川詩句稱『八米繼盧郎』，皆承襲其誤。

〔二・二九〕洪武初，嘉定民方二者，富甲一郡。嘗有人至京回，問其何所見聞。答曰：『上近有詩云：「百僚未起朕先起，百僚已睡朕未睡。不如江南富足翁，日高丈五猶堆被。」』二方嘆曰：『禍端見矣。』即以田産散諸九族，買航載妻子泛遊湖海而去。南京沈萬三，名富，字仲榮，行三，人因呼爲『萬三秀』。元末，富甲江南，其弟貴嘗諷以詩曰：『錦衣玉食非爲福，檀板金樽可罷休。何事子孫長久計，瓦盆盛酒木棉裘。』萬三不聽，貴遂隱於終南。後萬三流嶺南。江南巨族以次誅徙籍没，無善終者。二人獨超然物外，莫可踪迹，可謂先幾之哲矣！萬三父陸道判，本嘉禾人，遊姑蘇，於廢宅得數罌黄白，遂用饒富，贅沈氏。見秀水縣志。

〔二・三〇〕魏韋仲將書凌雲殿額，鬚髮盡白。周興嗣次韻千文，死之日心如搠燥泥。謝靈運半日吟詩百篇，頓落十二齒。用心之不可過度如此。凌雲殿稱木輕重造成，風來摇動，而絶不傾圮。

〔二・三一〕上高竿戲，淮南子謂之木熙，別又名都盧。

〔二・三二〕王穎與唐太宗有舊，掣褌爲戲，捋帽爲歡〔一八〕。

〔二・三三〕高江村天（録）〔禄〕識餘計十二卷，其末卷皆重出，其與前不同者，數條而已。

不知校對者何以疏漏乃爾。其餘亦出自剽竊者多。

〔二·三四〕魏慶之字醇甫，南宋時之有才而不屑科第者。所居種菊千叢〔一九〕，日與騷人佚士觴咏其間。因號『菊莊』。所著詩人玉屑一書，上自騷、選，下及宋世，彙諸家詩話，而約取科別，其條亦極精當。前有黄叔暘（昜）〔昇〕〔二〇〕序，署曰淳祐甲辰長至日。當時已鋟板以傳，今原板不復存矣。余所見之本，乃吴中書賈翻刻者。

〔二·三五〕吴人謂居無鄰近者爲獨家村。獨家何得言村？然宋人詩中已用之。楊誠齋言族前輩諱杞字元卿能詩，贈其先太詩：『三間茅屋獨家村，風雨蕭蕭可斷魂。舊時相如猶有壁，如今無壁更無門。』

〔二·三六〕漁隱叢話云：『王建宫詞：「御厨不食索時新，每見花開即苦春。白日卧多嬌似病，隔簾教唤女醫人。」花蕊夫人宫詞：「厨船進食簇時新，侍宴無非列近臣。日午殿頭宣索膾，隔花催唤打魚人。」二詞紀事雖異，造語頗同。第花蕊詞更工，建所不及。』余謂此説殊未當。建詞曰『不食御厨』而『索時新』，又曰『卧多似病』，其幽思曲筆，摹寫病臛，殆入神境。花蕊詞既曰『簇時新』矣，又『催唤打魚』，且日午索膾，而打魚人尚須催唤。吾不知其膾何時得成也。女醫可隔簾教唤，而漁户不可隔花催唤，此失理之甚者。而漁隱反謂之工，實不可解。

〔二·三七〕新唐書列女傳載王珪母盧氏。野客叢書作李氏。西清詩話以杜子美送重表侄王砅詩辨珪母爲杜氏，非盧氏。余以爲不然。少陵之詩曰：『我之曾老姑，爾之高祖母。爾祖未顯時，歸爲尚書婦。』是杜乃珪之妻也。觀其後曰：『家貧自供給，客位但箕帚。俄頃羞頗珍，寂寞人散後。入怪鬢髮空，吁嗟爲之久。自陳剪髻鬟，鬻市充沽酒。』又曰：『顧展丈夫雄，得辭兒女醜。』此皆夫婦敵體之辭，非母諭子之辭也。蓋盧逆知其子之必貴，而以其與房、杜游益信爲汝貴無疑。賢母賞識自不可没，杜能善承姑意以相其夫，亦足不朽。史誌盧而遺杜，似稍偏枯，乃詩話遽詆史爲缺失謬誤。桐江詩話既見及于杜爲珪妻，而不能推明史氏之説，致亦譏史爲訛，殆未免于隨聲附和矣。庚溪詩話[二二]云：考唐史珪傳，珪母乃李氏，亦非盧也。

［二・三八］石鼓文謂之獵碣。蓋方者爲碑，圓者爲碣，鼓圓故也。

［二・三九］陳芳芸窗私志：『今人暴見事之不然者，必出聲曰「欸乃」，嘆聲也。屈原九章用之。』

［二・四〇］宋時最重文選，當時文士專意此書，故曰『文選爛，秀才半』。老學庵筆記云：『草必稱王孫，梅必稱驛使，月必稱望舒，山水必稱清暉者是也。主司命題亦多取此。查珙知袁州，州解試題「黄花如散金」、淮南張佖知貢舉詩題「天鷄弄和風」是也。』

［二・四一］蔡伯喈父名棱，見本傳。母袁氏，袁曜卿之姑也，見博物志。曜卿名渙，陳留扶樂人。父滂爲漢司徒，見魏志。又太平御覽引先賢行狀曰：『蔡伯喈母，袁曜卿之姑女。』

〔二・四二〕周禮太祝六辭，六曰誄。其辭見于春秋傳。曾子固云：『賤不誄貴，少不誄長。』蓋不可泛加。至輓歌之作，當即左傳所謂虞歌。或云起田横門人。李延年分其曲爲二，薤露送王公，蒿里送士大夫。干寶謂之葬家之樂，執紼相和之聲也。魏晉以降如袁山松、陶元亮輩或自作輓歌，習俗相沿；或交游姻戚，各哭其私；或子若孫，乞諸同時作者，用以慰孝子仁人，不忍死其親之意。事雖不古，君子取焉。伊川奉敕往治温公喪，東坡來弔，周視無缺，因曰大中猶在，何其嫻于喪禮若是？蘇意蓋以人子必待居喪始讀喪禮，是亦[二三]未考于歲制日修之義。然其居老泉喪，丙午、丁未、戊申廢吟三年，故集中無詩。今居喪次而儼然哦吟，殊乖廢蓼莪之旨。

〔二・四三〕丙戌仲夏，學使者以『煮梅』、『蓄蘭』爲賦題。按：夏小正云：『五月初，昏，大火中。大火者，心也。心中，種黍菽糜時也。煮梅，爲豆實也。蓄蘭，爲沐浴也。』蘭乃澤蘭香草，非蘭花也。解者多誤。風土記：『仲夏端午烹鶩角黍、進筒粽。』夏小正，今在大戴禮。

〔二・四四〕宋紹興間大雨雹。太學屋瓦皆碎。官中修補，不敢言雹，稱爲硬雨。二字亦有本。一統志載：『漢太初元年，宏州人張珪晚憩神谿孤石上，有神人自空而下，曰：「律呂，律呂，上天敕汝：六月二十日行硬雨。」語畢騰空而去。珪歸，遍語鄰村，使速收麥。未及收者，至期爲雨所傷，盡空。事聞朝廷，遣使祭焉。因立律呂神于孤石上。』夫雨爲傷麥，非雹而何？則其名由來舊矣。

〔二·四五〕戰國策：『堯見舜于草莽之中，桑蔭不移而授天下。』列子曰：『堯之知舜，不違桑陰。』

〔二·四六〕唐六典：『春升寅階，夏升亥階。』

〔二·四七〕鄭、盧、李、崔皆爲甲族，太原王亦四姓之匹，而呼爲『鈒鏤王家』，喻銀質而金飾。

〔二·四八〕自稱子曰糞土息，出説苑。女曰息女，女婿曰倩，出漢書。妹婿曰娟，出公羊傳。呼人弟曰淑弟，出魏文帝誄。呼兄曰哲兄，出謝靈運詩。女姑曰女伀，又曰女叔，出禮冠（儀）〔義〕。嫡母曰民母，出服虔漢書注。呼妻曰鄉里，出南史。

〔二·四九〕崔駰西巡頌表曰：『唐虞之世，樵夫牧豎擊轅中韶，感于和也。』班固集：『擊轅相杵，亦足樂也。』曹子建書：『擊轅之歌，有應風雅。』宋景文云：『壤翁轅童。』今人但知有擊壤，至舉『擊轅』以問人，則罕有知之者矣。

〔二·五〇〕桔槔，灌園之器。邊方舉火，亦用桔槔。唐詩：『桔槔烽上暮烟飛。』

〔二·五一〕余所親廳事，舊顔曰『浛和』，曰『清徵』，少有知出處者。按：『浛和染教皆爲善良』，出褚遂良疏語。『君含怒以待臣兮，不清徵其然否』，出楚詞。漢黄瓊疏：『陛下不加清徵，審别真僞。』本此。褚疏見舊唐書本傳。

〔二·五二〕硯北雜志云：『人不善乘船，謂之苦船。北人謂之苦車。』苦音庫。今吴人讀若榪，亦名蚟船，又名運船，又有蚟轎者。

〔二·五三〕唐人詩多用『麴塵』字，見周官注中，或指衣，或指柳，乃淺黄色也。桑蕾亦淺黄色，出晉時童謡。

〔二·五四〕桓玄待客有寒具。賈勰曰：『今環餠也。』劉禹錫詩云：『纖手搓來玉數尋，碧油煎出嫩黄深。夜來春睡濃于酒，壓扁佳人纏臂金。』則似今之饊子矣。

〔二·五五〕荆州之羞魚，揚州之蟹胥，出鄭康成周禮注。蟹胥，舊説是蟹醬。

〔二·五六〕掘冢始項羽掘始皇冢。陳琳討曹操檄曰：『操又置發邱中郎將、摸金校尉，所至隳突，無骸不露。』此蓋專事椎埋者。操後作七十二疑塚，其亦深慮後人踵其弊歟？至僞蜀劉豫置河南淘沙官，專事發陵，而其祖塋在阜城縣。元時尚稱御莊，石馬存焉。此又天道之不可知者也。曹操冢至近時始發，見仇兆鰲杜詩補注。

〔二·五七〕宋孔平仲談苑：『選曹授官，先列舊官，次書擬官，使新舊相銜不斷，故曰官銜。』

〔二·五八〕圍棋兩無勝敗曰芇。芇，『綿』、『免』二音。俗名和棋。有非敵手，則怯者先列數子於局，謂之饒棋。案：『饒』字出齊書虞願傳：『宋明帝好圍棋，甚拙，去格〔一三〕七八道，物議共欺爲第三品。與第一品王抗圍棋，依品賭戲，抗每饒借之，曰：「皇帝飛棋，臣抗不能斷。」帝終不覺。』宋人詩中多用『饒棋』字。

〔二・五九〕劉子新論：『蘧瑗不以昏行變節，顏回不以夜浴改容。』

〔二・六〇〕睽車志云：『司書鬼曰長恩，除夕呼其名祭之，鼠不敢齧，蠹魚不生。』焦貢易林：『朝生夕死，名曰嬰鬼，不可得祀。』

〔二・六一〕海中沙土，每南坍則北漲，北坍則南漲。吴人謂之搬沙鬼。余閲魯應龍括異志載：『海鹽資聖寺〔二四〕寶塔夜點燈照海中行舟者，有溺海者見夢于其妻，曰「今在海潮鬼部中，極苦，每日潮上，皆我輩推擁而來」云云。』則其説亦非無本矣。

〔二・六二〕今市上無賴子售戲技搬〔二五〕食物，名〔二六〕五鬼搬運法。昉于左慈。明六甲，能役鬼，坐致行厨。

〔二・六三〕雍正七年，吾邑建海神廟，配食諸公皆歷代有功于海者。而漢博陸侯霍將軍光亦與焉。初不得其解。後閲括異志載：『吴孫權時一日致疾。黄門小豎附語曰：「國主封界華亭谷極西南有金山鹹塘湖，爲民害，民將魚鱉，非人力能防。金山本海鹽縣，一旦陷没爲湖，無大神護也。臣，漢之功臣霍某也，部黨有力能鎮之。立廟于山。」吴王因爲立廟。建炎間，建行宫于當湖，賜名原本闕。顯應尤著，鄉民祈禱輒應。』四月十八是其誕辰，則知廟食于海已久矣。

〔二・六四〕『金山屋裏山，焦山山裏屋。』江淮間諺也。余客淮時，嘗有人稱述之。閲周必大庚寅奏事録已載此語。又金山豆豉最有名。奏事録云：『會飯于方丈，白絲糕、黑鹹豉、糖豆粥三者，山中之精饌。』

〔二·六五〕唐常衮懲元載敗，窒賣官之路，非文詞者皆擯不用，世謂之𨤲[二七]伯。以其𨤲𨤲無賢不肖[二八]云。案：何法盛晉中興書：『太(平)〔山〕羊曼常頹縱任俠、飲酒誕放，兗州號爲𨤲伯。』顔之推曰：『「𨤲」字更無音訓。梁孝元帝嘗謂吾曰：「由來不識。唯張簡憲見教，呼爲嚃羹之嚃。」自爾亦遵承之，亦不知所出。簡憲是張纘謚，法盛世代殊近，當是耆老相傳。俗間又有「𨤲𨤲」語，蓋無所不施、無所不容之意。顧野王玉篇作黑傍沓者，誤。』按：晉書同。然則『𨤲伯』亦襲前人也。按：䵵音沓，猥茸貌，又黑也。時曼與宏伯阮放、方伯郄鑒、達伯胡毋輔之[二九]、裁伯卞壼、郎伯蔡謨、誕伯阮孚、委伯劉綏爲『兗州八伯』，以擬『八俊』。其後又有『四伯』：江泉能食爲『穀伯』，史疇大肥爲『笨伯』，張嶷狡妄爲『猾伯』，羊聃以狼戾爲『瑣伯』，以擬『四凶』。則所謂𨤲者，初非深貶之詞。若作䵵，則有貶無褒矣。聃係曼弟。

〔二·六六〕王籍若耶溪詩：『蟬噪林逾静，鳥鳴山更幽。』時以爲文外獨絶。籍字文海，梁人。今其詩訛作唐。

〔二·六七〕尚主，漢初多以列侯，其後亦降嬪素族。漢武時，始置駙馬都尉，凡尚主必拜是職焉。

〔二·六八〕隋天文志：『星晝見。若星與日並出，名爲嫁女星。與日争光，武且弱，文且强，女子爲王，在邑爲喪，在野爲兵。又曰：臣有姦心，上不明，臣下從横，大小浩洋。又曰：

星晝見，虹不藏，臣民生明，星奪日光。』丁亥七月録。當録後。

〔二·六九〕隋刑法志：『齊文宣帝恣行酷暴，有司執法皆酷虐，訊囚用車輻獨杖，夾指壓踝。』此後世夾拶之始也。隋高祖開皇元年詔曰：『有司訊考，或有用大棒束杖、車輻鞵底、壓踝杖桄之屬，盡除之。』

〔二·七〇〕『卞』與『弁』通。漢書東方朔傳：『朔曰：「譬若以弁嚴子爲衛尉。」』魏收魏書宋弁傳：『高祖賜名爲弁。意取弁和〔三〇〕獻玉，楚王不知寶之也。』

〔二·七一〕堯設謗木，舜稱諫鼓。今各牙門擊梆傳鼓始此。

〔二·七二〕官資自第一品至第九品，即古所謂等也。其有正階及從者，自元魏高祖時始。其初以大師、大傅等〔三一〕官爲第一品上，太尉、司徒等爲第一品中，儀同三司等爲第一品下。太子太師、太子太傅等爲從第一品上，左右光禄大夫、左右僕射等爲從第一品中，吏部尚書等爲從第一品下。遞推至第九品皆然。後復改定，去上、中、下而以第一品、從一品該之，下及九品皆然，今所用者是也。

〔二·七三〕今人譏婦人私孕者曰肚皮大。漢書外戚傳孝成趙皇后傳：『成帝幸中宫史曹宫，數月，曉入殿中，見宫腹大，問宫。宫曰：「御幸有身。」』北齊高湛逼淫文宣后李氏有娠，太原王紹德至閤不得見，愠曰：『姊姊腹大，故不見兒。』齊俗呼父爲兄兄，嫡母爲家家，乳母爲姊姊，婦爲妹妹。

〔二·七四〕史記：『高祖封蕭何爲酇侯。』臣瓚注曰：『今南陽酇縣。茂陵書：「蕭何國在南陽。」孫檢曰：「酇有二縣，音字多亂。屬沛郡者音嵯，屬南陽者音讚。」則似何所封邑，呼「讚」爲是，今皆呼「嵯」。』酇，舊字作鄼，或因此而誤。然班固十八侯銘『文昌四友，漢有蕭何。序功第一，受封於鄼』，以韻讀之，是『嵯』非『讚』明矣。唐人楊巨源詩『麒麟閣上識鄼侯』，蓋本于此。李濟翁訝人呼爲『嵯侯』，誤也。又按：漢書地理志『南陽郡酇縣』注：『孟康曰：「音讚。」師古曰：「即蕭何所封沛郡酇縣。」』注『莽曰贊治』：『應劭曰：「音嵯。」師古曰：「此縣本爲鄼，應音是也。」中古以來借「酇」字爲之耳，讀皆爲「鄼」，而莽呼爲贊治，則此縣亦有「贊」音。』再考王符潛夫論：『蕭何封酇侯，本沛人。今長陵蕭，其後也。』大唐新語：『酇侯，先儒及師古以爲贊爲南陽築筑陽之城，今屬襄州。竊以凡封臣多就本土，蓋欲榮之也。張良封留侯，是爲成例。班固何須穿鑿更制別音乎？』余按：文帝紀注：『蕭何夫人亦爲酇侯。』豈何封鄼，其妻封酇，因而誤歟？一説：何始封酇，後封鄼〔三二〕。

〔二·七五〕管子弟子職篇：『昏將舉火，執燭隅坐。錯總之法，横于坐所。櫛之遠近，乃承厥火。』唐房玄齡注：『櫛謂燭盡，察其將盡之遠近，乃更以燭承取火也。』又曰：『右手執燭，左手正櫛，有墮代燭。』愚意〔三三〕櫛云者，古人束薪爲燭，而灌以油，其本密比如櫛，燭盡則本見，故謂燭盡爲櫛，蓋即曲禮所謂跋也。高江村天禄識餘引此誤作『折聖』，又左右字倒置。

〔二·七六〕鶴林玉露云：『古人立碑，廟以繫牲，墓以下棺，厥後乃刻歲月，或識事始末。

蓋亦因而文之耳。但墓碑與墓誌有别。』釋名曰：『碑，被也。王莽〔三四〕時所設，施轆轤，以繩被其上，以引棺也。臣子追述君父之功美，以書其上，後人因焉。無故建于道陌之頭、顯見之處，名其文，就謂之碑也。』聞見記：『王儉所著喪禮云：「施石誌于壙裏。禮無此制。魏侍中繆襲改葬父母墓，下題版文，將以千歲之後，陵谷遷變，欲後人有所聞知。其人無殊才異德者，但紀姓名、歷官、祖父、姻媾而已。若有德業，則爲銘文。」』王儉，程大昌云：『當作王琳。』合是二説，則是碑之始本在墓側，而今則顯標于外也。誌則埋于墓下，今東漢碑傳者尚百數，墓碑如蔡邕集中郭有道碑、陳太邱碑，彰彰可考者也。若墓誌謂始于魏，則非也。博物志：『漢西都時，南宫寢殿内有醇儒王史威長死葬銘，曰：「明明哲士，知存知亡。崇隴原野，非寧非康。不封不樹，作靈垂光。厥銘何依，王史威長。」』見史繩祖學齋佔畢。又西京雜記：『杜子夏葬長安。臨終作文，及死，命刊石埋于墓側。而趙岐命樹圓石于墓前，題曰：漢有趙嘉云云。』是亦始于漢矣。圓石者，碣也。隋志：『三品以上立碑，螭首龜趺。趺上高不過九尺。七品以上立碣，高四尺，圭首方趺。若隱淪道素、孝義著聞者，雖無爵，奏，聽立碑。』至行狀者，叙述死者之行事，以請謚求銘者也。野客叢書：『吴志周條等甄别行狀上疏云云。』此行狀之名所自始也。又考漢書高帝紀求賢詔曰：『詣相國府署行義年。』蘇林云：『行義年，紀也。』後太常議謚、史官紀事，皆取行狀爲據。其首行必書年幾歲，猶署行義年之遺意也。柳河東集中此體僅存韓、李，爲人刊削盡矣。

〔二・七七〕右軍爲山陰道士寫黄庭經，籠鵝以去，其地名曇礦村。礦音壤，故袁昂書評曰：『曇礦之鵝，空傳贋本。』

〔二・七八〕楮錢昉自漢世。近吴越盛行錫箔糊元寶，縷印龍鳳文字。陶學士穀曰：『文之黄者曰「泉臺上寶」，白者曰「冥游亞寶」。』

〔二・七九〕陸冰修先生帶星堂詩集若干卷，余舊在張燮堂先生處見之。其首章擬君子有所思云：『昔爲刎頸交，今爲貿首讎。』『貿首』二字莫得其解，因恨無博雅如惠棟之注精華録者。後讀戰國策楚策曰：『甘茂與樗里疾，貿首之仇也。』注：『貿首，欲易取其首，言願以己首易人之首也。』又公孫衍曰：『周君、竇屢、奉陽君之與穰侯貿首之仇也。』注：『奉陽君即李兑。』始知『貿首』非出奥篇隱帙也。

〔二・八〇〕陳幾亭先生集中有啟棺改殮一法，蓋以故棺腐敗，爲子孫者不忍聽其自然，故特設此通變之法，亦不得已之思也。吾邑張莘皋先生合葬其母于九虎廟父塋，啟壙見棺已腐壞，嘗遵用其法焉。

〔二・八一〕以干支配甲子，始黄帝臣大撓。以金木水火土爲納音，始戰國王詡。海中、爐中、大林、路傍等，始漢東方朔。名六十花甲子。

〔二・八二〕戊己于十干屬土，生百物者也。故立春後五戊爲社，立秋後五戊亦爲社。社爲五土之神，祭之報成也。故修造動土、填塞埋葬、斬草開穴忌之，燕作巢亦避之，蓋以其旺相也。

〔二·八三〕二咸防奢，七公理獄。二咸、七公皆星名。見張湘觀象賦。荆公詩曰：『白下亭東鳴一牛。』又：『潮溝直下兩牛鳴。』蓋禪語也。凡拘盧舍者，謂大牛鳴聲所極聞。目語額瞬，言市人精黠也。出成伯陽〔三五〕。

〔二·八四〕耻之于人大矣！昔有互鄉惡，一士動稱四維，相率持刀往殺之。士驚問故。衆曰：『自余之生，不知有禮義廉耻，而子屢稱之以欺世，罪當殺。』士曰：『信也，抑〔三六〕諸君見害，譬猶破蝨，安用鼓刀相向？爲請釋刀，一言以死，可乎？』衆許之。士先使衆悉去上服，衆亦强從之。復使悉去下服，衆便怒駡：『措大，死即死耳，乃令我裸體相對。』士笑曰：『然則諸君頗知禮也，耻也。』衆愕顧，謝罪去。余讀漢書諸王傳：『五鳳中，青州刺史奏思王終古高祖子，齊悼惠王後。使所愛與八子妾號及諸御婢姦，終古或參與被席，或白晝使贏伏，犬馬交接，終古親臨觀之。』又『江都王建欲令人與禽獸交而生子，强令宫人贏而四據，與羝羊及狗交。』無耻甚矣！若清異録載南漢劉鋹好觀人交，選惡少年配以雛宫人，皆妖俊美健者，使露而偶，鋹扶所娶波斯女媚猪，延行覽玩，號曰『大體雙』。淫縱若此，喪亡宜矣。今市井無賴好作春畫，男露其勢，女彰其殺，恬不知耻。至吴門則處妾〔三七〕亦有擅是技者，其爲風俗害也大矣！

〔二·八五〕古者棺槨審其厚薄而已。孟子曰『棺七寸，槨稱之』、檀弓曰『四寸之棺，五寸之槨』是也。初不詳大小若何，大率以大爲貴。故禮器『棺槨之厚』與『宫室』、『器皿』並列，且大小殮襚衣合之得數十稱，雖欲不大不可得。陳乾昔命大爲我棺，乃較常更大耳。漢書：『高祖八年，令曰：「士卒從軍死爲槥。」』應劭曰：『槥，小棺也。今謂之櫝。』『成帝時，民爲水所流死、不能自葬者，令郡國給槥櫝埋葬。』注：『槥櫝，小棺也。』後漢書謝咨傳注：『咨病困，預自買小素棺。』觀小棺之所用如此，則漢世尚大棺明矣。潛夫論浮侈篇：『近京師貴戚必取江南襦梓、豫章楩柟，邊遠下士競相倣傚。一棺之成功，將千萬夫。既其終用重且萬。』近六朝東園秘器，不知若何。觀陸機大墓賦曰：『觀細木而悶遲，睹洪櫝而念槥。』則亦非小。陶穀清異録載：『天成、開運以來，俗尚巨棺，有停之中寢，人立兩邊不相見者，凶肆號布漆山。』則是天成以前棺制固尚大矣。近吾鄉張北湖教諸手民治棺用公牝簨榫音筍〔三八〕，吴俗謂爲檸『能』上聲，頭平其和。俗呼櫝式。高不過二尺，闊不過尺七八寸，易以引昇葬瘗。雖近于櫝，人頗便之。蓋棺周于衣，惟堅久是貴，初不計巨小，揆之孔氏從繩之意，似亦無傷仁孝也。魏書刁沖傳：『沖曾祖雍行孝論：「棺厚不過三寸，高不過三尺。」』又今人呼棺直曰材。案：禮記檀弓曰：『既殯旬而布材與明器。』此謂爲槨之材。南史：『宋謝景仁肥壯，買材數具，皆不合用。』則固以材稱矣。俗又稱棺木。左傳：『季隗謂晉文公曰：「又如是而嫁，則就木焉。」』通鑑淮陽王紀：『耿純率宗族賓客二千餘人，老病者皆載木自隨。』此其本也。棺兩頭名和。按：戰國策引王季葬渦山之尾，欒水齧其墓，見棺前和，今運金之藝皆呼和頭。『和』亦作

『⿰耒并』、『⿰耒斤』，音同，皆棺頭也。劉熙釋名：『棺束曰緘，古者棺不釘也。旁際曰小要，其要得小也。又謂之袵。袵，任也，任制際會使不解也。』後世蓋棺皆用釘。劉向列仙傳：『谷春死而屍不冷，家發喪行服，猶不敢下釘。』魏志：『王凌向司馬懿試索棺釘，以觀其意。懿命給之。』又『牽招值京師亂，其師樂隱見害，斂之。送喪歸，遇寇，欲斫棺取釘。招垂涕請赦，乃已』。宋書：『武帝永初二年，禁喪事用銅釘。』北齊文襄置楊愔棺中，載以轜車，幾下釘者數四，是也。六朝時，又有灰釘之説。野客叢書云：『劉鍇注李商隱樊南集有代王元茂檄云：「喪見躋陵，飛走之期既絶，投戈散地，灰釘之望斯窮。」恨不知灰釘事。前輩謂杜篤賦：「燔康居，灰珍奇。椎鳴鏑，釘鹿蠡。」商隱彫篆如此。僕謂此二字出南史陳高祖紀「九錫策曰：『玉斧將揮，金鉦〔三九〕且戒。妖酋震懾，遽請灰釘。』」商隱用此耳。後見藝苑雌黄亦引此，辨與僕暗合。』余按：徐樹穀注義山集引魏略王凌試索官釘事，又引徐陵書『分請灰釘，甘從斧鑊，則勉夫』。止取高祖九錫爲據，猶未遍也。南史徐勉傳亦云：『屬纊才畢，灰釘已具。』吾鄉用公牝筍，不用釘法。甚善！然南史又載：『宋孝武帝殷淑儀〔四〇〕薨，帝常思見之，遂爲通替棺，欲見輒引替睹屍。』知當時亦有不用釘者，但非定制耳。古者人君之椑，歲一漆之。人臣用漆，無明文。酉陽雜俎曰：『五品以上漆棺，六品以下但得漆際。』則唐世固有等級矣。際當是棺合縫處。魏文詔曰：『棺但漆際會三過。』雜俎云：『琢釘及漆棺止哭，哭則漆不乾。』

〔二·八六〕漢詔曰：『大辟之刑，千有餘條，律令煩多，百有餘萬言，奇請它比，日以益滋。』注：『奇謂常文之外，主者别有所請以定罪也。它比謂引他類以比附之。』按：沛公約法三章，及蕭何定律九章，以後至武帝律令凡三百五十九章，大辟四百九條千八百八十二事，死罪决事比萬三千四百七十二事，則漢世已森然凡例矣。朱子謂漢人斷獄詞如今款情具某罪，引某罪爲斷。漢律早亡失，後世刑統尚有遺意，今都不用。但以一定者爲律，變遷者爲例，自例多而獄吏得以上下其手以意輕重矣。安得廷尉如陳寵其人者，舉律令之溢于甫刑者，盡削除之乎？宋時謂之格式敕令。朱子曰：『今法中有「保辜」二字，自後漢已有此語。』按：史游急就章云：『疻痏保辜謕呼號。』則不始于後漢。

〔二·八七〕周禮：『媒氏禁嫁殤者。』注：『十九以下死者，生不以禮相接，死而合之，是亂人倫也。』曹操幼子倉舒卒，操傷惜之甚。司空掾邴原女早亡，操求與倉舒合葬，原辭以嫁殤非禮，乃止。後卒聘甄氏亡女與合葬。文帝誄所謂『貽爾良妃，襚爾嘉服』是也。明帝爱女淑薨，追謚『平原懿公主』，立廟，取甄后亡從孫黄與合葬，追封黄列侯，以郭夫人從弟悳〔四二〕爲之後，承甄氏姓，封平原侯，襲公主爵。梁武帝女死，鑄金人爲婿，合葬之墓在臨江府蕭灘。唐書：『韋后爲其弟洵求蕭至忠殤女爲冥婚。』五代史：鄭餘慶作書儀，有起復冥婚之制。明宗非之。睽車志云：『北俗男女年當嫁娶，未婚而死者，兩家命媒互求之，謂之鬼媒人。』然猶以鬼匹鬼也。吾邑有一明府愛女未嫁而死，乃求一茂才爲婿，以人匹鬼。此效崔少府事而不得其安者，可謂不學無術矣。

〔二·八八〕梁書徐勉傳：『梁時喪事多不遵禮，朝終夕殯。侍中徐勉疏曰：「送終之禮，殯以期日，潤屋豪家，乃或半晷，衣衾棺槨，以速爲榮，親戚徒隸，各念休反。故屬纊纔畢，灰釘已具。傷情滅理，莫此爲大。宜遵古三日大殮，如有不奉，加以糾繩。」詔可。』按：禮問喪曰：『三日後殮者，以俟其生也。三日而不生，亦不生矣。』程氏遺書曰：『有死而復蘇者，故禮「三日而斂」。未三日而斂，有殺之之理。』又曰：『趙簡子死七日而蘇，雖蛆食其舌鼻，猶不爲害。』今考後漢獻帝時長沙有人死經月，復活。又武陵女子死十四日復活。晉劉聰子約死，一指猶暖，遂不殯殮，既而蘇。雲溪友議載：『李龜年侍明皇，唱王右丞紅豆詞，唱罷忽悶絶仆地。以左耳微暖，妻子未忍殯殮，經四日乃蘇。』又待詔戴少平卒十六日復生。諸回生之事，載于傳記甚多，今俗譏不速斂者爲屍數椽，能以耳及指間察其暖否者誰哉？

〔二·八九〕北齊書祖珽傳：『珽事文襄。州客至，請賣華林遍略。文襄多集書人，一日夜寫畢，退其本曰：「不須也。」珽以遍略數帙質錢樗蒲，文襄杖之四十……又嘗盜官遍略一部，事發收禁。』按：文獻通考云：『新唐書經籍志有華林遍略，蓋類書也。宋時不存。遍略者，梁徐僧權所爲。北齊祖珽嘗盜之，坐獄論罪，而其後脩文殿御覽三百六十卷，乃珽所爲。隋志作聖壽堂御覽，則是所爲御覽者，即遍略也。』又按：北史：『齊世祖武平三年二月庚寅，以左僕射唐邕爲尚書令，侍中祖珽爲左僕射，是月，敕撰元洲苑御覽，後改名聖壽堂御覽。』北齊書儒林傳：『後主時祖珽請立文林館，又奏撰御覽，詔珽及魏收等三十人撰書。』顔之推觀我生賦注云：『即修文殿御覽。』隋志『華林遍略六百二十卷』注：『梁綏安令徐僧權等撰。』又『聖壽堂御覽三百六十卷。』不注撰人。唐志：『徐勉華林遍略六百卷。祖孝徵等修文殿御覽三百六十卷。』然則元洲、聖壽、修文，實皆遍略也。但徐勉無此事，殆又誤以僧權爲勉歟？太平御覽引三國典略曰：『祖珽等上言：「前者修文殿，令臣等討尋舊典，撰録斯書，謹象乾坤之策，成三百六十卷，仍曰修文殿御覽。今繕寫已畢，並自上呈云云」。齊王命付史館。初，齊武城令宋士嘉録帝王言行要事三卷，名爲御覽，置於齊王巾箱。陽休之創意，取芳林遍略，加十六國春秋、六經拾遺，録魏史成書，稱元洲苑御覽，後改聖壽堂御覽。至是，珽等又改爲修文殿上之。徐之才謂人曰：「此可謂床上之床、屋下之屋也。」』此又足證元洲、聖壽、修文實皆遍略之説。

〔二·九〇〕服中作詩，自晉世始。謝惠連以居父憂贈會稽郡吏杜德靈五言詩十餘首，坐廢。孫綽詩序曰：『自丁荼毒，載罹寒暑，不勝哀號，作詩一首，敢冒諒闇之譏，以伸罔極之痛。』謂之『載罹寒暑』，則去祥琴已無幾矣，竊取蓼莪之義，亦無甚害。傅咸贈何二侍中詩亦自寫哀痛。宋梅聖俞至寧陵，寄江鄰幾詩云〔四二〕：『獨護慈母喪，淚與河水流。河水終有竭，流泉常在眸。』時彦猷、韓持國皆譏其作詩太早。黄魯直丁母艱，絶不作詩。秦少游過語溪題詩，時方持喪，假托文潛之名。歐陽叔弼以憂制中不作詩，東坡爲詩譏之。及居老泉喪，亦無詩。故集中自丙午至戊申三年無詩。

〔二·九一〕王荆公在金陵，一日見一故吏死已久矣。公驚問之，吏曰：『蒙相公恩，以待制故來。』公問：『雱何在？』吏曰：『如要見，可于某夕幕廡下，切勿驚呼，惟令一親者在側。』公如言，見此吏紫袍博帶，據案而坐。獄卒數人枷一囚，自大門入，身具桎梏，曳病足立庭下，血污地，呻吟之聲殆不可聞，則雱也。明年，荆公薨。事載談圃。與秦會之奴何立事相似，因思刀山劒獄，原專爲世間此輩而設，勿一概詆爲誕妄也。

〔二·九二〕北齊許惇字季良，美鬚髯，下垂至帶，省中號『長鬣公』。顯祖因酒酣，握之稱美，以刀截之，唯留一握。惇懼，不敢復長，因又呼爲『齊鬚公』。

〔二·九三〕元順帝開端本堂，命皇太子入學。翰林學士李好文進端本堂經訓要義，詔付太子講習。未幾，太祖龍興，元祚遂絶。迨崇禎十五年七月，上命改爲信王時所居勗勤宫曰『端本宫』，賜皇太子，而明祀亦亡。『端本』非惡名，而先後適符如此，所不可解。

〔二·九四〕花蕊夫人宫詞：『内人深夜學迷藏，遍繞花叢小岸旁。乘輿或來偎洞裏，大家尋覓一時忙。』明陳悰天啟宫詞：『石梁深處夜迷藏，霧露溟濛護月光。捉得御衣旋放手，名花飛出袖中香。』注：『乾清宫丹陛下，有老虎洞。洞中甃成石壁，可通往來。帝嘗于月夕率内侍賭迷藏，潛匿其内。』宛署雜記：『燕都燈市，正月十四日〔四三〕，群兒以帕蒙目，一兒持木魚，時敲一聲，旋易其地以誤之，蒙目者循聲猜摸，以巧遇奪魚爲勝，名曰摸瞎魚。』今吴中亦有此戲，但不用魚，謂之扎盲。按：北齊書方技傳：皇甫玉善相人，顯祖欲試其術，『故以帛巾袜其眼，而使歷摸諸人。至顯祖，曰：「此最大達官。」任城王，曰：「當至丞相。」』所言皆奇中。此蓋迷藏之始，本宮戲也。

〔二·九五〕顔回，家語、史記、皇甫謐高士傳皆云字子淵。朱子〔四四〕注魯論因之。子者，男子之稱。公羊傳所謂『名不如字，字不如子』者是也。顔子，亞聖，稱之爲『子』固宜。然聖門如子夏、子游、子張、子騫之類，皆見于魯論。獨未稱子淵。四科俱載全字，宰我、冉有俱單字，與淵同，故連姓載之。史記則俱加以『子』字。子路稱季路者，子路年最長，周道五十以伯仲，故以行列稱也。伯牛、仲弓亦以行乃字也。古人多單字，顔淵父字路，將亦呼爲子路乎？顔氏子孫，在六代有顔之推字介，唐有顔師古字籀，其弟相時字睿，顔杲卿字昕，蓋家風然也。此四配之首，不可不辨。古人雙字或僅呼一字，如子張本雙字，而『堂堂乎張也』、『吾友張也』，祇呼一字。

〔二·九六〕梁鍾嶸詩品序：『師鮑照，終不及「日中市朝滿」。學謝朓，劣得「黄鳥度青枝」。』

〔二·九七〕賈充妻姓李名琬字淑文。見女紅志。

〔二·九八〕鮫人之淚，圓者成明珠，長者成玉(筋)〔筯〕。亦見女紅志。

〔二·九九〕隋開皇十六年詔：『九品以上妻、五品以上妾，夫亡不得改嫁。』以時有朝士殂殁，其妾守節，子欲嫁之，上書自陳，故有此詔。大哉王言！有志風教者識之。余觀三國志，魏鍾繇爲廷尉，創士爲侯，其妻不得改嫁。創者自此始也，然惟侯爲然，則是時侯以下容有改嫁者矣。

〔二·一〇〇〕松漠紀聞：『胡俗呼僧爲司空，蓋遼代僧有兼官至檢校者、司空者，故名稱尚存。此與醫之呼「衙推」相似。』

〔二·一〇一〕介子推姓王名光，文公以玉帛禮之，不出。見劉向列仙傳，無焚山之事。

〔二·一〇二〕李涪刊誤：『論語『鑽燧改火』，春榆、夏棗、秋柞、冬槐，是四時皆改火。秦漢以降，漸至簡易，唯以春是一歲之首，止一鑽燧。時適當寒食節，既曰就新，即去其舊，令人持新火，曰：「勿與舊火相見」是也。禮郊特牲云：「季春出火爲禁火」，俗皆以介推爲據，是不知古者也。』

〔二·一〇三〕昏禮多在昏夜，故字從昏。今俗謬作婚，又多行禮于晝。按：李涪刊誤云：『咸陽公主，高宗同母妹也。改適薛瓘，卜曰：「晝日行合巹之禮則吉。」馬周以違禮亂常，不可用。太宗從之。』則知唐時未有成昏于晝者也。又吉、凶、賓、軍、嘉爲五禮，婚姻屬嘉，嘉者，善也。今祇言佳期，亦傷古義。又婿執雁入贄也。雁是野物，非時莫能致，故以鵝替之，亦曰奠雁。爾雅云：『舒雁，鵝。』鵝亦雁屬也。其有重于嗣續，切于成禮者，乃以重價致之，今則無復用雁者。今春邑陳侍講邦直女適吴興董氏，親迎用雁，亦稱僅見之事。以鵝代雁，始見于馬令南唐書。

〔二·一〇四〕刊誤云：『短啟、短疏出于晉宋兵革之代。時禁書疏，非弔喪、問疾不得輒行尺牘。故羲之書首云死罪，是違制令故也。且啟事、論事皆短而緘之，易于隱藏。前進士崔旭世藏鍾王書，有羲之啟事一帖，折紙尚存。今宜啟事、弔疏皆同當代書題，削去短封。』據此，則今之書牘輒用短啟，並自署短椷、短稟者，皆非也。

［二·一〇五］古今注：『鞾本胡服，趙武靈王常服之。短靿音鏖黄皮，閒居之服。至馬周改制，長靿以殺之，加毡及絛，得著入殿敷奏，取便乘騎也。文武百僚咸服之。』唐代宗朝宮人，在左右者紅錦靿鞾。李白詩：『青黛畫眉紅錦靴。』

校勘記

〔一〕影抄本、抄本均作『辶』，疑爲『迂』的誤字。

〔二〕掬禾，抄本作『淘米』。

〔三〕抄本此處無『侍明』兩字。抄本偉校：『「節」字殆誤。』

〔四〕抄本此處衍『集』字，抄本偉校：『文有衍脱字。』

〔五〕抄本此處脱『月』字。

〔六〕贍，抄本作『瞻』，誤。

〔七〕亦，抄本作『六』，抄本偉校：『「六」疑「亦」。』與影抄本合。

〔八〕良常西麓，抄本作『良席西鹿』。抄本偉校：『席，常。鹿，麓。』與影抄本合。

〔九〕城，抄本作『臣』，誤。

〔一〇〕文立，抄本倒作『立文』，誤。
〔一一〕抄本此處有一『之』字。
〔一二〕『誤書「单」』之『单』抄本作『單』。『今「单」、「單」』，抄本脱『单』字。抄本偉校：『「姓單」似當作「姓单」，「今單」下似脱一「单」字。』
〔一三〕于，抄本作『子』。抄本偉校：『「子」疑「于」。』
〔一四〕丑，抄本作『秋』，誤。
〔一五〕宇，抄本作『雨』，誤。
〔一六〕佃，抄本作『田』，誤。
〔一七〕抄本此處脱『書』字。
〔一八〕禪，抄本作『禫』，『捋』抄本作『將』，皆誤。
〔一九〕叢，抄本作『業』，誤。
〔二〇〕昇，抄本、影抄本均作『昜』，宋代有黄昇字叔暘，據改。
〔二一〕庚，抄本作『唐』，誤。
〔二二〕亦，抄本作『行』。
〔二三〕格，抄本作『路』，誤。
〔二四〕聖，抄本作『勝』，誤。
〔二五〕搬，抄本作『擙』。
〔二六〕名，抄本作『品』，誤。

〔二七〕黯，抄本偉校：「「黯」字不見字典。」

〔二八〕抄本此處有「之辨」二字。

〔二九〕毋，影抄本作「母」，今據抄本正。

〔三〇〕弁，抄本作「卞」。

〔三一〕本句及下句之「等」，抄本作「第」，誤。

〔三二〕本條之「鄜」，抄本兩處作「鄜」，其餘均作「鄜」。當以影抄本爲正。

〔三三〕意，抄本作「以」，音近而誤。

〔三四〕此處所引釋名據明呂柟翻刻宋本。王莽，清畢沅釋名疏證校爲「此本葬」，當據改。

〔三五〕抄本偉校：「「荆公」、「目語」提行可也。」

〔三六〕抑，抄本作「仰」，誤。

〔三七〕抄本偉校：「處妄，俟考。」

〔三八〕筍，抄本作「笋」。「筍」、「笋」同。

〔三九〕鉦，抄本作「鉏」，誤。

〔四〇〕抄本無「宋」字。

〔四一〕悳，抄本作「惠」誤。

〔四二〕云，抄本作「去」，誤。

〔四三〕日，影本作「者」，今據抄本正。

〔四四〕子，抄本作「人」。抄本偉校：「朱人語朱子。」

循陔纂聞卷三

海寧周廣業耕厓甫著
門人沈俊堯明録
男勳常重録

〔三·一〕武王用以擊紂者，其寶劍名輕吕，見汲冢周書。

〔三·二〕北齊書：高祖歡后婁氏，傳言：后夜孿生一男一女。又曰：后凡孕六男二女，皆感夢：孕文襄夢一斷龍；文宣夢大龍，首尾屬天地；孝昭夢蠕龍于地；武成夢龍浴海；孕魏二后並夢月入懷；孕襄城、博陵二王夢鼠入衣下。我不知孿生者，龍與月並入夢耶？抑先後其間耶？史氏浮誇，遂致自相矛盾。南、北史此類甚多。朱子所謂除通鑑所取，直一部好笑小説者是也。

〔三·三〕北齊南陽王綽爲何猥薩搤殺，瘞興聖佛寺。經四百餘日乃大殮，顔色如生。俗云：五月五日生者腦不壞。槎庵小乘推擴其説，歷舉屍之不壞者以實之，亦幻理也。

〔三·四〕三國時華佗本作士人，以醫見業，意常自悔之。

〔三·五〕衛夫人姓衛氏，字茂猗，見書斷。淳化閣法書云『弟子李氏衛和南』，即以姓爲名。按：庾肩吾書品：『衛夫人名鑠字茂猗。』宋高宗翰墨志：『名鑠字茂猗。晉汝陰太守李矩妻。』西溪叢話曰：『夫人，廷尉展之姊，恒之從妹，中書郎李充〔一〕之母。』朱家標閣帖釋文云：『名鑠，李矩〔二〕之妻。』

〔三・六〕姑夫亦稱姑婿。吴書張嶷傳：『狼路欲爲姑婿冬逢報怨。』冬逢，夷種也。北齊高隆傳：『隆本姓徐，父幹爲姑婿高氏所養，因從其姓。』是也。祖母之昆弟稱祖舅。晉書應詹傳：『鎮南大將軍劉宏，詹之祖舅也。』今俗呼舅祖，亦通。

〔三・七〕北齊書帝紀：『高祖從爾朱榮〔三〕據并州，抵揚州，邑人龐蒼鷹止團焦中，蒼鷹母數見團焦赤氣赫然屬天。及得志，即其宅爲第，號爲「南宅」。其本所住團焦以石堊塗之，留而不毁。』又『蔡儁與遼西段長、太原楊蒼鷹俱有先知之鑒。見高祖甚異之。高祖客蒼鷹，初居處于蝸牛廬中，蒼鷹母數見廬上赤氣屬天。』然則所謂團焦即蝸牛廬。殆如今吴中所謂頭巾披以枋架格而成者也。方春廣韻藻曰：『團焦，今人名草亭曰團標。』即此。紀作龐蒼鷹，傳作楊，必有一誤。蒼鷹，揚州人，傳作太原，或有脱字。蝸牛廬，魏志管寧傳注：『焦先居瓜牛廬。』〔四〕即此。

〔三・八〕寡髮謂之宣髮。蓋『寡』字之省筆也。今人謂之蒜髮。按：北齊慕容紹宗私謂左右曰：『吾自年二十還恒有蒜髮，昨來蒜髮忽然自盡。以理推之，蒜者算也。吾算將盡乎？』〔五〕按：蒜，草木疏貌。言髮稀少如草木之疏，故名蒜髮。蒜音郎狄切，故曰：『蒜者算也。』俗訛作蒜。蒜是葷菜，與髮何與？今吴人猶呼禿子爲鬁。『鬁』乃『蒜』音之轉也。易巽：『爲寡髮。』釋文曰：『本又作宣。黑白雜爲宣髮。』考工記注曰：『頭髮皓落爲宣。』引易作宣髮。其『筭髮』見輟耕録，『蒜髮』見本草綱目。干禄字書曰：『菻蒜、笇筭，並上俗下正。』『笇』誠俗矣，『菻』亦爲俗矣，恐未安也。

［三·九］人死曰化爲異物。其説始見于賈誼鵩賦。魏文帝與吴季重書亦曰：『元瑜化爲異物。』北齊賀弼與邢劭論生死之理，弼曰：『聯體同氣化爲異物，稱情之服，何害于聖？』邢曰：『鷹化爲鳩，鼠變爲鴽，黄母爲鱉，皆是生之類也。類化而相之，猶光去此燭，復然彼燭。』弼曰：『鷹未化爲鳩，鳩則非有鼠。既二，有何可兩立？光去此燭，得然彼燭。神去此形，亦托彼形。又何惑哉？』邢云：『欲使土化爲人，木生眼鼻。造化神明，不應如此。』弼曰：『腐草爲螢，老木爲蝎。造化不然，誰其然也？』此即化爲異物之説。

［三·一〇］釋褐作解褐，又名釋巾。北齊書『邢邵釋巾爲魏宣武挽郎』、『辛術解褐司空胄曹參軍』是也。

［三·一一］名爲造物所忌。北齊邢劭、魏收並擅文名，時稱『邢魏』。邢三子：長大寶有文情，庶孽大德、大道便略不識字。收無子，養弟子仁表爲嗣，亦庸劣無稱。

［三·一二］祖逖南塘一出，祖珽簪中金叵羅。仕途中胠篋，祖氏居二焉。

［三·一三］曹植作長行局，即雙陸也。胡王變爲握槊。其法：二人對局，有博有子。子有黄黑各十五。所擲之骰有二，鑿空，安相思子爲采。北齊世祖恒令和士開與胡太后握槊，出

入臥内，以致淫亂。

〔三·一四〕嘗讀北齊書，至恩倖傳載和士開威權之盛，富貴大賈朝夕填門。朝士不知廉恥者，多相附會。甚者爲其假子。與市道小人同在昆弟行列。夫士開猶小者也。唐世宦者皆有門生義兒。李輔國墓志稱門吏晉州司法參軍巨雅。楊復光有假子數十人。明魏奄時，諸義子乃以不得相輔爲戚戚，亦可以觀世變也。

〔三·一五〕六季時謂婦人少艾者曰娘子。南史：『法琳曰：閤内夫娘悉令持戒。』言夫人娘子也。北齊書：裴讓之嘲祖珽曰：『一妻耳順，尚稱娘子。』言珽與寡婦王氏姦通也。今吴人新娶婦必呼新娘子，以爲艷稱。蓋沿此俗也。北史：『齊神武嫡妻稱妃，所聘茹茹公主。文襄既尚魏〔朝〕公主，故無別號。兩宫自餘姬侍，並稱娘而已。』如『馮娘』、『李娘』之類。唐宫中號楊貴妃曰娘子，儀體如后。則『娘子』貴稱也。

〔三·一六〕方言：『周晉秦隴凡尊老謂之公，或謂之翁。』考古人『公』字多作通稱。韓詩外傳：『晏子謂景公曰：「人有市美酒者，酸而不售。問里人其故。里人曰：『公之狗甚猛。人持器欲往，狗輒迎而齧之。是以酒酸不售也。』」』項羽本紀：『高祖使張良留謝項王，曰：「白璧一雙欲獻項王，玉斗一雙欲獻亞父。會其怒，不敢獻。公爲我獻之。」』高祖謂四皓曰：『煩公幸卒護太子。』又謂叔孫通曰：『公罷矣，吾直戲耳。』韓信謂南昌亭長曰：『公，小人也。』韓安國爲獄吏，田甲曰：『公等可與治乎？』文帝謂宋昌爲公，項羽謂亭長爲公。後漢書鄭玄傳：『孔融深敬玄，告高密縣特立一鄉，曰：「昔太史、廷尉吴公、謁者僕射鄧公皆漢之名臣。又商山四皓有園公、夏黄公，潛光隱耀，世加其高，皆悉稱公。然則公者仁德之正號，不必三事大夫也。今鄭君鄉宜稱鄭公鄉。」』南史：『何偃遥呼延之曰「顔公」。延之怪其輕脱，答曰：「身非三公之公，又非田舍之公，又非君家阿公。何以見呼爲公？」偃羞而退。』柳宗元相國房公銘：『天子之三公稱公，王者之後稱公，諸侯入爲王卿士亦曰公，有土封其臣稱曰公，學其道而師之稱公，楚之僭凡爲縣者皆曰公。古人通謂年之長老曰公。』蓋公有不同，故稱有各異也。若鼂錯父嘗三呼錯爲公，史備書以重錯之罪。野客叢書謂此史家之言，非當時稱謂，亦不盡然。宋王黼切忌蔡京，取旨遣童貫及其子攸往取表，勒去相位。京事出不意，呼爲二公，左右聞京並呼子爲公，莫不竊笑之。以父稱子曰公，此僅見也。

〔三・一七〕晉處士孟少孤名陋，萬年之弟也。見袁宏銘。顔子推謂以『少孤』爲名，誤也。

〔三・一八〕史記越世家：『越王句踐，其先禹之苗裔，少康庶子，封于會稽。後二十餘世至于允常。允常卒，子句踐立，是爲越王。』正義曰：『輿地志云：「越侯傳國三十餘葉，歷殷至周敬王時有越侯。」』説者謂越不通中國會盟，故司馬不詳譜系。按：逸周書載周成王時於越獻丹竹書。亦載成王二十四年，於越來賓，而穆王三十七年伐越至于紆。則其通上國也，當不自允常始，當時自失傳耳。又按：越絶書：『禹庶子夫餘封于越。』而輿地考又言餘姚，舜後支庶封于越，以舜姓姚故名。上虞之得名亦以此。是則於越之爲於越，皆聖人之裔也。不書來朝而書來賓，正以此故。生爲越人，何可不究其本也？宋書州郡志：『會稽太守秦立，治吴。漢順帝永建四年分會稽爲吴郡，會稽移治山陰。』續漢志曰：『會稽郡，秦置，本治吴，立吴郡，乃移山陰。』吴書朱桓傳『孫權時遷盪寇校尉，援兵二千人使部伍吴、會二郡』是也。朱子曰：『越都會稽，後并吴，移都平江，亦名會稽，秦後于平江立會稽郡。』按：此則漢時朱買臣爲會稽太守，正在平江。漢書：吴人。藝文類聚引漢書作會稽人。朱買臣以吴人爲會稽太守，所謂富貴歸故鄉也。傳曰：入吴界見故妻，爲〔六〕夫除道，駐軍載到太守舍。今蘇州尚有朱翁子讀書處。然今學者但知紹興爲古會稽郡，而蘇州則無復有謂之會稽者矣。朱子云：『浙間是南越，閩廣是東越。南豐送李柳州誤謂柳爲南越。』今亦無知之者矣。文選謝靈運會吟行及王勃滕王閣序指吴會于雲間，『會』字皆當讀去聲，言吴會者，正以吴郡亦嘗號會稽也。宋魏了翁詩曰：『吴會元從二郡呼。』今將吴會指姑蘇，亦未深考也。

〔三·一九〕湯自陑征夏，戰于鳴條。桀奔三朡，湯獲之于焦門，放之南巢。越二十年而始卒于亭山。今江南廬州府巢縣有卧牛山，山後有桀王城。據晉地理志注曰：『桀死于是。』未知然否。

〔三·二〇〕堪輿家地風之説。朱子亦嘗言之。地中有風，棺爲傾側。嘗見有掘地得土，正圓，堅如石，小如雞子，大或如栲栳，四旁自成洞穴，光滑，此風旋轉所成也。夷堅續志載：『蘇老泉之祖白蓮道人遇蔣仙人示葬地。命取燈一盞，然于其所。雖四面風來，此燈凝然不動。曰：「此正穴也。無他，地氣盛〔七〕，則風不得而撼之也。」』

〔三·二二〕廣弘明集：後周王明廣請興佛法事，云：『馬母叛姜，自招覆水之逝。』又云：『逌夫之婦，終失貞淑之名。』案：天禄識餘：『太公初娶馬氏。讀書不事産，馬求去。後太公封齊，馬求復求合〔八〕。太公取水一盆傾地，令婦收水，惟得其泥。太公曰：「若能離更合，覆水豈難收？」因去之。』又按：戰國策：『姚賈謂秦王曰：「太公望，齊之逐夫，朝歌之廢屠，子良之逐臣，棘津之讎不庸，文王用之而王。」』説苑尊賢篇引鄒子説梁王曰：『太公望，故老婦之出夫也，朝歌之屠佐也，棘津迎客之舍人也。年七十而相周，九十而封齊。』今俗誤爲朱翁子事矣。

〔三·二三〕曹丕封劉禪爲安樂縣公。安樂爲漢中縣名，在故上庸郡。見常璩漢中志。唐人作晉書地里志〔九〕誤入幽州燕國。于『安(國)〔樂〕』下注云：『國相。蜀主劉禪封此縣公。』

〔三·二四〕武林沈嘉轍等七人作南宋雜事詩各百首。甬東萬授一先生序之曰：『遺事之最鉅者，莫如六陵。蘭亭後天章寺舊有冬青穴，今寺僧滅其迹爲寺，罪不減楊髡。姚江黄耒史嘗作蘭亭尋冬青穴記，七子以闡微發幽爲己任，其東渡錢江一問之乎？』思深哉，是言也。余嘗考元楊髡發宋諸攢宫事，衆説互異。有稱『歲戊寅十二月十二日，楊璉真伽發蕭山諸陵。山陰義士唐珏字玉潛，貸家具行貸得金，斲文木爲櫝，表曰某陵某陵，邀里中少年收遺骸，葩地以藏，爲文而告，又于宋常朝殿掘冬青樹，植于所函土堆上』者。倪端叟〔一〇〕、羅雲溪名有開之説也。有稱『太學生東嘉林德陽字景曦號霽山，宋遺民録作景熙，名德暘，字霽山。貌爲杭丐者，背竹籮，手持竹夾，以銀賄西番僧，收得高、孝兩朝骨爲兩函，歸葬東嘉，後移植冬青一株』者。鄭明德之説也。詳遂昌雜録。明瞿宗吉歸田詩話作林義士塾，恐有誤。有稱『至元二十二年乙酉八月，天成寺僧聞欲媚楊髡，獻寺發塚。演福寺僧澤贊成之，先啟寧宗、度宗、理宗、楊后四陵，倒理宗屍於樹，三日失其首。或云：番僧取去。十一月，復發徽、欽、高、孝、光五陵。徽、欽、高三陵遺骸無存者。孝宗止頂骨一小片，俱中官陵使羅銑先後買棺收斂』者。周草窗之説也。詳癸辛雜志。陶宗儀輟耕録皆詳載之，略爲致辨，而卒未能定。彭瑋〔一一〕跋其後云：『元世祖二十一年甲申，桑哥爲相，與楊髡等謀毁宋陵。明年乙酉正月，桑哥矯制發陵，裒諸帝遺骼，建白塔於杭故宫，曰「鎮南」，截理宗頂爲飲器。未幾，髡敗，飲器亦籍于官。發陵時，唐、林二先生陰拾不盡遺骨，葬别山中，植冬青以識。至洪武元年，遣工部主事谷秉彝索飲器于西僧汝訥，詔應天府尹應天府志云夏思忠。瘞諸鳳臺門高座寺西北。明年六月庚辰，上覽浙省進呈宋陵圖，遂命改瘞南歸，藏之舊陵。』徐沁金華游録注云：『楊璉發陵事，諸書紀歲月不同。』按：元史：『世祖至元二十一年九月丙申，以江南總攝楊璉真伽發宋陵冢，所收金銀寶器修天衣寺。』又按：宋文獻書穆陵遺骼事及邱文莊續資治通鑑皆云：至元二十一年甲申，僧嗣古、妙高上言欲毁宋陵，江南總統楊璉真伽與丞相桑哥表裏爲奸。明年乙酉正月，奏請如三僧言。蓋其謀始於甲申，而成於乙酉。與周草窗癸辛雜識年月正同。時會稽唐玉潛〔一二〕、永嘉林景熙、平陽鄭宗仁、樸翁與臯羽咸主王監簿家，協謀收掩陵骨。故臯羽别玉潛作冬青引，以紀其事。而景熙答臯羽詩亦有『夜夢繞勾越，落日冬青枝』，豈非諸公共事之明徵乎？彭山季本以臯羽引中有『白衣種年星在尾』之句，謂與羅雲溪歲在戊寅之説相合。彭瑋解之曰：『星在尾者，寅月也。此即乙酉正月耳。』合此數説觀之，則知當時謀收骨者正自多人，後人各紀所聞，遂專屬之唐及林，或又以爲羅耳。乃其年月，彭、徐皆從公謹、姚靖。西湖志餘亦云：『周，宋末人，言爲紀實。』考元史既云『二十一年九月，以宋陵金寶脩天衣寺』，則發陵在其前可知。又云：『二十二年，毀宋郊天臺，桑哥言楊璉真伽云：「會稽有泰寧寺，宋毀之以建寧宗等攢宫。錢唐有龍華寺，宋毀之以爲郊天臺，皆勝地也。宜復爲寺，以爲皇上東宫祈壽。」時寧宗等攢宫已毀建寺，敕毀郊天臺，亦建寺焉。』然則乙酉之歲宋陵久變爲寺，豈至八月始議發掘乎？故商輅續通鑑綱目據倪、羅之説，書宋端炎二年丁丑二月，元以西僧楊璉真伽總攝江南釋教。三年戊寅十二月，元西僧楊璉真伽發紹興諸陵。而明初浦江張學録、孟兼丁注謝翱冬青樹引『知君種年星在尾』句曰：『星在尾，歲在寅也。』見宋遺民録。最爲確鑿。使如彭瑋寅月則當言種時，不當言種年矣。會稽縣志載張元忭曰：季長沙本注謝翱詩云：『星在尾，戊寅年也。』元史曆志：『授時曆：經黄道十二次，宿度尾三度一分一十五杪，入析木之次，辰在寅。』是也。然以爲乙酉者亦非無因。元史：『董文用於至元二十二年拜江淮行中書省參知政事。行省長官者，素貴多傲，同列「莫敢仰視，跪起禀白，如小吏事上官」。有以帝命建佛塔於宋故宫者，有司奉行甚急，天大雨雪，入山伐木，死者數百人，猶欲并建大寺。文用謂其人曰：「非時役民，民不堪矣。稍徐之，如何？」長官者曰：「參政奈何格上命耶？」文用曰：「今日之困民力而失民心者，豈上意耶？」其人色沮，稍寬其期。』見本傳。考是時行省長官爲平章也。速答兒其人蓋即桑哥、真伽之黨。大寺謂相國、興元等五寺，即毁郊天臺所爲者。佛塔即白塔也。然則建塔確在乙酉。公謹因誤爲發陵之年。其曰先啟寧宗諸陵，殆亦微聞建寺之説，而莫得其詳，姑連記之耳。竊計發陵之始，必藉宋陵舊本寺基爲辭。奏允之後，内府亦利其金寶，而奸僧遂大暢所欲。故元史數真伽之罪云：重賂桑哥，擅發宋諸陵之在錢唐、紹興者及其大臣塚墓凡一百一所。見世祖紀及釋老志。可知未築塔以前，無日不以發邱摸金爲事。掘墳既盡，然後遞及毁郊天，建佛塔焉。裒骨之説，史不之及。即有之，一百一所不勝其多，奚待遠取紹興乎？林有感白塔雷震詩云：『羊兒年犬兒月，霹靂一聲天地裂。』當是築後十年乙未，彭瑋以爲癸未，則塔尚未有。胡粹中元史續編以發陵繫二十一年九月，建塔繫二十二年九月，亦非也。楊髡之敗與桑哥同在二十八年，貝廷琚穆陵行序：至元中，璉斷理宗首爲飲器，璉敗，飲器歸内府九十年矣。洪武二年正月詔徐國公求之，得于僧汝訥所，命葬金陵聚寶山。元世祖二十八年辛卯至洪武二年應八十年，不當有九十。自乙酉起則當爲八十六年。會稽縣志載紹興知府張士敏理宗頂骨碑記云：『洪武元年得之西僧汝訥，詔瘞諸高座寺西。明年，命藏諸舊穴，距穆陵之發八十有六年。』此用乙酉之説也。碑尚存，有亭。此後人約略之詞，益不足據矣。章祖程云：『投理宗髗骨于湖，林景熙購漁者往取之，葬越山後。』匡山志又云：『元人以骨投水，政和人余則亮網得理宗髗骨以葬。』夫理宗頂骨已爲僧所截，安得復有投水及網取之事？其傳之不實尤明。唐、林共事，堯山堂外紀、王阮亭池北偶談皆嘗言之。但林所收實止有二，故其詩有『雙匣親傳竺國經』之句，章祖程盛二函，托言佛經。鄭元佑之言不謬。雲溪誤竄入唐傳也。歸葬永嘉，昔人辨之甚詳。今觀任士林贈唐玉潛詩云：『世上冬青高誼少，山中日録好詩多。』見松卿集。而景熙酬謝皐羽詩亦云：『夜夢繞勾越，落日冬青枝。』更爲確證也。他如杜青碧名本，字原父谷音、趙秉善忠義集並載，括蒼鮑騤字以行，忠義集作覡重到錢唐詩曰：『無賴山光叠叠青，玉魚金盌早飄零。因思禹穴真奇事，千古衣冠托杳冥。』又聶琚詩題云：『北兵發會稽七陵，取其寶貢，上以遺骸建塔于陵側。』詩云：『玉魚金椀無從問，塔影山陰夕照多。』皆明言在會稽，而據聶詩則當時山陰又自有塔也。楊鐵崖集冬青塚篇：『老羝夜射錢唐潮，天目兩乳王氣消。秃奴尚壓龍虎怪，浮圖千尺高岧嶤。文山老客智且勇，夜舟拔山山不動。江南石馬久不嘶，塚上冬青今已拱。』所謂文山老客蓋指皐羽。又張憲玉笥集有玉帶生歌序曰：『生與謝先生翺〔一三〕友善。文山丞相訃聞，與翺哭于西山之下，復憫宋諸陵暴露，私相蓋覆，識以冬青木而去。』玉帶生本文山硯名，皐羽嘗携之，故序云爾。則皐羽亦嘗與其事。晞髮集有山陰道中呈鄭樸翁詩〔一四〕云：『楊柳遠天色，野風來水涯。異鄉同夢客，今雨故人家。越樹夜啼鳥，禹陵冬青花。悠悠江海意，爲爾鬢先華。』則謝、鄭同事又可知矣。王監簿名英孫，字才翁，或云字子才，號脩竹，會稽人，少保端明殿學士克謙之子，仕將作監主簿。家饒於貲，宋亡後延致四方名士。林霽山嘗序其詩。徐沁云『協謀掩骨』是也。霽山集更有送松存弟序云：『白首愴道武林舊事。』是松存亦在其中矣。嗟乎！澤骨懷恩，掩骼著令。古人於無主之骨尚然，況帝王陵寢乎？四水潛夫武林舊事載伯顏下臨安日，禁人不得侵壞陵寢。元史：趙與票爲翰林侍講，『疏稱：江南科斂急督，移括大姓，宋世邱壟暴露，皆大臣擅易明詔爲之。』則知此事固不盡由朝議，特以崇奉釋教之甚，諸髡遂敢于矯詔耳。使其時不有義士，遺骸又安可問耶？觀唐菊山黃衣兆夢，見輟耕録。僧澤蹴屍墮股，見癸辛雜識[一五]。報應誠昭昭不爽，所恨興元白塔既已早廢。白塔即鎮南塔，俗稱一瓶塔，在興元寺，元末已廢。貝清江穆陵行『江頭白塔今不見』是也。明正統間，孝、理兩陵址又爲豪民所奪。明史：『軒輗字惟行，鹿邑人。正統五年擢浙江按察使。會稽趙伯泰，宋苗裔也。奏孝宗、理宗及福王陵墓俱爲豪民侵奪。御史王琳謂福王降于元，北去山陰，安得墓？伯泰不平，復訴。帝命輗及巡按御史歐陽澄覆按。輗言福王蓋衣冠之藏，伯泰言非誣。詔戍豪民于邊，停琳等俸。』何喬遠典謨紀事在正統十二年六月，伯泰奏孝宗、理宗攢宮在會稽，安定郡王墳在諸暨，福王墳在山陰者，豪民田宅樵牧之。臺基垣墉，盡見毀斥云云。幸而請釐至冬青之穴。昔人曾以此當杜宇之拜，而今復爲奸髡所掩。此萬先生所以欷歔古迹而以爲遺事之最鉅者也。今去萬先生作序時復若干年，又未得見黃耒史記，未知爲僧所滅者，亦曾有上之當事一爲清理與否，而古懷耿耿，不能自已，姑摭拾所聞，備著于篇，以補諸君子南宋雜事詩所未逮，抑更有厚望焉者。廣嘗讀文獻通考，見祀先代帝王陵墓門詳載：宋太祖以下諸帝詔：自太昊迄後唐末帝，或給守陵户，或禁樵采内，如漢之景、武，唐之玄、肅及魏文帝等皆各給二户，三年一祭，其州縣脩葺祠廟尤無歲不有。南宋高、孝二朝皆中興令辟，故浙江通志載國朝雍正七年三月，欽奉上諭，飭令該地方官欽遵於宋高宗以下六陵，加意防護，仰見聖朝恩澤，遍及幽遐。誠使當道大人守土名賢，慨然以脩舉廢墜爲念，搜訪遺迹，取天章故宇，頓復舊觀。中設諸陵之主，以時致享，更以唐、林、謝、鄭、王、羅諸有功於陵者，列之配殿。西湖志餘：余則亮，元末人。何緣預世祖時事，是余不得配食也。豈非一甚[一六]盛事乎？此雖書生迂疏之見，然天下事有待而成，能無跂予望之。粵東語曰：『宋端宗崩于（硐）〔碙〕洲，時曾淵子充山陵使，奉帝還殯于沙衝馬南寶家，佯爲梓宫出葬，其實永福陵在厓山也。今新會壽星塘山中有陵迹五處，以遺民隱諱，得免會稽之禍。』

右會稽六陵考

附録

至蘭亭尋冬青樹記

黄耒史

康熙丁丑三月朔，百家同兒千子、甥朱大成至越城。再越日，適當上巳之辰，買舟出自南門，泊婁公，步行五里許，至蘭亭。時蘭亭奉旨搆造初落成，朱碧輝煌，游觀稠雜。家乃拜瞻御書、禊帖、穹碑，謁王右軍像。因嘆永和九年右軍與朋輩修禊于此，一時翰墨之寄懷，歷久而彌光也。唐太宗愛蘭亭帖，使褚河南輩仿臨之。世遂傳真迹在辨才所，與魏徵謀遣御史蕭翼行紿，以武德四年歸于秦王府。考是年太宗破王世充、竇建德，開天册府之時也。徵尚爲建成謀主，何緣與謀？且時爲秦王，安能敕遣御史哉？此好事之言不中理者。今天子至，自摹其文，創新其地，蓋較太宗而過之遠甚矣。歷右數百武至天章寺，尋古冬青所。按：此冬青一樹，自來傳説絶不一詞。季彭山嘗作辨疑而猶未盡，至我先夫子所注謝皋羽冬青引而始得其真。楊髡發宋諸陵之歲，羅雲溪、張孟兼以爲至元十五年戊寅，貝清江穆陵行以爲二十一年甲申，周公謹癸辛雜識以爲乙酉，宋潛溪書穆陵遺骼同于公謹。然考元史『至元二十一年九月丙申，以楊璉真伽發宋陵冢，所收金玉寶器修天衣寺』，則周、宋之説非也。陶九成輟耕録：『元下江南在丙子，至乙酉，將十載，法制已明，安得有發陵事？』亦嘗疑之而無實據。先夫子注『知君種年星在尾』：『尾在析木之次。』羅、張之『戊寅』是也。況皋羽之作此詩在丙戌，若是乙酉，相去不一載，其事方新，不如此作追憶之詞矣。所葬之骨，雲溪云：『楊髡發宋諸陵，攫取珠襦玉匣，焚其胔，棄骨草莽間。唐玉潛珏與諸年少取四郊暴骨，潛竄易之，斵文木爲匱，黄絹爲囊，各署其表曰某陵某陵。其後髡裒陵骨雜置牛馬枯骼中，築鎮南塔于錢唐舊大内。殊不知真骨之猶存也。』孟兼云：『珏收貯遺骨，瘞蘭亭山後，上種冬青樹爲識，是斯樹根九泉所護之龍髓統諸陵之骨也。』公謹云：『妖髡先發寧、理、度、楊后寧宗后四陵，理宗首爲西僧盗去。

繼發徽、欽、高、孝、光五陵，孟哲宗后、韋徽宗后、吴高宗后、謝孝宗后四后陵。徽、欽二陵皆空無一物，徽惟朽木段，欽惟木燈檠而已。高陵骨髮盡化，孝陵亦化，止餘頂骨一小片。是徽、欽、高、孝無骨也。章祖程云：楊總統發宋諸陵，取其骨，築塔于杭，餘骨棄草莽中。林霽山德暘與鄭璞翁數人草囊拾收之。理宗顱骨爲北軍投湖水，購漁者網得之。是收骨之舉在築塔後，而所收乃棄餘之骨，非全骸也。夫祖程之説，江陵毛秀已辨其謬矣。況穆陵遺髑，洪武間還自西僧，則盗去之説更無可疑。公謹之朽木、燈檠事固有之，但以邢后高宗后，同徽宗梓宫還。爲欽宗，誤矣。欽宗遺殖實未嘗南還也。至于高、孝之蜕化無餘，蓋已先爲霽山所得，鄭元祐謂霽山背竹籮，手持竹夾，賄西番僧，得高、孝兩朝骨，非此證歟？況夢中詩：『雙匣親傳竺國經。』林又已自明言之矣。植樹之人，羅、張傳與通鑑注，獨歸玉潛，謂珏葬骨後于宋常朝殿掘冬青樹，植于所函土堆上。元祐輩則專屬之霽山。趙子常混言越中有義士，又不知脩竹爲何人。先夫子曰：宋陵收骨之事，王脩竹英孫字才翁，會稽人。宋將作監主簿。所爲，而玉潛、霽山爲之先後。蓋脩竹富而好客，唐、林皆在其門。孟兼所謂享諸年少，造六石函，皆脩竹事。元祐所謂背竹籮爲丐者，祖程所謂草囊采藥，則玉潛、霽山事也。其後，知玉潛者，以其事實之玉潛；知霽山者，以其事實之霽山。因時忌諱，故私記之異同耳。若原其本末，則脩竹在玉潛、霽山之上。其時同事者不止二人。霽山集中有鄭樸翁，而楊鐵崖云：翶有陰移冥轉之功，則臯羽亦在其中也。若夫所植之地，元祐謂霽山以高、孝骨歸葬東嘉，後人已群駁之。彭山謂自會稽歸葬于温。其事甚難，况能移常朝殿冬青乎？夫冬青即不必常朝之樹，顧林自詩『水到蘭亭轉嗚咽』，已明云葬蘭亭矣。何元祐録其詩，不明其義也？獨是〔一七〕冬青既在蘭亭，孟兼以爲蘭亭山後，通鑑注因之。晞髮以爲山南陲。郡志以爲在天章寺，前有冬青穴，六陵各爲穴，上植冬青樹六根。夫六根之説，前人未聞。要之，亭寺俱屬山南寺，又在亭之後，則此石根雲氣總不出天章之左近也。家尋覓無蹤，問之寺僧瑞華，漫言答云：『五六百年之事復何詢耶？』余悶悶。東至玉清道院，問之羽流，云：『昔固有冬青穴，而今已爲天章寺僧淹没矣。』嗟乎！宋陵之禍起于天長寺福僧聞、演法寺剡僧澤、泰寧寺僧宗愷、宗勉，成于僧嗣古、妙高、楊璉真伽，皆奸髡之所爲也。顧諸奸髡當時即罹王法，後世談之切齒，何物瑞華，而乃擅滅六帝之陵，群然恬不爲怪耶？試思六帝之在當時，一言一動載筆書之以爲史，臣下奉之以爲制，即今所傳六帝之宋史群籍，學士大夫有可不觀焉者乎？則此一坏之遺殖所關不小，而乃竟使靈禽不飛，白衣之人無樹起拜耶？且草莽不孝，嘗謁有明孝陵以及天壽諸陵矣。孝、長二陵，當今天子至，自行三拜九叩之禮。各陵俱爲置陵户、祀田，惟定陵缺置，祾恩殿亦爲盜木者所毁。即此攢宫故陵處未嘗不有春秋祭典，特未有六陵真骸之所上達九重耳。煦日春山，睹此蘭亭之崇麗。一文士之風流逸韻，煩至尊親表揚之，况六朝之帝王乎？敬告當事大人，或上聞，或自清理封植〔一八〕，願咸加意，毋使杜宇聲中，徒聞寒士之嘆也。

書林、唐二義士傳後

萬斯同

或問：殯宫改葬之事，或歸之玉潛，或歸之霽山，將何從？答曰：余考霽山文集，言館會稽王修竹家二十載，其與玉潛酬答詩甚多，而玉潛亦修竹之客，則必諸人協謀爲之，非一人事也。再考紹興府志，孝宗永阜陵在高宗永思陵西，則二陵必相近。光宗永崇陵但言葬會稽，而不言其處。則去二陵必稍遠。至寧宗永茂陵特遷天章寺爲之，則必高、孝二陵旁無地可葬，故至于毁寺，其去二陵必更遠。若理宗之永穆，度宗之永紹，又遠于永茂可知矣。外更有徽宗之永祐及孟、邢、郭、夏、李、韓六后陵，孟氏，哲宗后。邢氏，高宗后。郭氏、夏氏並孝宗后。李氏，光宗后。韓氏，寧宗后。俱不遷附，其地之遼廓可知。寧若卿大夫之塚墓可以尋丈計哉？當諸陵之遍發也，欲盡收其遺骸瘞之，豈一人之力所能及？此二人必分道任之。故霽山但拾高、孝二陵，而玉潛則盡拾諸陵。不然諸帝皆吾故君也。霽山何不忍于高、孝而忍于諸帝乎？今觀玉潛詩有『遥遥翠蓋萬年枝，上有鳳巢下龍穴』句，霽山有『移來此種非人間，曾識萬年觴底月』句，皆咏冬青。而霽山之冬青行正次玉潛之韻，則兩人之協謀，益無可疑。乃季彭山之辨，嵩〔一九〕歸其事於玉潛。而撰温州府志者，謂霽山與鄭樸翁爲之，史稱玉潛者誤。要皆私其鄉人之詞，非公論也。况埋骨之事原不載於史乎？群書疑釋下同。廣業案：温州府志林、鄭二人俱列忠節，鄭傳末曰：拾骸事，史載唐珏者誤。

書林、唐二義士詩後

發陵之事確在戊寅，羅雲溪所載是也。乃玉潛詩謂『犬之年羊之月』，則是甲戌六月。霽山詩謂『羊之年馬之月』，則是癸未五月。孔希普述霽山詩又謂『丙之年子之月』，則是丙子十一月。夫元人之入臨安，在德祐二年丙子正月，若甲戌乃度宗咸淳十年，元軍猶未渡江也，玉潛之詩爲失實。癸未乃世祖至元二十年，距崖山之覆已閲五年，與雲溪所載不合，霽山之詩亦失實。丙子正元人入臨安之歲，爲至元十三年二月，始遣楊髡爲總統，安得丙子有發陵之事？則孔氏之言亦失實。今以謝皐羽冬青樹引『知君種年星在尾』考之，其爲戊寅無疑。則至元十五年也。二公身爲之事，而所志有失實者，或時有所忌，故紊其詞，使人疑其僞爾。閲者但取其事而不拘歲月，即詞有同異，何傷哉！廣業按：孔希普于洪武四年二月跋張孟兼所注冬青樹引述霽山詩『丙之年』云云，文見會稽志。

書癸辛雜志後

殰宫掩骸之事，人皆歸之林、唐二義士矣。乃周公謹癸辛雜志獨歸之羅陵使銑，此又何説？今林、唐二公已廟祀千秋，争光日月，而陵使獨無一人言及者，豈以其奄人而輕之乎？夫奄人而不忘故主，始則與之力争，捶楚幾死，繼則爲之掩埋，哀號欲絶。此其忠誠尤足矜尚，而諸公何以遺之？夫玉潛之事，首爲之傳者，羅雲溪也。霽山之事，首爲之傳者，鄭明德也。玉潛之傳不及霽山一語，霽山之傳亦不及玉潛一語。若偏信其一，則二公不獲並傳矣。今羅、鄭二人之所志，人莫不信之。公謹之所志，何獨不可信乎？況雲溪江右人，明德嚴陵人，其地去會稽猶遠。公謹錢唐人，去會稽止百里，其所見聞較羅、鄭必更確，而志中所載多至千餘言，其述發陵之先後，壙中之寶器，村民拾遺物之禍福，一一如見，豈盡不可信，而竟無一人稱道之？温州志霽山傳言理宗顱骨爲北兵投湖中，以錢購漁者，幸一網而獲。諸家多從之。獨公謹志謂倒懸理宗屍三日，竟失其首。或言回回俗以得帝王髑髏可以厭勝致富，故盜去。觀後明太祖返理宗顱骨事，則公謹志爲實，而霽山傳不實矣。然遺骸既爲二公掩埋，何以又有羅陵使事？意陵使爲妖僧所逐，匿迹他方，既返，而二公掩埋已訖。陵使不知其所收斂者特二公所易之僞骨乎？其真僞未可知。祇此精誠可以下見諸帝無慚矣。正史即不載，野史安得盡没之哉？考公謹志謂高宗陵骨髮盡化，略無寸餘。孝宗陵亦蜕化盡，止存頂骨小片。據此，則霽山既埋之後，陵使始爲收殮，益無可疑矣。不然，豈有骨髮盡化之理，而霽山所埋者又何物乎？獨言發陵在至元二十二年，此爲失實。然貝清江穆陵行、宋潛溪書六陵遺事，亦皆失實，則此何足爲病乎？

廣業案：萬季野所論六陵遠近，嘗見魏了翁鶴山集有八月二日被命上會稽詩云：『先從攢殿拜昭慈，尚想從容鎮事機。九十三年神馭遠，架椸猶是舊裳衣。』又云：『次從祐阜至思崇，攢影俱分上下宫。聞似八陵舊山水，地垂西北聳南東。』注云：『先昭慈，次永祐上下宫，次永阜上宫，次永思上下宫，次永阜下宫，終永崇。周之日以道。便祭之日，仍以尊卑爲次，攢宫號上宫，影象號下宫。』據此，則祐、阜、思、崇四帝陵之道里遠近，灼然可識，而永崇所葬亦足考見矣。注又有云：『攢宫上設御榻，茵褥枕衾帳如平生，榻前有桃架，設衣裳。四帝則帶匣、幞帽、絡鞋、道服、衫袴，乃常御之服。六后大衣帔衫褑襠袴常服等，衣制狹小，昭慈尤甚。帝黄羅帳、黄褑，昭慈以嘗垂簾聽政，亦以黄，餘五后皆乾紅。昭慈大衣以紅番羅，憲、聖、成、肅諸后以黄，未詳。』昭慈者，韋后也。蓋妖髡所發帝陵凡七，后陵亦不止于六。魏了翁卒于度宗之初，其時已有六后矣。此詩略見當時陵寢之制，視紹興志爲詳也。

冬青義士祠祭議與紹守杜君

全祖望

六陵之事尚有所商。蓋唐、林故祠在攢宫旁，季彭山以爲尚應有王修竹，乃本之張孟兼，則多其一。黄梨洲以爲尚應有鄭樸翁、謝皋羽，則又多其二。萬季野續考之，以爲尚應有癸辛雜識之陵使羅銑，則又多其一。羅事雖似不與唐、林宿相謀，而其義則同，不可謂非一體也。況公謹言羅殮孟后時，一老翁得后釵。皋羽明有古釵嘆以紀其事，則固非不相謀者矣。是固前人所未及證佐也。故當合而稱之曰『六義士祠』。若章祖程引厓山志以爲尚有余則亮，乃無稽之言。余則亮者，政和人余應也。明洪武中曾官留守司知事，即賦皇宋第十六飛龍以志庚申君遺事者也。其人在政和中，蓋稱宿儒，圖經中有傳可考，而相去八十餘年，隔絕三朝，其時不與唐、林接，則于六陵事定無豫。且祖程引厓山志爲據，是書予家有之，並無此語，益見其誣也。今執事但增脩竹以下三人，而未及陵使，愚尚以爲闕也。當時同事自尚多人，以趙東山之語可想見也。今其幸傳于世者不當失之。若其祠址，既不復在攢宫，愚以爲可移之天章。蓋天章冬青之迹亦久湮没，寺僧甚陋，幾莫知鳳巢龍穴之所在，故宜立大碑以表之，而祀六義士於寺中，以存其地不當在城内也。聞執事欲移六陵祀典于天章，而大吏格之。在昔黄耒史固嘗早有此言，然大吏亦未爲非也。蓋國家命祀祇據正史，不以稗野之言改移，是乃定例。況穆陵遺顱，明祖返之攢宫，則固未可改置矣。故不若移六義士之祠，則兩得之耳。其中又有宜論定者，宋之蘭亭在天章，王厚齋之言可據也。今之蘭亭亦在天章，然而宋蘭亭非今蘭亭，相去幾二里，則今之天章亦非宋之天章也。蓋天章在元末爲火毁，明永樂六年浮屠智謙始重建之。其遷地當在是時，然則前此唐、林之舉，其在舊址無疑也。故祠或不得已而寄于今之天章，若碑則當立于舊址。姚江黄耒史物色冬青于今之天章不得，而痛心于浮屠之剗其踪迹，甬上萬西鄞亦主其説，所謂刻舟而求劍者矣。鮚埼亭集，下同。

冬青義士祠祭議二與紹守杜君

冬青之役，王脩竹、鄭樸翁確然同功者也。羅陵使亦必不可遺者也。獨謂謝皐羽有陰移冥運之功，此出自楊廉夫之臆説。愚初亦誤信之，而今始見其妄。夫欲審皐羽之同功與否，當在發陵之年。羅雲溪作唐雷門傳以爲戊寅。周公謹志以爲乙酉。宋景濂從公謹，乃其于元史又先一年，以爲甲申，則已自相矛盾。故續綱目從雲溪。若以皐羽之詩合之，『知君種年星在尾』，則雲溪之言是也。近人邵廷寀疑戊寅乃少帝元年，蒙古不應竟無顧忌若此，因以爲乙酉。而冬青引不可解，則姑闕之。不知南渡之初，汴陵已自不保，況厓山彈丸，豈爲敵之所愳？是真迂儒之言，不足辨也。發陵既在戊寅，則其時文丞相未死，皐羽甫從前一年辭而東歸，西臺慟哭記所云『别公章水湄』者是也。祥興初元，皐羽蓋尚徘徊〔二〇〕嶺嶠，亦安得由閩而浙，深入東越，豫于冬青之役？此不辨而可知其非者也。蓋宋亡之後，據韶父所言，則皐羽避地甌、括間四年，其後以癸未始入吴，以丙戌始入越。即記中所云『哭文公、夫差之臺與越臺』是也。是時始聞有冬青之事，而感賦之。故讀其文亦自是局外記事，又屬追溯之語。『知君種年星在尾』，則己之不豫可知矣，其爲追溯亦可知矣。是時霽山已歸東嘉，故皐羽頻有詩寄之，是則就皐羽之言以考皐羽，而可以了然楊廉夫言妄也。況皐羽以其子粗達世務，始棄家出游，終身不返。癸未皐羽年三十五，計其子可冠，始出游耳。戊寅非其時也，以梨洲之精覈且爲所惑。野公爲臯羽作年譜，固知不能辨及。然則臯羽之配享當去乎？曰：是又不然。臯羽之大節，宋末爲最，即白衣而拜靈禽之下亦足千古，附之唐、林之後未爲不可。但不當以爲共事者。以其年考之，有不合也。天章古迹既已澌没，則今日立碑之舉尤不可緩，恐亦是雷門諸君之所深望者。

冬青義士祠祭三與紹守杜君

弟前作宋蘭亭石柱銘，其中言度宗曾以天章寺地賜吾家，易代之後，始以爲書院。事在至元甲午。此㔁〔三二〕見于吾家世譜，史志固未之載也。然剡源游蘭亭序，其於書院之後謂以全氏廬爲之，則其説非無徵者矣。天章自宋時屬吾家，迨至元甲午乃輸官，則宋亡之次年，唐、林義舉，謂非吾家共任其事不可也。蓋先泉翁固遺民，其於脩竹爲同志，故是役也不於他所而于吾家。聞嘗謂脩竹爲謀主，羅陵使則攢宫之地主，泉翁則山南之地主，唐、林、鄭則身主其事，而臯羽則特聞其事而歌咏以發之者也。蓋攢宫無地主，則事且立洩；山南無地主，則亦無以妥七戰之驚魂也。是必萃群力而始成，而乃以各懷忌諱，故雖唐、林二君尚且彼此傳聞不合，況其餘乎？弟非敢謂先世强附此事，但考索所及，固不可得而晦也。然竊以爲六義士當崇祀，而泉翁則可以不必。是何也？吾家固宋室之世戚也，三王四公，重圭叠組，先太尉位在二府矣，國亡事去不能救，是所疚心，豈敢以此爲功而望後世之報哉？且是天章者，故先太師徐公之墓道所在也。其因墓而以寺爲香火之院，固宋室之所賚予也，一坏之土其又何辭？如或因畏禍而有難色，則厲之不如矣，故泉翁之共任此事，不足奇也。特其地之所屬，則不可不著明耳。先泉翁諱璧字若復，先太尉永堅之從父也。宋時曾官秘閣，晚年還居杭之城東，所謂孤山社遯初子者也，世〔二二〕亦稱爲城東處士，其詩見皐羽月泉吟，社中尤與剡源善。嗚呼！故國之文獻消沉，群言迭出。五百年來旁搜審核而後略具首尾，悲夫！

余於丁亥歲作宋六陵考，以未見黄記爲恨。壬辰冬，偶于族叔祖艮庵老人齋頭亂帙中得黄竹農家耳逆草一册，冬青記在焉，不勝狂喜，假歸卒讀。敍事簡核，攄古情深。有關文獻不淺。重檢舊製，支離蕪陋，欲焚稿者數矣。顧念搜討之勞，頗費時日。又竊喜扣槃之見，間有與先哲隱合者。遂未忍割棄。又甬東萬季野先生有六陵遺事一書，訪求未得。聞友人盧鮑廬文弨〔二三〕處有之，鹿鹿未及借觀。丁酉秋客武林，於崔秋谷應榴表弟齋見群書辨釋，有涉六陵事者三篇，因並録焉。季野乃授一諸父也。耳逆草又有紀夢篇，言庚辰十月二十六日，文宗、姜公見余所作蘭亭冬青樹記，屬郡侯宋公詳問宋六陵事。是夜予〔二四〕夢至蘭亭云云。後以禪語作結。其宋公詳問始末，竟不復及，疑其事中止也。耒史名百家，原名百學，太學生姚江梨洲先生次子，記中『先夫子』即梨洲先生也。丁酉冬日識。

甲辰春官報罷，入校書局中，寓内城煤炸衚衕，與即墨張孝廉、肖蘇鶴鄰近，往還，見齋頭鮚埼亭集抄本，云是家太史林汲永年所藏。余即從太史借觀，得祠祭書三篇，乃知諸義士已有祠祭之舉，實愜素心。至于辨天章之非舊，謝臯羽之非同事，尤鑿鑿有據。則又鄙陋，聞所未聞者，因亟録于此。今而後欲知六陵事者，余所紀庶得其大略矣。甲辰八月上浣識。

［三·二四］陳選字士賢，浙之臨海人。沉静端慤，以聖賢自期許。成化間任廣東左布政使時，廣東市舶司太監韋眷通紀述遺作泰貪縱不法，選輒奏抑之。會番禺縣民王凱結交韋眷出海通番，知縣高瑶搜没番貨鉅萬。選遂據實奏聞，事下都察院，巡撫都御史宋旻畏眷，未敢詰問。眷因誣選黨比高瑶，上怒，遣刑部員外郎李行會同巡按御史徐同愛鞫之。行、同愛畏眷不敢反異，因誣選矯制發粟，意在侵欺；褒獎屬官，志圖報謝，論罪當徙。奏入，詔奪選官，遣錦衣衛千户張福逮之。士民遮留者數萬人，至南昌病卒石亭寺，年五十八。張褧者，通紀述遺作聚。故選所黜吏也。初鞫獄時，行、同愛賄令誣選。不從，致被拷掠。褧曰：『死即死耳，安敢以私憾滅公義陷正人也？』至是上言曰：『臣聞周公元聖，而四國之謗乃至，上疑于其君。曾參大賢，而三至之言不免，摇惑于其母。是豈成王之不明，參母之不親哉？凡以口能鑠金而毁能銷骨也。陛下臨御區宇，明並日月，恩同父母，詎圖枯骨之中尚罹冤抑，覆盆之下復有沉冤？竊見廣東布政使陳選素崇正學，夙抱孤忠，孑處群邪之間，獨立衆憎之地。太監韋眷通番敗露，知縣高瑶按法治之，選移文嘉奬以激貪懦，固監司之職也。奈何宋旻、徐同愛怯勢保姦，首鼠兩覷？致眷横行胸臆，穢衊清節，熒惑聖明！勘官李行承眷頤指，鍛鍊成獄，竟無體驗。臣本小吏，以註誤觸法，爲選罷黜，實臣自取，非選有加于臣也。眷乃妄意臣必憾選，以厚賄啗

臣，令扶同陷選。臣雖胥徒，亦知廉耻，安敢欺昧心術、顛倒是非？眷既知臣不可利誘，乃囑行等逮臣于理，彌日拷掠，身無完膚。臣甘死籲天，終無異口。行等乃依傍眷語，文致其詞，劾選勘災不實，擅便發倉，曲意屬官，意圖報謝。是毀共姜爲夏姬，詬夷齊爲盜跖也。本年嶺外地震，水溢漂民廬舍，屬郡交牒報災，老弱張口待哺，而撫、按、藩臬若罔聞知。選獨抱隱憂，食不下咽。謂展轉行勘，則民命垂絶，其何能待？所以便宜議賑，志在救民，非有他也。選素剛正，不堪屈辱，乃爲勘官凌侮，憤懣成疾，旬日而殂。李行幸其就死，不爲醫療，又潛遣養子密以選死報眷以快其忿。小人佞毒，交結權倖，一至于斯！司寇之屬要在詰奸刑暴，安取此輩爲也？夫選砥節奉公，横罹讒搆。君門萬里，孰諒其冤？臣以罪人，擯斥田野，秉耒自給，百無所圖。敢冒死披陳，甘心鼎鑊者，誠痛忠廉之士銜屈抑之冤，長讒佞之奸，爲聖明之累也。』奏入，不報，第以他事罷眷鎮守。夫選之賢能使受黜者爲之號救，其忠廉可知矣。裴以末吏慷慨上疏，情詞激昂，誦之足發人忠義，豈非志節之士耶？故從黄光昇昭代典則備録之。士賢，天順庚辰進士，卒，謚恭愍，著冠義一卷、孝經注一卷。見朱彝尊經義考。

［三·二五］今人呼墓前地爲『明堂』，程伊川集中作『券臺』，不知所以。南軒欲改之。後見唐人文字中某朝詔改『明堂』爲『券臺』，見陳明卿潛確類書。按：清異録：『葬家聽術士說，用朱書鐵券。若人家契帖，標四界及主名，意謂亡者居室之執守，不知争地者誰耶。庵墓前甃石，若碑表之面，方長高不登三尺，號曰「券臺」。貧無力則祭祀以藉尊俎，謂之「土筵席」』。

〔三・二六〕三代獄名，夏曰念臺，殷曰動止，周曰稽留。見張華博物志。又江淹獄中上書建平王曰：『抱痛闔門，含憤獄户。』見陳書。

〔三・二七〕鼠璞今巾箱刊本無所不備，嘉定間從學官楊璘之奏禁毁，小板今又盛行，第供挾書，非備巾箱之用也。

〔三・二八〕明弘治初，進士李文祥有材能，與萬安之孫宏璧同年。安欲引爲己附，使宏璧延款于家，屬題畫鳩。文祥即奮筆作詩，末云：『春來風雨尋常事，莫把天恩作己恩。』安銜之，適詔開言路，文祥遂上疏極論時政。忤旨，除陝西咸寧縣丞。

〔三・二九〕東坡於潛女詩：『應將白練作新衣，不許紅膏污天質。』白練事見則天長壽二年詔曰：『應天下尼當用細白練爲衣。』冷齋夜話作尼童詩。

〔三・三〇〕李易安賀人孿生子啟云：『無午未二時之分，有伯仲兩稽之秀。既繫臂而繫足，實難弟而難兄。玉刻雙璋，錦挑對褓。』注：『任文二子孿生，德卿生于午，道卿生于未。張伯楷兄弟形狀無二。白汲兄弟母不能辨，以五綵繩一繫于臂，一繫于足。』按：雙産者曰孿生。

〔三・三一〕漢書：『王章字仲卿，疾病無被，卧牛衣中。與妻涕泣。』注：『牛衣，龍具也。編亂麻爲之。蓋覆牛背以蔽雨者。如牧童所披簑衣之類。』晉書劉實傳：『實少貧，賣牛衣自給，然好學，手約繩，口誦書。』魏鄧艾傳：『段灼疏理艾曰：「值歲凶旱，艾爲區種，身被烏衣，手執耒耜，以率將士。」』烏衣不知何狀，疑亦牛衣之類。南齊書張融傳：『融父暢感司馬竺超民之德，囑融必報其子孫。後超民子微冬月遭母喪，居貧。融往弔之，悉脱衣以爲贈，披牛被而反。常以兄事微。』則牛衣亦可稱牛被。

〔三·三二〕唐裴琰言人妻有三可畏：其曰鳩盤茶者，魔女名也。九子母者，鬼名也。一産千鬼，朝産暮食，虎頭龍足，蟒目蛟眉。劉峻嘗曰：『吾與馮衍有三同：敬通有忌妻，至于親操井臼；余有悍室，亦令家道轗軻云云。』夫妒婦擅室，其狠戾陰鷙之性，實有甚于鬼母者。張纘賦曰：『逆其妒鱗，犯其忌制，赴湯蹈火，瞋目攘袂。』閨幃如此，能不破家？僅僅禁畜婢妾猶淺之乎？言妒也。

〔三·三三〕李義山錦瑟詩或云悼亡，或云錦瑟是令狐楚家有青衣名，要爲托物懷人之作。最無謂者，蘇氏適怨清和之論耳。

〔三·三四〕釋氏以色、聲、香、味、觸爲五欲，不可犯。楞嚴經曰：『色如爇金丸，執之則燒。聲如荼毒鼓，聞之則死。香如憋音别龍氣，嗅之則病。味如沸蜜湯，吞之則爛。又如塗蜜刀，舐之則傷。觸如卧獅子，近之則嚙。』比喻可謂精確。

〔三·三五〕僧規，六時經行，六時燕坐。經行六時曰：幽谷時，寅也。高山時，卯也。日照高山。平地時，辰也。可中時，巳也。正中時，午也。鹿苑時，未也。

〔三·三六〕致虚閣雜俎云：夢神曰趾離，呼之而寢，夢清而吉。有咒曰：『元州牂管娶竺米題。』臨卧時誦七遍吉。見伊世珍瑯嬛記。又段成式曰：『主夜神咒可辟惡夢。咒曰：「婆珊婆演帝。」』見續博物志。

〔三·三七〕裴聻能制鬼，人號曰『漸耳』。又司刀鬼名聻，一名滄耳。今人元旦書『漸耳』于門上辟邪疫，以此故也。

〔三·三八〕戴封以伯父喪去官。張融請假奔叔父喪。漢荀淑卒，尚書李膺自表師喪。延篤以師喪去官奔赴，五府並辟不就。晉陳重爲細陽令，以姊喪去官。而晉謝安期功之喪，乃不廢絲竹。齊褚淵遭庶母郭氏喪，期年不盥櫛。詔斷哭，禁弔客。葬畢，起爲中軍將軍，本官如故。是丁生母憂也。

〔三·三九〕左傳定九年：『宋子明謂桐門右師曰：「吾猶衰絰，而子擊鐘，何也？」師曰：「喪不在此故也。」既而告人曰：「己衰絰而生子，余何故舍鐘？」』通鑑：『景帝時鼂錯奏楚王戊往年爲薄太后服，私姦服舍，請誅之。詔削東海郡。』應劭風俗通辨元服非伯楚服中所生子。後漢樂安郡民趙宣葬親不閉埏隧，居其中行服十二年。陳蕃爲守，與相見，宣五子皆服中生。蕃大怒曰：『寢宿冢藏，而孕育其中，誑時惑衆，誣汙鬼神。』遂致其罪。晉書：『惠帝賈后詐有身，内稾物爲産具，取妹夫韓壽子慰祖養之，託諒闇所生，故弗顯。』劉宋文帝身爲民上，諒闇中生劭，秘之。若晉時重服追婢者有阮咸，居喪使婢丸藥者有陳壽，皆屬名教罪人也。至前漢江都王建夜迎易王美人淖姬，與奸服舍中。隋煬帝蒸陳夫人而後發喪。此又豺狼之性而兼麇鹿之行者也。

〔三・四〇〕談録丁晉公言：嘗見(常)〔掌〕武太原王公言：先太師傾背時，朝賢來弔，朱紫盈門。惟徐左省鉉獨携一麻袍角帶，于客位内更易方入弔。以此知士大夫具朝服臨哀弔問，深不可也。

〔三・四一〕禹葬山陰臨江之邱，名曰富陵。見吴會野記。今在會稽最高峰，人迹罕至。

〔三・四二〕將軍之心，滔滔如春，㢖㢖『曠』同如夏，湫漻如秋，慘惻如冬。見淮南子。

〔三・四三〕大聲不入于里耳，折揚、皇荂則嗑然而笑。見莊子。大聲，古樂。折揚、皇荂，里巷曲名。

〔三・四四〕隸書秦程邈所作，凡三千字，蓋以篆字難成，用此施于胥隸，務趨[二五]便捷。庾肩吾書品曰：『隸書，今時正書也。』張懷瓘六體大論亦曰：『隸書字皆真正。』又曰『真書』。北齊書：『趙彦深善草隸，與弟書字必楷正。自云：「以草書施于人，似相輕易。與家中卑幼，又恐其疑。是以必須隸筆。」』然則唐以前皆謂楷字爲隸。歐公集古録乃獨以八分當之，誤矣。然隸書體製凡數變。程邈所作謂之秦隸。賈魴三倉、蔡邕石經，諸書謂之漢隸。鍾、王變體，謂之今隸。合秦、漢謂之古隸。大率秦、漢隸與篆爲近，故多圓。後漢漸匾，已變而近八分。唐時則方矣。八分係王次仲作，蔡文姬以爲割程隸字八分取二分，割李篆字二分取八分。吾衍則云：存隸八分，就篆二分。至楷書與真書又有別。楷書如晉鍾、王、智永，唐虞世南、歐陽詢、顔真卿是也。真書逐字結束，不暇筆筆合法，唐人所謂經生字也。墨莊漫録載：章子厚自負能書。予抄其雜書九事，其一云：東漢、魏、晉皆以八分題宫殿榜。蔡邕作飛白，是八分字耳，故古云飛白是八分輕者。衛恒作散隸，是用飛白筆作隸字也，故又云散隸終飛白。金石刻，東漢、魏、晉皆用八分，惟小小銘刻之陰或刻隸字，許昌群臣勸進與受禪壇碑，皆八分之妙者。近世荒唐士人妄謂隸書，而不知隸書乃今正書耳。世俗往往從而謂之隸書，且相尚學，焉不知彼將以何等爲八分，又將以今正書爲何等耶？

〔三·四五〕陶宗儀輟耕録：『臨書，謂置之在旁，觀大小濃淡形勢而學之，若臨淵之臨。摹謂以薄紙覆上，隨其曲折婉轉用筆。唐太宗所以卧王濛于紙中，坐徐偃于筆下是也。臨書易失位置，而多得古意。摹書易得位置，而多失筆意。』按：六朝人專事臨摹。其曰廓填者，即今之雙鈎。影書者，即今之響榻。雙鈎者，謂以游絲筆圈却字畫填以濃墨，其字多無精采。響榻者，紙覆其上，就明窗牖間映光摹之。今刻碑者必先用雙鈎。其法須得墨暈不出字外，或廓填其内，或朱其背，正得肥瘠之本體，然尤貴于瘦。使工人刻之，又從而刮治之，則瘦者亦變肥矣。字之精神全在鋒鋩，圭角多爲雙鈎所失，此又須朱其背時稍致意焉。

〔三·四六〕樂器中拍板獨無譜。唐黄繙綽造譜，但于紙上畫兩耳，曰但有耳即無失節奏也。海録碎事云：長闊如手，重十餘枚，以掌運之，擊以代抃。牛僧孺對韓昌黎云『樂句』是也。胡三省通鑑注：拍板，古樂無之。玄宗時，教坊散樂用横笛一、拍板一、腰鼓三，後人因之。歌舞率以板爲節，木若象，凡八片，以韋貫之，兩手各執其外一片而拍之。

［三·四七］左思嬌女詩：『衣被皆重池。』池者，緣飾之名，謂其形象水池耳。今被頭別施帛爲緣，呼爲被池。宋子京『春寒到被池』用此。

［三·四八］古今注：『汗衫，蓋三代之襯衣也。禮曰中單。漢高祖與楚交戰，歸帳中汗透，遂改名汗衫。』

［三·四九］國初有所謂三教堂者，齊魯間郡縣皆有之，不知何人作俑。雕塑形像，佛居中，道居左，孔子反居其右。康熙間毁。吾鄉章太史藻功有上衍聖公請毁三教堂書，有曰：『五千之言雖著，何如半部魯論？七十而矩不逾，莫問九天靈寶。』又『九京可作，大誅卯而小叩原。二氏並興，左圜陳而右逐魯。』又『簪纓式燕，輿皂偕來；筆硯論文，屠沽雜處。』皆侃鑿之論也。孔繼汾闕里文獻考載：明英宗正統三年，禁天下祀孔子於釋道宫。時有繪佛、老、夫子三像，名三聖祠者。四川永川訓導諸華疏言之，敕禮部通行禁革。國朝乾隆九年，河南學政林枝春奏河南州縣有三教堂，宜加禁止，即其地改爲義學。北省如此者，所在多有。又道流謬稱天尊，請一體嚴禁，得旨允行。考北史王夐傳：『梁武帝以佛、道、儒三教不同，詔夐辨其優劣，夐以三教雖殊，同歸於善，其迹似有淺深，致理如無等級，乃著三教序奏之，帝稱善。』藝文類聚有梁武帝會三教詩云：『少時學周禮，弱冠窮六經。中後觀道書，有名與無名。』又曰：『晚年開釋卷，猶日映衆星。』通鑑陳宣帝紀：『後周武帝集群臣及沙門、道士，帝自升高坐，

辨三教先後，以儒爲先，道爲次，釋爲後。』大唐新語：『高祖幸國學，命徐文遠講孝經，僧惠乘講金剛經，道士劉進嘉講老子。詔劉德明與之辨論，三人皆屈。』此歷來三教並行之説也。其同堂，不知所昉。嘗讀遼史『太祖神册三年五月，詔建孔子廟、佛寺、道觀』，三教並舉，民庶遂因而合祀之歟？

［三・五〇］齊書：『舊爲屐者，齒皆達褊上，名曰露卯。』褊音騈。

［三・五一］楊太真妝束每件呼其名，人謂之神妝。采蘭雜志云：『膏神曰雁孃，黛神曰天軼，粉神曰子占，脂神曰與贅，首飾神曰妙好，衣服神曰厭多。』又致虚閣雜俎：『筆神曰佩阿，又曰昌化。研神曰淬妃。墨神曰回氏。紙神曰尚卿。』可作妙對。

［三・五二］明世命婦帶翠雲冠。洪武十八年乙丑，頒其制于天下。霞帔，始宋時婦人命婦。直帔即今掛肩，濫觴于秦之披帛，踵事于晉之帔子也。釋名：『帔，披也。披之肩背不及下也。』

［三・五三］五經要義：『古者后妃群妾御于君，所當御者，以銀鐶進之，娠則以金鐶退之，進著右手，退著左手。本三代之制，即今之戒指也。』

［三・五四］玉真公主逍遥炙，素食也。

［三・五五］日知録：太祖實録：『洪武三年八月，京師及各行省開鄉試。初場四書疑問、本經義及四書義各一道，小注：元制有四書疑、本經疑。洪武三年開科，以大學『古之欲明明德于天

下者』二節、孟子『道在邇而求諸遠』一節合爲一題，問二書所言『平天下』大指同異，此即元時之法。第二場論一道，第三場策一道。中式者後十日復以五事試之，曰：騎、射、書、算、律。至十七年，命禮部頒行科舉成式。第一場四書義三道、經義四道，未能者許各減一道。第二場論一道，詔、誥、表内科一道，判語五條。第三場經、史、策五道。按：江西魏禧洪武四年會試録記其題。先五經，次四書疑，共二首，爲第一場。論、詔、表各一，爲第二場。策一，爲第三場。是較鄉試加詔、表各一，而無騎、射等五事。其後並鄉試亦廢之。崇禎末，會試後有騎射，説者謂鋭意武備而然，其實祖制，倘所謂以此始、以此終者歟？』又按：續綱目載：元仁宗延祐二年三月初，賜進士護都沓兒、張起巖等五十六人，及第、出身有差。仁和李白山名庚星跋毛初晴試帖選後云：『仁宗始有四書經取士之法，限三年。八月鄉試、二月會試，皆三場。首場四書二經一，二場詔、誥、表内科一道，三場時務策一道。其四書用朱子章句、集注，而斷以己意，限三百字云云。』然則明初開科皆仍元制，其後乃踵增耳。事詳元、明史。

〔三·五六〕日知録言古無一日分十二時者。屈子自序其生年月日不及時。吕才禄命書亦不及時。又據：五雜俎云：『李虚中以人生月日所直支干推人禍福生死，百不失一。初不用時，宋以後乃並時參合之，謂之八字。似古人之生，初無繫于時者。』按：李虚中推命見于韓昌黎所作墓誌，誠不用時。宋人朱翌猗覺寮雜記亦云：虚中命術不用生時。今閲命者乃並與時參考，宜其尤精，乃鮮有中者。蓋李術不傳久矣。今考左傳日之數十，故有十時，亦當十位，此以時計。史記曆書云：『雞三號，卒明。撫十二節，卒于丑。』張守節正義云：『撫猶循也。自平明寅至雞鳴丑，凡十二辰，辰盡丑又生。至明朝寅，一日一夜，爲幽明。』則十二辰即十二時也。隋禮儀志：『梁時詔曰：夜半子時即是晨始，宜取三更省牲。』又分時之證也。西京雜記載：漢霍將軍妻一産二子，疑所爲兄弟。或曰前生者爲兄，後生者爲弟。或曰居上者宜爲兄，居下者宜爲弟。居下者前生，今宜以前生爲弟。霍光聞之曰：『昔殷王祖甲一産二子，曰嚻，嚻或作囂。曰良。以卯生嚻，以巳生良，則以嚻爲兄，以良爲弟。許釐莊公一産二女，曰妖，曰茂。楚唐勒生一男一女，並以先生爲兄。』則是商時已有十二時之説矣。北齊書：『南陽王綽以五月五日辰時生，至午時後主乃生。』又其明證。且呂才亦嘗言漢武帝乙酉歲七月七日平旦生，但今行狀、碑誌止載生卒年月日，而不及時。則謂之略而不書可耳。至年月推命亦不自唐始。魏曹髦集自叙始生禎祥曰：『正始三年九月辛未朔二十五日乙未直成，予生。』又曰：『未者爲土，魏之行也。厥日直成，應嘉名也。』魏志管輅言：『吾本命在寅，加月食夜生。天有常數，不可得諱。皆不壽之驗。』則三國時已有是説。東坡志林言退之以磨蝎爲身宫，而僕以磨蝎爲命宫。以此推之，爲卯時生。故(傳)[傅]藻紀年録云：『十二月十九日卯時公生在于仁宗景祐三年丙子。』清波雜志云：『蔡絛鐵圍山叢談載：「蔡京八字，丁亥、壬寅、壬辰、辛亥，生慶曆中。至大觀改元，復丁亥。東都順天門有鄭氏者，貨粉于市，偶以正月五日亥時生一子。八字與京合，其家大喜。及長，恣其所欲。年十八春末，携妓游金明命術用時起宋耳。

闖荆、襄時，遇漢江漁者，奇其狀貌，問其年庚，年月日時皆與珙同。』則分時初不自宋以後，特

池，大醉溺死。」而却埽編〔二六〕亦載：「僧化成以命術聞于京師，嘗爲京推論八字。」又孟珙開

〔三·五七〕長安客話云：『國初高麗金濤等四人入太學。四年，濤登進士，歸國。其後各國及土司皆遣子入監。監前别造房百間，名曰王子書房。今尚有交阯房，則交阯人所居也。』按：洪武四年會試，中式進士共百二十人。濤名在九十七。南京國子監六堂之後，别創光哲堂，以處四夷子弟。食鍋徑可八九尺，寬深若巨鐘焉。噫！太祖無外之模、無方之意，何其深且遠也！而其後乃于直省中分爲南卷、北卷、中卷等名色，殊失其旨矣。

〔三·五八〕黄瑞節曰：『士昏禮謂之攝盛，蓋以士而服大夫之服、乘大夫之車，則當執大夫之贄矣。』按：此言奠雁之禮所由始也。然士與大夫相去猶不甚懸絶，故可攝其禮。今士庶家成昏惟力是視。有能營辦者，則踞坐八轎，税借命服，儀從儼同公侯。此何禮也？

〔三·五九〕漢高祖封許負爲鳴雌侯，此婦人封爵之始。高祖又封其邱嫂爲陰安侯，吕嬃爲林光侯，蕭何夫人亦爲酇侯。如淳曰：『陰安侯乃頃王后劉仲妻也。』然漢封功臣盟誓之書曰：『非軍功不侯。』此數婦人者，得謂之軍功乎？此則先軫之所欲唾者也。

〔三·六〇〕史遷作項羽本紀始稱高祖爲沛公，以二世尚在也。後稱漢王，亦不稱高祖，紀實也。古人謹厚質樸如此。朱子作綱目，柴周未亡，已書『我太祖爲人臣子』，不得不然，例之

變也。若唐人撰晉書，於司馬懿臣魏之日已稱爲帝，則大謬矣！

〔三·六一〕莊子：『陰陽錯行，則天地大絯，『駭』同。於是乎有雷有霆，水中有火，乃焚大槐。』蓋槐爲東方之木，老而生火，自然之理。然天火不發，則木火不應。今震雷往往擊木殺樹，不獨槐爲然。世俗不知，以爲有妖怪伏竄其間，其實非也。近村中有厝棺于地者，一日雷發其蓋，而屍與棺俱無損，亦祇是木生火之理。特剖棺露屍，罪之大者。造物于此，當別有說耳。

〔三·六二〕古人極重卜筮，龜爲卜，策爲筮。卜非天子、諸侯不敢擅用，筮則自天子至庶人皆用之。周禮：卜人掌九筮之法。連山、歸藏、周易，並用至春秋。時有專精周易者，如左傳『周史以周易見陳侯』是也。但繇詞與文周所繫不同，若晉獻公筮嫁伯姬，及文公使卜偃筮納王，其所稱引皆易文。而史蘇云云又就易文引伸之。焦延壽易林一書，此其鼻祖也。自漢以來頗有用易林筮者。藝文類聚載東觀漢記云：『沛獻王輔善易。永平五年少雨，上御雲臺，自以周易林占之。其繇曰：「蟻封穴户，大雨將至。」以問輔，輔曰：「蹇，艮下坎上，艮爲山，坎爲水。山出雲爲雨，蟻穴居時雨將至，故以蟻爲興居。」』又宋宣和末，慶福崔相公任州日，占得大過卦，云：『典册法書，藏在蘭臺。雖遭亂潰，獨不遇灾。』之遯卦，辭曰：『坐席未温，憂來扣門。踰墻北走，兵來我後。脱于虎口。』其時清晏無事，占後十日州亂，崔踰墻出，家族不損，無事歸京。紹興末，完顔亮入寇時，有筮得解之大壯，其辭曰：「驕胡火形，造惡作凶。無所能成，遂自滅身。」未幾，亮遁走死。其應驗如響，多類此。然朱子筮蓍祇有易文，語録所載可考而知也。今則用筮者絶少，市肆及趁墟有自命卜師者，輒自標識曰『卜易』，叩其所能，則擲錢而已。端蓍尚不可言卜，况于擲錢？其所謂易，又僅取六十四卦名所論斷，絶乖古法。尤可怪者，案上設一木主，大書伏羲、文王、周公、孔子之位。此四聖人者，豈爲賣卜者福耶？瀆聖褻神，爲罪滋大。擲錢昉自京房，萬不得已，設一京房之主可耳。家語：『商瞿年三十六無子。夫子筮之，告瞿母曰：「過四十，當有五丈夫子。」』其卦遇大畜，艮之二世。九二甲寅木爲世，(立)[六]五丙行水爲應。世生外象，生象來爻，生互内象，艮别子，應有五子，一子短命。内象是本子，一艮變爲二醜三陽爻五，於是知五子，一子短命也。』則世應之説，由來久矣。

［三·六三］西京雜記：『畫工杜陵毛延壽爲人形，醜好老少必得其真。安陵陳敞、新豐劉白、龔寬，并工爲牛馬飛鳥衆勢。人形好醜，不逮延壽。下杜楊望亦善畫，尤善布色。樊育亦善布色，則是寫生妙手。漢人已極擅場矣。諸人于元帝時多受後宫賄賂，及毁昭君容，故同日棄市。』

［三·六四］魯應龍括異志云：『嘉興貢院元是州學，今有采芹橋，泮水之舊規在焉。後遷學于鳳池坊，此地遂爲貢院。每舉終場幾二千人，荷笈而進者，隨子弟而入者，幾及萬餘人。』案：此宋秀州貢士之院也。舉子各有人護送，與今不侔。又云：『吴躍龍者，余友吴仲禮達之子也。乙卯與余友鄉舉同廊就試。是歲俱發小薦，而躍龍實爲亞榜賦魁，實通榜詞賦之第

八也。揭曉之夕，夢登七層寶塔，已及六層，忽一人星冠雲帔，若天尊象。叱曰：「此雁塔也。汝何人，輒登此？」逐之下，遂驚而悟。及榜至，乃在七名之外。余親見其說。又張湘亦以乙卯魁亞薦，揭曉兩夕前，夢人持巨盤撲賣，湘一撲五錢皆黑，一錢旋轉不已，竟作字。一人曰：「幾乎混純。」及榜發，乃爲小薦第一。』按此則宋時已有副榜。然亞榜、亞薦、小薦之名，今已無知之矣。又元貢師泰誌嘉興潘澤民著墓云：『君受易于竹岡葉氏，再從吴朝陽氏受春秋，中鄉試備榜，補吴郡甫里書院直學，尋爲廣德學録，改銅陵教諭。』備榜之名亦雅。宋制：會試有副榜，明初亦然。杭人楊昇字孟潛，洪武丙子以春秋選鄉試。明年，會試中副榜，授教諭星子縣，陞邵武府學教授，見楊士奇所作墓志。任之鼎秀水縣志無采芹橋。余有浙士鄉會副榜考，始于宋。

〔三・六五〕孟子仕齊爲卿，于其去也曰致，爲臣而歸，故對齊王稱臣。王答稱夫子。于梁則客，故對梁王不稱臣。王答稱曰叟。至對滕文公，則直自稱曰吾。

〔三・六六〕杜少陵茅屋爲秋風所破歌曰：『安得廣厦千萬間，大庇天下寒士俱歡顏，風雨不動安如山。嗚呼！何時眼前突兀見此屋，吾廬獨破受凍死亦足。』此憂世濟物之心，自然流出，却有情理，所以爲善。白樂天詩曰：『安得萬里裘，蓋裹周四垠。穩暖皆如我，天下無寒人。』此學杜而失其旨也。杜先天下之憂而憂，白先天下之樂而樂。相去逕庭，且廣厦可以萬間，裘斷無萬里者。然以大戴記曾子制言篇『伯夷、叔齊二子，言爲文章，行爲裘綴于天下』之意推之，尚非無本。至孟郊懀蚊詩乃曰：『願爲天下嶹，一使夜景清。』直是痴人説夢。顔氏家訓曰：『昔在江南，不信有千人毡帳。及來河北，不信有二萬斛船。』然則帳覆千人，已屬少見多怪。安得天下嶹乎？欲如裴子横之爲吴興太守，作百幅被，以成其初志，不可得矣。

〔三·六七〕蘇東坡詩注，舊行永嘉王氏注，自商邱宋氏刊、施氏注，人多宗之。施氏與吴郡顧氏景蕃合注。按：庚溪詩話：『孝宗語梁丞相叔子曰：「近有趙夔等注軾詩甚詳，卿見之否？」梁奏曰：「臣未之見。」上曰：「朕有之。」命内侍取示之。』又錢唐廖群玉有坡詩注未刻二本。今無復有知之者矣。近吾鄉查他山先生坡詩補注刊于維揚，雖名『補注』，但删王、施舊注，時論嗛之。

〔三·六八〕關壯繆封漢壽亭侯。按：漢壽有二：其一屬梓潼。晉起居注：『武帝太康元年改梓潼之漢壽曰晉壽。』漢壽之名，沈約以爲蜀所立者，是也。其一屬荆州，前漢立，三國時，隸吴，改吴壽。關受封，則荆州之漢壽也。亭侯，宋書百官志爲第五品，又鄉侯第四品，縣侯第三品。

〔三·六九〕沈約宋書文九王列傳：『録事參軍陳郡謝沈謟事休若。沈居母喪，被起，聲樂酣飲，不異吉人，衣冠既無殊異，並不知沈居喪。嘗自稱孤子，衆乃駭愕。』

〔三·七〇〕私鑄始漢吴鄧，而於今日爲尤盛。盗鑄所出，幾與官錢相埒。其始奸民猶收買舊銅器爲之，繼乃私銷官錢，雜鉛錫爲之。其最可惡者，莫如剪邊，取國初制錢輪郭完厚者，悉加剪剥。有犯此者，罪以大辟。按：沈約宋書顔峻傳：『世祖時，民間盜鑄雲起。又剪鑿古錢以取其銅，錢轉薄小，稍違官式。』又顧琛傳：『琛爲吴興太守，坐郡民剪錢及盜鑄免官。』此所翦〔二七〕猶古錢也。齊書王敬則傳：『永明二年，竟陵王子良啟曰：「民間錢多剪鑿，鮮復完者。公家所受，必須圓大，以兩代一，困于所貿。」』劉悛傳載：奉朝請，孔覬鑄錢均貨議曰：『頃盜鑄新錢者，皆效作剪鑿，不鑄大錢。摩澤淄染，始皆類故；交易之後，渝變還新。』又曰：『官鑄已布于民，使嚴斷剪鑿，小輕破缺無周廓者，悉不得行』云云。通鑑：『元魏孝明時任城王澄上言，不行之錢，律有明式，指爲雞眼、鐶鑿，更無餘禁。乞下州鎮，其太和與新五銖及古錢便用者，但内外全好，雖有大小之異，並得通行。其鷄眼、鐶鑿及盜鑄，毁大爲小，生新巧僞，不如法者，據律罪之。』注：『鷄眼，言錢薄小，其眼如鷄眼也。鐶鑿，謂鑿好以取銅，僅存其肉也。』按：肉好之義，韋昭曰：『肉，錢形也。好，孔也。』杜佑曰：『内廓爲肉，外廓爲好。』則齊以後官錢亦經剪鑿矣。

〔三·七一〕宋書沈懷文傳：『太宗時，隱士雷次宗還廬岳，何尚之設祖道，文義之士畢集，爲連句詩。懷文所作尤美，名高一坐。』又南史：『到彦之臨死爲連句詩，曰：「偉哉横海鱗，壯矣垂天翼。一旦失風水，翻爲螻蟻食。」謝晦續之曰：「功遂侔昔人，保退無智力。既涉太行險，斯路信難涉。」』連句不知何時改作聯句。

〔三·七二〕宋書周朗傳：『世祖即位，普責百官讜言，朗因上書，中有「凡厥庶民，制度日侈。商販之室，飾等王侯。傭賣之身，制均妃后。一袖之大，足斷爲兩。一裙之長，可分爲二。車馬不辨貴賤，冠服不知尊卑。尚方今造一物，小民明已睥睨。宮中朝製一衣，庶家晚已裁學」云云。』江左風俗侈靡，自昔然矣。

〔三·七三〕宋書孝義傳：『何子平事母至孝，揚州辟從事史，月俸得白米，輒貨市粟麥。曰：「尊老在東，不辨常得佳米，何心獨饗白粲？」母本側庶，籍注失實，年未及養而籍年已滿，便去職歸家。鎮軍將軍顧覬之謂曰：「尊上年未八十，親故相知。當啟相留。」子平曰：「公家正取信黄籍，籍年既至，便應扶侍私庭。」覬之益重之。』則是自呼其母爲尊老，呼人之母爲尊上也。不知何時以『尊老』屬父，以『堂老』屬母。東軒筆録：『易曰：「家人有嚴君，父母之謂也。」范滂與母别，曰：「唯願大人割愛。」是母亦可稱「嚴君」、「大人」也。』風俗通：『應融曰：「家上有尊老，下有弱小。」』

〔三·七四〕漢李陵降匈奴。劉宋索頭虜姓托跋氏，其後也。又隋書：『李祚自云是陵後。』

〔三·七五〕祭之有主，所以棲神，亦孝子由以繫心也。故家廟必設主，至功臣配饗廟〔二八〕及敕建祠宇，題列坐位，止備書贈官爵、謚及名，不得稱主。此所謂設板也。

〔三·七六〕南齊豫章王嶷傳：『嶷臨終召其子，曰：「三日施靈，唯香火、槃水、（于）〔干〕飯、酒脯、檳榔而已。朔望菜食一盤，加以甘果，此外悉（有）〔省〕。葬後除靈，可施吾常所乘轝扇繖。朔望時節，席地香火、槃水、酒脯、(于)[干]飯、檳榔便足。」』

［三·七七］日有五蝕，謂上、下、左、右、中央也。起上、下、左、右者，日月交會，日爲月掩也，其中央有虧，名爲西子，不名爲蝕。一説日蝕皆從西，月蝕皆從東。無上、下、中央者。詳齊書天文志。

［三·七八］宋褚淵仕齊，輕薄子頗以名節譏之。以淵眼多白精，謂之『白虹貫日』，言爲宋氏之徵也。

［三·七九］齊書褚澄傳：『東陽徐嗣精醫術。春月出南籬門戲，聞笪屋中有呻吟聲。嗣曰：「此病釘疽。」治之愈也。』

［三·八〇］南齊王儉傳：世祖詔儉以家爲府。又太祖時王敬則以家爲府。此後世八座家開府之始也。

［三·八一］俗説『三十六着，走爲上着』。按：南齊書：『王敬則曰：「檀公三十六策，走爲上計。」』李延壽南史謂譏檀道濟避魏事，始知俗語所出。

［三·八二］晉人以麈尾爲談柄，不知作何樣。按：南齊書：『陳顯達謂其子，曰：「麈尾扇是王、謝家物，汝不須捉此自逐。」』又張融傳：『道士陸修静以白鷺羽麈尾扇遺融曰：「此異物以奉異人。」』則是扇也。

［三·八三］齊張融臨卒遺命，令人捉麈尾，登屋復魂曰：『吾生平所善，自當凌雲一笑。

三千買棺，無製新衾。』

〔三·八四〕今世冠禮廢失，惟于成昏時更制新冠飾首，謂之上頭蓋，亦冠而生子之義。按：南齊書華寶傳：『寶父豪戍長安，寶年八歲。臨别謂寶曰：「須我還，當爲汝上頭。」長安陷虜，豪歿，寶年至七十不婚。』冠則上頭之名，在六代時已然矣。

〔三·八五〕舜目重瞳，上下生。項羽亦重瞳，左右生。顔回重瞳，王莽亦重瞳。劉晝新論云：『莽之重瞳，譬駑馬有驥之一毛，而不可謂驥也。』隋魚俱羅重瞳，凉呂光重瞳，後梁康王友敬重瞳，東漢劉旻重瞳，梁沈約左目重瞳，南唐李煜一目重瞳。徐文長路史：『張遠霄，眉山人，其彈得之四目老翁。翁重瞳，故名。』見一統志。又云：『作字之蒼頡，號四目翁，亦重瞳。』

壬午四月初五日校〔二九〕

校勘記

〔一〕兖，影抄本作『兊』，是『兖』的俗字。抄本作『兗』，誤。

〔二〕矩，影抄本作『炬』，今據抄本正。

〔三〕這句注語見于三國志魏書胡昭傳。

〔四〕爾，北齊書作『尒』。

〔五〕句中的三個『蒜』抄本作『蒜』，據文意當是『蒜』。

〔六〕爲，影抄本作『妻』，今據抄本正。
〔七〕盛，抄本作『動』。
〔八〕抄本此處無『求』字。
〔九〕里，抄本作『理』，『地理』亦作『地里』。
〔一〇〕叟，影抄本、抄本均作『叜』，『叟』的俗字。
〔一一〕瑋，抄本作『爲』，音近而誤。
〔一二〕玉，抄本作『王』。當爲『玉』。
〔一三〕翶，抄本作臯，誤。謝翶字臯羽，此處當爲『翶』。
〔一四〕呈，抄本作『贈』，誤。
〔一五〕識，抄本作『志』。
〔一六〕甚，抄本無『甚』字。
〔一七〕是，抄本作『自』。據文意當是『是』。
〔一八〕植，抄本作『殖』。『封植』、『封殖』相通。
〔一九〕耑，抄本用紅筆改爲『專』。『耑』可通『專』。
〔二〇〕徘徊，抄本作『盤桓』。
〔二一〕勵，抄本作『僅』。
〔二二〕世，抄本作『宋』。兩者皆通，據文意當以『世』爲優。
〔二三〕文韶，抄本偉校作『盧文弨』。

〔二四〕詩，抄本作『書』。

〔二五〕趨，抄本作『取』。

〔二六〕抄本作『掃』。

〔二七〕翦，抄本作『剪』，兩字可通。

〔二八〕抄本此處有『廷』字。

〔二九〕抄本無『壬午四月初五日校』等字。

循陔纂聞卷四

海寧周廣業耕厓甫著
門人沈俊堯明録
男勳常重録

〔四・一〕小爾雅云：『二鍰四兩謂之斤。』鍰六兩也，二鍰得十二兩。加四兩焉，是十六兩爲斤，自漢然矣。

〔四・二〕國語：『伍員將死，曰：「而抉吾目懸城東門，以觀越之入、吴之亡也。」』按：史記正義云：『東門，鱛普姑反門，謂䱐覆浮反門也，今名葑門。越軍開示浦，子胥濤盪羅城，開北門，有鱛䱐一名江豚隨濤入，故以名門。』又越絶書云：『婁門外力士者，闔廬所造，以備外越。』陸廣微吴地記：『城中：西，閶、胥二門；南，盤、蛇二門；東，婁、匠二門；北，齊、平二門。閶門亦號破楚門，吴伐楚大軍從此出。胥門，本伍子胥室，因名。石碑見存。盤門，古作磻門，嘗刻木作磻龍以鎮越。又云：吴大帝蟠龍，故名。齊門，齊景公女嫁闔廬長子終纍，早喪夫，因思家國，故名。匠門又名干將門。不開東門者，爲絶越故也。』似東門爲婁門。吴越春秋則云：『越攻吴，欲入胥門，未至六七里，望吴南城，見伍子胥頭，巨若車輪，目若耀電，鬚髮四張，射于十里。越大懼。子胥乃與種、蠡夢曰：「吾知越之必入吴，故求置吾頭于南門，以觀汝之破吴也。」』又似胥門。未知孰是。

［四·三］胡元瑞筆叢云：『世俗所演之戲，乃元人雜劇之變，而雜劇之類戲者，又金人詞説之變也。雜劇，唐、宋、金、元迄明皆有之，獨戲文西廂作祖。』余考觀優魚里見于左傳，優孟衣冠見於史記，此殆雜劇所由昉歟？蜀書許慈傳：『先主定蜀，命慈與魏郡胡潛並爲博士，值庶事草創，動多疑議。慈、潛更相克伐，謗讟忿争，形於聲色，書籍有無，不相通借，時尋楚撻，以相震撼，虚〔一〕晚反。先主愍之，群寮大會，使倡家假爲二人之容，傚其訟鬩之狀，酒酣樂作，以爲嬉戲，初以詞義相難，終以刀杖相屈，用感切之。』正此類也。自後名目漸多。如段安節樂府雜録所載鼓架部戲有代面，始北齊神武弟崔令欽教坊記謂蘭陵王長樂有勇善鬥，以顔貌無威，入陣即著面具，乃百戰百勝。戲者衣紫腰金執鞭也。澠水燕談：『狄武襄青以散直爲延州指使，時西邊用兵，公頻立戰功，常披髮，面銅具，馳突賊圍，敵畏懾之，無敢當者。』清波雜志：『武襄公收儂智高時所帶銅面具，在其五世孫狄似處。』老學庵筆記：『政和中，大儺柱府進面具，八百枚爲一副，老少妍陋，無一相似者。天下及外夷皆不可及。』缽頭，昔有父爲虎所傷，上山尋之，戲者作遭喪狀。蘇中郎，後周士人蘇葩嗜酒落魄，自號『中郎』。戲者著緋戴帽，面正赤，以狀其〔二〕醉，即有踏謡娘。崔令欽教坊記：『北齊人姓蘇，齁鼻，不仕，而自號「中郎」，嗜飲，醉輒毆其妻，妻訴于鄰。因有踏〔三〕謡娘，以其且步且歌也。』凡羊頭、渾脱等，悉屬此部是也。然代面實亦不始北齊。賈誼新書匈奴篇云：『今婦人胡戲倒挈面者更進。』隋書樂志云：『禮畢者本出晉。太尉庾亮卒，其伎追思之，因假爲其面，

執翳以舞，取其謚號之，爲文康舞。』則漢晉間已有之矣。又按：教坊記：『凡欲出戲者，所司先進曲名，上以墨點者，即舞，不點者，即否。謂之進點戲目。』按：今優人奏劇，必呈目請主者點定，始此也。元人院本有副净、副末、引戲等五人，又謂之五花爨弄。別有雜劇。詳陶宗儀輟耕録中。

〔四·四〕教坊蘇五奴妻張少娘善歌舞，有邀迓者，五奴輒隨之。人欲得其醉，多勸酒。五奴曰：『但多與我錢，喫䭔子亦醉，不須酒也。』今呼鬻妻者爲『五奴』，自蘇始。按〔四〕：吴俗詬賣妻者曰烏龜，龜讀若居，必『五奴』之訛也。或謂龜、鱉之類無雄，皆以蛇爲雄。見于説文。然李果言龜雄雌尾交，正字通亦言野人親見如此，非以蛇爲雄。許氏説不足信。據雞肋編，以龜爲諱，宋世惟楚俗爲然，故尚有取爲名字者。今則無不諱之，遂使四靈之畜，被以惡名，冤矣！

〔四·五〕遼志：『試士科制，三歲一試進士，貢院以二寸紙書及第者姓名給之，號喜帖。明日案出，作樂及門，擊鼓十二面，以法雷震。』按：此今鄉會報捷，猶用此法。

〔四·六〕金志：『大禮有諸色旗，又張一大旗，其制極廣，錯綜人物，以猛士執之，傍有數十人護之，各施大繩，以備風勢，名曰蓋天。』指展即今戒指，見真臘風土記。

〔四·七〕真臘風土記：『父母死無服，男則髡髮，女則於顖門剪髮，似錢大，以此爲孝。』

〔四·八〕吴俗呼門牡爲閂，其字見桂海虞衡志。臨、桂諸郡，土俗書有『閂』，門横關也。

又有『⿵門坐』，音穩，坐于門中穩也。高則誠琵琶記多用『⿵門爭⿵門坐』字，蓋努力之意。

〔四·九〕『疋』字見小爾雅：『倍兩謂之疋，疋有謂之束。兩，四丈也。』晉賈疋當音雅，亦有賈匹者。

〔四·一〇〕俗語『遠水不救近火』，見後周書赫連達傳，達曰：『此皆遠水不救近火。』

〔四·一一〕後周書韋孝寬傳：『齊神武攻玉壁，於城南鑿地道。孝寬飭戰士屯塹。城外有穿至塹者，即擒殺之。又積柴貯火于塹外，敵有伏地道內者，便下柴火，以皮鞴吹之，吹氣一衝，咸即灼爛。』按：皮鞴亦名鞴扇，以革爲囊，蓄氣其中，用手按之，氣所至，火即颷舉。即莊子所謂橐籥也。今鑄銅匠用之。鞴，通鑑作排，音義同。

〔四·一二〕梁周宏讓復王褒書曰：『甚矣，悲哉！此之爲別也，雲飛泥沉，金鑠蘭滅，玉音不嗣，瑶華莫因。家兄至自鎬京，致書于窮谷。故人之迹，有如對面。開題申紙，流臉沾膝。江南燠熱，橘柚冬青。渭北沍寒，楊榆晚葉。土風氣候，各集所安。餐衛適時，寢興多福。甚善！甚善！與弟分袂西陜，言反東區。雖保周陵，還依蔣徑。三姜離析〔五〕，二仲不歸。麋鹿爲曹，更多悲緒；丹經在握，貧病莫諧；芝術可求，恒爲採掇。昔吾壯日，及弟富年，俱值邕熙，並歡衡泌。南風雅操，清商妙曲。弦琴促坐，無乏名晨。玉瀝金華，冀獲難老。不虞一旦，翻覆波瀾。吾已愒陰，弟非茂齒。禽、尚之契，各在天涯。永念生平，難爲胸臆。且當視陰數箭，排愁破涕。人生樂耳，憂戚何爲？豈能遽悲次房，游魂不返；遠缺二字產〔六〕，骸柩無託？但願爰玉體，珍金箱，保期頤，享黄髪。猶冀蒼鷹〔七〕頳鯉，時傳尺素，清風朗月，俱寄相思。子淵，子淵，長爲別矣！握管操觚，聲淚俱咽。』見（齊）〔周〕書王褒傳。書中所云家兄，乃宏正也。

〔四·一三〕周武帝作象經，令王褒注之，引據該洽，甚見稱賞。事見褒傳。褒序有天文、地理、陰陽、四時、算數、律吕、八卦、忠孝、君臣、文武、禮儀、觀德十二條，見藝文類聚。而武帝紀亦言保定四年，集百僚講説其書。見隋書經籍志。今其法已不傳。按：庾信集有進象經賦，表其象戲。賦曰：『局取諸乾，仍圖上元。月輪新滿，日暈初圓。模羽林之華蓋，寫明堂之璧泉。』似爲局正圓，而兩介格上又各爲圓圈以標識之。如今將帥宫也。又曰：『坤以爲輿，剛柔卷舒。若方鏡而無影，似空城而未居。促成文之畫，亡靈龜之圖。馬麗千金之馬，符明六甲之符。』似爲方格，而列馬步符使于旁，如今車、馬、砲、卒位也。曰：『擅笏當次，依辰就席。回地理于方珪，轉天文於圓璧。分荆山之美玉，類藍田之珉石。南行赤水之珠，北使元山之策。居東道而龍青，出西關而馬白。既舒元象，聊定金秤。昭日月之光景，垂風雲之性靈。取四方之正色，用五德之相生。』疑言布局已定也。曰：『從月建而左轉，起黄鍾而順行。陰翻則顧兔先出，陽變則靈烏獨明。』疑言行道先後也。蓋即今三十二子象戲之權輿，而其法精密難究，故後人省爲今戲耳。然牛僧孺玄怪録所載金甲將軍事，則已與今之象戲無異矣。竟不知何人所變也。陳貞父寶鷄録：『登華山明星峰，作道者有石室老君，棋正在其前，三十二子，鐵所鑄也。子重五斤，非老君不能措手。』亦與今象戲同。

〔四・一四〕什器猶今言什物，言常用器物非一，故以十爲數也。史記五帝紀：『舜作什器于壽邱。』

〔四・一五〕史記正義：『伯夷、叔齊姓點氏。』其叩馬之事，林有望據孟子辨其無，此亦有見。

〔四・一六〕史記始皇本紀：『四年十月，蝗虫從東來，蔽天，天下疫。百姓納粟千石，拜爵一級。』則是納粟拜爵自秦始矣。後人乃謂始于漢文，冤哉！

〔四・一七〕南唐書酷吏傳：『李德柔字子懷，始爲小吏，捕獲亡命，所至必得，時目爲『李猫兒』。後累遷大理卿，獄有未成，則以蘆席卷囚而倒置之，死者甚衆。』

〔四・一八〕吴楊溥禅于李唐，世子璉爲烈祖婿，宋齊邱請絶其婚而斥遠之。其詞云：『非獨婦人有七出，夫有罪亦可出之。』聞者莫不大笑。

〔四・一九〕南唐馮延巳樂府辭有『風乍起，吹皺一池春水』之句，元宗嘗戲之曰：『吹皺一池春水，干卿何事？』延巳曰：『未如陛下「小樓吹徹玉笙寒」。』按：元宗浣溪紗云：『菡萏香消翠葉殘，西風愁起碧波間。還與容光共憔悴，不堪看。細雨夢迴清漏永，小樓吹徹玉笙寒。漱漱泪珠多少恨，倚闌干。』故馮以此答之。

〔四・二〇〕盧絳字晉卿，病痁且死，夢白衣美婦人歌菩薩蠻勸酒，詞曰：『玉京人去秋蕭索，畫檐鵲起梧桐落。欹枕悄無言，月初殘夢圓。背燈惟暗泣，甚處砧聲急。眉黛小山攢，芭蕉生暮寒。』歌數闋，因謂絳曰：『子之疾食蔗即愈。』如言，果差。數夕，復夢前麗人曰：『妾乃玉真也，他日富貴，相見于固子坡。』後入南唐，有戰勳，後主拜爲上柱國，尋授宣州節度使。宋太祖下金陵，絳降，授冀州團練使。初，龔慎儀爲絳所殺。其侄穎上言求復讎，乃命斬之。臨刑有白衣婦人同斬，貌如所夢，其地即固子坡也。婦姓耿名玉真，其夫死，與前婦之子通，當極法，與絳同斬焉。見南唐書。

〔四・二二〕南唐後主事佛甚謹，頗爲瘤贅。手削僧徒厠簡，試之以頰，少有芒刺，再加修治。僧尼犯姦，但勒令禮佛，百拜，輒釋之。斷死刑，或遇齋日，則於宫中對佛像燃燈，以達旦爲驗，謂之命燈，火滅依法，不滅貸死。今道流爲人禮斗，延齡設燈，亦謂之命燈，以長明不熄者爲獲福，當自此昉也。

〔四・二三〕佛曲，吴中僧徒盛習之。按：南唐書云：『僧應之姓王，元宗命爲右街僧録，固辭，求居奉先西庵。多著述，尤喜音律。嘗以讃禮之文，寓諸樂譜，其聲少下而終歸于梵音。讃念協律，自應之始。』然余觀後秦録鳩摩羅什傳曰：『姚興使沙門僧䂮等傳受什旨，成經論三百餘卷。什謂僧叡曰：「天竺國僧甚重文制，其宫商體韻，以入管弦爲善，凡覲國王必有贊德見佛之儀，以歌嘆爲貴，經中偈頌皆其式也。但改胡爲秦，失其藻蔚，雖得大意，殊隔文體。」』則其由來亦久矣。

〔四·二三〕南唐每建蘭若，必均其土田，謂之常住産。吴越錢氏則大造堂宇，修飾塑像。初不置産，曰桑門取給十方，何以産爲？至今建康寺院跨州隔縣，地過豪右。浙僧歲出遠近，歛率于民。嗚呼！江南敝俗，歷千年而不能革，豈俗使然歟？僭國之流毒非淺耶？

〔四·二四〕晉書：『王戎字濬冲，性好利，園田水碓，周遍天下。〔積實聚錢，不知紀極，〕自執牙籌，晝夜算計。又儉嗇，不自奉養，世謂之膏肓之疾。』顏延之五君咏削去山、王，正不徒以其爵也。

〔四·二五〕晉皇甫士安出後叔父，年二十，不好書。感叔母之教，始從席坦受書。後得風痺疾，猶手不輟卷。時謂書淫。或慮其損耗精神，謐曰：『「朝聞道，夕死可矣！」况命之修短分定懸天乎？』叔有子既冠，年四十喪所生後母，遂還本宗。武帝時舉賢良方正，不就。自表就帝借書，帝送書一車與之。謐雖羸疾，披閱不怠，年六十八卒。著篤終論。命其子以籧篨裹尸，穿坑下尸，唯齎孝經一卷自隨焉。

〔四·二六〕晉書愍懷太子傳贊：『坎牲之謀已搆，𤟹犬之譖遂行〔八〕。』又『寃逾楚建，酷甚戾園。』皆傑句也。坎牲，用左傳襄廿六年宋太子痤事，蓋以伊戾比賈謐。𤟹犬，用晉太子申生事，蓋以驪姬比賈后。楚建，楚太子建也。亦見左傳。戾園，則漢戾太子也。雖史體寖卑而隸事工切可喜。此類頗多。

〔四·二七〕陸機謂張華曰：『雲有笑疾，未敢自見。』華爲人多姿，又好帛繩纏鬚。雲至，見而大笑。先是，嘗著縗經上船，於水中顧見其影，因大笑落水中。夫見纏鬟而笑，情也。身衰經而笑，不可謂非疾矣。周浚以士龍爲當今顏子，豈其然乎？後魏尉瑾亦見人好笑，時論比之寒蟬。

〔四·二八〕晉荀晞字道將，爲征東大將軍領青州刺史，日事斬戮，人號『屠伯』。後出屯無鹽，以弟純領青州，刑戮更甚于晞。百姓號小荀酷于大荀。

〔四·二九〕孫策與周瑜至契，瑜升堂拜母。晉書『荀崧父頵與王濟、何劭爲拜親之交』，本此。

〔四·三〇〕晉書：『王敦與錢鳳謀逆，王允之時臥帳中，聞之，懼敦疑己，於臥處大吐，衣面並污。鳳既出，敦來照視，見允之臥吐中，以爲大醉，不復疑之。』允之字深猷，王舒之子。通鑑云：『王敦從子允之。』世說新語作王羲之。未知孰是。

〔四·三一〕晉虞溥曰：『學之染人甚于丹青，丹青吾見其久而渝矣，未見久學而渝者也。』

〔四·三二〕晉吳隱之事母孝謹，及執喪，家貧無人鳴鼓，每哭臨之時，有雙鶴警叫。

〔四·三三〕韋謏性不嚴重，好狗己之功。嘗謂其子伯陽曰：『我高我曾，重光累徽。我祖我考，父父子子。汝爲我對，正值惡抵。』伯陽曰：『伯陽之不肖，誠如尊教。尊亦正值軟抵耳。』謏慚無言。時傳以爲嗤笑。見晉書儒林傳。

〔四·三四〕晉夏統字仲御，會稽人。從父敬寧祠先人，迎女巫張丹、陳珠，二人並國色。諸從兄弟招統共往觀之。入門見丹、珠在中庭，輕步佪舞，靈談鬼笑，飛觸挑抃，酬酢翩翻。統驚起，破藩直出。太尉賈充勸之仕，不應，乃使作歌。統因作慕歌，以頌禹德。又歌河女之章，以哀孝女曹娥。又作小海唱，以痛伍子胥。王公已下聆之，謂子胥、屈平立吾左右，其感人若此。

〔四·三五〕世俗有妄稱圓光者，能于鏡中現諸人形。凡諸暧昧事皆不能匿。然唯童子得見之，長者則否。閲晉書佛圖澄傳載：劉曜攻洛陽，石勒將救之，以訪澄。澄令一童子潔齋七日，取麻油合胭脂，躬自研于掌中，舉手示童子，粲然有輝。童曰：『有軍馬甚衆，見一人長大白皙，以朱絲繫肘。』澄曰：『此即曜也。』勒果擒曜。澄在鄴城中嘗遣弟子向西域市香。既行，澄告餘弟子曰：『掌中見買香弟子在某處被劫垂死。』因燒香遥救護之。弟子後還，言某月〔九〕日果爲賊劫。此則圓光所由昉歟？

〔四·三六〕三韓者，馬韓、辰韓、弁韓也，今遼東地。

〔四·三七〕今世俗生子避忌，多有出姓寄乾之説。西漢史皇孫，東漢史侯、董侯，或以外宗爲姓，或隨養母爲姓，此其昉也。晉書陳元達傳：『元達本姓高，以生月妨父，故改云陳。』此出姓也。南史：宋武帝本名寄奴，幼寄養于舅氏，改名寄奴。此寄子也。北齊書：『穆提婆母陸令萱，後主襁褓中令其鞠養，謂之乾阿嬭，後稱曰太姬。』此乾娘也。

〔四·三八〕漢書王莽傳：『莽納女爲后，陳崇時爲大司徒司直，與張敞孫竦相善。竦者博通士，爲崇草奏，稱莽功德。』言竦而繫敞孫，言其愧乃祖也。與史記呂后紀留侯子張辟彊爲侍中〔一〇〕，同一史筆。或以孫竦爲姓名，則將以張敞爲莽時人乎？觀後有『紹者，張竦之從兄也』云云自知。

〔四·三九〕三代畫井授田，田非民間所得而私也。其民間得相賣買，疑自秦改郡縣始。漢氏因之，故王莽更名天下田曰王田，禁民不得買賣，末年始弛其禁焉。

〔四·四〇〕元魏孝文太和十一年十一月戊申，詔令：『寒氣勁切，杖箠難任，自今月至來年孟夏，不得拷問罪人。』今隆冬杖人折減，當自此始也。

〔四·四一〕北史：齊廢帝爲太子時，謂國子助教許散愁曰：『先生在世，何以爲資？』對曰：『散愁自少以來，不登孌童之床，不入季女之室。服膺簡策，不知老之將至。平生素懷，若斯而已。』太子曰：『顔子縮屋稱貞，柳下嫗而不亂，未若此翁白首不娶者也。』

〔四·四二〕新唐書：崔從字子乂，仕終檢校尚書左僕射、淮南節度副大使、知節度事〔一一〕，多惠政，臨卒有刲股肉以祭者。

〔四·四三〕南唐江文蔚工賦，嘗作天窗賦曰：『一竅初啟，如鑿開混沌之時；兩瓦斸〔一二〕飛，類化作鴛鴦之後。』按：天窗通冥室。見孔融詩。

〔四·四四〕宋米芾露筋碑贊曰：『王化煥猗盛江漢，叔運熻猗人倫亂。一德産猗昭世典，情莫轉猗天質善。楚澤緬猗雲木偃，煒斯囦兮日星建。』

［四・四五］董仲舒不知其家世。世説新語：『陳元方曰：「仲舒放孝子符起。」』注：『未詳。』是仲舒有子名符起也。崔秋谷云：『金一鳳兖州府志載：滋陽縣南十里馬青社有漢［一三］董茂舒墓，云是仲舒之兄。』

［四・四六］南史梁陳慶之傳：『梁世寒門達者，惟慶之與喻藥。藥初爲武帝左右。帝曰：「俞氏無先賢。世人云俞錢，非君子所宜，改姓喻。」藥曰：「當令姓始于臣。」歷位雲旂將軍、安州刺史。』今有喻姓始此也。

［四・四七］闖賊陷京後，三月二十七日秀才見朝，僞尚書宋企郊叱曰：『朝贊大典，安用若輩？速回讀書，候新主考試。』數月後，果試諸生，首題『天與之』，次題『大雨數千里』。

［四・四八］崇（正）［禎］十七年四月初一日，南兵部尚書史可法、户部尚書高宏圖、工部尚書程註、右都御史張慎言、兵部右侍郎吕大器、詹事姜曰廣、太常卿何應瑞、應天府尹劉士禎、鴻臚卿朱之臣、太僕丞姚思孝、給事中李沾、羅萬象、御史郭維經、陳良弼、周元泰、米壽圖、王孫蕃、朱國昌等，謹以宗社危情、生民至計，布告普天臣子，嘗被今天子十七年之鴻休，托［一四］高皇帝三百祀之陰隲者。其詞曰：『竊聞遭時有道，類多以文事之盛而詘武功，遘會非常，正可以國恩之洪而徵臣節。故天寶亂，而常山、睢陽之事（香）［著］；靖康靡，而宗澤、李綱之氣烈。彼皆蹷從上作，釁可預知，然且俠骨錚錚，與良嶽之峰而並厲；義風發發，挾霓裳之奏以争鳴。况休命［一五］篤于上天明德光乎？良史有若本朝者乎？緒啟顯承，二祖之廓清號同盤

古；治(從)[崇]寛簡，累朝之熙洽象擬華胥。乃至今上特興，宏模益備，孝廟之温恭儼在[一六]，世(祖)[宗]之神武重光。當沖齡而掃恭、顯之氛，立清宫府；于召對而發龔、黄之嘆，總爲編氓。以寇起而用兵，是虐民者寇也，而兵非得已；以兵興而派餉，是糜餉者兵也，而餉非自私。顧猶詔旨勤頒，有再累吾民之語；每遇天災，脩省無一時自逸之心。蔬膳布袍，蓋能以天下之肥而忘己瘦；蠲逋宥罪，不難引一人之過以就臣名。是宜大業之宏昌，何意諸艱之駢集？理誠莫解，事有可陳：思爲蒼生而得人，上之張羅者誠廣；責以赤心而報主，下之自矢者難言。家家有半閒之堂，事事如小兒之戲。果能功名比曹武惠，詎妨好官之得錢；竟無肝胆似漢淮陰，曾念一人之推食。(成)[世]俗大都爾爾，賢者(亦)[一]並悠悠。悲夫，悲夫！[邊塵未息，寇焰旋騰。]血濺天潢，烽傳陵寢。秦稱天府，誰能封以一丸？晉有伯圖，無壅[一七]蔽實繁，擔當何狀！圖之不早，痛已成于養癰；局尚可爲，涉必窮于滅頂。復追其三駕。乃者介馬横馳于畿輔，羽書不絶于殿庭。南北之耗莫通，河山之險盡失。天威不測，極知漢天子自有神靈；兵勢無常，豈得謝太傅但憑歌嘯？留都係四方之率，司馬有九伐之經，義不共天，行將指日，克襄大舉，實賴同仇，請無分宦遊，無安家食，或世貴如王、謝，或最勝如金、張，或子虚之以貲起，或輓輅之以談興，乃至射策、孝廉、明經、文學，亦往往名班國士，橐爲里雄。合無各抒壯謀，共圖義旅，仗不需於武庫，糗無壅于郇厨；飛附大軍，力争一决，但群策直承黄鉞，豈賊運便能白頭？醜類立殲，普天大酺，此萬代之所瞻仰，雖九廟爲之鑒臨者也。倘策未暇夫即戎，必義且先于助餉，多或抵小國之賦〔一八〕，少則割中人之家。幸濟危機，何弦高之牛足惜！即非長物，亦曹洪之馬是求。各付有司，轉輸留計，此則事彌從便，氣易爲豪。至登壟巨商，連田富室，若以縉紳並舉，亦自分誼有殊，然使平準法行，即陽、翟之雄，豈得居其奇貨？又如手實令在，將處士之號，未可保其素封。凡稱多算之有餘，總賴聖恩之無外。欲與共爲義士，多方亦賴同盟。遍值佳緣，毋忘善誘。譬以同舟之誼，但凡在千八百國疇非王臣。揆諸恤緯之心，決不至二十四城遂無男子。嗚呼！親郊乃雍容之事，唐莊尚有崇韜：出塞本儌倖之圖，漢武乃逢卜式。矧茲何日，敢曰無徒！不惟社稷之憂，即是身家之算。始賊之巧于爲餌時，亦有優孟之仁；迨我之既入其樊，莫不嬰地獄之罰。齊姜、宋子，相牽而入平康；珠户綺窗，所過便成甌脱。來俊臣之刑具，公卿之被拷者痛深；鄭安（上）〔國〕之畫圖，老弱之受毒者酷肖。是皆難民所説，足令聽者寒心。夫連歲報陷，如西安、太原、武昌等處皆行省也，其中金穴何止一家，牙籤正不勝紀。若六時之牛酒不乏，雖八公之草木可驅。祇坐一慳，遂成胥溺，豈不寃哉？欲圖穩着，須問前車？誠清夜而念上恩，雖何曾之萬錢，有難下咽，更援古以籌時象，豈王衍之三窟，便可藏身？同舟即一家，破巢無完卵，可不思之思之又重思之也哉？法等智不足效謀，憤何辭即死，實切執殳之願，輒通托鉢之呼。人理苟存，我求必應。如或纏情阿堵，絶念封疆〔一九〕，睢陽之援竟停，則霽雲抽誓言之矢；荆州之粟獨擁，則温嶠有迴指之旂。封章尚達于北辰，奮筆敢（恕）〔鶩〕于南史。是爲過計，亦屬癡衷，見起君親，約昭天日，法等無任斫地呼天捶心瀝血之至。』時兵部右侍郎徐人龍亦有檄文，浙江台紹道傅雲龍等有誓詞，臨海陳函煇有討逆告文，臨川曾益有討賊檄詞，俱悲壯。茲不具録。又是年五月十三日，可法啟請急設四藩：一淮徐，一揚滁，一鳳泗，一廬六，以淮、揚、泗、廬自守，而以徐、滁、鳳、六爲進取之基。即用靖南伯黄得功總鎮，高傑、劉澤清、劉良佐所督。臣察酌應駐地方，相機固守，隨奉令確議：四鎮立一督師，駐揚州，適中調遣。其四鎮，則設于淮揚、徐泗、鳳壽、滁和。轄淮南道屯者，駐扎淮北，以正陽、清河、桃源、宿遷、海州、沛縣、贛榆、鹽城、安奉、邳州、睢寧十一州隸之，經理山東一帶招討事；轄徐、泗者，以泗水、徐州、蕭縣、湯川、豐縣、泗州、盱眙、五河、虹縣、靈傑、宿州、蒙城、亳州、懷慶十四州縣隸之，經理河南、河北開、歸二縣一帶招安討事；轄鳳城左者，或駐壽州，或駐臨淮，以鳳陽、臨淮、潁上、潁川、壽州、太和、定遠、六安、霍邱九州縣隸之，經理河南陳歸一帶招討事；轄滁、和省者，或駐滁州，或廬州，或池河，以滁州、和州、全椒、來安、含山、江浦、六合、合淝、巢梁、無爲州十州縣隸之，經理各轄援勦事。

〔四·四九〕後蜀記孟昶廣政六年，大選良家女子，限年十三以上、二十以下。州縣騷然，民多立嫁其女，謂之驚婚。

〔四·五〇〕又廣政十四年，詔勒諸經于石，詩、書、易、三禮、爾雅凡七經，謂之成都石本。十六年，宰相毋昭裔出私財百萬營學宫，且請鏤板印九經以頒郡縣，自此經有板印矣。

〔四・五一〕記云改正朔。改正者，夏建寅、商建丑、周建子也。改朔者，周夜半、商鷄鳴、夏平旦也。今人但知改正矣。

〔四・五二〕燕、雲以燕山爲前後也。直隸爲山前，曰燕；大同爲山後，曰雲。

〔四・五三〕宋袁淑詣彭城王義康問其年，答曰：『鄧仲華拜衮之歲。』王曰：『身不識也。』淑又曰：『陸士衡入洛之年。』王曰：『身不讀書，君無爲作才語。』其淺陋如此。

〔四・五四〕南史諸王傳：『文帝好文章，自謂人莫及。鮑照悟其旨，爲文章多鄙言累句。咸謂照才盡，實不然。』嗟夫！王僧虔書多拙筆，鮑明遠文有鄙言。才人同發一慨。

〔四・五五〕遼百官志：『承應小底局』有『筆硯小底』、『寢殿小底』之屬，今稱『小底』當自此始也。

〔四・五六〕沈約美王筠曰：『謝朓常見語云「好詩圓美流轉如彈丸」。近見其數首，方知此言爲實。』蘇東坡云『新詩如彈丸』用此。

〔四・五七〕劉宋王秀之卒，遺令世人以僕妾直靈助哭。當由喪主不能淳至，欲以多聲相亂，魂而有靈，吾當笑之。今謂之接哭。而喪主乃默〔二〇〕不聞聲，真可笑也。

〔四・五八〕南史梁王峴任廣州刺史，世云：『廣州刺史但經城門一過，便得三千萬。』琨無所取，表獻禄奉之半。先大夫南鶴府君于明隆慶間守廣數年，一敝蓋不改造，及卒，篋無遺金，廉潔可想。湯若士尚論粤官首推公，苦節有以也。

［四・五九］南史宋劉損字子騫，元嘉中爲吴郡太守，至昌門便入太伯廟。時廟室穨毁，損愴然曰：『清塵尚可髣髴，衡宇一何摧穨！』即令修葺。

［四・六〇］南史豫章王嶷傳：『宋永明末，上幸其第，嶷備家人之禮，嶷謂上曰：「古來謂陛下壽比南山，或稱萬歲，此殆近貌言。如臣所懷，實願陛下極壽百年亦足矣。」』

［四・六一］南唐李後主周后誄詞曰：『鬢雲留鑒，眼彩流光。情瀾春媚，爱語風香。』又曰：『纖眉範月，高髻凌風。』

［四・六二］鷄肋編：『燕俗，良家仕族女子皆髠首，許嫁始留髮。』今吴中留髮以十三歲爲期，不必許嫁也。

［四・六三］燕都遊覽志：『皇史宬，藏本朝寶訓、實録處也。』按『宬』與『盛』同。莊子：『以匡宬矣。』説文曰：『宬，屋所容受也。』然殿宇命名，於斯僅見。

［四・六四］寧化雷都御史公諱鋐，視學浙江、江南日，有校士偶存兩册。其徐州示諸生曰：『睢州湯文正公名臣，其學亦宗姚江，何也？』曰：『湯公初篤信其師孫夏峰，不敢瑕疵陽明。其務躬行實踐，則一循程、朱涂軌。其答陸稼書先生書曰：「某嘗泛濫諸家，妄有論説。其後，學稍進，心稍細，甚悔之，反覆審擇，知程、朱爲吾儒正宗。」又曰：「某非篤信陽明之學也。」湯公生平無一欺人語，此則可爲公晚年定論。』又處州示諸生曰：『浙西之桐鄉有楊園張先生，諱履祥，字考夫，自少厲志聖賢，不屑浮華組織，與時士競短長。沉潛小

學、四書、六經、性理諸書。其學恪遵程、朱，平生以農桑畜牧爲治生之本。稼書先生極推服之。今浙中學者亦咸知宗仰之。』孫夏峰，名奇逢，自號『歲寒老人』，國朝徵士，著有理學宗傳。

〔四・六五〕姓以律定，氏以族分。自太史公〔二一〕混姓、氏爲一，本紀於始皇曰姓趙氏，於高祖曰姓劉氏。

〔四・六六〕古以王父字爲氏，無以名者。日知録詆後漢書段熲其先出鄭共叔段〔二二〕，宋書賀鑄自言出王子慶忌，皆不通之論。

〔四・六七〕栗太子、衛太子、史皇孫等，皆以帝子而稱母姓。

〔四・六八〕周煇清波雜志云：『歐陽公作歸田録未成，而序先出。神宗索觀頗急。其中記述有礙者，公删去數十條。又嫌卷帙太少，因撮取里巷委屑戲笑不急之事以足之。』李性傳敘朱子饒録云：『先生有別録，多譚炎興大事。未敢傳而亡于火，猶幸存一二。頃問其家，則存者亦不存矣。』古人之慎如此。

〔四・六九〕今以錢卜易者，畫卦既定，專用地支配五行生剋，殊失古人用易之意，然褚少孫補史記日者列傳載：『漢武帝嘗聚會占家問：某日可取婦乎？五行家曰可，堪輿家曰不可，建除家曰不吉，叢辰家曰大凶，曆家曰小凶，天人家曰小吉，太一家曰〔大吉〕。辨訟不決。制以五行家爲主。』則專尚五行，自漢然矣。

〔四・七〇〕或問程子：『易重幾斤？』曰：『重一斤。』以易有三百八十四爻，一斤有三百八十四銖也。

［四・七一］黄宗羲曰：『海剛峰圓面無鬚，楊升庵面似東吴貴公子。此不可以相言也。』

［四・七二］艮齋雜説云：『天地之道，水火盡之矣。易上經始于乾、坤，終于坎、離。乾、坤無互卦。坎互卦，下震上艮，以中男包長男、少男也。離互卦，下巽上兑，以中女包長女、少女也。天地交而水火濟，水火交而男女成，故曰天地絪緼，萬物化醇，男女搆精，萬物化生。有天地然後有萬物，有萬物然後有男女，有男女然後有夫婦。于是，以少男與少女交而爲咸，以長男與長女交而爲恒，爲下經之始及其終也。水上火下而爲既濟，火上水下而爲未濟。既濟，坎、離交也，而互卦復爲離、坎。未濟，離、坎交也，而互卦復爲坎、離。天地之道歸於水火，而男女之事畢矣。故曰：歸妹，女之終也。未濟，男之窮也。窮，極也。同『終』字解。蓋歸妹互卦亦爲坎、離。故彖曰：「歸妹，天地之大義也。天地不交而萬物不興。歸妹，人之終始也。」互卦之義莫大於此，而康成未及。』

［四・七三］又云：『大學文，石經于「致知在格物」下，次物有本末節、緡蠻節、知止節、邦畿節、聽訟節、自天子節，而後接物格節，文理舛錯不通。忽又於正心章後增顔淵問仁，子曰：「非禮勿視，非禮勿聽，非禮勿言，非禮勿動」數語，删去「此謂知本」二句。此劉歆所改，傳至賈逵、虞松者，其謬不待言矣。禮記則于「此謂知之至也」下即接誠意章至平天下五章，似爲直捷了當。其不言格物、致知者。黎立武發微有云：「格物者，格其物有本末之物；致知者，

致其所先後之知，天下國家身心意物之本末也。誠正脩齊、治平事之終始也。本，始先也；末，終後也。知所先後其究在乎知止而已。」是則致知、格物即在誠意、正心、脩身、齊家、治國、平天下之中，故不必重言以釋之也。及二程皆有改本，朱子又改之，獨行於世。所可議者，既分一經、十傳，又分三綱領、八條目。原本于誠意五章皆冠以「所謂」，則已分矣，不必斷章。而明德、新民、止至善，不必釋也。蓋誠、正、修即明德；齊、治、平即新民；定静安慮得即止至善也。然三章引證詩、書固自確切有理，至釋本末又在綱目之外。若本末當釋，則始終亦當釋耶？致知、格物，二程原未補注，而朱子云竊取程子之意以補之，似添蛇足，且其詞粗淺不類古文。必欲補釋，當從蔡虚齋本，以物有本末節、知止節、聽訟節結以「此謂知本」二句，頗爲近之。其他改本有王柏、黄震、吴澄、方孝孺等十二家，言人人殊，皆劉歆作俑也。王守仁古本大學注、魏校大學古文、吴應賓古本大學釋、蔣信古大學、吴時憲古本大學，雙標悉係原本，非石經也。石經輯注止有錢一本、管志道二家耳，因蕭山毛子刻大學證文，故予得推論之。或云石經大學豐坊僞作。』按：坊僞作者不止大學，朱竹垞經義考所載諸儒辨論詳矣。陸元輔紀其節次甚詳。二條皆有關經術，故録之。

〔四・七四〕艮齋雜説：『李贊皇薦白敏中爲相，而排陷贊皇者即敏中。康對山屈身劉瑾以救李崆峒，及武功之謫，崆峒反下石焉。故城〔一三〕中山狼所爲作也。天下以怨報德者豈少也哉？』余閲静志居詩話：『中山狼小説，馬中錫實爲林俊，字待用作，以爲訾獻吉者。』非也。

〔四·七五〕宣德時三楊當國，東楊、南楊每題名皆書進士。西楊不平，題畫見意云：『竹君子、松大夫，梅花何獨無稱呼？回頭試問松與竹，也有調羹手段無？』二公笑而謝之。

〔四·七六〕司馬公拜翰林學士，以不能四六辭。神宗曰：『如漢制誥體可也。』一日，過洛會飲，官妓偶碎玉杯，潞公令公判之。公書曰：『玉爵難揮，典禮雖聞于往記；彩雲易散，過差可恕于斯人。』大笑釋之。然則温公未嘗不能四六也。

〔四·七七〕秦檜墓碑無字，在建康。

〔四·七八〕明末婦人，無論大家小户，衣尚純黑。秀才所戴嚣嚣巾者，前後二片，長大皆尺許，每風如飛。時有謠云：『男子頭上蝴蝶飛〔二四〕，女人身上和尚衣。』服妖也。

〔四·七九〕平緬蠻，始見于元史，其詳見元文類經世大典序録中。或云即三國時孟獲所據地也。明初，平緬宣慰司思倫發叛，結砦于馬龍他郎甸之磨沙勒。西平侯沐英遣甯正擊破之。二十一年春，復寇邊，賊皆乘象披甲，背負戰樓若欄楯然，挾大竹筒于兩旁，置短槍其中。英以馮誠將中軍，甯正居左，湯昭居右。令士卒多置火銃、神箭，分三行而陣。度象且近前行，銃箭齊發，二三行相繼進。英立馬高岡觀之。蠻將昔刺殊死鬥。左隊小却，英令馳取隊將首，隊將怒，率士卒齊入，諸軍並奮，象驚走。英乘之，賊大潰。斬首三萬餘級，俘萬人，生獲四十七象，餘皆被矢如蝟，賊帥皆伏殪象背。洪武二十九年，酋長刁幹孟反，逐其宣慰司思倫發，率所部圍騰衝。上命西平侯沐春爲征虜前將軍，何福、瞿能副之，率兵五千人進討。福等踰高良公山，直擣南甸，大破之，斬其酋刁名孟。進攻景罕寨，寨乘高據險，堅守不下，官軍糧械俱盡，賊勢轉熾。福告急於春，春率五百騎乘夜抵怒江，詰旦徑渡。馳至寨下，賊望見大驚，遂出降，因擒幹孟以歸。思倫發得還平緬，分其地設孟養、木邦、孟定三府，屬雲南，設潞江、干崖、大候、灣甸四長官司隸焉。至英宗正統初年，麓川宣慰思任發叛，略取孟養地。六年，兵部尚書王驥督師討平之，緬甸斬思任首送驥，封驥爲靖遠伯。

〔四・八〇〕清異録：『廣陵，東南一都會，凡百頗類京師，號節木汴州。』

〔四・八一〕老子：『與兮若冬涉川，猶兮若畏四鄰。』與、猶，兩獸名。

〔四・八二〕今人自一至十計數，以一豎爲一，二豎爲二，三豎爲三，×爲四，孑爲五，乚爲六，∠=爲七，∠≡爲八，夊爲九，十爲十，謂之『湖州記』〔二五〕。按：左傳：『史趙曰：「亥有二首六身，下二如身，是其日數也。」士文伯曰：「然則二萬六千六百有六旬也。」』古『亥』字二畫在上，三人在下，故曰二首六身。取上二畫豎置身傍，如身，當爲『丨亥』字。是以二首爲二萬，六身爲六千，六千六百六十日也。與今『湖州記』正同。後閱黄公紹韻會『亥』下載：『徐曰：「古文質，豎上二畫於左，爲算家之二萬；乙字曲之上豎下横，爲算家之六千；左人字曲之上横下豎，爲算家之六百；右人字亦然。算家之單六中隔一位闕，六十也。故士文伯曰二萬六千六百有六旬也。」今案：李斯書碑，『亥』字旁〔二六〕人皆作『丁』字形，史趙以其衆畫率爾類之取説，其字義則當从『人』字也。』是説與余正同，喜而録之。辛丑十一月也。

〔四·八三〕塘棲陳茂才青上名升之，嘗誦謝四新復吴三桂詩曰：『李陵心事久風塵，三十年來在卧薪。復楚未能先覆楚，帝秦何必又亡秦！丹心已爲紅顔改，青史難寬白髮人。永夜角聲應不寐，可堪思子又思親。』

〔四·八四〕湯睡庵賓尹曰：『周靈王之庚戌，孔子以生，六經之祖也，而獲麟卒于庚申。宋熙寧之庚戌，王安石以相，經義取士之祖也，不再傳，爲元符之庚辰而黨籍成。我明科制定于洪武庚戌，英賢輩進，恃此一途，行之二百四十年，與春秋之數合，而士子之難興，豈非天哉？』太公陰謀曰：『六庚在上爲客星，在下爲害氣。客星侵上，害氣四流，士之及也，非不幸也。』

〔四·八五〕漢壽亭侯生日，桃園記云是五月十三，道書云是六月二十四日。號『義勇武安王』。今俗多從桃園記。侯始謚『壯繆』。國朝乾隆庚辰易謚『神勇』，從杭州沈椒園先生廷芳臬司之請也。始國初商邱宋文康權嘗言『壯繆惡謚，當易以嘉名。』至是始論定云。

〔四·八六〕北史隋煬帝伐高麗詔曰：『黄帝五十二戰，成湯七十二征。』

〔四·八七〕北史魏咸陽王禧傳：『禧謀逆事露，自洪池東南走，從禧者唯兼防閤尹龍武。禧憂迫，謂曰：「試作一謎，當思解之，以釋毒悶。」龍武欻憶舊謎曰：「眠則同眠，起則同起，貪如豺狼，贓不入己。」都不有心于規刺也。禧亦不以爲諷己，因解曰：「此是眼也。」而龍武謂之是箸。』

〔四·八八〕語類：先在先生處見一書，先立春，次驚蟄，次雨水，次春分，次穀雨，次清明。云漢曆也。又：子正四刻方屬今日，子初自屬昨日。今人纔交子時便唤做今日矣。

〔四·八九〕庚子山奉和賜曹美人詩：『何年迎弄玉？今朝得夢蘭。』按：女紅餘志云：『夢蘭，古之美人。』見東陽雜志。又承雲，衣領也。昔姚夢蘭贈東陽以領邊繡、脚下履。領邊繡即承雲也。沈并八物爲八咏，又有憶來時、憶坐時、憶食時、憶眠時四咏，俱爲夢蘭作，當時傳誦。

〔四·九〇〕宋范文正公嘗以制科薦富鄭公，公以未習辭。范公曰：『已爲君闢一室，皆大科文字，可往就館。』所謂大科文字，蓋即李巽巖制科題目編之類。明黄葵陽先生捷南宫，學者摹倣之。馮開之先入會場，誦其行卷不置。前輩不廢揣摩如此。

〔四·九一〕檇李黄碧山學士諱洪憲，字懋忠，號葵陽，隆慶丁卯解元，辛未進士。萬曆戊子主順天試，取王錫爵子衡爲榜首〔二七〕，第十名李鴻文，申時行婿。言者攻之，下廷臣覆試至再，諸生皆如格，事乃白。先生遂自劾求斥，慰留再四，疏十上，竟告疾歸。先是丁丑會試，張居正欲以子嗣修相屬，先生堅避不入簾，江陵銜之，故久不得遷。海内歸其門者，如會稽陶望齡，晉陽王濬初，華亭董其昌，同郡朱國祚、陳懿典、馮夢禎，皆成名士。

〔四·九二〕清波雜志云：『紹興辛酉，煇至南康，揚帆左蠡，扁舟小泊，沙際信步，至山椒，一寺軒名重湖，老僧指梁間木牌，云是蘇内翰留題詩，即「八月渡重湖，蕭條萬象疏。秋風片帆急，暮靄一山孤。許國心猶在，康時術已虛。岷峨千萬里，投老得歸無」也〔二八〕。以律詩而用兩韻，叩于能詩者，曰詩格不一。李誠之之送唐子方亦兩押「山」、「難」字韻，政不必拘也。而坡岐亭詩凡二十六句而押六韻。或云無此格。韓退之有雜詩一篇，二十六句，押六韻。』按：此内進退格也。湘素雜記論之甚明。若二十六句押六韻者，又古通韻法，邵長蘅古今韻略論之甚詳，『康時』本『匡時』，避太祖諱。

〔四·九三〕東坡生于仁宗景祐三年丙子。送沈逵詩云：『嗟我與君皆丙子，四十九年窮不死。』贈長蘆長老詩云：『與君同丙子，三萬六千日。』

〔四·九四〕史記：『秦二世使章邯免驪山徒人奴產子。』服虔注：『人奴產子，家人之產奴。』師古注：『奴產子猶今云家生奴。』臣瓚曰：『人奴之產子，今田客家兒也。』又漢宣帝令皇后擇後宮家人子可以娛侍太子者，得元城王政君。意『家人子』即家生奴之類。

〔四·九五〕陳皓字可大，號雲莊先生，都昌人。生宋末元初。

〔四·九六〕北史鄭譯傳〔二九〕：『隋文徵譯入朝。令內史李德林立作詔書，復爵沛國公，位上柱國。高熲戲謂譯曰：「筆乾。」答曰：「出爲方岳，杖策言歸，不得一錢，何以潤筆？」上大笑。』又儒林傳：『冀儁善隸書，教明帝及宋獻公等隸書，時俗入〔三〇〕書學者亦行束脩之禮，謂之謝章。』以『潤筆』對『謝章』，可謂工絕。

〔四·九七〕吳志朱桓傳：『桓與人一面，數十年不忘，部曲萬口，妻子盡識之。』北史：

『楊遵彦聰記强識，半面不忘，每有所召，或單稱姓，或單稱名，無有誤者。後有選人魯漫漢，自言猥賤，獨不見識。愔〔三二〕曰：「卿前在元子思坊騎秃尾草驢，經見我不下，以方麴障面，我何不識卿？」漫漢驚服。又調之曰：「名以禮定〔三三〕。漫漢果自不虚。」又令吏唱人名，誤以盧士深爲士琛。士深自言，愔曰：「盧郎潤朗，所以比玉。」』

〔四・九八〕上淫曰烝，非常之變。春秋所載，賈君、夷姜，不一而足。至北史記齊馮翊王潤美姿儀，年十四、五，母鄭妃與之同寢，有穢雜之聲，以出腹子上淫，尤屬悖亂，較晉惠、衛頑科罪當更加一等矣。

〔四・九九〕俗語，事有定數則云『九升八合』，殊不可解。閲北史斛律光傳：『齊武成朝，祖珽擅權，光忿之。珽有事褚士達，夢人倚户授其詩曰：「九斗八合粟，角斗定非真。堰却津中水，將留何處人？」珽占之曰：「角斗，斛字；津却水、何留人，合爲『律』字；非真者，解斛律于我不實。」』所謂『九斗八合』者，蓋不成斛之謂。俗語因變爲『九升八合』耳。

〔四・一〇〇〕北史牛宏傳：『宏字里仁，隋獻皇后崩，里仁撰定儀注，以三年之喪，祥禫具有降殺，期服十一月而練者，無所象法，以聞于帝。帝下詔降期練之禮，自里仁始。』

〔四・一〇一〕北史：『隋煬帝時，裴藴奏括天下周、齊、梁、陳樂家子弟，皆爲樂户。』今北方之有樂户，自此始也。

〔四・一〇二〕明高帝謂群臣曰：『至尊惟天，張正常以天師爲號，褻天甚矣。因改其印爲真人印。』按：後漢張陵修五斗米道，俗謂之天師。梁僧祐弘明集載釋玄光辨惑論云：『張陵妄稱天師，既侮慢人鬼，即身受報，漢興平末爲蟒蛇所噏。子衡假設權方以表靈化。建安元年，遣使告曰：「正月七日天師昇元都。」』又曰：『五斗米教，出自天師。』晉會稽内史王凝之〔三三〕世奉天師道。北史崔浩傳：『天師寇謙之字輔真，每聞浩言自古興亡之迹，自夜達旦，竦意斂容，深美之。』謙之蓋祖張陵之道者。杭州宗陽宫殿榜大書『天親』二字，叩之道者，言是玉皇大帝父母。天既有師，自應有親。其杜撰不經如此。玉皇父母舊有主書名字，今毁去。嵩山寇謙之修張道陵之術，自言嘗語老子，命謙之繼道陵爲天師，授以辟穀輕身之術及科戒二十卷。崔浩師事之。魏主燾爲起天師道場于平城之東南。見通鑑。素問首篇上古天真論：『黄帝問于天師曰。』以岐伯爲天師，此天師之名所自昉也。通鑑：『閩主〔三四〕王繼鵬賜洞真先生陳守元號天師。』

〔四·一〇三〕北史：『魏元慶智性貪鄙，爲太尉主簿，事無大小，得物然後判，或十數錢，或二十錢，得便取之府中，號十錢主簿。』

〔四·一〇四〕今俗語稱人强幹曰𢕟𢖍。初不曉其名義所在。後閲北史魏崔辨傳：『辨子楷性嚴烈，能摧挫豪强，時人語曰：「莫𢕟𢖍，付崔楷。」』𢕟音郁賈反〔三五〕，𢖍音孤楷反，乃知俗語亦有所出。又曹昂字敖，曹父以其昂藏敖曹，故以名字之。敖曹，今沿爲鏖遭〔三六〕。

〔四·一〇五〕謚法：古用一字或二字。漢時多連爵曰某公、某侯。隋多謚某子。獨元魏長孫悦襲祖嵩爵。宣王卒，謚司空。以官爲〔三七〕謚，古今僅見。

〔四·一〇六〕元魏羅結爵屈蛇侯，太武初累遷侍中、外都大官，總三十六曹事。年一百七歲，精爽不衰。除長秋卿。年一百一十，詔聽歸老。賜大寧東川爲私第，並爲築城，號『羅侯城』。年百二十，卒。見北史。

〔四·一〇七〕今俗言十二時各舉其候。如言子時則必曰半夜，言丑時則必曰雞鳴。然此實本於改朔。隋書禮儀志載梁詔曰：『夜半子時即是晨始，宜取三更省牲。』通鑑叙王莽篡位，以十二月朔癸酉爲始。建國元年正月之朔以雞鳴爲時。胡三省注以十二月爲正，以丑時〔三八〕爲十二時之始也。由此言之，則如日出卯時、日没申時、黄昏戌時之屬，可以類推矣。

〔四·一〇八〕通鑑漢安帝紀：『〔飢〕五同種大豪盧（忽）〔忽〕、〔忍良〕等〔千餘户〕别留允街，而首施兩端。』李賢注：『首施，猶首鼠也。允音鉛。』

〔四·一〇九〕牛、豕、羊三者具爲太牢，羊、豕爲少牢，亦曰中牢。漢順帝詔以中牢具祠楊震是也。

〔四·一一〇〕通考：『唐制：舉司課試之法，帖經，以其所習經，掩其兩端，中開惟一行，裁紙爲帖。凡帖三字，隨時增損，可否不一，或得四、或得五、或得六爲通。後舉人積多，故其法益難，務欲落之，至有帖孤章絶言，疑似〔三九〕參互者以惑之。或上抵其注，下餘一二字，使尋之難知，謂之例校。既甚難矣，而舉人則有驅（縣）〔聯〕孤絶、索幽隱爲詩賦而誦習之，不過數十篇，則難者悉詳矣。其於平文大義，或多面墻焉。秀才科久廢，明經雖有甲乙丙丁四科，進士有甲乙二科，自武德以來，明經唯有丁第，進士唯有甲科而已。右補闕薛謙光疏言：今之舉人，專事請謁希附，故俗號舉人爲覓舉。吴氏能改齋漫録曰：「杜陽雜(記)[編]」：舒元輿進士既試，脂炬人皆自將。以余考之，唐制如此耳。故廣記曰：唐制：舉人試日，既暮，許燒燭三條。韋永貽試日先畢，作詩云：「褒衣博帶滿塵埃，獨上都堂納卷回。蓬巷幾時聞吉説，棘籬何日却重來？三條燭盡鍾初動，九轉丹成鼎未開。殘月漸低人擾擾，不知誰是謫仙才。」又云：「白蓮千朵照廊明，一片昇平雅頌聲。才唱第三條燭盡，南宫風月畫難成。」而舊説亦言舉子試日已晚，主文權德輿于簾下戲云：「三條燭盡，燒殘舉子之心。」舉子遽答云：「八韻賦成，驚破侍郎之膽。」故國史竇正固傳：「舊制：夜試以三燭爲限。晉長興二年改令晝試。正固以短晝難成，奏復夜試。」周廣順中，竇儀奏復用晝。乃知本朝循周制，不許見燭。』容齋隨筆曰：『唐穆宗長慶元年，禮部侍郎錢徽知舉，放進士鄭朗等三十三人。段文昌言其不公，詔王起、白居易重試，駁放盧公亮等十人。白公集中有奏狀論此事，略云：「自重試進士以來，論奏者甚衆。蓋禮部進(土)[士]例許用書策，兼得通宵，得通宵則思慮必周，用書策則文字不錯。重試之日，書策不容一字，大燭祇許兩條，迫促驚忙，幸皆成就。比禮[四〇]部試事較不同。」乃知唐試進士許挾書及見燭如此。』李肇國史補肇，元和中人。曰：『進士通稱謂之秀才，投刺謂之鄉貢，得第謂之前進士，不捷而醉飽謂之打毷氉，退而肄業爲過夏，執業以出爲夏課，亦謂之秋卷，挾藏入試謂之書策。』後唐明宗長興四年，禮部貢院奏新立條件，其一懷挾書策，舊例禁止，自今後入省門搜得文書者，不許多少，准例扶出殿，將來兩舉。世宗顯德二年知舉竇儀奏：『文字乖舛，詞理紕繆，最甚者爲第五等，殿五舉；次者爲第四等，殿三舉；次稍優者爲第三等、第二等，並許次年赴舉。』唐選舉表宰相王涯言：『禮部取士，一委有司以所試雜文、鄉貫、三代名諱送中書門下。』

〔四·一一一〕三國蜀志張飛傳：『飛曰：「身是張翼德也。」』通鑑引此注曰：『自此迄梁陳，士大夫率自謂曰身。』郭璞爾雅注有之。

〔四·一一二〕漢制：婦女不得衣錦繡。曹植妻衣繡，操登臺見之，以違制命，還家賜死。蓋魏世猶然，今則富民下至奴婢、保乳，無不得服繡緞綾錦，侈濫甚矣。

〔四·一一三〕文選有束皙補亡詩六首。閱世説新語知補亡不止皙一人。世説云：『夏侯湛作周詩成，示潘安仁。安仁曰：「此非徒温雅，乃别見孝弟之性。」潘因此作家風詩。』注引文士傳曰：『湛字孝若，善補雅詞，名亞潘岳。』湛集載其叙曰：『周詩者，南陔、白華、華黍、由庚、崇邱、由儀六篇，有其義而亡其詞。湛續其亡，故曰周詩。』又載其一章曰：『既殷斯虔，仰説洪恩，夕定辰〔四一〕省，奉朝侍昏。宵中告退，雞鳴在門。孳孳恭誨，夙夜是敦。』按晉書，湛字孝若，譙國譙人。岳字安仁，滎陽中牟人。葛稚川曰：『近者夏侯湛、潘安仁並作補亡詩。』據世説即家風詩也。朱竹垞經義考於二人詩皆著曰『佚』，殆偶忘世説注耳。

〔四·一一四〕常璩序志云：『孝子江陽符長姜詩字士遊，詩妻龐行，俱雒人。』後漢書列女傳：『廣漢姜詩妻者，同郡龐盛之女。』

〔四·一一五〕内則：『舅姑若使介婦，毋敢敵耦于冢婦。』鄭注：『雖有劬勞，不敢掉磬。』疏：『庾氏云：「齊人謂之差訏。」崔氏云：「北海人謂相激之事爲掉磬。」』隱義云：『齊人謂相絞訐爲掉磬。』

〔四·一一六〕群輔録：『閎夭、太公望、南宫适、散宜生爲文王四友，即四鄰。』

〔四·一一七〕南史：梁曹景宗賦競病詩曰：『去時兒女悲，歸來笳鼓競。借問行路人，何如霍去病？』

〔四·一一八〕三國志註：『世語夏侯榮幼聰慧，七歲能屬文。帝聞而請焉。賓客百餘人，人一奏刺，悉書其鄉邑名氏，世所謂爵里刺也，客示之，一寓目，使之遍談，不謬一人。』案：爵里刺，今之履歷手本。

〔四·一一九〕唐吕才曰：『魯桓公六年七月子同生，是爲莊公。按曆，歲在乙亥，月建申，值禄空亡，據法應窮賤。又生當病鄉，法當尫弱矬陋，而詩云：「頎長美目。」』

〔四·一二〇〕清波雜志：『男子施敬于婦女，男一拜，婦答兩拜，名曰俠拜，古禮也。今則不然。古之男女皆跪。詩曰：「長跪問故夫。」聞海上之國，僧尼、婦人皆作男子拜。』今尼姑施禮長揖與男子同。江鄰幾雜志云：『君實説：俠拜，今陝府村野婦人皆如此。男子一拜，婦人兩拜。城外則不然。』鶴林玉露云：『古者婦女以肅拜爲正，謂兩膝齊跪，手至地，而頭不下也。拜手亦然。南北朝有樂府詩，説婦人曰：「伸腰再拜跪，問客今安否？」伸腰亦是頭不下也。周宣帝令命婦相見皆跪如男子之儀。不知婦人膝不跪地，而變而爲今之拜者，起于何時？程泰之謂始于武后，不知是否。余觀王建宮詞云：「射生宮女盡紅妝，請得新弓各自張。臨上馬時齊賜酒，男兒跪拜謝君王。」則唐時婦女拜不跪，可證矣。』

〔四・一二一〕宋書：謝莊與大司馬江夏王義恭牋曰：『家世無年，亡高祖四十，曾祖三十二，亡祖四十七，下官〔四二〕新歲便三十五。』後莊卒四十有六。

〔四・一二二〕宰臣稱大學士，起于唐開元。後時宰相兼領他職，如節度、鹽鐵、轉運之類，皆領之。而大學士則以崇儒學也。宋承乏〔四三〕，其上相爲昭文館大學士，次集賢殿大學士。見文獻通考。明太祖洪武十五年十一月倣宋制置殿閣大學士，見皇明通紀述遺。新唐書張説傳：『玄宗授説大學士。詞曰：「學士本無大稱，中宗崇寵大臣，乃有之，臣不敢以爲稱。」固辭乃免。』

〔四・一二三〕『憲』字本從宀，俗從憲。通鑑：『齊武帝時文憲公王儉卒。時王晏與儉不平。禮官欲依王導謚儉爲「文獻」。晏啟上曰：「導乃得此謚，但宋氏以來不加異姓。」出，謂親人曰：「平頭憲事〔四四〕已行矣。」』注：『平頭謂「憲」〔四五〕字也。』則六朝已然矣。後世稱大僚顯官爲憲，凡文書申詳，每曰『憲天大人』，或『憲駕』、『憲檄』之類，必加點于上。有老幕云：『本朝最重頂帶，「憲」無頂乃褫頂之象，惡其不祥，故爾。』王晏事見南齊書本傳。其實非也。顔元孫干禄字書『憲憲』〔四六〕注云：『上俗下正。』張參五經文字『害憲』注云：『從丯，丯音介，石經省，從士、從工者訛。』黄公紹韻會云：『從害從心從目，觀於法象，使人曉然知不善之害，接於目，怵於心，凛於心，凛乎不可犯也。』説文『害』字從宀音緜從口，言從家起也。徐曰：『禍嘗起于家，生于忽微，故「害」從宀。其無點作「冖」者，音覓，以巾覆物也。』書稱『掌邦憲』，周禮言憲令，言法也。今以達官爲憲，亦此意也。王晏之言亦牽于俗字耳。

〔四・一二四〕三吴者，李吉甫元和郡縣志：『漢永建四年，分浙江以東屬會稽，浙江以西屬吴郡，與吴興、丹陽號爲三吴。』杜佑通典同。胡三省通鑑注云：『漢置吴郡，吴分吴郡置吴興郡。初學記云：『孫皓置。』晉又分吴興、丹陽，置義興郡，是爲三吴。酈道元曰：「世謂吴郡、會稽、吴興爲三吴。」杜佑曰：「晉宋之間以吴郡、吴興、丹陽爲三吴。」』六朝所謂丹陽，乃今江寧府，非今鎮江。朱子曰：『蘇州爲東吴，潤州爲中吴，湖州爲西吴，爲三吴。』朱長文吴郡圖經續記：『漢分會稽爲吴郡，以浙江中流爲界。晉宋齊梁陳之間雖頗割地，而不改，與吴興、丹陽號爲三吴。』諸説雖不同，要無以今蘇、松、常、鎮、淮、揚、徐、泗爲三吴者。十數年前，見江蘇學使刊刻試卷，顔曰『三吴試牘』，既合江蘇、浙江爲一省，於所轄又不偏枯。考古良未易言也。

〔四・一二五〕余同年海鹽吾君名祖望。初得小録，親族傳看，詫〔四七〕爲僻姓。後於杭州刻字肆中見之，笑語之曰：『君可謂榜花。』因叩其得姓之始，曰：『昆吾氏後也。』偶憶司馬公通鑑載吴大帝時有太子太傅吾粲，注云：『姓譜：吾本己姓，夏昆吾氏之後。』又晉書有吾彦爲吴建平太守，晉武帝時王濬造大艦將伐吴，木柹蔽江而下。彦取江中流柹，向吴王曰：『晉必有攻吴之計。』因爲鐵鎖横斷江路。粲、彦皆吴人，君殆其苗裔歟？又章楓山樵集有愼齋吾先生墓誌云：『吾體字周敬，商三仁箕子之後。』自漢鮮于暹爲大將軍馮異先鋒，以功賜姓吾。宋初有諱國者來爲衢守，其子淵始家開化，族滋大。今海鹽之吾，云與開化同宗，則又疑非昆吾之後。

〔四·一二六〕漢藝文志有虞氏春秋，注：『名卿。』按：韓非子外儲説云：『范且、虞慶者，爲虚辭，無用而勝；實事，〔其無易而窮也。〕』范且即范雎，虞慶即虞卿也。

〔四·一二七〕明弘治中御帖問内閣李文正東陽以龍生九子之説。文正據圭峰羅玘、蘆泉劉績言，具疏以對：『一曰贔屭，形似龜，好負重，今石碑下龜趺是。二螭吻，似獸，性好望。今屋上獸頭是。三蒲牢，似龍而小，好吼，今鐘鈕是。四狴犴，似虎有威，故立於獄門。五饕餮，好飲食，故立鼎蓋。六虮蝮，好水，故立橋柱。七睚眦〔四八〕，好殺，故立刀環。八金猊，似獅，好煙火，故立香爐。九椒圖，形如螺蚌，性好閉，故在門鋪首。又有金吾，形似美人首，尾似魚，有翼，性〔四九〕通靈，不寐，故用警巡。』見升庵丹鉛録。懷麓堂集所載，與此小異。陳晦伯正楊深闢之，因引總龜對類云：『爾雅九種龍，其名曰蒲牢、囚牛、蚩吻、嘲風、贔屭、霸下、狴犴、狻猊、睚眦。贔屭好文』云云。夫爾雅列十三經，非僻書也。其釋獸止有『狻猊』，郭注：『即獅子。』無別項龍子之説。即埤雅〔五〇〕、爾雅翼亦絶無言及者。對類得無虚搆僞辭耶？唐趙耕龍公碑云：『張路斯，潁上人，隋初明經登第〔五一〕，景龍中爲宣城令。夫人關州石氏，生九子。自宣城罷歸。每夕出，自戌至丑，歸輒體寒而濕。石氏問其故，曰：「我龍也。蓼人鄭祥遠亦龍也。騎白牛據吾地，自謂鄭公池。吾屢與戰，未勝。明日取決，可令吾子射以助我。係鬣以青綃者，鄭也。絳綃者，吾也。」明日，九子遂射青綃者，中之。鄭怒，東北去，投合肥西山以死。今龍穴山是也。公與九子皆化爲龍。』歐陽脩集古録蘇軾碑陰。按：龍生九子，蓋此事也。大臣不學，小臣妄對，其誤一耳。公復録以誇人，豈容再誤乎？胡侍真珠船甚辨其不經，然亦不及於此。

校勘記

〔一〕虚，抄本作『並』，誤。

〔二〕其，抄本作『中』。

〔三〕抄本此處無『踏』字。

〔四〕抄本此處無『按』字。

〔五〕析，抄本作『柝』字，誤。

〔六〕中華書局周書校此句作『遠傷金彦』。

〔七〕中華書局周書删『鷹』字，補『雁』字。

〔八〕行，抄本作『云』。

〔九〕月，抄本作『一』。

〔一〇〕侍，影抄本作『待』，抄本缺。今據史記改。

〔一一〕事，疑爲『時』字。

〔一二〕⿰馬宛，抄本作『⿰馬宛』。

〔一三〕抄本此處無『漢』字。

〔一四〕託，抄本作『記』，誤。

〔一五〕命，抄本作『明』，誤。

〔一六〕在，抄本作『然』。

〔一七〕抄本此處脱『壅』字。

〔一八〕賦，抄本作『賊』，誤。

〔一九〕疆，影抄本作『彊』，今據抄本正。

〔二〇〕默，影抄本作『嘿』，今據抄本。『嘿』、『默』通。

〔二一〕史，抄本作『師』，誤。

〔二二〕共，抄本作『公』，誤。

〔二三〕城，疑爲『誠』字。

〔二四〕抄本此處無『飛』字。

〔二五〕抄本「乚」、「∠二」、「厶三」分別作「丄」、「丄二」、「丄三」。
〔二六〕旁，抄本作「傍」。
〔二七〕抄本此處衍「一」字。
〔二八〕也，抄本作「已」。
〔二九〕傳，抄本作「得」，誤。
〔三〇〕入，抄本作「人」。
〔三一〕愔，抄本作「桓」，涉上「朱桓」誤。
〔三二〕禮定，北史作「定體」。
〔三三〕抄本衍一「凝」字。
〔三四〕聞，抄本作「明」，誤。
〔三五〕賈，北史作「買」。
〔三六〕本條「傿」、「𠐫」多爲「亻」旁，但其中一字從「彳」作「傿」，且北史魏崔辯傳作「傿𠐫」，故本條將這些字統作「傿」、「𠐫」。
〔三七〕抄本脱「官爲」二字。
〔三八〕時，抄本作「年」，誤。
〔三九〕似，抄本作「是」。
〔四〇〕抄本此處無「禮」字。
〔四一〕辰，抄本作「晨」。「辰」通「晨」。

〔四二〕官，抄本作『宫』，誤。

〔四三〕乏，抄本作『之』。

〔四四〕事，抄本作『字』。

〔四五〕此『悪』字，胡三省注作『王』。

〔四六〕悪，抄本作『悪』，誤。

〔四七〕詑，抄本作『詑』，誤。

〔四八〕眦，抄本作『眦』，誤。

〔四九〕性，抄本作『如』，誤。

〔五〇〕塼，抄本作『唐』，誤。

〔五一〕抄本此處脱『第』字。

循陔纂聞卷五

海寧周廣業耕厓甫著
門人沈俊堯明録
男勳常重録

〔五·一〕唐太宗貞觀間太常博士吕才序宅經曰：『近世巫覡，妄分五姓。如張、王爲商，武、庾爲羽，似取諧韻，至於以柳爲宫，以趙爲角，又復不類。或同出一姓，分屬宫商；或複姓數字，莫辨徵羽。此則事不師古，義理乖僻者也。』胡身之通鑑注云：『近世相傳以字學分五音，祇在唇舌齒調之，舌居中者爲宫，口開張者爲商，舌縮却者爲角，舌拄齒者爲徵，唇撮聚者爲羽。陰陽家以五姓分屬五音，説正如此。』

〔五·二〕北史：王慧龍娶崔浩弟恬女，尚書盧遐妻崔浩女。慧龍子寶興母及遐妻俱孕。浩曰：『汝等將來所生，皆吾之自出，可指腹爲親。』

〔五·三〕通鑑齊明帝建武元年：魏主南巡過比干墓，祭以太牢。魏主自爲祝文，曰：『嗚呼介士，胡不我臣！』注引水經注：『河内朝歌縣南有牧野，有比干墓，前有石銘題隸，云：「殷大夫比干之墓。」不知誰所誌也。』又唐太宗貞觀十八年：『詔謚殷太師比干曰「忠烈」。』題『大夫』者固無所據，題『太師』者更謬。據商書〔一〕宜稱少師。然史記、漢書皆言太師疵、少師彊抱樂器奔周，則少師亦不必定指比干也。孔子于三仁，微、箕書爵，比干不書官。樂記『封王子比干之墓』明言王子。孟子則皆冠以『王子』，後人不尋此義，妄加以官爵，以爲榮。至稱以介士，謚爲忠烈，何其陋也。

〔五·四〕王涣傳曰：後漢〔書〕：桓帝（建和）〔延熹〕（七）〔八〕年，『壞郡國諸房祀』。注：『房謂祠堂也。』「時惟密縣存故太傅卓茂廟、洛陽留令王涣祠。」』

〔五·五〕乾隆二十七年十二月，禮部議覆尚書劉綸等奏稱：『江西姚近卷内有「澤上有地曰臨臨者，以我而臨御乎天下」，第二「臨」字未經重寫，僅從兩點省文。臣等以舉子應試之卷，理宜作字端楷，未便與行草書札一體從省，在題字，即當貼出。但遍檢條例，兼詢禮部，並無此項。應行議處明文。合請旨敕部通行各省，以明年會試爲始，試卷重字有率用省筆作兩點，雖非題字，亦應將舉子議處，務令人人共曉，以昭慎重』等語。應如所請，通行各省。按：後漢書鄧隲傳：『隲爲大將軍時，遭元二之災，人士飢寒。』注：『賢案：元二即元元也。古書字當再讀者，即于上字之下爲小「二」字，言此字當兩度言之。後人不曉，遂讀爲元二，或同之陽九，或附之百六，良由不悟，致斯乖舛。今岐州石鼓銘，凡重言者皆爲「二」字，明驗也。』容齋隨筆辨之云：『漢碑楊孟文石門頌「中遭元二，西夷殘害」、孔耽碑「遭元二坎坷，人民相食」，謂當時自有此語，李注非也。』又按：野客叢書引王充論衡：『今上嗣位元二之間，嘉德布流，三年零陵生芝草，四年甘露降』云云，則元二謂建初元年、二年也。安帝永初元年、二年，郡國地震、大水。鄧隲以二年十一月拜大將軍，則知所謂元二者，謂永初元年、二年也。陳忠傳曰：『自帝即位以後，頻遭元二之厄，百姓流亡，盜賊並起。忠以爲憂，上疏曰：「臣竊見元年以來，盜賊連發」』云云。其言如此，益信『元二』爲元年、二年。又按：忠仕于永初中，正與鄧隲之時甚合，知隨筆所考爲有驗也。

〔五·六〕卜世昌皇明通紀述遺：『英宗正統元年詔：「增鄉會試取士額。」先是，祭酒陳敬宗言：「比者解額有定，副榜數少，以致天下教官，類多缺員。吏部遂建議兼考監生，補除教職，往往僥倖選列，不稱師範。竊以爲縱科舉取人之濫，猶愈于監生考試之精。請量寬解額，專取之于副榜，庶誨導得人，賢才無滯。」于是議增科目有差。』

〔五·七〕廣六世祖南鶴府君字源伯，登明隆慶元年丁卯鄉薦，二年戊辰成進士，由兵部主政出守廣東廣州府治，行爲天下第一。府君之同年郭子直作狀，張瀚爲誌其墓。湯若士尚論粵西宦，首推府君清節。載玉茗堂集中。廣西通志列在介節傳。按：卜世昌皇明通紀述遺云：『是年三月上御皇極殿策士，得士如趙志皐、張位、沈一貫，皆以正直忤權奸張居正，後事平，旋登台輔。王家屏爲內閣，有介直聲習。孔教、余懋學、沈思孝、陳蕖皆忤居正，爲時名臣。徐大任、劉應麟廉介徹底。顧梁材恬退，無宦情。李維楨、劉紹恤、方沆皆工詩文，而李以忤居正謫外，尤爲士林所重。鼎元羅萬化醇行大雅，至宗伯。而閣臣陳于陛，故內閣以勤子也。二世殿學，人皆艷之。穆宗故守成令主，踐阼之初，賢英彙起，亦盛事也。』又按：杭州羅氏手抄明會試録：『是科，知貢舉官：禮部尚書高儀字子象，錢唐人；禮部右侍郎萬士和字思節，宜興人。考試官：大學士李春芳字子實，句容人；禮部尚書殷士儋字正甫，武定人。同考官：翰編徐時行等十七人。』又考趙志皋字汝邁，蘭谿人。家屏字宗伯，大同山陰人。一貫字肩吾，鄞人。張位字名誠，南昌人。于陛字元忠，孔教字時甫，廬陵人。思孝字統文，嘉興人。□字道元，吴江人。方沆字子及〔二〕，莆田人。于文定、慎行、黄碧山、洪憲皆工詩文，吴復庵中行字子道，武進人。亦疏參江陵。

〔五·八〕齊襄公淫于姊妹，禽獸之行也。左傳桓十八年傳：『公與姜氏如齊，齊侯通焉。』此追書之詞，非至是而始通也。史記齊世家『齊襄公故嘗私通魯夫人。自釐公時嫁爲魯桓公婦，及桓公來而襄公復通焉』是也。然則鄭忽之辭昏，申繻之諫止〔三〕，固皆〔四〕有爲而設矣。春秋書『公會齊侯于濼』、『公與夫人姜氏遂如齊』，及『夫人姜氏會齊侯于禚』，及『孫于齊』，皆直書不諱。夫子删詩，于齊存南山，蓋深惡之也。然有疑者，莊元年十月，王姬歸于齊，是〔五〕齊襄公至此方娶也。桓公娶姜氏在三年，其薨于齊在十八年，則姜爲室女時，襄公尚幼，何得先爲私通？然謂之女弟，恐又不符。魯莊公生于桓公六年，至即位二十四年，始娶于齊，年已三十七。古人婚嫁遲早，都不可解。

〔五·九〕今謂適母曰民母。見漢書衛青傳。按：史記作『先母』。服虔曰：『先母，適妻也。青之適母。』索隱曰：『顧氏云：「鄭季本妻，編于民户之間，故曰民母。」』然則『民』

非美稱也。

〔五·一〇〕文子曰：『皋陶暗而爲大理，天下無虐刑，有貴乎言者〔六〕也。』又藝文類聚：『漢牟融曰：「皋陶馬喙。」』見弘明集。

〔五·一一〕劉子新論貴農篇：『值水旱之歲、瓊粒之年，則璧不可以禦寒，而珠不可以充饑也。』『瓊粒』二字甚新。

〔五·一二〕史越世家言越爲禹之苗裔，少康之庶子。吴越春秋言無余之後。然國語：『范蠡曰：「昔吾先君固周室之不成子也。故濱于東海之濱。」』則又周後矣。韓詩外傳：『廉稽曰：「越亦周室之列封也。」』

〔五·一三〕說苑君道篇：『武丁時桑穀俱生于朝，七日而大拱。其相曰：「聞諸祖己：『桑穀者，野草也，而生于朝，意者其亡乎？』」』曰『俱生』則兩物矣。韓詩外傳却祇言穀。

〔五·一四〕今人言極多曰無萬，亦有所本。漢書成帝紀：『建始元年六月，有青蠅無萬數，集未央宮殿中朝者坐。』師古曰：『言極多，不可以萬計也。』

〔五·一五〕說苑尊賢篇：『齊桓公時，東野鄙人有以九九之術見者。公曰：「九九何足以見乎？」鄙人曰：「九九薄能耳，而君猶禮之，况賢于九九乎？」』又田讓曰：『舉杖而呼狗，張弓而祝雞。』

〔五·一六〕家語：『荆公子年十五而攝相事，孔子使人往觀其政。』注：『介子推也。』說苑尊賢篇：『介之推行年十五而相荆，仲尼使人往視。』此子推乃楚臣，與孔子同時，非從晉文公者。四書人物考誤作公子荆。

〔五·一七〕説苑尊賢篇：『孔子之郯，遭程子于塗，傾蓋而語，顧子路曰：「取束帛一以贈先生。」子路屑然曰：「由聞之也，士不中而見，女無媒而嫁，君子不行也。」』今謂居間贊成事者曰中人，其字甚典古。孔叢子雜訓篇：『孟子車即孟子尚幼，請見子思。子思甚悦之，禮敬甚崇。既退，子上請曰：「聞士無介不見，女無媒不嫁。孟孺子無介而見，大人悦而敬之。白也未諭。敢問。」子思曰：「然昔從夫子于郯，遇程子于途，傾蓋而語，終日而别，命子路將束帛贈焉，以其道同君子也。今孟子車言稱堯舜，性樂仁義，世所希有也。事之猶可，况加敬乎！」』

〔五·一八〕説苑敬慎篇：『官怠于宦成，病加于少愈，禍生于懈惰，孝衰于妻子。』説叢篇曰：『貞良而亡，先人餘殃。猖蹶而活，先人餘烈。』旨哉言也！

〔五·一九〕史記『吾邱壽王』，漢書亦作吾邱，獨説苑作虞邱。班固兩都賦序亦作虞邱。古字『虞』與『吴』通，故『虞仲』亦作『吴仲』。豈『虞』與『吾』亦通用耶？史記孝武紀引周頌『不吴不敖』作『不虞不驁』。

〔五·二〇〕説苑權篇有漆雕馬人，疑即『漆雕憑』之誤。

〔五·二一〕周正建子，而晉獨從夏正用寅。顧亭林以爲承唐人之舊，余謂晉始封于夏虚，則因其地之舊而不改，五方各殊風俗，先王所以當一統之日猶必考時月定日也。晉用夏正，杜預春秋後序云：『汲冢紀年如此。』然左傳僖五年：『晉滅虢。』『卜偃曰：「九月、十月之交。」』而下言『冬十二月丙子朔，晉滅虢。』此尤用夏正之確證也。又按：僖十五年十有一月壬戌，晉侯及秦伯戰于韓，獲晉侯。而傳書九月。秦卜徒父亦曰『歲云秋矣』，則秦亦用夏正也。

［五·二二］吾邱衍曰：『尚書無「也」字，三墳有之。』按：論語無『此』字，易有『于』字，孟子有『唯』、『悦』等字。雖小事亦宜留意。

［五·二三］左傳：『秦襲鄭，鄭商人弦高使遽告于鄭。』吕覽云：『高遽使奚施歸告。』奚施亦賈者，蓋其友也。高士傳作蹇他。

［五·二四］左傳：秦伯使孟明視、西乞術、白乙丙帥師伐鄭。吕覽：『三帥對弦高曰：「寡君使其三臣：丙也，林也，視也。」』則以術爲林。又曰『蹇叔有子，曰申與視』，則視係叔之子，而左傳呼之曰孟子，吕氏説終不足信。西乞術，史晉世家又作秫。

［五·二五］四明樓濯潤父曰：『千文「律吕調陽」，當作「律召調陽」，蓋行草「召」字訛爲「吕」字耳。律召則調陽，律吕則無義。』後見高宗真草千文石本亦作『召』，始信潤父言不妄。見齊東野語。

［五·二六］野語：孝經一千九百三字。今止一千八百九字，則朱子删去九十五字也。

〔五·二七〕越蔭録者，貌越王勾踐及諸大夫像而附以時人詩贊，蓋紹興郡守杜公所刊也。公自序云：『郡故有王祠，別有范、文二大夫祠。歲戊辰，葺而新之。因考傳記，于二大夫外更得九人，合之爲十一人，皆祔祀于王之祠，請于大府〔七〕著爲令典。又得唐世剥損畫圖，命山陰陸振宗摹而梓之，俾越州人士瞻仰前徽，思百年樂利之澤所自來。噫！甚盛事也。』公又言：『郡人既祀范、文二公，他無復有知其姓氏、里居者，可勝浩歎。』廣業世居海寧，地舊屬武原鄉，亦越人也。少讀左傳，至於越事，未嘗無郯子之思。今忽從楮墨中獲見當日主臣鬚眉冠佩，凛凛猶生。其爲欣幸，何可勝道？顧其中竊有疑焉者。文獻通考載紹興元年，言者請享越王勾踐於其廟，以范蠡配移蹕，則命郡祀如故事，則范之祔祀自宋已然，不知何時復爲别祠〔八〕。其列像首越王，次范蠡，次文種，次曳庸，次臯如，次苦成，次諸稽郢，次浩，次扶同，次柘稽，次勾如。第九頁〔九〕失去，意是計倪，凡十有一人，皆題曰越大夫。考越大夫見於左傳、國語、史記、漢書、越絶書、吴越春秋諸書，所稱各不同。史越世家叙范蠡特詳，而逸其字。正義引會稽典録云：『字少伯，本楚宛三户人。』越絶外傳：『范蠡其始居楚也，生于宛槖，或伍户之虚。』又曰：『范蠡居楚曰范伯。』史公素王妙論曰：『本南陽人。』劉向列仙傳又云徐人。大夫種，見左氏傳。不著姓。高誘注吕氏春秋云：『姓文氏，字會，楚之鄒人。』楚不應有鄒，宋王伯厚、黄東發以爲鄞人。蓋俗本訛『鄒』爲『鄞』也，而史舊注乃有以大夫爲姓者，比於司馬、司空，索隱已辨其非矣。正義引吴越春秋曰：『名種字子禽，嘗爲宛令。』此文今已亡缺，蓋爲楊方所削，不可復核。楊方字公回，會稽山陰人，更撰吴越春秋，晉書有傳。楊升庵修文御覽有吴越春秋逸篇。以二公勳名烜赫，廟食不替，而姓氏、鄉籍已乖錯若此，況其他乎？左傳載越句踐大夫諸鞅、臯如、后庸、疇無餘、謳陽，并種爲六。餘、陽爲吴所獲，似不足稱。然水經注載：『松江北去吴國五十里，江側有丞、胥二山，山各有廟。魯哀公十二年，越使二大夫疇無餘、謳陽伐吴，吴人敗之，獲二大夫，大夫死，故立廟山上，號胥、丞二王。』則二人之忠烈已見重鄰國如此。諸鞅報魯叔青之聘，雖行事不傳，不容略也。諸鞅聘在哀二十四年，蘇轍古史越世家在句踐二十四年。后庸，國語作舌庸，吴越春秋伐吴傳作曳庸，夫差傳又作洩庸。今以左傳哀二年『吴洩庸如蔡納聘』推之，事在夫差三年。傳所云越王使范蠡、洩庸率師絶吴路，在夫差十四年。豈先仕吴，後仕越歟？抑吴、越俱有一洩庸歟？漢書：『江都王問董仲舒曰：「越王句踐與大夫泄庸、蠡、種謀伐吴。」』字作『泄』。文選四子講德論：『句踐有種、蠡、渫庸剋滅强吴。』又作『渫』。竊意『后』、『舌』[一〇]形似，『舌』、『泄』音類，輾轉致訛，後避唐諱，改『泄』爲『洩』，又脱『水』爲『曳』，加『木』爲『渫』也。[一一]依左傳當作后庸。宋景文公筆記謂姓纂舌氏引越大夫爲祖，則亦當從國語作舌。今作曳庸，誤矣。臯如，左、國及吴越春秋句踐入臣傳皆同，而歸國、陰謀二傳又有句如。唐皇甫遵注云：『左傳、國語皆作臯如。』是句如即臯如也。鄭樵通志曰：『句者，吴越之語辭。吴有句吾，越有句踐，皆名號也。』然『句』係王偏諱，不應相犯，當以『臯』爲是。董子繁露對膠西王篇又作大夫臯胡氏。橥本誤音澤。蓋音澤者，上無

『丿』〔一二〕，作『罣』。正字通云：『臯訓澤，非音澤。』此字見靈樞經及荀、列諸子書甚多，本音臯。漢書地理志『成罣』，今通作『臯』。是二字古通用，而『句』乃『臯』之轉音也。且臯陶之『臯』，漢書作『咎』。又安知非『咎』字之訛？賈誼新書曰：『渠如處車裂回泉。』則又爲渠如，而名處，更可異矣。國語：『諸稽郢行成於吳，曰：「寡君句踐使下臣郢」』云云。吳越春秋號郢與種、蠡爲三聖，而史又曰：『范蠡與大夫柘稽行成於吳。』索隱云：『國語作諸稽郢。』是柘稽即諸稽郢也。漢書古今人表作諸稽到，『到』必『郢』字之訛，猶『后』之訛『舌』及『泄』、『洩』也。吾海寧諸氏遷姚江，遠祖爲諸稽郢。祝文彦誄諸紫鄰先生云『曰稽遠祖，佑粤行成。霸圖既萃，錫姓宗盟』是也。今其後人乃自謂諸葛恪後，不亦誣乎？苦成，越絶書訛『若成』、繁露作『車成』者。王符潛夫論志氏姓篇曰：『晉公族郄讐采食於苦，號苦成，叔後爲苦成氏。』又曰：『苦城在鹽池東北，後人書之或爲「枯」，齊人聞其音則書之曰車，燉煌見其字，呼之曰車城。其在漢陽者，不喜「枯」、「苦」之字，則更之曰古城氏。』通志氏族略越：『大夫苦成，漢有會稽太守苦灼，音庫。』則『苦』爲是也。大夫浩，見吳越春秋句踐歸國傳，其入臣傳自作皓進。正字通白部『皓』字引之證皓爲姓。今單言浩，何也？扶同者，吳越春秋歸國傳注云：『史記作逢同。』越世家『逢同』注云：『逢，姓；同，名。楚有逢伯者。』是。按：穆天子傳『馮夷』作『無夷』，意『無』、『逢』、『扶』三字古亦通用，則扶同即逢同，明矣。但吳有馮同，亦作逢同，如史云：『吳太宰嚭與逢同共謀讒殺子胥于王。』越絶請糴内傳曰：

『太宰之友逢同。後越滅吳，殺嚭、逢同與其妻子。』又曰：『范蠡要大夫種入吳，此時馮同相與共成之。』此馮同即逢同，雖與種、蠡交而實仕吳。觀後德序外傳記馮同、宰嚭能知諂臣之所移云云，可見另爲一人。史以『逢』、『馮』同音相混，而皇甫遵遂引之耳。但計倪内經又載：越王曰：『大夫佚同、苦成嘗與孤議于會稽石室，孤非其言也。』所謂議于會稽者，正與史世家文同，則『扶』實又因『佚』而訛，周大夫有佚之狐，扶氏至漢始有，扶卿傳論語意當爲佚同歟？越絶有計倪，吳越春秋作計硯，漢書人表作計然，與后庸同列中上，史貨殖傳：『越王用范蠡、計然策。』孟康注：『姓計名然，越臣也。』徐廣注：『計然者，范蠡之師，名研。』裴駰案：『范子曰：「計然者，葵邱濮上人，姓辛氏，字文子，其先晉國亡公子也。南遊于越。范蠡師事之。」』索隱引韋昭云：『計然，范蠡師也。』蔡謨以爲蠡所著書名『計然』，殆非也。倪與研本一人，聲相近而相亂耳。皇覽亦云：『計然即計倪，著萬物所出。』今考意林載范子有云：『計然時遊海澤，號爲漁父。范蠡請見越王。計然曰：『越王爲人鳥喙，不可與同利也。』則計然特遊于越，未嘗仕越。而越絶載越王脅群臣，欲與之盟，群臣未對，計倪官卑年少，其居在後云云，則計倪與范蠡師辛文子顯屬兩人。向來説者，恐皆非也。蓋吳、越僻處南土，語音與中國異。觀竹書句踐是爲菼執，不壽是爲盲姑〔一三〕。穀梁傳吳謂善稻爲伊緩之類。可見傳聞既異辭，雜史又踳駁。今論定諸人誠難臆定其是非。但見内外傳者據之，而二書又以内傳爲斷，乃曳庸既舍左從，趙皋如、諸稽郢强與句如、柘稽析二爲四，又何異開元贈典並祀薛邦、鄭國耶？一人兩名，春秋所譏。若因姓名互異而皆祀之，尤爲不可。計倪，未見其像，當作倪。扶仝當作佚同。説文：「仝，完也。」即全也。其以『同』爲『仝』，出道書，周世不應以此命名。諸書本皆作『同』，更有説焉。韓詩外傳、劉向説苑君道篇皆曰：越王句踐大敗吴人，兼有九夷。當是時也，南面而立，近臣三，遠臣五。是越大夫止八人而已。吴越春秋伐吴傳：句踐二十一年冬十月，越王請八大夫謀伐吴。對者實止曳庸、苦成、文種、范蠡、皋如、扶同、計倪七人。注家欲以楚申包胥足其數。國語越王召五大夫問戰，其人爲舌庸、苦成、種、蠡、皋如。其辭略與傳同。繁露所載亦止此五大夫。吴越春秋入臣傳大夫范蠡同入吴，送至浙江，進説者文種、扶同、苦成、計硯、皋如、曳庸、皓進、諸稽郢共九人。其歸國傳所召五大夫乃勾踐九年初歸自吴之時，其人扶同、范蠡、苦成、浩、句如。史記止載逢同一人。傳於五大夫前又曰：『越王遂師八臣，與其四友，時問政焉。』則又當有十二人。今無可考。唯左傳檇李之役以戈傷闔廬指者，有靈姑浮。韓詩外傳：『句踐使廉稽獻民于荆王，荆王使者出見廉稽曰：「冠則得以俗見，不冠則不得見。」廉稽曰：「越處江海之陂，與魭鱣魚鼈爲伍，文身翦髮而後處焉。今來上國必冠得俗見，不冠不得見。如此則上國使適越亦將劓墨、文身、翦髮，而後得以俗見，可乎？」荆王聞之，披衣出謝。』説苑權謀篇：句踐臣有四水者，勸越王以重幣請糴于吴。吴與之，後三年而破吴。此三人者合前諸鞅、疇無餘、謳陽爲六，應皆無愧于俎豆焉。岳珂讀史備忘捷録載：勾踐臣止七人：疇無餘、謳陽、諸鞅、后庸、范蠡、大夫種、柘稽，似亦未盡也。若范蠡者，春秋稱相國，固後人追加之詞。史記稱爲上將軍，會稽典録因之。范石湖作吳江三高亭記亦云：『越上將軍姓范氏，是爲鴟夷子皮。』則今題銜自當書越上將軍范蠡，概稱大夫，亦未爲允。又：諸像，王既冕旒，臣亦會弁。以楚使冠則俗見及宋人『資章甫』之説證之，當時似不應有是，更不知唐繪家何所據也。夫杜公學博政通，其繼守吾杭也，至今不忘棠愛，矧兹[一四]曠舉特考往古，又下詢諸李君凱、吳君高增兩學博。意當時綜覈名實，昭垂記典，必自有説。檮昧之見，曾何足云？特由公之序言思之。凡隸斯[一五]土者，皆宜有以深究其始末，而熟悉其源流，故輒敢私論之如此。杜公名甲字黄裳，揚州人。録今藏友人王君大鼎家。

右書越蔭録後

[五·二八] 范石湖成大作吳江三高亭記，見羅大經癸辛雜記新集。而周密齊東野語又言：三高亭祠鴟夷子皮、張季鷹、陸魯望，議者以子皮爲吳大仇，法不當祀。前輩既作詩譏之，又有戲彈之者。而史越王判紹興日，作會稽先賢祠，亦復黜之，不得在高士之列。蓋以子皮去國之遺言，有人臣所不忍者，故不容于吳，又不齒于越耳。然今嘉興有范大夫祠，其上爲西施妝臺。紹興有范、文二大夫祠，乾隆戊辰紹郡守杜公甲又爲越君臣合祀祠。則越之感念先澤者深矣。

[五·二九] 崔星洲應榴表弟自會城數致書，問余『龍生九子』之説誰最精覈。余既歷疏丹鉛録、庶物異名疏、李東陽懷麓堂集、陸容菽園雜記及香祖筆記各條以報之，而書其後曰：龍

生九種之説，諸書所載各不同。要無甚依據，即以習見之屋角獸言之。諸家皆言鴟尾始于漢。蘇鶚演義曰：『蚩，海獸也。漢武作柏梁殿，有上疏云：「蚩尾，水之精，能避火災，可置之堂殿。」今多作鴟字。』王溥唐會要曰：『漢柏梁殿災，越巫言東海中有魚，虬尾似鴟，激浪則降雨，遂作其儀于屋，以厭火災。』彭乘墨客揮犀曰：『漢以宮殿多灾，術者言天上有魚尾星，宜爲其象，冠之屋，以禳之。今自唐以來寺觀舊殿宇尚有爲飛魚形尾指上者，不知何時易名爲鴟吻，狀亦不類魚尾。』他若類要、倦游雜録、緗素雜記、青箱雜記、談賓録所言，皆大同小異。考三輔黄圖但云：『柏梁殿災，用粤巫勇之言，作建章宮以厭勝之。』初無水精之説。即西京、西都兩賦叙漢宮殿最悉，亦不之及。又考晉以來史所載鴟尾事，如晉五行志孝武帝太元十六年[一六]，鵲巢太極東頭鴟尾。義熙四年，雷震太廟，破東鴟尾，徹柱。太平御覽載鴟尾事始此。宋書五行志：文帝元嘉五年，震太廟，破東鴟尾。武帝永和初，野鶴集太極鴟尾鳴呼。又符瑞志：『文帝元嘉十七年，劉斌爲吴郡，郡堂屋西頭鴟尾無故落地，治之未畢，東頭鴟尾復落。頃之，斌誅。』南齊書五行志：『武帝永明三年[一七]，烏集内殿東鴟尾。』如此之類，代不絶書。而晉以上無聞。新唐書五行志：咸亨四年，大風落太廟鴟尾。開元十四年，風落端門鴟尾。元和五年，風毁崇陵上宮衙殿鴟尾。况北史宇文愷傳：明堂圖議明言自晉以來，未有鴟尾乎？則鴟尾之不始於漢審矣。又按：陳書蕭摩訶傳：『舊制：三公黄閤廳事置鴟尾，後主特爲摩訶開黄閤門，施行馬，廳事寢室皆置鴟尾。』顔氏家訓云：『或問：「東宮舊事隋經籍志晉東宮舊事十卷，不誌撰人。初學記引作張敞東宮舊事。何以呼鴟尾爲祠尾?」答曰:「張敞,吴人,不堪稽古。吴人以祠(尾)[祀]爲鴟祀,故以祠代鴟。」』是隋以前亦未有呼『蚩尾』者,唯劉孝標云:『蚩尾,水獸。作「蚩尤」字爲是。又古老相傳謂蚩聳尾出于頭上,故名。其制在晉世,不可考。』大業雜記云:『乾陽殿基高九尺,從地至鴟尾高百七十尺,亦不詳作何狀。』而盛弘之荆州記云:『始興機山東有兩巖相向,如鴟尾。』則王溥諸人所謂魚尾類鴟者,似爲得之。其改爲吻者,凡命名必取形似。去古漸遠,陶模已變爲獸吻,而『吻』、『尾』又一聲之轉,正與吴人呼『祠尾』同病。江南野録云用『鴟吻』是也。又有謂始自黄帝者。遼史營衛志:『象吻,黄帝治宮室,陶蚩尤像置棟上,名蚩吻。』舊説蚩尤者非一,竊疑蚩尤本獸名。古器圖云:『畫本以飛獸有肉翅者爲蚩尤。』説略云:『蚩尤,天符之神,狀類不常,三代遺器多著其象。其見擒于黄帝者,本炎帝之裔,以其凶暴而有神術,因以「蚩尤」名之。』例與「饕餮」、「窮奇」同。後人不察,遂取所謂四目、六手、銅頭、鐵額者當之。』觀山海經、洞冥記所載,異獸往往有若涿鹿之君,實未始然也。且黄帝時雖有寧封人爲陶正之説,而摶埴未工,安得有像?但今世别有一種陶作武士狀者,俗號瓦將軍,意北朝殿脊所設已爾。史臣遂從而著之歟?周祁名義考云:『菽園雜記有[一八]螭吻,又有蠻⿰虫全、鰲魚,皆立屋上。今殿庭曰⿰虫勿[一九],衛舍曰獸頭,大抵皆蚩也。殿庭爲龍形,衙舍爲獸形,或爲魚形,以别于宮殿,皆以意爲之,非其本則然也。「⿰虫勿」字雖不典,而推考形勢,要屬通人之論。因憶陶穀清異録言鸛多在殿閣鴟尾及人家瓦獸作窠。于殿閣曰鴟尾，于人家曰瓦獸，知五季時制度已如此。』南唐書亦云：『嗣主貶損制度，殿庭始去鴟吻。』石林燕語云：『以設吻者爲殿，無吻不爲殿。』又云：『京師惟御史臺門上獨設鴟吻，非他官所有。』夫一物也，而有『鴟尾』、『蚩尾』、『鴟吻』、『蚩吻』、『螭吻』、『象吻』數名。究其實，無論爲蠻蛙、爲鰲魚，似龍、似魚、似獸，總不離乎鴟尾者，近是。而瓦獸之設，明以前惟有爵命之家有之。一種小者形略似鷄，俗因謂之哺鷄頭。近俗僭設者多模製，益變幾難究詰矣。至若饕餮，見于左傳。在山海經爲狗鴞，不言好水。狻猊即獅子，見于爾雅。原不盡以龍爲母，特以蟲莫幼[二〇]于龍，而性復好淫，諸種攫絪援箬，類得其形，文人遂因而傅會之，聞見異辭，第勿深考可也。邑人張次仲待軒遺集云：『獸頭遠望形似烏母鷄，勢豪侵奪民居，即以獸頭置其屋脊。』

右鴟尸始末

〔五·三〇〕東軒筆録：『僧化成曰：「吕給事惠卿爲參政，譬如草屋上置鴟吻耳。」』言不安也。

〔五·三一〕門上獸曰椒圖，形似螺蚌，好閉，故立于門。按：漢書哀帝紀：『元壽元年秋九月，孝元廟殿門銅龜蛇鋪首鳴。』如淳注云：『門鋪首作龜蛇之形而鳴呼也。』師古云：『門之鋪首者所以銜環者也。』是當時門鋪止作龜蛇形，亦無龍種之説。餘詳動植小志中。

〔五·三二〕漢光武時，海内人民可得而數，或空置太守、令長，招還流民。帝笑曰：『今邊無人，而設長吏治之，如春秋「素王」矣。』以故省并郡國。按：素王乃『素飽』、『素餐』之

『素』，言周天子〔三二〕虚有王號，而諸侯不賓服，所謂迹熄也。自緯書以孔子當之，又配以左氏素臣，而其義幾不可解矣！

〔五·三三〕君父之服斬衰三年，恩義兩盡，禮之極軌也。自漢文帝權制爲三十六日，而義薄矣。唐玄宗居肅宗喪，更變爲二十七日，而義益薄矣。顧二者同爲日易月，而三年之喪以二十七月爲斷，則禮無明文，蓋出鄭康成説也。漢文遺詔云：『已下棺服大紅，十五日小紅，十四日纖，七日釋服。』應劭曰：『紅者，中祥、大祥以紅爲領緣也。纖者，禫也。凡三十六日而釋服。』則知漢初尚三十六月也。喪服小記曰：『再期之喪，三年也。期之喪，二年也。』間傳曰：『父母之喪，期而小祥，又期而大祥，中月而禫。』雜記曰：『期之喪，十一月而練，十三月而祥，十五月而禫。』是古所謂期乃十五月，故以期爲二年，再期加七月之禫爲三年也。後人誤解十二月爲期，因以再期爲二十四月。又謂中月爲更間一月，爲二十七月。王肅直以爲二十五月。不知期喪十五月，而三年之喪止二十七月。隆殺既不相稱，且先王制禮無一不從其實，獨於三年之喪准折其十之三。將美名欺人乎？抑約舉其成數乎？恐必無是理也。唐書儒林傳：王元感著論：『三年之喪，必三十六月。』深詆禮儒之非，其識意殊遠，而張柬之、顧深不以爲然。何也？武林張文嘉重訂齊家寶要，於喪禮載一則云：韋六象曰：譙李沈氏曰：『三年之喪，其來久矣。堯典：「帝乃殂落，百姓如喪考妣三載。」唐虞以來三代共之。宰我有爲期之問。子曰：「子生三年，然後免於父母之懷。夫三年之喪，天下之通喪也。」孟子對滕文公亦如之。迨漢文帝遺詔短喪，以日易月，定以三十六日。是知三年者，三十六月也。時雖廢古禮，而禮固在也。及考儀禮「期而小祥，又期而大祥，中月而禫」，是月也吉祭猶未配，此下疑有缺文。乃戴記雜記有云：「三年之喪，二十五月而畢。」未審據何禮典。鄭玄以中月爲間月，則主二十七月。王肅以中月爲月中，則主二十六月，而三年之喪遂不復行。是雖存古禮，而禮已亡矣。知禮者其詳考焉。』按：沈諱堯中，字執甫，官刑部尚書，著沈氏學弢考核甚悉。每疑三年之喪何以止二十七月，今讀沈司寇此論，乃知禮之代變，非古然也。今家禮及王制皆以二十七月服除，相沿已久，固罔[二二]敢過。然母之同于父而斬衰也，生母之同于父母而三年也。後王議禮，改而從厚，協於天理人心之至，百代定爲遵守。則有志復古者，自當以三年之喪仍從三十六月爲斷，以稍盡罔極之思焉。魯桓公新宮災在薨後二十九月，其時主猶在寢，可見古人喪不止于二十七月矣。按：王應俞大荔縣志：『齊民三十六月而禫。』又亳州志：『風俗，父母之喪，素衣三十六月。』則知禮失當求諸野也。

[五·三四] 宋六陵之事，余既詳之前矣。顧亭林日知録有云：『宋以禮教立國，而不能革火葬之俗，其亡也乃有楊璉真伽之禍。』考宋史，太祖嘗禁火葬，其後復有漏澤園之設，以此言報，爲罰已重。宋史鄧潤甫傳言：熙寧中，興利之臣建議歷代帝王陵寢許民請射耕墾，而唐之諸陵悉見芟削，昭陵喬木，剪伐無遺。此罪應有以償，而亦何至於發掘也？一日閲唐荊川稗編載蔡氏古器説，大略謂：『古器，隋唐以前在上者初不大以爲事。獨國朝浸乃珍重，始有

劉原父爲倡，而成於歐陽文忠，和之者伯父君謨、東坡數公。原父著書，號先秦古器記，文忠又著集古録，李公麟又作考古圖。傳至元符間，太上皇即位，因大崇尚，大觀初倣考古作宣和殿博古圖，所藏禮器五百有幾。世既知其所以貴愛，故有得一器，其直爲金錢數十萬，後動至百萬不啻者。於是天下塚墓破掘殆盡矣。政和間，尚方所貯至六千餘數百器，俄聞僭亂，悉入金營』云。讀至此，乃喟然嘆興曰：『六陵之發，固由此也！』僧聞獻寺，楊髡時其意知其金寶，不知有陵墓也。桑哥矯制，世祖收貯，亦知有金寶，不知有陵墓也。孟子言：『寶珠玉者，殃必及身。』試思器而爲古，非出自古侯王君公塚墓中，烏可得之？今利其有，以供一時之耳目玩好，而使天下無一墓之得完，此其罪真神人所不容矣！而劉、歐諸公實啟之，宋之君臣相率而爲發邱摸金之舉，又焉望身後之陵不攫取珠玉衣襦以去乎哉？或謂此宣、政間事，不應六陵獨受其禍。不知北宋諸陵初爲金人所發，劉豫繼之，徽、欽遺骸長淪五國，其存亡無可復問，並不聞有識以冬青者。岳武穆朱仙之捷幾於故地復還，可以脩復陵墓，而秦檜驛召，甘心淪棄。設高宗稍有人心，必不出此。是其於君父不共之仇尚爾膜視，又能保身後之陵乎？故楊髡之罪自不勝誅，而六陵之發亦非無自。人君之好惡，誠〔一三〕不可不慎哉！

〔五·三五〕先贈公亭山府君，晚年爲中憲公、别駕公分析産宅。簿内開載：屋自前河石步直落門道一間，前廳、正廳、後廳中一間，俱兄弟共用、共脩葺，每月輪撥門工一人，專啟閉、灑埽。惟樓屋中一間與兄，而東西各由庭門以出入。後屋中一間與弟。其兩傍諸屋船舫，俱東兄西弟，不得混雜。雖然不分門，而同堂之仁各專業，而界守之義在其中矣。家丁十六名：周行總管兩房當役人、收納錢糧，每年給租斛米四石、酒米四斗，自膳。周玉管租户，取租，兼與周智防火盜、息争鬥。周智管農作，撥人防火盜，收租點器。周信走里催辦〔二四〕，出官應卯，與周玉俱給米自膳。沈春隨家主出入，冬月同周玉催租。張鳳鋤桑、種菜，間日輪關墻門，並直落廳堂整椅、埽地。自業田地各六十六畝零，租田地各一千零一十四畝，大略如此。夫貽子孫以財，固欲其能守，而不徒以其守也。富貴祇百年之事，仁義豈一日可無？同堂、界守二語，洵爲燕翼之謀。至于處置僮僕，量能分職，私業無曠，所求各足。治國之道，亦不外此，與世俗規利取肥，及身席榮膴，不知稼穡者異矣。因檢舊籍，謹録於此。

〔五·三六〕袁宏道紀唐六如事數則。其一云：『江陰舉人徐經者，富甲江南。六如舉鄉試第一日，經奉之甚厚，遂同舟至京。六如文譽藉甚，公卿造請者闐咽街巷。徐有優童數人從六如〔二五〕，日馳騁於都市中。都人屬目已衆矣。况徐擁厚貲，其營求他徑以進，不無有之。而六如疏狂，時漏言語，竟坐削籍。』又一云：『伯虎與張靈俱爲郡學生博古相上。適鄞人方誌來督學，惡古文詞，察知寅，欲中傷之，靈悒鬱不自適。寅曰：「子未爲所知，何愁之甚？」靈曰：「獨不聞龍王欲斬有尾族，蝦蟇亦哭乎？」』噫！才士名高，至于學使者亦忌之，其弊必至棄黄鐘而鳴瓦缶矣。若因失所親，卒以罹禍。六如亦未免不自愛重也。

〔五·三七〕有習見之字，相沿訛讀，而不知所本者。如今五經中之尚書、官之六部尚書，人皆知「尚」爲上音，却無不讀爲常。其説見沈存中補筆談，曰：「官名中尚書本秦官，尚音上，今「上」謂之常書者，秦人音也。至今秦人謂尚爲常。」朱子語類亦曰：「尚衣、尚書、尚食，乃主守之意，秦語作平音。」岳珂〔二六〕愧郯録云：「尚書當從去聲甚明。鄭康成注周禮「司會」曰：「司會，計官之長，若今尚書。」唐陸德明釋其音曰「常」。雖有此據，了不知其義之所起，此殆今世襲稱之始。」是語似尚未徹此義。

四月望日校畢〔二七〕

校勘記

〔一〕抄本此處脱「書」字。
〔二〕子，抄本作「于」。
〔三〕止，抄本作「正」，誤。
〔四〕抄本此處無「皆」字。
〔五〕是，抄本作「自」，誤。
〔六〕者，抄本作「之」，誤。
〔七〕府，抄本作「夫」。
〔八〕祠，抄本作「郡」，誤。
〔九〕頁，抄本作「臯」，誤。

〔一〇〕舌，抄本作『古』，誤。
〔一一〕木，抄本作『水』，誤。據文意，在『泄』字上加『木』成『渫』字。影抄本『渫』誤爲『緤』，今據抄本正。
〔一二〕抄本脱『丿』字，影抄本『作』在『丿』上，今據文意乙正。
〔一三〕肓，抄本作『肓』，誤。
〔一四〕茲，抄本作『知』，誤。
〔一五〕影抄本此處衍一『斯』字，今據抄本删。
〔一六〕孝，抄本作『考』，誤。
〔一七〕武，抄本作『高』、影抄本作『帝』，均誤。『永明』是武帝的年號。
〔一八〕抄本此處脱『有』字。
〔一九〕此處及下面的『蚴』抄本均作『吻』。
〔二〇〕幼，影抄本作『幻』，今據抄本正。
〔二一〕抄本此處脱『子』字。
〔二二〕罔，抄本作『無』。
〔二三〕抄本此處脱『誠』字。
〔二四〕辦，抄本作『辦』。
〔二五〕如，抄本作『人』，誤。
〔二六〕珂，抄本作『琦』，誤。
〔二七〕抄本無『四月望日校畢』數字。

跋

歲丙子，勷常館愛日堂陳氏，獲見武進趙收庵先生，容色藹然，首叙譜誼，因言〔一〕三十年前於鮑氏知不足齋讀過尊甫所補注校正馬總意林。神交日久，憾未謀面。下世幾何年矣！生平著述若干卷，冬間因寄呈孟子四考，並以種松圖册乞題。既惠題長古，遂索覯遺書。常迺檢取讀相臺五經隨筆、三餘摭録數種寄之。蒙製循陔纂聞、冬集紀程序文二首。伏讀之下，且感且愧，因嘆前輩嗜學虚懷，老而彌篤如此。先生以庚子與先伯爲同年〔二〕，南巡召試舉人，授中書，官山左司馬，早賦遂初，博綜今古，著作甚富，爲江南名宿。近以得瘋痺之疾，常左腕作書，書法鍾、王，益見蒼勁。與常書先後凡三，皆出自手書，故書尾皆有力疾，字意尤足。感惜相距數百里，伏蟄窮鱗，徒切登龍之願而已。時常已將寧志餘聞、過夏雜録、冬集紀程、客皖録另録副本，兹將循陔纂聞五卷、三餘摭録三卷續鈔而以序文弁諸首。噫！文字之緣，誰謂身後無相知哉？惟恨常等愚陋寡識，百無一肖，勿克繼承先志，付梓一二，則有負名公表幽之盛意多爾。時道光二年壬午仲冬中澣一日，男勷常謹識於會稽館舍。

校勘記

〔一〕抄本此處無『言』字。

〔二〕抄本此處脱『同年』二字。

浙江文叢

周廣業筆記四種

〔下册〕

〔清〕周廣業 著

祝鴻熹
王國珍 點校

浙江古籍出版社

過夏雜録

過夏雜録目録

自序……周廣業(一)
序……周　春(三)
過夏雜録卷一……(一)
過夏雜録卷二……(四〇)
過夏雜録卷三……(八二)
過夏雜録卷四……(一二三)
過夏雜録卷五……(一六三)
過夏雜録卷六……(一九一)

自序

唐世解人不捷，退而肄業，謂之過夏。蓋暫爲息肩之計。至明初，則有寄監讀書，以俟後舉者矣。夫微名得失，時之利鈍爲之，亦藝之精粗爲之，必倖勝於一朝，或決去於窮日，其事誠過，顧如余之浪隨海送，埸席龍鍾，不急韜筆入山，而尚浮沉入海，將何爲乎？甲辰閏三月會闈將撤，友人沈嵩門以余癖書，引司讐校，將藉此免就暑塗。既而王秋部疏雨遣子從遊。一經援止，無由自脱，兩度蟀鵾，非本懷也。抑梁劉綏有言曰：『不須衣食，不用身後之譽，惟重目前知見。』以余僻處海隅，老鑽故紙，一旦竊天禄之餘光，窺石渠之秘籍，雖嘗止一臠，逾於鼎食矣。而且瞻仰雍宫，摩抄石鼓。城闕街衢之壯麗，人材物貨之美富，舉昔人研京練都所不能詳者，今悉得之目擊，其足重又孰過于此？然則資斧有心，固宜爲含度所笑，而虚所知見，愧益甚焉，爰於胝沫餘暇，隨筆記録。久之，次爲六卷，名曰過夏雜録，仍初心也。要期無負目前而已。如云覆瓿，則固其所。

丙午二月二十一日春分節耕厓周廣業自識。

序

洛塘宗侄耕厓孝廉嗜讀書，著述等身，與余最相得。君卒後五年，余按行狀序其蓬廬文鈔，兼傳體也。君著述已刻者四種，孟子四考爲尤著。未刻者尚有十餘種。兹過夏雜録六卷，乃癸卯計偕下第後所録。考訂精詳，不減洪容齋一流。間及時事，則漁洋山人居易録例也。雖特〔一〕一斑，亦復可傳。令子虞階茂才索序，因書數語于簡端，餘具文鈔序者，不贅及云。

嘉慶辛未長至日叔氏春拜書，時年八十有三。

校勘記

〔一〕特，抄本作『持』，誤。抄本常將『特』訛作『持』。

過夏雜録卷一

海寧周廣業[一]

［一·一］周易集解

唐李鼎祚作周易集解多避國諱。如以亨爲通，避肅宗諱；以豫爲逸，避代宗諱。小畜彖傳下載虞翻曰：『需上變爲巽，與逸旁通，就四之坤初爲復。』又曰：『逸坤爲自我，兑爲西，乾爲郊。』大象傳下載虞翻曰：『逸坤爲文，乾爲德。』『初九，復自道』下虞翻曰：『謂從逸四之初成復卦。』此數條皆謂[二]小畜旁通於豫也。全謝山卦變圖説不知爲諱，而改『逸』爲『遁』，因言：『旁通一例，以六爻對易言，乃虞氏有云「小畜與遯旁通」，是但以巽、艮相易而三陽不動，別是一法。則知游移變化，漢人已闢其端。而今但以咎宋儒，亦不考矣。』案：仲翔易注九卷自謂蒙先師之教，依經立注，又獨推荀爽知易，馬融、鄭玄、宋忠皆不及，固非漫無師承者。今其書略見于集解，其旁通並無兩卦相易之法。惠定宇易例引之皆作豫[三]，豈謝山所見本訛『逸』爲『遁』歟？但不應據以詆漢儒也。

［一·二］張洽春秋集注

元世經義取士，四書用朱氏章句集注，詩主朱氏，書主蔡氏，易主程、朱，兼用古注疏，春秋用三傳及胡傳，禮用古注疏。明洪武三年詔開科舉，其制略同。惟詩、書俱兼古注疏。春秋胡傳外，用張洽傳爲異。陳繹曾文説論科舉之文云：『禮雖主古疏，制度當訂以朱子經傳通解。又勉齋、楊復並有經傳集解，三書皆具，然後可考也。』又論讀春秋云：『朱子本説皆在張洽注，今科舉偶不及此，蓋事實在左傳，論辯在公、穀，斷以胡氏，而取朱子語録及張洽之説折衷之可也。』觀此知當時定制，雖諸經各有所主，仍聽作者旁參博採。張洽所著名春秋集注，汪克寬胡氏纂疏多録其説，以元儒甚尊信之故，明初遂用以取士也。乃其後止用胡傳，不特〔四〕張書高閣，並三傳亦不復用。易專取朱義，禮記改用雲莊集説，而科舉之文日益淺陋矣。洽字元德，號主一，清江人。

〔一·三〕奇智

易臨：『六五，知臨，大君之宜，吉。』李杞詳解云：『鳳有利觜，衆鳥不賓。麟有利角，衆獸不馴。君有奇智，天下親。』此六句如古箴銘，惜未詳所出。

〔一·四〕孳尾

虞書：『鳥獸孳尾交接曰尾。』説文『尾』亦訓『交接』。案：毛羽之族，除鶴雌（雄）〔雄〕〔五〕相視而生，兔望月而生，其餘交接無不在尾者。古人格物之精如此。史記改爲『字微』，『字』義同『孳』，『微』字無義。注家亦不能釋。日本有古文尚書『孳』作『孚』，彼自以爲無考，蓋譌體也。

〔一·五〕良書

抱朴子有古强者云：『孔子嘗勸我讀易，云此良書也。某竊好之。』論語讖：『孔子讀易，韋編三絶，鐵撾三折，漆書三滅。』

〔一·六〕七經、孟子異同

日本山井鼎作七經孟子考文，物觀爲補其遺，石之清平義，質木晟〔六〕校之。鼎自言得古本七經及孟子，係唐以來博士所傳寫，又足利學所藏有宋板五經正義，其經文注疏多與今異。因取汲古閣本注疏，參以正德、嘉靖、萬曆注疏及永懷堂注本，詳考同異，其所述凡例，余既具載之四部寓眼録矣。宋板易、書、禮記最佳，毛詩、左傳差劣。知亦爲宋者，以是書爲明洪、永間彼國〔七〕永年間人上杉安房、守藤原實所捐故也。左傳大抵與永懷堂〔八〕同，詩篇題下有『附釋音』三字，與正德本同。禮記大抵與陳澔集説本同，惟古本經文有絶異者。原書計二百卷，今除注疏及改正汲古訛字與夫增損語助俱不録外，略記以資博聞。易乾『惑躍在淵。』文言『故或之』同。反復之道也，可與言幾也。坤『履霜，至堅冰。』文言『天地之雜色也，草木蕃茂。』蒙『童蒙來求我』，以亨行得時中也。需『自我致戎。』小畜『尚德積載。』泰『以其彙往。』隨『動而説，大亨利貞。』噬嗑『履校滅趾，荷校滅耳。』无妄『天下雷往，不耕而獲象。』井『井渫不食，其行惻也。』巽『嚬巽吝。』渙『用拯馬壯，吉，悔亡。』下繫『貞於一者也。』恒『先雜而不厭其用，柔得中也。』説卦『巽東南方也，爲堅爲多，節。』序卦『故受之以習坎，乖，必有所難，物不可也以終動，動必止之，節而後信之。』尚書首卷有古文考，即所謂古本，亦足利學所藏者，古文字體太奇，山鼎疑是唐初隸書。謂玄宗嘗命衛包改從今文，而此其未改之原文也。然如虞書作『玆昬』，『協和』作『叶咊』之類，彼亦自言無考，或云偶誤，或云字書無所見，僻處不文之徒，展轉書寫，而大失其真者，則亦難盡取信也。其異同者，虞書『敬授民時，汝羲暨和。』後凡『汝』字並同。舜典『班五瑞於群后，誰若予工，聲依咏。』大禹謨『弗虐巳告。』巳，『亡』誤，與『無』通用。『九功惟序，九序惟歌。帝初耕于歷山。』皋陶謨『五禮五庸哉！五服五彰哉！』益稷『明試以功。』今『試』作『庶』。『曰往欽哉。』無『帝拜』二字。禹貢『東迆北會于滙。』胤征『惟中康肇位四海。』湯誥『罹其凶虐，乃亓有終〔九〕。』凡『厥』多作『亓』，古文『其』字。伊訓『玆惟難哉！』太甲上『萬世有孠。』古『嗣』字。咸有一德『厥德匪常。』盤庚上『至於今五邦曰由乃在位，小民之攸箴，悉至于朝廷，依福依災。』盤庚中『作丕刑于朕子孫。』説命上『弗言臣下，亡攸稟令。』説命下『朕小子舊學于甘盤，一夫弗獲，則曰：時，予〔一〇〕之罪！』泰誓上『致天之罰。』泰誓下『斮朝涉之脛，割賢人之心。』案：斮、割，必傳寫之誤。武城『師逾孟津。』洪範『明曰哲，無偏無頗。』唐開元中以音義不協，敕改『陂』。則此似唐以前書。五者是來備。金縢『禾則盡偃。』大誥『惟累我幼冲人，以于撫寧武〔一一〕寧功，王曰：「嗚呼！肆告我庶邦冢君。」』康誥『今治民將在祇遹乃文考。』酒誥『惟曰：化我民人，無於水鑑。』下『民鑑』、『大鑑』，梓材『啓鑑』同。召誥：『敦拜手稽首。』敦，古文『敢』字。『禼面稽天若。』禼，古『禹』字。『比迩于我有周御事。』迩，即『邇』字。〔一二〕洛誥『孺子其朋，慎其往巳乎，汝惟冲子惟終。』多士『誕淫厥洪罔顧，爾今又曰。』無逸『厥子亦不知稼穡之艱難。』『自殷王及中宗，及高宗，下及祖甲。』君奭『亦惟純佐秉德，明我畯民。公曰：嗚呼！篤棐時二人。』周官『弗畏入可畏。』君陳『惟孝友于兄弟。』顧命『師修大辨。』今作『率循大卞』。『一人冕執鉞鋭。』君牙『小民惟日怨咨，率乃祖考之道行。』冏命『今予命汝作大僕，正無暱于憸人。』吕刑『越兹麗劅。』文侯之命『父誼和。』費誓『敹乃甲胄。』秦誓『若弗員來鮎鮎猗。』毛詩風卷耳『陟彼高崗，酌彼兕觥。』字書『兇』同『兕』。七月『稱彼兕觥』又作光，此定偶異者，姑録之。後如『薄言旋歸』、『鶺鴒在原』之類皆不録，可以類推也。殷其雷『莫敢或遑處』、『莫敢或遑息』。柏舟『寤擗有摽。』君子偕老『胡然如天也？胡然如帝也？』君子于役『曷其至哉。』兔爰『尚寐無聽。』羔裘『彼己之子。』山有扶蘇、椒聊同。廣按：揚之水：『彼其之子。』鄭箋云：『其，或作記，或作己，讀聲相似。』崧高：『往近王舅。』箋云：『近，辭也。聲如「彼記之子」之「記」。』古本『記』作『己』，今本作『記』，羔裘等篇作『其』。溱洧『維士與女』、『殷其盈矣』。葛屨『婉然左僻』。椒聊『遠(脩)[條][一三]且』。綢繆『見此邂覯』。采苓『人之僞言』。終南『有樤有梅』。衡門『可以瘵饑』。素冠『勞心團團』。侯人『荷戈與祋』。無羊『荷簑荷笠』同。七月『九月俶苴』。破斧[一四]『四國是訛』。九罭『無使我心西悲兮』。小雅皇華『我馬維駰』。車攻『徒御不警』。斯干『濊濊其溟』、『乃寐乃興』、『載弄之璋』。節南山『璅璅姻亞』。十月之交『噂嗒背憎』。小弁『鞫爲茂草』。無將大車『維塵壅兮』。小明『日月方燠』。桑扈『兕觵其觩』。頍弁[一五]『實維何期』。采緑『不盈一掬』、『六日不瞻』。白華『歗歌傷懷』、『念子懆懆[一六]』。大雅大明『諒彼武王』。皇矣『侵邗徂共』。假樂：『匪懈于位』。公劉『既景既岡』、『取厲取鍛』。板『辭之繹矣』、『民方殿屎』、『喪亂蔑貨』、桑柔『國步蔑貨』同。『天之誘民』。桑柔『具禍以燼』、『職諒善背』。雲漢『矜矜[一七]業業，赫赫炎炎』。烝民『天臨有周』、『仲山甫征齊』。瞻卬『婦無與公事』。頌我將『維天其佑之』。時邁『實佑序有周』。執競『降禄簡簡』。雝『既佑烈考，亦佑文母』。閔予小子『煢煢在疚』。般『溥天之下』。有駜『歲其有矣，以詒孫子』。那『嘒嘒管聲，既和既[一八]平』。殷武『歲時來辟』。春秋左傳：僖二十五『公用享于今天子之卦也。』宋板正、嘉本同。僖三十三『猶秦之有具囿也。』襄九『使皇鄖命校正出馬。』足利刊本山井鼎曰崇禎本上下諸文『校』皆作『較』，字同，今不悉記，當以意求。廣案：此避思陵御名，非誤也，鼎未之知耳。此書所載異同，皆汲古字誤，不足記，汲古别刻左傳杜注，讐對甚精，與此古本正同也。禮記：曲禮『是以聖人作，爲禮以教人，而況於富貴乎？見父之執友，凡爲長者攢之禮，客踐席，主人乃坐，言必則古昔，酒漿處右。』宋板足利同。『受于樽所，左蒼龍。』檀弓『服勤致死，吾寡於兄弟，而弗忍除也。非疾病也，喪事欲其提提耳，子盍慎諸？懸子瑣曰：君子以爲沽也，歛手足形還葬而無槨。司徒敬子使旅歸，四布與君妻之喪，是日禫，石祁子得兆，三家視植楹，使子貢問之。』孔子過泰山節『而暴人之錮疾子。』王制『大學在東郊不變王屏之遠方，凡三王養老皆别年。』月令『宿離不貸，稱兵必有天殃，上丁命樂正入學習舞，釋菜。螻蟈鳴，鴟始鳴，習鐘、磬、柷、圉，木槿榮，命大理瞻傷，菊有黃華。是月也，察阿黨，地氣且泄，无有不禁。』曾子問『相識者有喪服，周公曰：「豈不可乎？」』文王世子『其在軍旅。』禮運『夏則居橧巢』，足利本同。家語問禮篇亦作橧，字句解音曾。『法無常而禮無別』，足利本『舍禮何以知哉！以四時爲柄，故人情可睹也，故事有守也』。禮器『大夫再重，士不重，有美而誠若，奏肆夏而送之。』玉藻『爲己傑卑』，足利同。廣案：石經作係，避唐太宗諱。『入太廟説笏，非古也』，『主人置其爵，今作『自置其醬』。自容瞿瞿』。喪服小記『婦人當喪而出則徐之。』少儀『受立，授立不坐。皆臚而不切。』學記『罕譬而善喻。』樂記『是故大人奉禮樂五成而分陝』。雜記『視君之母與妻，既祥而從政，於是乎書』。無上『士喪禮』三字。喪大記『即位絹則使人執之』。祭法『夫何恍恍惚惚之有乎？孝子如執圭』。祭義『未有賈年者循乎軍旅，夫人受尸執足』。經解『雖有治民之意，而無其器，歲時以敬發祭祀』。仲尼燕居『閨門之內，三族失其和，官失其體，前吾不語女乎？昭然各發矇矣』。坊記『所以厚敬也，東鄰殺牛以祭，大斂於阼階，示民不敢自專也』。中庸『其惟文王乎？』表記『仁者有三：天子有道以筮』。緇衣『小民惟曰怨』。奔喪『觸地無容』。深衣『可以爲擯相』。投壺『請慶多筭』。大學『如見肺肝然。爲人臣者，爲人父者，人之其所親，愛而譬焉。下五句同。若有一介臣』。聘義『貴其能行禮也』。論語皇侃[一九]義疏、古文孝經中原並有，刊本故不復記。論語文異尤多，已另録。山鼎自言：『文獻通考稱石經『舉一隅』下有「而示之」三字，「三人行」上又有「我」字，今皇疏相同，可證爲古本。』廣案：黄伯思東觀餘論云：臨漢石經與今本不同者殊多，其論語有曰『意與之』與『孝于惟孝』、『朝聞道，夕死可也』、『是魯孔丘與』、『曰：「是知津矣」』、『櫌不輟』、

『子路行，以告，子憮然』、『置其杖而耘』、『其斯以乎』、『譬諸宮牆』、『賈諸』、『賈之哉』。洪适隸釋載石經論語同異尤詳。今皇疏『孝于惟孝』、『譬諸宮牆』正與漢石經合。又古文孝經每章計其字數與東觀餘論、隸釋所稱論語後云凡二十篇萬五千七百一十字亦相似，謂爲古本，洵不誣也。孟子異同已載孟子四考，兹亦不複述云。

［一·七］穀、小穀是兩地

春秋莊七年：『夫人姜氏會齊侯於穀。』杜注云：『齊地。』三十二年：『城小穀。』杜注云：『齊邑，濟北穀城縣，中有管仲井。』春秋地名曰：『穀、小穀二名屬齊地，在濟北。』續漢書郡國志：『東郡穀城。』本注云：『春秋時小穀，有嶲下聚。』劉昭補注亦引杜注證之。案左氏：『城小穀。』傳云：『爲管仲也。』杜注：『公感管仲之德，故爲管仲城，私邑。』此蓋據昭十一年楚申無宇之言曰『齊桓公城穀而寘管仲焉，至於今賴之』。故左氏繫其文於此。而杜阿其意耳。同時范寧注穀梁固云：『小穀，魯邑。』宋泰山孫明復作春秋傳云：『曲阜西北有小穀城。』則小穀非即齊之穀，甚明。春秋之例，内城書地，如隱七年『中邱』、九年『郎』，桓五年『祝邱』、十六年『向』，莊二十九年『諸及防』，襄七年『費』之類。今小穀之城與中邱等正同。穀梁所謂『凡城之志皆譏』是也。杜氏亦知其不合，而曲爲説云：大都以名通者，則不繫國。然春秋書穀不一，自莊七年以後，二十三年『遇穀』，文十一年『盟穀』，宣十四年、成五年皆『會穀』，成十九年『至穀』皆不連『小』字，即申無宇，亦祇言城穀，安得謂小穀爲大都，以名通者乎？又僖二十六年：『春，齊人侵我西鄙，公追齊師至酅，弗及。冬，公以楚師伐齊，取穀。』左傳曰：寘桓公子雍於穀，易牙奉之以爲魯援，楚［申］公叔侯戍之。明年，楚子使申叔去穀。晉文公出穀戍即此。蓋穀在魯之西，與魯壤地相接。酅即莊三年『紀季以之入齊』者。又有周首，即文十一年傳所稱『齊公子成父獲長狄榮如，埋其首於北門』者，皆與穀密邇，而魯亦自有穀，嫌與齊同，故加『小』以別之。齊之穀，魯嘗取之，而卒不能有。文十七年：『夏四月，齊侯伐我西鄙。六月，公及齊侯盟于穀。秋，公至自穀。』其爲齊地自若也。小穀，魯自城之，於管仲無與也。穀地當秦楚之際謂之穀城。史記項羽本紀『以魯公禮葬於穀城』是也。漢地理志東郡無此縣，唯臨邑注云：『莽曰穀城亭。』東漢及晉皆曰穀城，宋爲東平州東阿縣。見張洽春秋集注。不得與小穀混而爲一。

［一·八］一體

儀禮士喪禮傳曰：『父子一體也，夫妻一體也，昆弟一體也。故父子首足也，夫妻（胖）［胖］合也，昆弟四體也。』數語親切有味。又『曾祖父母』傳曰：『何以齊衰三月也？小功者，兄弟之服也，不敢以兄弟之服服至尊也。』據前文，昆弟齊衰期，此何以言小功？今爲曾祖父母齊衰五月，俟考。

［一·九］甥舅

爾雅：『姑之子爲甥，舅之子、妻之昆弟、姊妹之夫皆爲甥。男［二〇］子謂姊妹之子爲出。』

今稱甥者專屬姊妹之子，而妻之舅弟稱舅，姑舅之子、姊妹之夫無稱甥者矣。然爾雅又言：『謂我舅者，吾謂之甥。』則妻之兄弟稱舅，實因姊妹之夫稱甥而起。

〔一·一〇〕晉文公娶齊女

崔星洲應榴著攤飯鳩譚六卷，中言左傳晉重耳妻姜氏有殺妾滅口、謀醉遣行之功，而得國後，齊既不能如季隗之送晉，又不能爲嬴氏之迎，以爲憾事，並疑姜先已物故。余舊作咏史詩亦曾議及此。然姜氏實非嬴氏之比並，不可與季隗例論。古人敘事詳略皆有深意。季隗者，本文公正妻，其子以嫡長稱伯儵，後叔隗爲內子，而季隗以文嬴故，竟不得爲夫人。伯儵、叔劉以狄人之請不得爲嗣君，其後並不爲趙成季〔二一〕議立所及。蓋二子初不虞文嬴無出，又以晉詛無畜，故甘仕狄而不悔。此其大者，史不得而略，且左氏之文照應緊密，如記季隗請待之言，即爲狄歸季隗張本。記秦伯納女五人，懷嬴與焉，即爲後逆夫人嬴氏及辰嬴一嬖張本。亦有事無明文，而讀其全書可以意會者，如秦伯納女不可謂即簡璧五人，不必言中有夫人，晉侯逆夫人，不必言並逆懷嬴。齊姜氏之歸晉亦猶是耳。林堯叟於『齊桓公妻之』下注曰：『以宗女妻之。』明非宗女，則齊桓雖前死，其女當不在秦下。文公雖欲得寵忘舊，不可得，亦善于設想者，然以趙、孟、班在九人思之，夫人文嬴一，襄公母偪姞二，季隗三，杜祁四，辰嬴九；其五、六、七（八），秦女，復去其三；又其一安知非姜氏乎？姜氏大節度無踰于勸公子行者，則其他自可不詳。後之史家唯馬、班得其遺法，次則承祚。若晉書、南北史煩瑣冗雜，有近小說，正坐不知省文耳。

〔一·一一〕書社

四書釋地説書社詳矣。大戴記千乘篇有曰：『千乘之國，受命于天子，通其四(彊)〔疆〕，教其書社。循其灌廟，建其栗主。設其四佐，列其五官。處其朝市，爲仁如何？』則知當時諸侯無不有書社者矣。

〔一·一二〕大戴禮文法

大戴禮四代篇：『子曰：「群然，戚然，頤然，睪然，踖然，柱然，抽〔三三〕然，首然，僉然，湛然，淵淵然，淑淑然，齊齊然，節節然，穆穆然，皇皇然。」』連用十六『然』字，又下六『然』字，上多叠字，古今絶奇文法。荀子非十二子篇亦連用『然』字，但較少耳。

〔一·一三〕論語

古書策皆長二尺四寸，獨論語一尺。周尺短，實止八寸。蓋弟子共紀孔子之言行，省懷持之便也。見論衡。

〔一·一四〕青桐

月令：『桐始華。』此青桐，非梧桐也。青桐三月開花，淡紅色而無子。爾雅所謂榮桐木也。梧桐四月開淡黄小花而多子，爾雅櫬梧是也。陶隱居曰：『桐有四種：青桐，葉皮青，似梧而無子。梧桐，色白，葉似青桐而有子。白桐，與岡桐無異，唯有華子爾。岡桐，無子，材中琴瑟。』埤雅非之，反以青桐爲即今梧桐，謬矣。余辛丑晚春入南山省墓，見有花滿樹，艷若朝霞，全未有葉，山中人呼爲青桐。南越志：『青桐，花似木綿，而輝薰過之，最善名狀。』本草衍義謂梧桐即月令之桐，尤□。

〔一·一五〕斗筲

論語『斗筲之人』鄭康成注：『筲，竹器，容斗二升者也。』皇侃疏：『言小人量小如斗筲。』案：方言：『著箭，陳、楚、宋、魏之間謂之筲，或謂之籝。自關而西謂之桶檧。』又曰：『箯，南楚謂之筲。』蓋盛米之器，以竹爲之，故字從竹。顏師古注漢書『桓寬曰：「斗筲之徒」』云：『竹器，容一斗。』注敘傳『斗筲之子』云：『斗筲，小器也。』亦與注疏略同。百官表云：『百石以下有斗食佐史之秩。』師古注外戚傳云：『斗食謂佐史也，言祿少，一歲不滿百石，日食一斗二升。』薛宣以大司農斗食屬察孝廉，補不其丞，則斗者食祿之數也。戰國策：『應侯謂昭王曰：「今邑中自有斗食以上。」』史記始皇紀：『王翦使斗食以下什推二人從軍。』據此則斗筲之人乃言今之從政者，名爲大夫，實不過食斗筲之材，祿浮于人，素餐素飽，何足齒數，非言其器小也。後漢：『郭林宗世貧賤，母令給事縣吏，林宗曰：「大丈夫安能下從斗筲之役？」乃就屈彦家學。』此其明證矣。

〔一·一六〕蔀首正月小

陳厚耀春秋長曆云：『僖五年傳：「正月辛亥朔日南至。」杜氏曰：「朔旦，冬至曆數所始。」孔氏曰：「曆之上元，其年十一月朔旦冬至，至十九年閏月盡，復得十一月朔旦冬至，是爲一章。」漢律曆志據此爲一部之章首，考春秋曆者，皆緣此溯前推後，以知春秋二百四十之曆。然是年正月辛亥朔、九月戊申朔，以月法大小相間之數推之，則正月朔得辛亥，九月朔當丁未；九月朔得戊申，則正月朔必壬子。若正二月頻大、三月復得辛亥則合，或此兩朔之間有二月頻大者亦合。然章首之年必無頻月而大者，不知杜編長曆何於此並無疑也？因思古曆家最忌蔀首正月小，唐人猶有此説。故借前蔀末閏月大之三十日入正月朔日，則蔀首正月大，是以至、朔分齊之末日爲蔀首至、朔之始日也。依此推之，則僖五年之朔始合。終春秋之世，朔日合者共二十餘，其不合者亦多，或差一二日，則是閏法乖次之故也。』廣案：治曆必推曆元，而元實章蔀之積也，其時日節刻，不容有毫釐之差，故精於推算者，千歲日至可坐而知，若謂之蔀首而冬至合朔，乃借前蔀末閏餘之日，恐無是理。余於曆法甚疏，無以糾正之，録其言以質明者。

〔一·一七〕杞桓公

春秋杞桓公姑容即位於魯僖公二十四年，卒于襄公六年，實享國七十年。桓公爲成公弟，成公在位七八年，桓嗣立之日，年必在二十内外，又娶魯莊公女伯姬，計其壽可百歲，此春秋所僅有。次惟齊景公在位五十八年。

〔一一·一八〕外弟外妹

檀弓稱同母異父之昆弟。左傳成十一年：『聲伯之母嫁於齊管于奚，生二子而寡，以歸聲伯。聲伯以其外弟爲大夫，嫁外妹于施孝叔。』『外』字甚有意。又定五年：『秦遄奔齊。』杜注：『秦遄，平子姑婿。』漢書霍光傳：『（昌邑王）獨夜設九賓温室，延見妹夫昌邑關内侯。』姑婿、妹夫正堪作對。

〔一一·一九〕費惠公

曾子書雜篇：『魯人攻費而責其罪，曾子謂費君曰：「請出遊，姑無使狗豕入吾宅也。」費君曰：「寡人之於先生厚矣，今寡人見攻，而先生去之，安能爲先生守宅也？」曾子不答而去。及魯攻費，責費之罪者十，而曾子所陳者九。費君復修曾子之舍而後迎之。』見金仁山孟子集注考證。案：此事亦見説苑。『費』作『鄪』。曾子書早佚，宋劉澄集者有雜篇，仁山所見當即是本。餘詳四書釋地『費惠公』條。

〔一一·二〇〕論語人名

金仁山論語集注考證問采旁説。如論〔二三〕長沮、桀溺云：『古之隱〔二四〕者不以姓名自見，人亦不得而知之。若荷蕢、晨門、荷蓧丈人，皆以物與事名之。獨長沮、桀溺若名氏，長、桀〔二五〕古無此氏，而名皆從水，蓋二人耦耕於田，其一長而沮洳，其一〔二六〕桀然高大而塗足，故因以物色名之，猶荷蕢丈人云爾。』又曰：『説者謂虞仲隱逸于夷，故曰虞仲夷逸。朱張即周章，武王求之不得，故亦謂之逸民。』案：左傳僖二十九年『長牂守門』注：『長牂，衛大夫，姓苑。』漢有桀龍，則不得云無此氏，夷逸尤鑿，或以夷仲年等爲證，亦非。

〔一・二二〕衛宣公

容齋隨筆説二子乘舟詩云：左傳宣公蒸於庶母夷姜，生急子，屬諸右公子，爲之娶於齊，而美，公取之，(生)爲宣姜，生壽及朔，屬諸左公子。夷姜縊，宣姜與公子朔搆急子，公使諸齊，使盜待之莘，將殺之。壽子告急，使行，不可。壽子載其旌以先，盜殺之，遂兄弟並命。案：宣公於魯隱四年立，至桓十二年卒，凡〔二七〕十九年。姑〔二八〕以即位之始便成蒸亂，而伋即以次年生，勢須十五歲始娶，既奪之以生壽、朔，朔能與母搆兄，壽能代兄使，非十歲以下兒所能辨。然則十九年間，如何滴破〔二九〕？此最難曉。廣案：宣公蒸亂雖不可知其何時，以情勢揆之，其在桓公即位之初乎？其時州吁弄兵，石碏請老，君夫人賢而失位，宮闈之事孰與知防？方晉之立，衛人逆之于邢，安知不以上淫之，故不能安于其國而奔于邢耶？且宣公奪伋妻以前，不聞先有所娶，是即位之日夷姜已正位中宮，而伋爲適子，故以屬右公子，猶晉獻公蒸齊姜所生太子申生也。迨宣姜生壽、朔，屬左公子後，夷姜乃不勝其忿而縊。觀其字曰夷，必宣公謚之明矣。以此推之，桓公在位十六年，伋年大略相當，其娶于齊，而宣姜生子，在宣公即位之一二年，伋死當在十八九年。則朔、壽年皆十六七矣。似無甚難曉也。郊亭偶見謂『若在宣公未在位時，其父莊公、兄桓公必不赦之，敢復以蒸子屬右公子哉？』春秋逆公子晉於邢，未有已爲公子而子復稱左右公子者。其説似辨，不知屬子之事乃在宣即位之日，其始私育之子方自諱匿，何敢屬人，人亦豈肯受其屬也？至云不赦則更迂甚。左傳所紀蒸淫通報多矣。宣公卒後，齊人强使昭伯蒸於宣姜，屢生戴公、文公等，墻茨、鶉彊詩諸通國公言無忌，其誰斷斯獄耶？然宣公之淫於上下，其醜于春秋爲最，昭伯之事亦天道之好還，而戴、文及齊子、宋桓夫人、許穆夫人諸賢子女皆出于淫亂之父母，此真不可曉矣。

〔一·二二〕宋儒説經

黄澤易學濫觴云：説周易者漢儒至虞翻皆欲明象。王輔嗣始創忘象之論，學者宗之。伊川又據易以明理。其後説者皆務明經，不專守師説。晦庵之於程、張，蔡節齋之於晦庵，徐機、劉彌劭之於節齋並有異同，各出新意。比漢魏諸儒各主一師，黨同伐異者，大不侔矣。其意蓋以師承爲專固，恐不可爲訓。後閲黄宗炎周易尋門餘論則極辯〔三〇〕宋學自出師心，不特抹倒漢魏諸儒，連文、周、孔子俱欲駕軼其上，故其言曰：弟〔子〕過於師方能傳受。此釋氏之弊，宋儒因之，皆欲智過於師，各創一説，以罩聖人之上，如以無極加太極，編四書以壓六經，又集大學章句以冠四書，削詩序而别爲臆説，凡此之類，皆破壞吾夫子之規矩準繩，而别尋至理大道者，乃釋氏之『佛來也打，祖來也打』，避其名而行其實者也。古來善學孔子者無如孟子。孟子祇言私淑，又言願學。近聖居，去聖未遠，兢兢步趨猶不敢自處見知、聞知之列，何後世學孔子者不特輕忽孟子之私淑，而並欲補孔子之不逮，豈非受過師一語之誤耶？此實快論、至論，説經不宗漢學，非支離即繁蕪，無或可也。

〔一·二三〕尚書砭蔡編

尚書蔡傳之誤，宋末已有譏之者。袁仁砭蔡凡數十條，皆有確據。獨舜典云：『東晉梅（頤）〔賾〕一段全用孔氏疏，檢晉書無之。惟隋經籍志載此事。又查姚乃姚興，其「方」字連下讀，「大航」原作「大桁」，其謬誤如此。』廣案：隋志：古文，梅（順〔三一〕）〔賾〕『奏上，時又闕舜典一篇，齊建（興）〔武〕中吴姚興方於大桁市得其書奏上，比馬、鄭所注多二十八字』。就其文『方興』誤倒，洵然，必連下讀，亦未盡爾。且五代志唐人所撰，穎達當自有據，不得以今本繩之，大航頭係建康地名，梁書武帝紀：『大航以西新臺以北。』字正作『航』，未可爲謬誤也。

〔一·二四〕書傳會選

書傳會選音釋最詳核。如洪範『庶草繁廡』之『廡』古文但作『無』，音武。而『有無』之『無』但作『无』與『亡』。後人既以『無』爲『有無』之『無』，故書經今文加『广』以別之。『廡』乃堂下周室之名，音同而義非矣。説文作『橆』，注引書作『庶草繁無』，『無』即『橆』字，後人省兩『木』爲四點也。當以説文爲是。又金縢『啟籥』之『籥』與『鑰』通，即今鎖也。鄭玄易緯注：齊魯之間名門户及藏物之管曰籥。周禮『管鍵』、左傳『北門之管』〔三二〕亦皆訓籥，如黄鐘之龠〔三三〕，容千二百黍，即黄鐘之律管長九寸者也。鎖形如管籥，空中以受鍵，故或名管，或名籥，字皆從竹，以形如竹管也。『鑰』字从金，以金爲之也。蓋鑰是鎖筒，鍵是鎖須，搢鎖中以搏鍵者，即今之鎖匙也。禮記月令注以鑰爲搏鍵器，故禮記注疏及周禮疏皆承其誤。

［一・二五］子西、伯氏

論語：『問子西。』古注：『馬曰鄭大夫。或曰楚令尹子西。』集注用或説。金仁山考證謂：『是時未有白公之敗。案：白公之敗在哀十四年。而其遜國改紀有可取者，故或舉之，與子産、管仲同問。』經典稽疑曰：『左傳子西，子駟之子公孫夏也。良霄戮，子西亦死。』荷亭辨論云：『子産、子西詞意連屬，若爲近是。』此用馬氏前説也。『奪伯氏駢邑三百』，仁山云：『當以「伯氏駢」爲句。左傳管仲封於穀，不言駢，疑是人名也。』然皇侃疏固言伯氏名偃。漢書地理志『齊郡臨朐縣』注：『應劭曰：「臨朐有伯氏駢邑。」』則金説爲鑿矣。

［一・二六］經典稽疑

論語集注有兩節最可疑。事親不敬，固不可言孝，擬以犬馬，則非倫。管仲相桓誠有功，而遂謂桓公兄，子糾弟，應被其殺，則失誣。讀陳晦伯經典稽疑乃始豁然。按：『子游問孝』章包咸注：『犬以守禦，馬以代勞，能養人者也。一曰：人之所養，乃能至於犬馬，不敬則無以别。』觀其所列前後，自以犬馬養人爲正説。自朱子偏取後説，金仁山考證不敢異論，遂云辭氣非以貴賤尊卑懸絶者爲言，則無以見不敬之罪，重以不敬爲無别，充類至義之盡也。夫子游在聖門號稱學道，即敬有未盡，夫子亦何至爲此駭聽之言？稽疑從古注前説而爲之博引以證之。束廣微補亡詩：『嗷嗷林烏［三四］，受哺於子。養隆敬薄，惟禽之似。』魏書『陸麗封平原王以讓父，啟曰：「愚款〔三五〕之情未申，犬馬之效未展，願裁過恩，聽從所請。」』唐書：『馬周疏云：「臣不幸，早失父母，犬馬之養，已無所施。」』文苑英華李嶠爲武攸寧辭奪禮表云：『用伸犬馬之願，獲遂烏鳥之情。』又爲獨孤氏請陪昭陵合葬母表曰：『犬馬含識，烏鳥有情，寧懷反哺，豈曰能養？』宋王豐甫辭免起復表云：『犬馬之養未申，風木之悲累至。』則知南宋以前固無有從包氏後説者矣。子糾、小白事，三傳本是明白：左傳莊九年書公伐齊，納子糾、小白入于齊，糾獨稱子，與子同、子赤一例，則固許其爲子矣。公、穀雖止書納糾，而穀梁傳曰：『齊公孫無知弑襄公，公子糾、公子小白不能存，出亡。齊人弑無知，迎公子糾，小白不讓公子糾，先入，又殺之于魯。故書曰「齊小白入于齊」，惡之也。』公羊曰：『其言入何？篡詞也。其稱子糾何？貴也。其貴奈何？宜爲君者也。』則其孰兄孰弟，不待智者知之矣。故皇侃義疏直云：『小白殺庶兄子糾于生竇。』宋程子乃强據公、穀納糾之説以作春秋傳，又以漢書淮南王傳薄昭言桓公殺弟以安國人，遂斷以爲桓兄糾弟。胡傳因之，謂左傳言子糾君子，以公、穀爲正，故不書『子』，明不當立。小白繫之齊，明當有齊也。此與公、穀傳文顯相矛盾，安足信乎？稽疑首引管子曰：『齊僖公生公子諸兒、公子糾、公子小白。』此書固不盡出夷吾之手，其説必有根據。又引莊子盜跖篇：『昔者桓公小白殺兄入嫂，而管仲爲臣。』韓非子：『桓公，五伯之上也，争國而殺其兄，其利大也。』荀子仲尼篇：『桓公前事則殺兄而争國，後事則詐邾襲莒。』越絶書『管仲臣於桓公兄公子糾，與桓争國』云云。史記：『初，襄公誅殺不當，群弟恐禍及，故次弟糾奔魯，其母魯女也，管仲、召忽傅之；次弟小白奔莒，鮑叔傅之，小白母衛女，有寵于僖公。』說苑尊賢篇：『或曰：將謂桓公仁義乎？殺兄而立，非仁義也。』又：『齊桓公欲鑄大鐘昭寡人之名，鮑叔曰：「昔子糾在上位而不讓，非仁也。」』尹文子：『齊人弑襄公，立公孫無知，既而無知被殺，二公子争國。糾宜立者也，小白先入，故齊人立之。』又淮南王傳『薄昭云云』注：『韋昭曰：「子糾，兄也，言弟者諱也。」』然則糾弟、桓兄之說，漫無依據。何程子之說，胡氏、張氏、朱子皆從之耶？晦伯以爲玩物喪志之言痼于中，蓋亦病其不考。但此二條皆關于父母兄弟之大者，故稽疑可録者頗多，而是尤緊要，亟録之。

〔一·二七〕天帝

左傳僖十年：『晉狐突適下國，遇共太子，告之曰：「夷吾無禮，余得請於帝矣。將以晉畀秦，秦將祀余。」』成三年：『趙嬰齊夢天使謂己：「祭余，余福女！」』帝而可請，天而有使，非天神而何？何休公羊傳注曰：『帝，天皇大帝，在北辰之中，主總領天地。五帝，群神也。』緯書因立五帝之名，道家復著『玉皇』之號，亦踵增之勢也。夫申生，鬼也。其復請期以七日，若往來帝所者然，但所請雖云罰罪，而忽畀秦，忽敝韓，未免曲狥人情。若嬰齊淫亂瀆倫之人而祭，其得亡！是天以飲食之故爲禍福之施，似所不可，此士貞伯之所以言不識也。

〔一·二八〕春秋纂例

唐大曆中啖助字叔佐，爲春秋集注，右公、穀而詆左氏。其弟子趙匡、陸質偕其異裒輯之，號纂例，時吳人施士匄亦譔春秋傳。文宗嘗謂李石曰：『穿鑿之學，徒爲異同，但學者如浚井得美水而已，何必勞苦旁求，然後爲得耶？』文宗此言深得讀書三昧，今士匄書早佚，纂例尚存。

〔一·二九〕申祥、言思

鄧名世姓氏書辨證云：『檀弓：「申祥哭言思。」思，子游子也。祥，子張子，娶思之女。』禮記鄭注：『言思，子游之子，申祥妻之昆弟。』是因同學而結爲婚媾，不以陳、吳道遠爲嫌也。子張姓顓孫，此言申祥，鄭注云：『周、秦之聲二者相近，未知孰是。』趙岐注孟子但云：『申祥，賢者。』『祥』作『詳』。

〔一·三〇〕父在，爲母期

儀禮士喪服『父在，爲母期。父卒，則爲母三年。』所以期者，爲父降也，所以伸父之尊也。蓋夫爲妻期，父已除服，子不敢仍服衰絰以重傷父之志，惟心喪三年而已。徐原一曰：『雜記：「期之喪十一月而練，十三月而祥〔三六〕，十五月而禫。」注云：「父在爲母期。」則是古人於母既欲全父之尊，而減其三歲之期，又欲達子之志，而加其一時之服，名爲期，實則十五月，與終喪之時相去止十月耳。況又有心喪之禮，是服減而居喪之實無以異也。唐人欲增爲三年，謂何至與伯叔母同制，夫伯叔母之期，曷嘗有祥禫乎？』華天沐曰：『地統乎天，母統乎父，陰陽之大分，人道之大防也。故父在爲母三年，則嫌於無父，不得不屈爲期。聖人之制服也，順天地之理，定尊卑之分： 爲父苴杖而圓，所以象天； 爲母削杖而方，所以象地。爲父苴絰左，其本而在下； 爲母牡麻絰右，其本而在上〔三七〕。天左陽而升，地右陰而降，順陰陽升降之義，而亦示有别也。知地之不可同天，陰之不可敵陽，則知父在不得伸私尊于母矣。今以唐武后一悍妻暴母更百王之典禮，千百年莫之正。何後世之信周公、孔子不如其信武后也？然武后以來猶爲母齊衰，至明洪武易以斬衰，而父母之喪凡衰裳、帶絰、冠纓、杖、屨之制悉混同而無别，先王制禮之意蕩然無存矣。然而人心安之者，蓋父尊而母親。人之親其父常不如親其母，人之欲伸私尊于母常過于欲尊其父。是父尊于母者，天理之公； 同母于父者，人情之私。理之公不勝其情之私，宜武氏一易其制，後人不惟莫之正，且從而甚焉也。子夏曰：「知有母而不知有父，禽獸是也。」野人則曰：「父母何算焉？」夫父母何算，野人之論也。有聖人作，其於此必有不安者矣。』廣案： 此論仁至義盡，雖聖人復起，不易其言。考變禮之始，在唐上元元年，武后請之，開元二十年遂定議，爲母不論父存殁，齊衰三年。載于唐律。開元禮、宋政和禮書、書儀、家禮並同。明初嘗改依古制，至洪武七年著孝慈録，改爲斬衰三年，與父同，迄今仍之。但俗頹禮廢，其文彌盛，去實彌遠，爲妻名期，冠服如常，甚有尸未寒而更娶者矣。子名服斬，有飲酒食肉，御内無異平居者矣。齊斬之衰，貧者多代以木棉布，即有力者亦止于受弔、啟殯之日一用之，而三年之内唯玄冠、墨衣而已，誰復知禮意者？ 愚〔三八〕嘗謂古之期似輕而實重，今之三年似重而實輕，説禮及此，能無浩嘆哉！

〔一·三二〕生祖母服

錫山蔡敬齊德晉禮經本義喪禮注載一則云：漢景帝、晉安帝、魏廣陵王恭、北海王顥、薛神智皆爲生祖母服重，而明臧應奎爲南京車駕主事，以庶祖母喪求去，例不得持重，猶執私喪三年。然則生祖母應服期乎？應持重乎？華天沐論庶子爲父之母服期曰：『考喪服傳「妾爲其子期」，而于孫不聞爲之服。庶子爲其母三年，而其孫亦不聞爲之服。庶子之子爲父之母期，古未有也。夫禮，妾母之祭不及孫，故制服亦不及孫，未有爲之服期而廢其祭者也。小記曰：「妾母不世祭。」穀梁傳曰：「于子祭，于孫止。」未有廢其祭而爲之服者也。』又論庶子之子爲庶祖母承重曰：『古禮之亡久矣。獨父卒嫡孫爲祖父母承重，猶見古人重嫡之義。曰承重者，承先祖宗祧之重也。故家有三子，長子卒，則長孫承重，其餘次子卒，則次子之子不承其父之服。若以承重爲代父服斬云爾，則次子亦子也，次子之服亦斬衰也，父死子承則次子之子皆宜承其斬也。今次子之子不敢稱承重以並嫡庶子之子，顧敢承重以並祖庶母于祖母乎？且微特祖庶母不得承重而已，即祖母亦非概稱也。禮：祖父卒而後爲祖母，後者三年，自周公迄今未之改，故祖没然後爲祖母得稱承重，若祖在止爲杖期，不得稱承重也。况妾母而何承重之有？春秋之法，妾母卒，不赴，不祔于姑，子祭而孫不祭。祖庶母稱承重，是無嫡庶之辨也。』此二條辨證古禮極允，然以情理揆之，父爲所生母三年，而其子無服，似亦未安。則開寶禮家禮爲生祖母服期，疑可從也。至爲生祖母承重，固斷不可行，而事會遷變，亦有未可執泥者。廣昔館于王氏，有王功山者，與妻俱早卒，惟妾戈氏生一子，年甫二十，守志撫育，爲娶婦。未幾，子婦相繼死，爲撫嗣孫，嗣孫將昏又死，又爲撫嗣曾孫。及戈氏之没，族姻疑所服，質于余。余曰：此于禮律無明文，庶祖母尚無承重之例，焉有爲曾祖庶母承重者？然所嗣之祖，乃戈氏所出，則即生曾〔三九〕祖母也，嫡妻無子早亡，非戈苦節永貞，勉延似續，則功山血食早斬然矣。且二孫皆其所立，加之撫養。禮：士爲有子妾緦麻三月，是妾之升降全視其子之有無。如戈者使功山尚存，亦當進而爲之服，而况三世一脉，皆其所出乎？又禮有義服，慈母、養母亦斬齊三年，今之撫教甚於慈養而死不爲之服重，於禮律雖協，而於情理則大乖。惟是戈氏立繼非爲己也〔四〇〕，爲其主君、主婦也。二孫之入繼，亦非繼戈而繼其主君、主婦也。酌其名稱當曰生曾祖妣，而自稱曰持服嫡曾孫某。所謂禮以義起，庶幾兩得之矣。因閲前説，並記之，以爲禮之變，而不失其經者準焉。

〔一·三二〕漆雕開

墨子曰：『漆雕開形殘，孔鮒詰墨曰：「開形殘非行己之故，何損於德？」』

〔一·三三〕七年

論語：『善人教民七年。』孟子：『小國七年。』又曰：『七年之内必爲政於天下。』又曰：『七年之病。』趙岐注：『孟曰天以七紀，故云七年。』案：天以七紀出左傳，杜預注云：『二十八宿，四七是其旨也。』

〔一・三四〕衛孝公

孟子：『(孔子)於衛孝公，公養之仕也。』趙氏無注，朱子謂春秋、史記皆無之，疑出公輒也。金仁山曰：『輒拒父爲不孝，其臣諱之。以禮律：嫡孫當承重繼祖，不以父母命違王父命，故特以『孝』謚之，以掩其非爾。孔子久居於陳，至衛而輒脩地主之禮，受其公養之餽，一年而反魯。舊説孔子久居衛者，非也。』史記衛世家：『出公十二年，蒯聵入，孔悝立之，輒奔魯。蒯聵者，莊公也。立三年，晉伐衛，復出奔。衛〔四一〕立公子班師，爲齊所虜，復立公子起，石曼逐之。出公復自齊歸立，又二十二年卒。』然則出公雖拒父，其君于衛久矣，且繼祖之説衛人皆以爲然，子貢、冉有亦致疑于夫子之爲亦〔四二〕爲，而子路直以正名爲迂，其卒也，國人安得不爲之美謚哉？公羊傳亦以拒蒯聵爲尊王父也。

〔一・三五〕南面

論語雍也：『可使南面。』包氏注云：『言任諸侯可使治國政也。』集注：『南面者，人君聽治之位。』案：易繫：『聖人南面而聽，天下嚮明而治。』禮記大傳：『聖人南面而治天下。』禮器：『聖人南面而立。』鄭注：『南面立者視朝，是則〔四三〕非人君不言南面也。』周易尋門餘論説大篆『大』、『人』二字云：『「大」之爲文，象南面而立，正位而居之形；「人」之爲文，象拱手屈身，東向之形。』天下臣庶貴者東向，賤者西向，雖居家無敢正位南面者。唯人君則衣裳恭己向明而治。至秦漢尚然。項羽本紀：『項王、項伯東向坐，亞父南向坐，沛公北向坐。』時項幾天子自居，以義帝尚存，猶不敢南面也。亞父、沛公乃侍坐，不嫌其僭也。又韓信得廣武君，坐之東向，是信欲執弟子禮而求教于廣武，亦以東向爲極重也。周勃傳：『勃不好文學，每諸生説事，東鄉坐責之，趣爲我語。』言其不以賓主待諸生而自貴也。田蚡傳：『自坐東向，而坐其臣北向。』是則驕蹇若蚡，便見侍坐猶不敢南面也。夫子之許仲弓，竟稱其可爲王者也。廣案：黄氏據秦漢之法亦是一説。但尊君抑臣，實自秦始，坐見列辟，改置郡縣，漢以來因之。自謂爲天子之貴，其臣下專以東向爲重，恐非周制。禮記郊特牲曰：『君之南鄉答陽之義也，臣之北面答君也。』此『君』字兼諸侯而言，非必王者始南面也，當以包注爲正。

〔一・三六〕達巷黨人

史記孔子世家：『達巷黨人童子曰：「大哉，孔子！博學而無所成名。」』漢書董仲舒傳：『達巷黨人，不學而自知。』注：『孟康曰：「人，項槖也。」』案：淮南子脩務訓：『項託七歲爲孔子師，孔子有以聽其言也。』又説林訓：『項託使嬰兒矜以類相慕。』高誘注：『項託年七歲，窮難孔子而爲之作師，小兒聞之，咸自矜大。』孟康所云項槖當即其人。

〔一・三七〕堯舜並有九男二女

堯使九男二女事舜，人皆知之。舜亦有九子二女。吕氏春秋曰：『舜有九子，不予其子而授禹，至公也。』初學記：『舜納三妃，生九子。』帝王世紀云：『堯取富宜氏女曰女皇，生丹朱，又有庶子九人。』然則事舜者皆庶子也。舜妃娥皇無子，女英生。商、均二妃，堯女也。

又益比氏生二女：宵明、燭光。四書釋地謂伯益爲舜婿，不知所娶者宵明歟？燭光歟？

［一·三八］戰於甘，是禹

砭蔡編曰：『注稱啟與有扈戰甘之野。據書序、史記也。説苑子貢稱禹與有扈氏三戰，不服，脩德一年，有扈請服。莊子稱禹攻有扈國爲虛厲。逸周書亦稱有夏之方興，扈氏弱而不恭，身死國亡。墨子引甘誓之文則稱禹誓，然則戰于甘者禹也，非啟也。』廣案：淮南子齊俗訓：『昔有扈氏爲義而亡，知義而不知宜也。』高誘注：『有扈以堯舜舉賢，禹獨與子，故伐啟，啟亡之。』此亦可備一説。

［一·三九］葉公之顧命

禮記緇衣載葉公之顧命曰：『毋以小謀敗大作，毋以嬖、御人疾莊后，毋以嬖、御士疾莊士大夫卿士。』[四四]鄭注：『葉公，楚縣公，葉公子高也。』案：葉公諸梁，哀十九年尚存。孔子安得引其語？逸周書祭公解：『王若曰：「我聞祖不豫有加，注：『祭公於穆王爲祖列。』予維敬省。不弔天降疾病，予畏之威。公其告予懿德！」祭公拜手稽首曰：「天子，謀父祭公名。疾雖不瘳，朕身尚在茲，朕魂在于天。昭王之所勖，宅天命。」』注：『我魂在天，言必死也。雖魂在天，猶明王之所勉君天下之事也。』又公曰：『嗚呼，天子！我不則寅哉寅哉。汝無以戾厶罪疾喪時二王大功，汝無以嬖御固莊后，汝無以小謀敗大作，汝無以嬖御士疾大夫、卿士，汝無以家相亂王室而莫恤其外云云。』又曰：『嗚呼，三公！予雖不起朕疾，汝其皇敬哉！茲皆保之。』

是則此三言者，乃祭公謀父將死之日以告穆王及三公者也。『葉公』必『祭公』之訛。逸周書出於汲冢，班固謂是孔子删削之餘，其太子晉解稱晉巫公，使叔譽於周，是春秋後人所輯也。

［一·四〇］鯀陻洪水

孟子稱禹之行水，行其所無事。又曰：「禹之治水，水之道也。」蓋疏瀹決排以及浚川道水，止二『行』字盡之。而鯀之九載績用勿成，箕子抉其病，則在一『陻』字。孔傳曰：『陻，塞也。』祭法：『鯀鄣洪水而殛死。』山海經言鯀竊帝之息壤以堙洪水。博物志稱鯀填洪水障塞之。皆言其陻也。善乎！袁仁之言曰：『禹祇是疏浚，鯀祇是陻塞。』今河北有鯀堤無禹堤，此一徵也。既陻洪水，則木不得茂，土不得乾，金不得顯，火不得明。故曰『汩陳其五行』。然則治水者謂築堤之外别無長策，皆鯀之流也。

［一·四一］厥賦貞

砭蔡編曰：『貞者，隨所卜而後定之之名也。蓋即「貞悔」之「貞」，兖地最卑，沮洳難去，與他州不同。水患雖平，盈虚未卜，故必作十有三載，歷歷驗之，然後得其一定之法，而賦始年年齊矣。必十三年者，史記：太歲在子，旱；明歲美。至卯，穰；明歲衰惡。至午，旱；明歲美。至酉，穰；明歲衰惡。蓋歷十二辰而豐儉可定，始可得其大同之法也。』廣案：貞，正也。龍子謂『貢者校數歲之中以爲常』正謂此。『正』字與冀之『上上錯』、揚之『下上上錯』『錯』字相反，言彼或有錯出而此則正賦止此，所謂惟正之供也。越絶：『計倪曰：「太陰，三歲處金則穰，三歲處水則毁，三歲處木則康，三歲處火則旱。天下六歲一穰，六歲一康，凡十二歲一饑。」』史記貨殖傳引之作『歲在金，穰；水，毁；木，饑；火，旱。六歲穰，六歲旱，十二歲一大饑。』此亦十二載乃同之義也。蕿波之説尚有未盡。〔四五〕

〔一·四二〕作俑

檀弓：『孔子謂爲俑者不仁，不殆於用人乎哉？』案：淮南子説山訓：『魯以偶人葬而孔子嘆。』是俑始作于魯也。用人見于經者始秦穆公，後則邾莊公。而龍龕手鑑以爲晉文公時有之，不知何據。二公之卒先後間，豈晉倡而秦效之歟？抑宋文公之訛歟？成二年傳始用殉。

〔一·四三〕齊景公女吴

四書逸箋曰：『孟子「女吴」二事。吴越春秋：「齊女質吴，吴爲太子聘之。」解者謂孟子所云即此。按：春秋襄二十四年傳：「晉平公嫁女于吴，齊侯以女爲媵。」此又一事。』爲媵則更可恥矣，其意蓋以後事爲是也。不知襄二十四年爲齊莊公光五年，明年遇弑，又明年景公杵臼立，自襄二十六年至哀五年始卒，凡在位五十八年。此明言景公，焉得以媵誣之？且襄二十三年左傳但言晉將嫁女於吴，齊侯使析歸父媵之，未聞以女也。越絶書記〔四六〕吴地云：『齊門，闔閭伐齊大克，取齊王女爲質，子爲造齊門，置於水海，齊女思其國，死，葬虞西山。』伐齊之事雖不見於春秋，但闔閭即位在昭二十七年，越二年滅徐，又三年伐越，又四年入郢。景公之女吴，其在定四年入郢之後乎？

〔一·四四〕勸親親

中庸：『所以勸親親也。』講家多作『勸親』之『親』。我將上『親』字作諸父昆弟，下『親』字便作不怨，既與上複，且是效而非事矣。閻氏四書釋地謂上『親』字宜衍，以有『勸』字也。亦非。蓋賢與大臣可單言勸親，不可單言勸，諸父昆弟所以謂之親者，同氣合體，乃天使之一，本其一種親爱之意，自然纏綿周浹而不能自已。即親以漸而殺，至於五世屬竭，降爲庶人，而祖廟未毁，則冠、取必告，死必赴，其親自若也。我遇其變而讞獄追宥于有司，死罪止磬於甸人，其親亦自若也。故纔説『親』合下便當『親』，二字脱開不得，一脱開便失其爲親矣。本章『親親』字四見，其解並同。親是真意，尊位、重禄、同好惡是良法以勸之者，親之怨之，所以泯也。若上去『親』字，全恃位禄之厚、好惡之同以勸之，而真意索然，豈文武所以待諸父昆弟乎？此親親所以異于賢及大臣也。余癸卯闈墨通篇主此。然家語却作『所以篤親親也』，『篤』與『君子篤於親』之『篤』同，此字亦好。

〔一·四五〕孟子配享

典故摭遺載：『明太祖讀孟子，怒其對君不遜。會丁祭，遂命罷配享。明日，司天奏文星暗。上曰：「殆孟子故耶？」命復之。』嗚呼！儒者一俎豆之得失，上動天象，可不謹歟？

〔一·四六〕衣錦褧衣

詩名物考云：『褧，字書：檾也。檾，菓屬。』爾雅翼：『檾高四五尺，或六七尺，葉似苧而薄，實如大麻子，今人績〔四七〕爲布，蓋用此布爲單衣，故謂之褧。』沈括筆談『絅』與『檾』同，蓋用檾麻織疏布爲之『絅』，即『褧』字也〔四八〕。龍龕手鑑『檾』入火部，注引玉篇『于營切，檾，麻也』，切韻作自死草。又九部『檾』字力穎反，亦解作自死草。

〔一·四七〕果（贏）〔蠃〕〔四九〕

詩：『螟蛉有子，果蠃負之。』舊說：細腰無雄，皆取青虫教祝變成己子。雖揚子雲亦有『久則肖之』之言。陶隱居曰：『一種土蜂，黑色，腰甚細，銜泥于人室及器物邊作房，如并竹管，生子如粟米大，置中，乃捕取草上青蜘蛛十餘枚，滿中仍塞口，以擬其子大爲糧也。其一種入蘆竹管中，亦取草上青虫。一名果蠃。』此最足破其惑。余親試有驗，載在別録。但其棲土作房，遇竹管則便負虫生子，以泥封口，遇書簡木空便成并竹管，而生子管中。不必土蜂始能爲并竹管，特土蜂不能巢竹管耳。果蠃又名蠮螉，又名蒲盧。鄭注中庸謂即土蜂。既塞穴後，則咒云：象我象我。洵如陸璣所說。毛晉作陸疏廣要乃以物類變化不可度，疑陶說爲未然，誤矣。許魯齋詩名物考引解頤新語比陶說加詳，因〔五〇〕云：『今人養晚蠶者，蒼蠅亦寄卵于蠶之身，久之，其卵爲蠅〔五一〕，穴繭而出，殆物類之相似者。』廣案：此喻差近，但云變爲蠅則不然，晚蠶時天氣已熱，有一種大蠅，俗呼爲毛蒼蠅，所集輒生子，初甚細，纔著物便蠕動成蛆，其寄卵蠶身亦蛆也。繭成蠶，化爲蛹，蛆乃穴繭而出，甚肥白，久之色赤黑，乾死，未嘗爲蠅也。

〔一·四八〕趙孟

集注考證曰：『晉六卿趙氏爲長。故春秋時謂之「趙孟」。至戰國時趙已易爲國，蓋舊俗方言爾。』四書逸箋曰：『自簡子、襄子至于烈侯，皆稱趙孟。』廣案：六卿之長及起簡子之説，並非也。『趙孟』之稱，備詳左傳。蓋昉於趙宣子盾。文六年：『晉襄公卒，欲立長君。趙孟曰：「立公子雍。」』杜注：『趙孟，趙盾也。』韓厥謂景公曰：『成季之勳，宣孟之忠。』注云：『成季，趙衰。宣孟，趙盾。初成子在狄，娶叔隗，生盾。及反，晉文公妻以女，生原同、屏括、婁嬰。』白虎通曰：『幼，名；冠，字；五十乃稱伯仲。』嫡長稱伯，伯禽是也。庶長稱孟，如魯之有孟氏。盾雖因君姬氏之請得爲嫡子，固不敢僭稱伯。衰有字曰子餘，季，其行第。盾字無聞，以『屏括』稱『屏季』推之，孟亦是行第，即所謂以伯仲者也。原、屏、婁，杜氏以爲三子之邑，原即趙衰爲大夫者也。但盾之稱孟，祇成六年三見，後不復然，至其孫文子武，平公時爲正卿，莊子朔之子，即從姬氏畜于公宮者也。其名始大著。自襄二十七年宋向戌弭兵，如晉，告趙孟。之後，每稱趙武必曰『趙孟』。蓋遭欒、郤之難，族幾滅而復續，故特蒙祖之行稱，以示不忘先德也。武生景叔成，成生簡子鞅。昭二十九年：『蔡史墨曰：「趙孟與焉。」』此簡子也，自後屢稱，與文子同。鞅自保晉陽、拔邯鄲以來，名晉卿，實專國權，後改名志父，生襄子無恤。哀二十年：『趙孟降於喪食。』謂襄子也。終春秋之世，稱『趙孟』者可考惟四人：襄子生獻侯浣，浣生烈侯籍，籍卒，弟武公立。武公卒，籍子敬侯章立。章生成侯種，與韓、魏分晉。種生肅侯，肅侯生武靈王，其後又傳惠文、孝成、悼襄、幽繆四王，爲秦所并。孟子當成、肅之時，雖已變家爲國，而舊稱無改，則以其名久著之故，非方言也。至武靈傳國惠文之後，自號『主父』。主本卿大夫之稱，見於左傳甚多，其連謚者則欒祁稱桓子爲『桓主』。哀二十年楚隆謂趙孟曰：『黄池之會，先主與吴王有質。』此先主即簡子也。史記趙世家簡子生稱『主君』，没稱『簡主』。韓非子、説苑等書稱『簡主』極多。襄子稱『襄主』，或合稱『簡襄主』。國語：『欒武子〔五二〕曰：「昔我逮事莊主。」』則趙文子之父朔也。至孝成時，左師觸龍謂太后曰：『今三世以前至於「趙之爲趙」，趙主之子孫爲侯者，其繼有在者乎？』則又稱『趙主』。韓、魏二家想亦應爾，但不概見於史。惟甘茂傳魏欒羊稱文侯爲『主君』。説苑等書亦有。余甲辰闈中第三藝用『趙主』字，閱者以濃筆點其句，蓋未知所出，故因『趙孟』連及之。

〔一・四九〕無以、無已

孟子：『無以，則王乎？』趙注：『既不論三皇五帝，殊無所問，則尚當問王道耳。』『無已，則有一焉。』趙注：『不得已，則有一謀。』是『以』、『已』二字未嘗通也。集注以爲通用。經典稽疑引管子大道篇：『桓公曰：「勿已，其勉霸乎？」』吕覽貴公篇：『管仲告桓公曰：「勿已，則隰朋其可？」』皆更端之意，或彼時方言如此。廣案：『以』、『已』字更端。尚書大誥、梓材已有之，但以本訓用古字。借用如『不以泰乎』、『不以急乎』、史記『不以甚乎』皆作『太』字解，不與訓止之『已』通。論語：『子貢曰：「無以爲也。」』皇侃謂抑止之，使無用爲訾毀。則此『無以』亦是抑止宣王使不用桓、文，然後可與言王也。國策：『魯仲連謂辛垣衍：「且秦無已而帝。」』鮑彪注：『無已，言無止之者。』此以『已』爲止。吕覽云云本莊子徐無鬼文，乃滕文公章正解也。

〔一·五〇〕『萊』有『釐』音

東觀餘論云：『吴人呼來爲釐，始於陸德明。「詒我來牟」、「棄甲復來」皆音釐。蓋德明，吴人也。范成大吴郡志亦云：「來」、「釐」吴音並同。』廣案：爾雅釋草：『釐，蔓華。』説文則云：『萊，蔓華，从艸來聲。』則『萊』即『釐』也。詩小雅『北山有萊』與『臺』、『基』、『期』叶。黄直翁以爲『萊』通作『釐』。郭璞遊仙詩：『朱門何足榮？未若托蓬萊。臨源挹清波，陵岡掇丹荑〔五三〕。』『萊』亦與『荑』叶。故吴才老韻補、黄公紹韻會俱云：『萊』、『釐』同韻。非始德明也。釐，釋文作棃。

〔一·五一〕巾箱五經

齊書：『衡陽王鈞常手自蠅頭細書五經，部爲一卷，置巾箱中，以備遺忘。自言巾箱中有五經，檢閲易，且一更手寫則永不忘。諸王聞而效之。』爲巾箱五經自此始也。葉氏過庭録：『劉東父蠅頭細書六經爲一編，置夾袋中，人或效之。』後備書者遂爲雕板。世傳夾袋六經是也。

〔一·五二〕鵲巢鳩居

毛傳：『鳩，鳲鳩，秸鞠也。鳲鳩不自爲巢，居鵲之成巢。』秸鞠，今之布穀。歐陽文忠詩正義非之。謂是今拙鳩，多在屋瓦間，或於木上架搆樹枝，初不成巢便以生子，往往墜鷇隕雛。鵲巢甚堅，既生雛，能飛則棄去，容有鳩來處彼空巢。廣案：此説亦未的耳。目所接從未有拙鳩居鵲巢者。南方唯鸜鵒，俗名八哥者，所在成群，占奪鵲巢，鵲不能勝，往往讓之而別搆。故吴諺曰：『烏鵲銜柴滿口血，八哥占了現成窠。』意詩所謂鳩，即此類也。

〔一·五三〕叔孫婼

唐摭言載李繆公程讀春秋，誤呼叔孫婼敕略爲婼敕暑。，有小吏色不懌，問之，乃知釋文傳寫之誤，因拜吏爲一字師。案：左傳昭七年：『叔孫婼如齊涖盟。』杜音敕略反，又音釋，今皆從上一音讀逴，但此字公羊作舍，注但云二傳作婼，而無音。今讀公羊者皆如『取舍』之『舍』，依杜當作『舍菜』之『舍』。穀梁：婼，丑略反。五經文字『丑若反』。

〔一·五四〕垤澤之門

宋城門見左傳者曰耏門、桐門、盧門、曹門、澤門、揚門、桑林〔五四〕之門。孟子又有垤澤之門。

〔一·五五〕饑餓

孟子：『饑餓不能出門户。』『饑』、『餓』有别。韓子曰：『家有常業，雖饑不餓。』淮南子曰：『寧一日饑，毋一旬餓。』是餓甚于饑也。黄公説字云：『饑猶可生，餓而至死。故言餓殍，不言饑殍。』見逸箋。

〔一·五六〕從聖經看來

魏了翁答周子曰：『向來多看先儒解説，不如一一從聖經看來，蓋不到地頭親自涉歷一番，終是見得不真。來書謂祗須祖述朱文公。文公諸書讀之久矣，正緣不欲于賣花擔上看桃李，須樹頭枝底方見活精神也。』案：此真善讀書人語。然聖經不易看，息心静氣，反覆涵泳，猶未必有得。固陋如廣，乃欲争客授之餘功，鹵莽從事，宜其無濟矣。行篋無書，日益荒落，則並賣花擔亦不多得，安問地頭？古人云：『炳燭孰與昧行？』尚其炳燭乎？

校勘記

〔一〕抄本題爲『海寧周廣業耕厓』。本書其餘諸卷卷下題名皆同。

〔二〕謂，抄本作『爲』。

〔三〕宇，抄本作『于』，誤。例，抄本作『倒』，誤。

〔四〕特，抄本作『持』。

〔五〕雉，抄本作『雄』，今據改。

〔六〕木晟，抄本作『本誠』，誤。

〔七〕國，抄本作『固』。

〔八〕堂，抄本作『當』，誤。

〔九〕抄本『有』、『終』二字互易。

〔一〇〕『予』前抄本衍一『序』字。
〔一一〕『寧』爲『文』之訛。（據吴大澂説。）
〔一二〕此句『迩』、『邇』，『邇』抄本互易。
〔一三〕絛，影抄本作脩，今據抄本改。
〔一四〕斧，抄本作麥，誤。
〔一五〕頪，抄本作雒，誤。
〔一六〕懆，抄本誤作慘。
〔一七〕矜，抄本作矜，二字同。
〔一八〕抄本此處脱『和既』二字。
〔一九〕抄本脱『皇』字。
〔二〇〕此處抄本衍『之』字。
〔二一〕抄本此處脱『成』字。
〔二二〕柚，影抄本作柚，抄本作袖。四部叢刊所收大戴禮記作『抽』。俗書『木』、『扌』常相混，『柚』當爲『抽』之俗字。
〔二三〕影抄本此字模糊不清，據抄本補『論』字。
〔二四〕隱，抄本作德。
〔二五〕桀，抄本作傑。
〔二六〕抄本此處脱『一』字。

〔二七〕凡，抄本作九，誤。

〔二八〕姑，抄本作始。

〔二九〕影抄本此字模糊不清，據抄本補「滴」字。

〔三〇〕辯，抄本作辨。

〔三一〕此字影抄本作頤，抄本作順，皆「賾」之誤。

〔三二〕抄本脱「籥。周禮「管鍵」、左傳「北門之管」」等十一字。

〔三三〕龠，抄本作籥。

〔三四〕抄本脱「烏」字。

〔三五〕抄本作「疑」，影抄本作欵，即「款」的俗體。

〔三六〕抄本脱「祥」字。

〔三七〕「苴経」之「経」、「牡麻経」之「経」，抄本均誤作「經」。

〔三八〕抄本無「愚」字。

〔三九〕抄本無「曾」字。

〔四〇〕也，抄本作「而」。

〔四一〕抄本此處衍一「公」字。

〔四二〕亦，影抄本模糊不清，此處據抄本。

〔四三〕抄本無「則」字。

〔四四〕本條之「毋」，影抄本作「毌」，今據抄本。

〔四五〕本條之『穰』，影抄本似作『禳』，今據抄本。
〔四六〕記，抄本作『紀』。
〔四七〕績，抄本作『續』，誤。
〔四八〕褩，抄本作『縏』。
〔四九〕本條之『羸』，當作『嬴』。
〔五〇〕因，抄本作『固』。
〔五一〕蠅，抄本作『嗶』。
〔五二〕抄本無『子』字。
〔五三〕抄本『陵』、『掇』互乙。
〔五四〕林，抄本作『秋』，誤。

過夏雜録卷二

海寧周廣業

〔二·一〕戰國策

戰國策不著撰人。史記田横傳贊曰：『蒯通善爲長短説，論戰國之權變，爲八十一首。』一疑是通所作也。漢書曰：號爲雋永。蓋此書本名長短書，亦曰脩書，脩即長，蓋避淮南王安父名。一曰國事。劉向始定爲三十三篇，名曰戰國策。史公時未有此名，班孟堅稱司馬遷據左氏、國語，采世本、戰國策，述楚、漢春秋，直據後名名之耳。故唐趙蕤作長短經，言從衡之説，猶用舊名。從横者，史所稱合從連衡也。漢書音義云：『以利合爲從，以威勢相脅爲衡。』然蘇秦爲從約長，張儀成其衡道，孰非假勢與利以濟其傾危者乎？毛居正補禮部增韻非之曰：『以六攻一爲從，以一離六爲衡。物之衡直相當亦然，故從曰合，衡曰連。衡亦作横，古、今文異也。』通志氏族略云：『木概著戰國策春秋二十卷，見七録。』今無知者。

〔二·二〕同年友善

漢盧綰，豐人，與高祖同里同日生，壯俱學書，又相愛也。及高祖得天下，封綰燕王，親幸，蕭、曹等莫及。晉劉引字和季，沛國相人，與武帝同居永安里，又同年，少同研席。以舊恩，累官車騎將軍，開府，封宣城公。此二事略同，皆因年里相同而得顯貴者。史載同年友善，如吳周瑜與孫策，步騭與衛旌，晉何劭與武帝之類甚多，然不盡同里及同研也。

［二·三］拜母見妻

周瑜與孫策善，升堂拜母，母謂堅妻吳氏也。吳嘗謂策曰：『晟與汝父有升堂見妻之分。』晟謂嘉興王晟也。見妻有兄弟之義，拜母有子侄之義，皆密友所爲。

［二·四］東海

史記劉敬説高祖曰：『文王受命，呂望、伯夷自海濱來歸之。』正義云：『呂望宅及墓在蘇州海鹽縣，伯夷孤竹國在平州，皆濱海也。』中吳紀聞云：『常熟海隅山有石室十所，昔太公辟紂居之。』孟子謂太公辟紂居東海之濱即此。常熟去東海止六十里，故謂之海濱。楊脩郎中嘗作詩紀其事。』廣案：齊世家：『太公，東海上人。』注引呂氏春秋曰：『東夷之士。』史又言：『周西伯獵於渭之陽。』説苑尊賢篇：『太公望，故老婦之出夫也，朝歌之屠佐也，棘津迎客之舍人也。年七十而相周，九十而封齊。』續漢書郡國志：『琅玡國西海城。』劉昭注引東觀書有勝山。博物記太公呂望所出，今有東呂鄉。又釣于棘津，其浦今存。據此，則太公生于琅玡，而渭陽、朝歌乃其遊歷之所。吳季札曰：『表東海者，其太公乎？』以本東海人，故封之于齊耳。海鹽、常熟皆浪説也。

〔二·五〕諸經古注疏

元明以來，習科舉者墨守宋元儒注，是以一家之言包括數聖人之微言大義，本屬未盡。明中葉後漸悟其非，於是有稱述古注而疑宋人爲杜撰者。本朝名儒碩學尤鋭意於漢魏晉人之學，而宋學僅以供場屋之用而已。偶閲孫明復小集中有上范天章書云：『國家以王弼、韓康伯之易，左氏、公羊、穀梁，杜預、何休、范寧之春秋，毛萇、鄭康成之詩，孔安國之尚書，鏤板藏之太學，頒于天下，禮部設科取士，執爲準的，有違戾注説者，即皆駁放。愚不知國家以此數子之説能盡于聖人之理耶，又不知國家以古今諸儒服道窮經者皆不能出數子之説耶？專守〔一〕數子之説以求經，吾未見其能盡于經也。既不能盡于經，而可藏于太學，行于天下哉？執事宜亟上言天子，廣詔天下鴻儒碩老置于太學，俾之講求微義，殫精極神，參之古今，覆其歸趣，取諸卓識絶見，大出王、韓、左、穀、公、杜、何、毛、范、鄭、孔之右者，重爲注解，俾六經廓然瑩然，如揭日月于上，而學者庶得其門而入也。如是則虞夏商周之治可不日而復矣。』廣讀此未竟，輒撫卷長嘆，以爲劉歆所謂『信口説而背傳記，是末師而非往古』者，其明復乎？自此宋學興而漢晉之書俱廢，拘墟穿鑿之説，貽誤學者不淺，罪歸作俑，非明復而誰？然今之古注得存，猶賴宋刻，宋亦有君而無臣矣。

〔二·六〕張蒼

史記：『張蒼父長不滿五尺，及生蒼，長八尺餘，爲侯、丞相，蒼。子復長八尺，代侯，及孫類長六尺餘，坐法失侯。』此數言可得與？于曹交之甚，獨不可使東方曼倩聞之，致羡朱儒飽欲死也。

〔二·七〕韓信

謝在杭史測云：『漂母謂韓信爲王孫，景帝謂魏其侯爲王孫。王孫猶今言公子，蓋美稱也，故雋不疑亦稱暴勝之爲公子。乃注謂魏其字王孫，勝之字公子，何異癡人前説夢耶？史惟馮唐子馮遂字王孫，後漢薛漢字公子，而南陽有杜公子乃名也。』廣案：韓信之『王孫』，或如所云。若魏其侯則竇嬰也。漢書明言竇嬰字王孫，何得謂之説夢？暴勝之字公子，野客叢書固嘗疑之，謂雖當時風俗之厚，不應一介之士與部使者初未相識，遊謁之始即稱其字之理。蓋亦以後世之見揣測古人，觀其言曰：聞公子名久，則安見不稱字也？他如列傳所載卓王孫、楊王孫名貴，見西京雜記皆蜀人並見華陽國志。儒林傳有雒陽周王孫、碭田王孫亦見孔穎達易論，皆是字。疏廣兄子受字公子，游俠傳趙他羽字公子，俱炳在史策，豈止馮、薛二人哉？春秋之制，天子之子自太子以下曰王子，王子之子曰王孫。如王子虎、王孫滿之類是也。諸侯之子自世子以下曰公子，公子之子曰公孫。如陳公子完、鄭公孫僑之類是也。再降或命氏則稱氏，否則統稱王孫、公孫，論、孟中王孫賈舊説周靈王孫名賈、公孫丑原不必盡屬姓也。戰國諸侯僭稱王，則稱王子、王孫皆冠於名之上，以別于寒門，未有繫於姓之下者。信家世雖無考，然以『生乃與噲等伍』之言思之，自是貴家子，故漂母謂爲王孫。漢承秦法，署郡國，已無復此稱，遂有以『王孫』、『公子』爲名及字者，非衹爲美稱也。且史、漢于失其姓名之人例稱曰公。日知録論之甚詳。不得謬以『王孫』、『公子』呼之。又如朱買臣字翁子，古『公』、『翁』相通，亦公子也。莊忌直字夫子。史司馬相如傳注徐野民説。不知謝水部又將何以測之耶？池北偶談有『下僚能文』一則云：『婁縣縣丞施鴻字則威，閩邵武人。著史測十卷，論南北事甚可聽。』豈即謝氏此書歟？

［二·八］贅婿

史稱：淳于髡，齊之贅婿。時賤贅婿，故特記之。然管仲亦出贅婿。盧照鄰悲才難云：『管仲不遇齊桓，則城陽之贅婿；太公不遭姬伯，亦棘津之漁夫』是也。太公事詳説苑，城陽未知所出。竊謂『夷吾贅婿』正可對『吕尚出夫』。一爲齊始封之君，一爲齊中興之相，區區辨士，不足言矣。

［二·九］廢舉、廢居

史記孔子弟子傳：『子貢好廢舉，與時轉貨貲。』裴駰注：『廢舉謂停貯也，與時謂適時也。物賤則買而停貯，貴則逐時轉易貨賣，取貲財也。』家語『貨』作『化』。又平準書：『富商大賈，或蹛財役貧，轉轂百數，廢居［居邑］。』注：『蹛，停也。廢居者，貯畜之名。廢，出賣也。居，停蓄也。』又越世家：『范蠡居陶，父子耕畜廢居，候時轉物，逐什一之利。』然則『廢居』即『廢舉』，無二義矣。

〔二·一〇〕夢得將相

殷高宗之得傅説也以夢，可謂奇矣。而其事不始于殷。帝王世紀曰：『黄帝夢大風吹天下之塵垢皆去，又夢人執千鈞之弩驅羊萬群。帝寤而嘆曰：「風爲號令執政者也，垢去土，后在也。天下豈有姓風名后者哉？千鈞之弩，異力者也，驅羊數萬群，能牧民爲善者也。天下豈有姓力名牧者哉？」於是依二占求之，得風后于海隅，登以爲相，得力牧于大澤，進以爲將。黄帝因著占夢書十一卷。』春秋元命苞曰：『堯爲天下，夢馬啄子，得臯陶，聘爲大理。』則夢中之得將相，由來久矣。其曰『垢去土，后在也』即後世離合字之法。今市人所謂拆字者正如此。

〔二·一一〕奚如

『何如』亦作『奚如』。史虞卿傳：『趙王召虞卿曰：「寡人使平陽君爲媾于秦，秦已納鄭朱，卿以爲奚如？」卿曰：「王不得媾，軍必破矣。」』集解：『求和曰媾。』

〔二·一二〕儒醫

今士人習醫，輒自號儒醫。案：史淳于意傳：『意，臨淄人，受師同郡元里公乘陽慶，又從菑川唐里公孫光得古傳方。光見慶子殷，屬意于殷曰：「意好數言好術數，公必謹遇之，其人聖儒。」』『儒』字本此。近人罕知所出。

〔二·一一三〕輪軸

史吕不韋傳：『不韋使嫪毒以其陰關桐輪而行，令太后聞之。』始謂關輪，極形其大耳。閲北堂書鈔引夢書曰：『輪軸爲夫婦，夢得輪軸，夫婦之事也。』乃知不韋爲此，將以示意也。

〔二·一一四〕李瀚蒙求

唐李瀚蒙求，余初入塾時所讀，有宋徐子光注甚詳。見於宋書藝文志，稱補注四卷，既著之三餘摭録、目治偶抄中矣。近武林新刊補注，京師書肆見一注本，亦時人所譔。二書乃皆未知有徐注，殊可怪也。雞肋編云：『趙岐謂孟軻字則未聞，李輪注蒙求引史記云字子輿。』今觀史記未嘗有。劉孝標云：『子輿因臧倉之訴。』五臣注爲『孟軻』是也。李輪注則又寡陋所未見，或『輪』爲『翰』之訛，更不當稱注。余嘗考千字文『孟軻敦素』出處不可得，李翰蒙求作『孟軻養素』，徐注亦不能詳，蓋讀書之難如此！宋王逢有十七史蒙求，元世又有歷代蒙求，亦四言爲句，乃今之鑑略。

〔二·一一五〕二十四孝

俗傳古今孝子起虞舜、漢文帝，訖宋朱壽昌、黄庭堅。村書編刻事迹，農家率繪像於牖，懸之家堂，以故野老村童無不知稱述者。兒子勳懋幼隨余讀書，私加考訂，成一編，名二十四孝事實，既亦疑孝子不應止此，遂妄爲説曰：『舉其最著者。』余嘉其意，不之禁也。案：孝經所列有五孝，故陶潛孝傳十八人：天子則虞舜、夏禹、殷高宗、周文王，諸侯則周公旦、魯孝公、河間惠王，卿大夫則孔子、孟莊子、潁考叔，士則高柴、樂正子春、孔奮、黄香，庶人則江革、廉範、汝郁、殷陶是也。自後傳孝子者，王韶之、蕭廣濟、鄭緝之、師覺授、宗躬、梁元帝等凡數家。洪适隸釋載武梁祠堂畫像孝子有標題可辨者：曾子、閔子、老萊子、丁蘭、邢渠、董永章、朱明七人。隸續碑圖又有榆母，其旁一人，標題磨滅，疑是伯榆。近則明成祖孝順事實亦頗詳備。今概以二十四，而其人乃雜出不倫，殊不可訓。元武進謝應芳子蘭著龜巢稿，有二十四孝讚序。略云：『郡人常州王達善所讚二十四孝，裒爲一編，其間言孝感之事十有八九，且以孝經一章冠于編首，蓋取「孝通神明」一語推廣之，欲使人歆羨而勉于企及，于名教豈小補哉？或謂重華聖孝，千古一人，豈宜與泛泛者類稱？是固然矣。吁！達善之意，蓋欲攬太陽與月星並照，容光焜燿，無幽不明。若夫儗非其倫，亂不達意，君子無求備焉。』據其言則始于虞帝，遞降至宋而止，以其村陋，故多爲曲恕之辭。今所傳殆即王達善本也。但坊刻無譔人，子蘭序雖云泛泛類稱，未嘗鑿指某某，恐難遽定。余又考明臨江張九韶美和所緝群書拾唾，其第五卷載二十四孝，自注云：『古今言孝子者有此二十四人：大舜、老萊子、曾參、閔損、江革、陸績、郭巨、董永、丁蘭、韓伯俞、劉殷、田真、孟宗、王祥、陳娥、蔡姑、魯義姑、姜詩、郯子、鮑山、黄香、趙孝宗、王武子、元覺。其人大半與今所傳相合。其異者：劉殷字長盛，晉書有傳。[二]田真紫荆事，見續齊諧記。魯義姑棄子抱侄，見列女傳。趙孝宗疑即後漢書趙孝字長平者。餘如陳娥、蔡姑、郯子、鮑山、王武子、元覺無可考見意。達善著書諭俗，特去其隱僻者，易以子路負米、吳猛驅蚊之類，而朱、黄二人又當時父老見聞所及，故羼入之歟？然亦可見二十四孝名目由來甚久，莫謂村書皆出杜譔也。

〔二·一六〕昭君女

王昭君嫁單于，有一女，爲匈奴右骨都侯須卜當妻。見漢書王莽傳。

〔二·一七〕四子皆五眼

北史齊高昂傳：『昂與兄乾等數爲劫掠，父翼字次同〔三〕常繫獄中，惟遇赦乃出。嘗語人曰：「我四子皆五眼，我死後豈有一人與我一鍬土者耶？」次同死，昂爲起冢，對之曰：「老公，子生平畏不得一鍬土，今被壓，竟知爲人不？」』『五眼』二字不可解。佛家説『五眼』云：天眼、肉眼、法眼、慧眼、佛眼。梁書孝行傳：『江紑父蒨患眼，紑夢僧云：「飲慧眼水必差。」蒨因草堂寺智者法師啟求捨地爲寺。敕答云：「慧眼是五眼之一號，若欲造寺，可以慧眼爲名。」』此與高昂無涉。又晉書載記：『苻生無一目，父健以時有三羊〔四〕五眼之讖，立爲太子。』今此云『四子皆五眼』，亦不可通。考是事，北齊書高昂傳無之，鄭樵通志純襲北史，其文正同，若非字訛，疑當時呼盜爲五眼也。翼仕魏爲東冀州刺史，封枼城侯。

〔二·一八〕傅父

漢書張騫傳騫言：『烏孫王昆莫新生，傅父布就翎侯抱亡，置草中，爲求食，還，見狼乳之，以爲神。』服虔曰：『傅父如傅母也。』李奇曰：『布就，字也。』然則今之乳公可稱傅父。

〔二·一九〕道士

新唐書：『槃槃國呼僧爲比邱，呼道士爲貪。』通志同。以『貪』呼道士，可謂名稱其實。

〔二·二〇〕别字

别字見後漢書尹敏傳：『光武令敏校圖讖，敏曰：「讖書非聖人所作，其中多近鄙别字，頗類世俗之辭，恐疑誤後生。」』以非本字而别作一字，故名别字。

〔二·二一〕弓腰

酉陽雜俎稱有女子歌曰：『舞袖弓腰渾忘却。』案：梁書：『羊侃字祖忻，爲冠軍。冠軍性豪侈，姬妾列侍有孫荆玉者，能反腰貼地，銜得席上玉簪。』此即所謂弓腰也。

〔二·二二〕劉繼莊韻譜

劉獻廷，字君賢，號繼莊，順天大興人，僑居吴下四明，萬季野器重之，引參明史館事，有廣陽雜記、新韻譜等書。韻譜悟自華嚴字母，入而參以天竺陀羅尼秦、泰西蠟頂語、小西天梵書暨天方、蒙古、女(直)〔真〕等音，又證以遼人林益長之説，而益自信。同時吴脩齡自謂倉頡以後第一人，繼莊則曰：是其於天竺以下書皆未得通，而但略見華嚴之旨者也。繼莊之法，先主鼻音二，以鼻音爲韻，有開有合，各轉陰陽上去入之五音。陰陽即上下二平，共十聲，而不歷喉、腭、舌、齒、脣之七位，故有横轉無直送，則等韻重叠之失去矣，次定喉音四爲諸韻之宗，而後知泰西蠟頂語。女直國書梵音尚未有精者，以四者爲正喉音，而從此得半音、轉音、伏音、送音、變音、喉音，又以二鼻音分配之，一爲東北韻宗，一爲西南韻宗，八韻立而四海之音可齊于是。以喉音互相合，凡得音十七；喉音與鼻音相合，凡得音十；又以有餘不盡者三合之，凡得音五，共三十二音爲韻父，而韻歷二十二位爲韻母。横轉各有五子，而萬有不齊之聲攝于此矣。嘗聞康甲夫家有紅毛文字，惜不得觀之，以合泰西蠟頂語之異同。又欲譜四方土音以窮宇宙元音之變，取新韻譜爲主，而以四方土音填之，逢人便可印正，蓋其書多得之大荒以外者，囊括浩博，學者驟見或未能通也。吴江徵士沈彤作傳未甚詳，全謝山因取弟子黄宗夏所次廣陽雜記傳〔五〕之其言如此。

〔二·二二三〕弔靡

弔靡波流，弔音頽，弔靡即頽靡也，見莊子應帝王篇。

〔二·二二四〕弋者何篡

『鴻飛冥冥，弋者何篡？』見楊子法言問明篇。范書逸人傳序引之亦作『篡』。李賢注：『篡字諸書或作慕，法言作篡。宋衷曰：「篡，取也。鴻高飛冥冥薄天，雖有弋人執矰繳，何所施巧而取也！」今人謂以計〔數〕取物爲篡，篡亦取也。』今文選逸民論作慕，李善注引法言及宋衷注亦作篡，今或爲慕。毛晃禮部增韻云：『俗本作慕，非。篡，初悉切，弋取也。』亦引法言。余會闈孟藝用『冥冥何篡』語，謄手改爲『慕』。彼自以爲正誤，不知此乃楊子本文，但於文義無甚害，視不知『趙主』出處者有間矣。

〔二·二五〕夷長公

范書獨行傳：『琅琊魏譚爲饑寇所獲，等輩數十人皆束縛以次當烹，見譚似謹厚，獨令主爨，暮輒執縛。賊有夷長公者，極垂念譚，密解其縛，令急去。對曰：「譚爲諸君爨，恒得遺餘人皆茹草萊，不如食譚。」長公義之，相曉赦遣，並得俱免。』此由譚之謹厚足以感人。然夷長公乃出于賊，亦義人也。大抵處平世，佻薄者競目前之利。處亂世，謹厚者多免于禍。史事類此者非一。

〔二·二六〕食其

西漢有酈食其、審食其，武帝時又有將軍趙食其。此二字不知其解，何當時争以命名也？索隱曰：『三人並以六國時衛有司馬食其，慕其名也。』案：司馬食其今在魏國策，注云：『魏人。』則作『衛』爲誤。

〔二·二七〕寶劍

天下之寶劍韓爲衆，一曰棠谿，二曰墨陽，三曰合膊，四曰鄧師，五曰宛鴻，六曰龍泉，七曰太阿，八曰莫邪，九曰干將。其劍皆出西平縣，干將、莫邪則匠名也。見史記索隱。古劍皆冶銅爲之，新安程易田瑶田嘗得四口，嘗出一示余。説具所著通藝録中。

〔二·二八〕眇能視

淮南子：『伊尹之興土功也，眇者使之準，傴者使〔六〕之塗。』案：準所以爲平，今匠人飽木欲知平否，必閉其一目，而以一目視之乃得，易稱『眇能視』是也。九經字樣云：『凡物見不審則手遮目看之，故「看」字從手下目。』

〔二・二九〕鴟夷

吴殺子胥，盛以鴟夷而浮之江，説者謂鴟夷爲革囊。案：吕氏春秋：『魯歸管仲於齊，使吏鞹其拳，膠其目，盛之以鴟夷，置之車中。』蓋古者罪人慮其脱逃，俱用此。陳歸南宫萬于宋，以犀革裹之是也。

〔二・三〇〕古人坐如跪

古人危坐如跪，故管、寧木榻著膝處皆穿。韓非子載〔七〕叔向御坐，平公請事，公腓痛、足痺、轉筋而不敢壞坐，以坐久膝屈，故腓爲之痛，而筋不能舒也。高士傳又作平公與亥唐坐，腓痛、足痺，不敢伸，及見叔向乃伸一足。伸足之坐，即曲禮所謂箕也。

〔二・三二〕秀才

隋書：重舉秀才，天下不十人，而止相州洹水杜正玄、正藏、正倫兄弟三人皆舉秀才，爲世稱美。正玄字慎徽，開皇末林邑獻白鸚鵡，召令作賦，倉卒立成，文不加點。僕射楊素異之。又令擬諸雜文，皆立就，辭章華贍。素乃嘆曰：『此真秀才，吾不及也。』正藏字爲善，著文章體式，時稱杜家新書。詳隋、唐二書。鸚鵡賦既踵美(稱)〔禰〕衡，新書復齊名杜恕，似此方不愧一門三秀才。

〔二·三二〕蚶菜

唐制：明州歲貢淡菜、蚶蛤之屬，憲宗朝尚書右丞孔戣字君嚴，以爲自海抵京，道路役凡四十二萬人，奏罷之。『後嶺南節度使崔咏卒。帝謂裴度曰：「嘗論〔八〕〔罷〕蚶菜者誰歟？今安在？是可往爲朕求之。」度以戣對，即拜嶺南節度使。』見新唐書。

〔二·三三〕四括、四黄、〔四〕〔五〕高

晉李定字文義，仕魏，漁陽太守，有四子，並仕晉，平字伯括，樂平太守；機字仲括，國子博士；隱字叔括，保字季括，並尚書郎。兄弟皆儒素著知，時謂『四括』。又機之後有輔輯字護宗，晃字仲黄，茱字季黄，勁字少黄，叡字幼黄，並幼弟著美，時謂『四黄』。見通志後魏李裔傳。南宋時，吾浙金華有杜旟字伯高，旃字仲高，斿字叔高，旞字季高，旝字幼高，皆有詩聲，時『稱金華五高』。戴復古贈旃詩有『兄弟皆名士，文章動上台』之句，旃詩名癖齋小集〔九〕。

〔二·三四〕孫叔敖

古今姓氏辨證曰：『楚蔿敖字孫叔，一名艾獵。古人先字後名，故謂之孫叔敖。』傳曰：「蔿敖爲宰。」是稱其姓名。伍參曰：「孫叔爲無謀矣。」是稱其字，非姓孫也。』廣案：宣十一年：『令尹蔿艾獵城沂。』注：『艾獵，孫叔敖。』則二名信矣。又僖二十七年：『蔿賈尚幼。』注：『蔿賈，伯嬴，孫叔敖之父。』是年『子玉治兵於蔿』。注：『蔿，楚邑。』二十八年又有『蔿呂臣爲令尹。』襄十五年：『蔿子馮爲大司馬。』注：『叔敖從子。』則蔿其以邑爲氏者歟？蔿又作薳。五經文字云：『蔿，(子)[于]彼(友)[反]。春秋傳及釋文或作薳，與「蔿」同。』又序云：『蔿、薳同姓，春秋互出是也。』呂氏春秋：『荆王使人迎叔敖以爲令尹。』史記循吏傳但云孫叔敖，又以孫爲氏，叔敖爲字及名。後漢桓帝延熹間，期思縣孫叔敖碑曰：『楚相孫君諱饒字叔敖，本是縣人也。』見古文苑。則竟姓孫矣。但饒之名又何據也？孟子言孫叔敖舉於海。注謂隱處海濱。説苑謂隱民間，虞邱子薦之。蓋父伯陽爲鬬椒所殺，因避難于南海濱也。

[二·三五] 魯季氏

論語：『禄去公室五世，政逮大夫四世，上就魯君之世，下就季氏之世。』言非有異義也。左傳昭二十五年：『宋樂祁曰：「魯君必出，政在季氏三世矣。魯君喪政四公矣。」』注：『三世：文子、武子、平子。四公：宣、成、襄、昭。』又三十二年晉史墨對趙簡子曰：『文公薨，而東門遂殺適立庶，魯君於是乎失國，政在季氏於是君也四公矣。』孔子此言在[一〇]定公時，自當爲五世。四世，韓昌黎筆解謂隱公不在十二公之列。多其詞説何耶？

[二·三六] 孔子三朝記

孔子三朝記七卷，有用兵篇。世本十五卷，有居篇、作篇，並見史記索隱。三朝記哀公問今在大戴禮。

〔二·三七〕越絶書

撰越絶書者吴平字君高，見於論衡而事無考。藝文類聚載異苑曰：『句章吴平，州門前忽生一株青桐樹，上有謡歌之聲，平思惡而斫殺。平隨軍北虜，首尾三載。死桐欻自還立於故根上，聞聲樹巔，空中歌曰：「死樹今更青，吴平尋當歸。適聞殺此樹，已復有光輝。」平尋歸，如鬼謡。』未知即此人否也。

〔二·三八〕勾芒、蓐收

今印賣春牛圖，一人驅牛曰勾芒神，雙髻如牧童，不知所據。按：墨子：『鄭穆公當晝日中處一廟，有神入門而左，鳥身，素服三絶，面狀正方，穆公正恐懼奔。神曰：「帝享女明德，使予錫女壽十年有九，使若國家蕃昌，子孫茂，毋失〔鄭〕。」穆公再拜稽首，曰：「敢問。」神曰：「予爲勾芒。」』若以鄭穆公之所身見爲儀，則鬼神之有豈可疑哉？據此則勾芒自有常形矣。又國語：『虢公夢在廟，有神人面白毛，虎爪執鉞，立於西門。公懼而走。神曰：「無走！」帝命曰：「使(吾)〔晉〕襲於爾門。」公拜稽首。覺召史嚚占之，對曰：「如君之言，則蓐收也，天之刑神也。〔天事官〕成。」公使囚之，且使國人賀夢。六年虢亡。』是蓐收亦有常形。然鄭夢勾芒爲瑞，虢夢蓐收爲妖。固二神所主生殺不同，抑内史過所謂有得神以興，亦有以亡者乎？據左傳則重爲勾芒，該爲蓐收，皆少皞氏之子也。

［二·三九］桃殳

荆楚歲時記：正月一日飲桃湯，又造桃板著户，謂之仙木，又插桃符于門傍。説者以桃爲五行之精，厭伏邪氣，制百鬼。括地圖又有桃都山鬱、（疊）［壘］二神于大桃樹執鬼之説，皆非也。案：韓詩外傳：『齊桓公遇一丈夫，褒［二二］衣應步，帶著桃殳，桓公怪而問之：「是何名？何經所在？何篇所居？何以斥逐？何以避余？」丈夫曰：「是名二桃，桃之爲言亡也。夫日日慎桃，何患之有？故亡國之社以戒諸侯，庶人之戒在於桃殳。」桓公説，與之共載，來年正月，庶人皆佩。』然則桃湯、桃符濫觴於此明矣。

［二·四〇］文學

唐官百官志：『外官：文學一人，從八品上。掌以五經授諸生。縣則州補，州則授以［二三］吏部。然無職事，衣冠耻之。』此蓋宋元教職所由昉也。耻而不爲，當時風節如此。

［二·四一］武宗廢浮屠

唐武宗會昌間，初廢浮屠法，天下毁寺四千六百，招提蘭若四方籍僧尼爲民二十六萬五千人，奴婢十五萬人，田數千萬頃，大秦穆護、祆二千餘人。上都、東都每街留寺二，每寺僧三十人，諸道留僧以三等，不過二十人。腴田鬻錢送户部，中下田給寺家。奴婢丁壯者爲兩税户，人十畝，以僧尼既盡，兩京悲田養病坊給寺田十頃，諸州七頃，主以耆壽。此自浮屠入中國以來未有懲創如此之甚者也。然武宗卒以好道爲丹藥所誤。至宣宗復崇佛法，異端之難去如此。時有破胡集一卷，皆載沙汰佛教詔敕。見藝文志。

〔二·四二〕歇後鄭五

新唐書：『鄭綮字藴武，昭宗大順間爲右散騎侍郎。每以詩謡托諷時事。帝聞之，因拜禮部侍郎、同中書門下平章事。綮詩多俳諧，故使落調，時號「鄭五歇後體」。至是，省史走白〔一三〕，綮笑曰：「人皆不識字，宰相亦不及此。」俄制詔下，嘆曰：「萬一然，笑殺天下人！」既視事，宗戚詣慶。搔首曰：「歇後鄭五作宰相，事可知矣。」固讓，不聽，立朝侃然，無復故態。自以不爲人所瞻望，纔三月，以疾乞致仕。』案：藴武以詩得相，人地誠未必宜，然立廟侃然，風節亦復矯矯，且其自知之明如此，器識亦高人百倍，豈妄希鈞軸負乘貽譏者可比？

〔二·四三〕墓表

梁書：『裴子野葬時，湘東王爲墓誌銘，陳於藏内邵陵。又立墓誌，堙于羨道。』羨道列誌自此始。案：羨道立誌即今墓表。

〔二·四四〕顧協

顧協字正禮，吴郡吴人。梁武帝時官終鴻臚卿。少時將聘從舅息女，未成婚而協母亡，免喪後不復娶。年六十餘，此女猶未他適。協義而迎之，晚雖判合，卒無繼嗣。近淮安有白頭花燭之事，與此相類。

〔二・四五〕少妹

梁劉孝綽本名冉，字孝綽，爲廷尉，携妾入官府，其母猶停私宅。到洽劾奏之，曰：『携少妹于華省，棄老母于私宅。』武帝爲隱其惡，改妾爲妹，孝綽坐免官。案：漢人稱妾曰小妻，與『少妹』作對。

〔二・四六〕大二、小二

後魏崔休字惠咸，弟夤字敬禮，夤子愍字長謙，與休第二子同年而月長，其家謂之大二、小二。見北史。

〔二・四七〕風流罪過

高齊時郎基字世業，皇建初帶潁川郡守，在郡惟頗令人寫書。潘子義曾遺之書，曰：『在官寫書亦是風流罪過。』基答曰：『觀過知仁，斯亦可矣。』見北齊書。

〔二・四八〕嶧山碑

秦始皇二十八年東行郡縣，上鄒嶧山立石，與魯諸儒議刻石頌秦德，其銘曰：『皇帝立國，維初在昔，嗣世稱王。討伐亂逆，威動四極，武義直方。戎臣奉詔，經世不久，滅六暴强。二十有六年，上薦高號，孝道顯明，既獻泰成，乃降專惠。親巡遠方，登於嶧山。群臣從〔一四〕者，咸思攸長，追念亂世，分土建邦，以開事理。攻戰日作，流血于野，自泰古始，世無萬數，他及五帝，莫能禁止。廼今皇帝，一家天下，兵不復起，災害滅險。黔首廉定，利澤長久。群臣誦略，刻此樂石，以著經紀。』此文獨不載於史，其詞亦不及泰山諸銘，當是後人贋作。杜少陵李潮八分歌云：『嶧山之碑野火焚，棗木傳刻肥失真。』則其流傳亦久。顔師古解『樂石』謂以泗磬、浮磬作碑也。

［二・四九］赫蹏

禮部韻略云：『楮籍不知所始。後漢宦者蔡倫以魚網、木皮爲紙。俗以爲紙始于倫，非也。前漢皇后傳已有赫蹏紙矣。案：漢書外戚傳：「籍武發篋，中有赫蹏書。」注：「鄧展曰：赫音兄弟鬩墻之鬩。」應劭曰：「赫蹏，薄小紙也。」晉灼曰：「今謂薄小物爲赫蹏。」』

［二・五〇］外戚園廟

史記外戚世家：『文帝立，母薄姬尊曰皇太后，追尊薄父爲靈文侯。會稽郡置園邑三百家，長丞已下吏奉守冢寢廟，上食祠如法。而薄太后母葬櫟陽北，亦置靈文侯夫人園，如靈文侯園儀。此外戚園廟之始也。其後竇太后父安成侯、王太后父共侯並置園邑如靈文焉。』

［二・五一］竈上騷除

史李斯説秦王曰：『以秦之彊、大王之賢，由竈上騷除，足以滅諸侯、成帝業。』徐廣曰：『騷音掃。』索隱：『言秦有天下，若炊婦掃除竈上之不浄，不足爲難也。』廣案：此蓋當時方言。『騷』當同『搔』，爬刮也。梁伯鸞『滅竈更炊』，騷除即滅也。小司馬似迂。

［二·五二］卜肆

賈誼爲博士，與中大夫宋忠同日洗沐，相與嘆曰：『吾聞古之聖人，不居朝廷，必在卜醫之中。』乃同與之市，遊卜肆中，得司馬季主。江文通上建平王書：『下官雖乏鄉曲之譽，然嘗聞君子之行矣。其上則隱于簾肆之間，卧于巖谷之間，下次則結綬金馬之庭，高議雲臺之上。』李善注：『漢書曰：「谷口有鄭子真，蜀有嚴君平。」君平卜筮於成都市，一日裁數人，得百錢，足自養，則閉肆下簾而授老子。』鄭子真名樸，君平名遵，皆修身自保，安貧樂道。遵自言餘錢數百，塵埃厚寸，不知所用。樸耕于巖石之下，名震京師。詳揚子法言及三國志注高士傳。

［二·五三］清明

清明者，漢董仲舒所著書名也。漢書：仲舒『説春秋事得失，聞舉、玉杯、蕃露、清明、竹林之屬，復數十篇。』今獨舉『蕃露』以名其書，何也？蕃，又作繁。西京雜記云：仲舒夢蛇龍入懷，乃作春秋繁露詞。

［二·五四］文王似元年

説苑：『孔子曰：「文王似元年。武王似春王。周公似正月。」』比擬絶奇。

［二·五五］問無恙

今人相見問無恙，古禮也。而其問亦有差別。呂氏春秋：『孔子弟子從遠方來者，賈誼新書作『子贛』[一五]由其家來，請於孔子』。孔子荷杖而問之曰新書作『正顔舉杖磬折而立』：「子之公不有恙乎？」新書：『子之大父母乃不寧乎？』搏杖而揖之，問曰新書：『放杖而立。』：「子之父母不有恙乎？」置杖而問曰：「子之兄弟不有恙乎？」杖步而倚之，問曰新書：『曳杖倚而行。』：「子之妻子不有恙乎？」新書：『妻子家中得無病乎？』故孔子以六尺之杖，諭貴賤之等，辨親疏之義。又況於以尊位厚禄乎？新書作：『身之倨句，手之高下，顔色聲氣，各有宜稱，所以明尊卑别疏戚也。』

〔二·五六〕蟻穿九曲珠

蘇東坡詩注有『得九曲寶珠，穿之不得，孔子教以塗脂於綫，使蟻通之。』案：此事出衝波傳：孔子去衛適陳，塗中見二女採桑。子曰：『南枝窈窕北枝長。』答曰：『夫子遊陳必絶糧。九曲明珠穿不得，著來問我採桑娘。』夫子至陳，大夫發兵圍之，令穿九曲珠乃釋其厄。夫子不能，使回、賜返問焉，其家謬言女出外，以二瓜獻二子。子貢曰：『瓜子在内也。』女乃出，語曰：『用蜜塗珠，將絲繫蟻，將繫絲而不肯過，用煙燻之。』子依其言乃能穿之，於是絶糧七日。

〔二·五七〕血逆流

晉建興中，丞相府斬督運令使淳于伯，臨刑，血著柱遂逆流，上終極柱末二丈三尺，旋復下流四尺五寸。百姓諠譁，咸白其冤。伯息忠訢稱枉焉〔一六〕。見晉書劉隗傳。

〔二·五八〕譜學

南齊賈淵字希鏡，仕爲句容令。先是譜學未有專家，淵祖弼之廣集百氏譜記，專心習業。

晉太元中，朝廷給弼之令史、書吏，撰定繕寫，藏于秘閣及左户曹，淵父及淵三世傳學，凡十八州士族譜，合百袠七百餘卷，該究精悉，皆如貫珠，當世莫比。永明中，衛軍王儉抄次百家譜，與淵參定。建安初，淵還長水校尉，傖人王泰保寶買琅琊譜，尚書令王晏以啟明帝，淵坐收，當極法。子棲長謝罪，稽顙流血。朝廷哀之，免淵罪，後爲北中郎參軍。所撰氏族譜要狀及人名書行世。案：譜之名始于周。太史公作三代年表，邪行旁上，悉依周譜，是也。時亦謂之世本。其百氏之譜，則見於裴松之三國志注、劉孝標世説新語注，不特可以别昭穆、辨親疏，而祖宗血脉由之聯屬，故古人極重之。唐世猶然。然觀襲買之事，則後世連譜已兆其端。日知録有通譜之説。王氏族望曰太原，曰琅琊，世謂：琅琊，祥之後；太原，覽之後，不知何據。晉書：『王祥，琅琊臨沂人。』覽即其弟也。金華子雜編云：『琅琊之族，世嘗有錐頭之名，今太原王氏子弟争稱是己族，其實非也。太原貴盛之中，自有級鏤之號。』宋文憲濂集錢唐王驥孝思庵記云：『驥言其先系出于周，有敬宗者爲周司徒，時人號曰「王家」，因以命氏。至秦武成侯離生二子，曰元曰威。元避秦居琅琊，後徙臨沂。威還太原之廣武，由是有琅琊、太原二族。晉丞相導出琅琊後，家江左云云。』又給事中王公穀墓版文云：『王出姬姓，有二族，一始王子晉之子，司徒宗恭其後，廣案：宗恭即敬宗，宋世避敬爲恭，又倒其字也。則太原、琅琊爲尤盛。一始畢公高之子，畢萬其後，則京兆、河間爲尤蕃。』然則據劉氏之説，二望且非一族，據宋氏之(族)[説]，雖一族而非分于祥、覽。但王氏之望見唐表者甚多，今則並京兆、河間無之。凡氏

『王』者，非琅琊即太原，亦何從辨其襲買與否乎？賈淵因是便當極法，當是譜之重如此。

〔二·五九〕五雁六禮

古昏禮，納采、問名、納吉、請期、親迎，皆用雁及羊酒，惟納徵用羊，佐以皮幣。故鄭康成以爲五雁六禮。今惟親迎用雁，雁不可得，而代以鵝。五雁之名無知之者矣。

〔二·六〇〕八節

四時八節，常語也。問人八節，或未了了。蓋其説有二，似異而實同。一曰：四立、二分、二至爲八節。左傳所謂分至啟閉也。范寧云：『凡春秋分，冬夏至，立春立夏爲啟，立秋立冬爲閉。此八節之日，登觀臺書其所見雲物氣色，可知歲之妖祥也。』小學紺珠『八節』注：『左傳「少皞氏名官：玄鳥氏司分，伯趙氏司至，青鳥氏司啟，丹鳥氏司閉」，是也。』一曰：八風應八節。禮樂記：『八風從律而不姦。』疏云：『八風，八方之風。律，十二月之律也。言八風應八節而至。』白虎通曰：『距冬至四十五日條風至，四十五日明庶風至，四十五日清明風至，四十五日景風至，四十五日涼風至，四十五日閶闔風至，四十五日不周風至，四十五日廣莫風至，則準以四十五日爲一節。以八卦言之，艮爲條風，震爲明庶風，巽爲清明風，離爲景風，坤爲涼風，兑爲閶闔風，乾爲不周風，坎爲廣莫風。』史記律書：『通五行八正之氣。』索隱曰：『八正謂〔一七〕八節之氣，以應八方之風。』夫分至啟閉之節，正以四十五日而應，則二説自相合矣。漢書律曆志：『正八節。』晉書律曆志：『炎帝分八節以始農功。』皆即八正也。

〔二·六一〕柳玭家訓

唐柳玭述家訓，戒子孫曰：『夫門第高者，一事墮先訓，則異它人，雖生可以苟爵位，死不可見祖先地下。門高則自驕，族盛則人窺嫉。實藝懿行，人未必信；纖瑕微累，十手争指矣。』見唐書本傳，數語可作世家龜鑑。

〔二·六二〕十圍

史傳都稱腰帶十圍。鑑戒録云：『圍者環繞之義，古制：圍三徑一，是一圍三尺也。人長不過八尺，腰帶豈合有三十尺？此圍蓋以兩手大指頭相合爲一圍，即今言一搦也。』此説甚是。若枚乘傳所云『十圍之木』容或三十尺，然如莊子『櫟社樹挈之百圍』、拾遺記『磅礴山桃樹百圍』，亦未必盡三千尺。齊書五行志：『盧陵石陽縣山爲溪水衝崩，得柱千餘，皆十圍，長者一丈，短者八九尺。』以長短計之，亦當是兩手合成一圍。

〔二·六三〕少友

吴太史慈字子義，年二十一，説劉昭烈。昭烈曰：『卿，吾之少友也。』『少友』二字甚新。

〔二·六四〕孫策托國

孫策臨亡，以弟權托張昭曰：『若仲謀不任事者，君便自取之。』此與昭烈以後帝托忠武相似，而孫事不甚顯。見三國注引吴歷。

〔二・六五〕宇文氏

宇文氏之先普回因獵得玉璽，自以爲天授。俗謂天子爲『宇文』，因號宇文氏。説見魏書、北史並同。新唐書宰相世系表云：『神農氏爲黄帝所滅，子孫遁居北方，鮮卑俗呼草爲俟汾，以神農氏有嘗草功，因自號俟汾氏，後音訛爲宇文。』其説稍異。

〔二・六六〕俞、兪

古今姓氏辨證云：『俞，姓苑曰：「漢有俞連。」吴志：孫韶伯父河，本吴人，姓俞。集韻曰：「俞音胄，姓也，直救切。」武陽高棐曰：「一畫爲俞，音餘，平聲。兩畫爲兪，音胄，去聲。今衡州多此氏，乃音丑，蓋音變也。」案：元和姓纂有兪氏，亦引此，「俞」、「兪」疑即一字。』廣案：今本吴志直作俞。干禄字書『俞』、『兪』俱平聲，注云：『上俗下正。』既無兩音，且以兩畫爲俗，恐未然，當再考〔一八〕。

〔二・六七〕休澣

漢諸臣五日一休沐。唐制十日。丹鉛録云：『俗以上澣、中澣、下澣爲三澣〔一九〕。蓋本唐制一休澣，而今猶襲之也。』

〔二・六八〕布施

『布施』二字，見莊子外物篇。詩有之曰：『青青之麥，生於陵陂。生不布施，死何含珠？』淮南子原道訓亦云：『布施禀授而不益貧。』『真君』二字亦見外物篇『其遞相爲君臣乎？其有真君存焉』。

［二·六九］家醜

俗語家醜不可外揚。史記樂毅傳：『燕王遺樂閒書曰：「室有語，不相盡，以告鄰里。寡人不爲君取也。」』此言家有忿争之語，乃不自相規切，而以告之鄰里，爲薄情也。正與今俗語合。

［二·七〇］齊醜女

齊宣王納無鹽醜女，人皆知之。更有醜女爲宰相妻者。列女傳齊孤（遂）［逐］者，即墨之女也，狀甚醜。三逐於鄉，五逐於里。齊相婦亡，造襄王之門而求見，王輟食而起，與之語。女曰：『夫屋堅不堅在乎柱，國家安不安在乎相。』王曰：『吾國相若何？』對曰：『王之國相，比目之魚也。內比、外比，然後能成其事。』王曰：『何謂？』對曰：『明其左右、賢其妻子，是外比、內比也。』王曰：『善！』遂尊其相，以逐女妻之。三月，四方之士歸於齊而國以大治。見北堂書鈔。噫！何齊女之多醜而又多賢也！然其始固嘗三逐、五逐，雖視孟光之偃蹇數夫不免草草，亦時無諸葛擇婦故也。説苑：『楊因見趙簡主曰：「臣居鄉三逐，事君五去。聞君好士，故來見。」簡主聞之，絶食而歎，跪而行，謂左右曰：「美女者，醜婦之仇也。盛德之士，亂世所疏也。正直之行，邪枉所憎也。」遂出見之，授爲相而國大治。』女之始詘後信，大率類此。

〔二·七一〕神書

唐類函載搜神記：『益州有神仙，以石爲室，其民奉祠之，自稱黄室公，凡欲問吉凶者持紙筆及墨置石室中，須臾索觀之，其言吉凶甚驗。不見其形。』初學記作黄石公，有禱者持一白紙、一雙筆、一丸墨，先聞石室中有聲，便言吉凶，遂不見形。按：此即後世扶鸞之始，梓潼降筆亭亦是如此。

〔二·七二〕關氏

通志氏族略：『關氏，風俗通云：「關令尹喜之後也。一云夏大夫關龍逢之後。漢有長水校尉關陽，蜀有前將軍漢壽亭侯關羽，望出隴西東海。」古今姓氏辨證云：「喜爲函谷關名，非姓。」風俗通誤矣。又元和姓纂以關龍爲夏關龍逢之後，龍逢姓關，莊子言龍逢剖，即其名也。後無複姓。姓纂亦誤也。』廣舊纂徵信編據羅泌路史及唐書宰相表尚存應劭之説，今宜補入鄧説。

〔二·七三〕論語注

東觀餘論稱漢石經論語後記諸家異同之語。若曰『在於蕭墻之内』蓋、毛、包、周氏，於今論語無蓋氏、毛氏書。通志氏族略云：『暢氏不詳所出，齊有暢惠明，撰論語義十卷，今亡，並姓氏無知之者。』考暢惠明義注十卷，唐志有之，列鄭玄後、宋明帝前，則非齊人。隋志云：『梁有晉司徒左長史張馮及陽惠明。』（鮮？）則是晉人而陽姓，非暢也，（晉）〔近？〕注且傳訛如此，宜蓋、毛之早失傳也〔二〇〕。

〔二・七四〕接子

氏族略又云：『三輔決録有接子名昕，著書十篇。今漢書藝文志無名。』廣按〔二一〕：漢藝文志無接子，有捷子二篇。本注云：『齊人，武帝時説其接子。』見史記孟子傳，云：『齊稷下先生如淳于髡、慎到、環淵、接子、田駢、騶爽之徒，各著書言治亂之事，以干世主。』又云：『環淵著上下篇，而接子、田駢皆有所論。』今云漢志無名，誤矣。大抵此書繆戾百出，其自著諸略，所謂漢唐諸儒不得而聞者，尤乖剌。

〔二・七五〕𠄏

古文苑王延壽王孫賦曰：『𠄏瓜懸而瓠垂。』章樵注：『𠄏字，一了切，懸物貌，以足挂木枝，如瓜瓠之懸繫。』案：王孫，猴類。柳宗元有憎王孫騷體。通志六書略：『𠄏音丁子切，又作厶，息夷切。與「子」同體。』又云：『厶族篆文作ᑲ，象男子之勢，故又音鳥，「ᑲ」與「ᑫ」即『了』字。敵，了者交勝之端也，故厶勢下垂，𠄏狀搥上，並象形之文。』此説『𠄏』字甚精。文考賦蓋取此，藝文類聚改爲『乍』，非也。

〔二・七六〕占米貴賤

師曠占，常以十月朔占春糴貴賤，風從東來春賤，逆此者貴。四月朔占秋糴，風從南來、西來皆賤，逆此者貴。正月朔占夏糴，風從南來、西來皆賤，逆此者貴。余有句云：『客裏繫心惟八口，喜占春糴已東風。』

［二·七七］一窠蜂

浙中鄉語謂人衆擁至曰一窠蜂。案：宋史列女傳：『紹興初，有强寇號「一窠蜂」，破縣邑，欲殺詹氏父兄，其女趨拜，願以身贖父兄命，賊遂携之，行數里，躍水而死。』則知其名亦有由也。

［二·七八］祝道巖

宋咸平五年十二月，賜京城父老祀道巖〔二二〕爵爲公士，道巖百十九歲，率父老百五十人上尊號。上嘆其壽考，故獎之。或云祝道巖也。見古今姓氏書辨證。案：祀氏古未之有，疑以『祝』爲是。

［二·七九］宋神宗朱墨

姓氏辨證二十九（窳）［條］『繳氏』神宗朱墨本第六十三卷：三月丙午，以左班殿直繳順爲東頭供奉官。案：朱墨本疑亦日〔二三〕記之類。魏董遇字季直，善左氏傳，爲作朱墨別異，不肯教人，後無傳者，『朱墨』之名蓋昉此矣。董遇見魏志注。

［二·八〇］『敗』與『憊』近

荀子曰：『孟子惡敗而出妻。』『敗』與尚書『欲敗度，縱敗禮』之『敗』同。韓詩外傳載孟子妻獨居，踞，孟子入戶視之，白其母曰：『婦無禮，請去之。』母曰：『禮：將入門，將上堂，聲必揚；將入户，視必下。不掩人之備也。今汝往燕私之處，入户不有聲，令人踞而視之，是汝之無禮，非婦無禮也。』於是孟子自責，不敢去婦。夫以踞爲無禮，是惡敗也。龍龕手鑑曰：『敗，壞也。又虛羸也。』義與『憊』相近，得之矣。

［二·八一］莊嶽之間

孟子『莊嶽之間』趙注：『莊、嶽，齊街里名。』案：左傳襄二十八年：『慶封伐内宫，弗克，反陳于嶽。』先是『陳文子謂桓子曰：「禍將作矣！吾其何得？」〔二四〕對曰：「得慶氏之木百車於莊。」』莊既爲慶封積木之所，而反陳即在嶽，則莊與嶽相接可知。故曰『莊嶽之間』。又哀六年：『陳乞、鮑牧以甲入公宫，昭子聞之，與惠子乘如公。戰于莊。』知莊與公宫相近。杜注嶽爲里名，莊爲六軌之道，恐不如趙通謂街里爲得。餘詳四書釋地。

［二·八二］䰽金

九真郡下有裸國，其民男女皆裸體，自耻無蔽，候夜與人交市，闇中䰽金便知好惡，曉看皆如其言。見水經注。

［二·八三］馬衣

趙岐注孟子『皆衣褐』云：『褐以毳織之，若今馬衣也。』案：左傳定八年：『公侵齊，攻廩邱之郛。主人焚衝，或濡馬褐以救之。』杜注：『馬褐，馬衣。』近人作四書逸箋謂馬衣不經見，誤矣。後漢：『王章疾病無被，卧牛衣中。』注：『牛衣，編亂麻爲之，即今俗呼爲龍具者。』已見別録。

［二・八四］竹書紀年異同

隋經籍志：『紀年十二卷。』注：『汲冢書並竹書同異一卷。』案：水經注所引有竹書紀年：『梁惠成王十二年，龍賈率師築長城于西。』竹書云：『梁惠王十五年築。』又汲冢古文謂衞將軍文子爲子南彌牟，其後有子南勁。紀年：『勁朝於魏，後惠成王如衞，命子南爲侯。』此即同異之文也。今不傳。

［二・八五］許翰春秋解

襄陵許翰春秋解曰：『梁邱據説錦帛而魯昭不復，楚囊瓦志於佩裘使蔡侯自絶，晉士鞅以賂罷扈之盟，荀寅求貨沮召陵之謀。故正勝於明時，而賄流于衰世，此晉霸之所以衰，而吴所以横行上國也。』蓋春秋一書止辨義利，則桓、文譎正以此而分，桓雖仗義亦利中之義，故止於霸而已。

［二・八六］黈

吴俗呼綿曰黈子，土斗切，字極有本。大戴禮：『冕而前旒所以蔽明，黈纊塞耳所以塞聰。』薛綜東京賦注云：『黈纊以黄綿爲丸，懸冠兩邊當耳也。』

［二・八七］九章算術

漢許商、杜忠，吴陳熾，魏王粲並善九章算術。見廣韻。

〔二·八八〕貼婦

六朝有『賣兒貼婦』之語。貼者，賣而未絶也。猶今言典戲。南史：『蔡樽字景節，爲臨海太守，百姓楊元孫以婢采蘭貼與同里黄權，約生子，酬乳哺直。權死後，元孫就權妻吴贖婢母子五人，吴背約不還。訴樽，判還本主。吴能爲巫，出入樽内，以金釧賂樽妾，遂改判與吴。元孫撾登聞鼓訟之，爲有司所劾。時樽已去郡，雖不坐，而常以爲恥。』見蔡廓傳〔一五〕。

〔二·八九〕續説苑

劉向説苑二十篇。唐劉貺字惠卿，有續劉向説苑十篇。

〔二·九〇〕伏波將軍

漢書：『路博德，西河平州人。初從票騎將軍霍去病，封邳離侯。票騎死後，以衛尉爲伏波將軍，伐破南越，益封。』後漢書：馬援，扶風茂陵人，交阯女子徵側反，璽書拜爲伏波將軍擊之。一武帝時人，一光武時人，後世但知有馬援。宋劉克莊提舉廣東，題伏波巖詩有云：『緬懷兩伏波，往事可追記。銅柱戍浪泊，樓船下湟水。時異非一朝，地去亦萬里。山頭博德廟，今爲文淵矣。謂予詩勿信，君請訂諸史。』是則然矣。但交阯即南粤地，故援征交阯，還謂平陵人孟冀曰：『昔伏波將軍路博德開置七郡，裁封數百户。』漢書南粤傳：『元鼎五年，衛尉路博德爲伏波將軍，出桂陽，下湟水。』又云：『南粤平，以其地爲儋耳、珠崖、南海、蒼梧、鬱林、合浦、交阯、九真、日南九郡，伏波將軍益封。』然則文淵擊交阯至浪（汨）〔泊〕上，亦未必相去萬里也。

〔二·九一〕長鋏

戰國策：孟嘗君客馮煖，彈劍而歌曰：『長鋏歸來乎！』長鋏，劍名。文選張景陽雜詩：『長鋏鳴鞘中。』李周翰注曰：『長鋏，神劍名。寇敵將至，則必鳴於鞘中。』李善引楚詞：『帶長鋏之陸離。』王逸曰：『長鋏，劍名也。』然則煖雖甚貧，而蒯緱一劍，亦足自雄矣！舊注以鋏爲劍把，而本文『復彈其劍鋏』衍一『鋏』字，皆非也。古劍以三尺爲度，長者或至七尺。荆軻刺秦王，拔劍，劍長，操其室。裴駰以爲長七尺也。

〔二·九二〕陰重

史記：『周文名仁，景帝時郎中令，仁爲人陰重不泄，常衣敝補衣溺袴，期爲不潔清，以是得幸。景帝入卧内，於後宫秘戲，仁常在旁。』案：陰重不泄，即今之疝患，甚者絶人道。集解載張晏曰：『陰重不泄，下濕，故溺袴，是以得比宦者，得入後宫。』此説是也。服虔、小顔作性陰密不泄人言，誤。韋昭謂陰重如今帶下病泄痢，亦非。

〔二·九三〕將軍

史記：『齊景公召穰苴，與語兵事，大説之，以爲將軍，將兵扞燕晉之師。』索隱曰：『謂命之爲將，以將軍也。將音即匠反，遂以將軍爲官名。』案：史文上言將軍，下言將兵，則上『將』字非如字明矣。而今之『將軍』皆讀如字，誤也。穰苴在戰國策爲湣王之臣，非景公也。

其爲將軍當與魯慎子後先。杜佑通典云：『左傳：「晉作二軍。公將上軍，太子申生將下軍。」後世將軍名始此。』『將』亦當讀即匠反。國語：『鄭人以詹伯爲將軍。』

〔二·九四〕小太宗

唐宣宗臨御逾于一紀，而憂勤之道始終一致。輿論謂爲小太宗。見金華子雜編。

〔二·九五〕互可思

古今姓氏書辨證九遇『互』字下載唐紀異録：『寧州羅川人互可思，年已百歲。明皇時得三十七仙玉像於金華可思，其地，即可思莊也。』『金華可思』四字疑有誤，無原書可校。

〔二·九六〕太醫

俗傳太醫視宫人脉，祇以綫候其動止，不敢觸其手。以理揆之，脉之微豈綫所能辨？偶閲後漢書：『郭玉，和帝時爲太醫丞，多有效應。帝奇之，試令嬖臣美手腕者與女子雜處，使玉各診一手，問所疾苦。玉曰：「左陰右陽，脉有男女，狀若異人，臣疑其故。」帝嘆息稱善。』據此知雖宫人診脉，未嘗不露手也。唐宫中呼診脉爲對脉。

〔二·九七〕宋江等

宋江三十六人擾亂山左，見於宋史，蓋劇盜也。癸辛雜識載龔聖與撰諸人贊，施耐庵又爲之傳奇，遂有一百單八人姓名。

〔二·九八〕古人貴玉

古人貴玉，君子以之比德，因之四肢百體皆取喻焉。如左傳：『展禽謂齊孝公曰：「寡君聞君親舉玉趾。」』公羊傳：『楚莊王〔二六〕對鄭伯曰：「使寡人得見君之玉面。」』戰國策：『觸龍謂趙太后：「恐玉體之有郄也。」』史記魯仲連傳：『新垣衍謂仲連曰：「吾觀先生之玉貌。」』文選宋玉神女賦：『苞温潤之玉顔。』魏志：『曹植上書文帝曰：「陛下將復勞玉趾。」』他若『玉膚』、『玉腕』、『玉肱』、『玉臂』，無不『玉』之。又尚書大傳：『天下諸侯受命于周，莫不磬折玉音金聲。』越絶書：『越王勾踐謂子貢曰：「出玉聲以教孤。」』列子：『周穆王時有化人至，甚敬之，日日獻玉衣，旦旦獻玉食。』

〔二·九九〕通鑑

司馬温公脩通鑑自辟官屬書局，自隨二十七年始成，亦云久矣。而魏了翁序尹起莘綱目發明，猶曰：『公數論新法，小人思以中傷，謂書局之人利尚方好（腸）〔賜〕，於是速于成書，唐至五代不暇詳校。』是何成書之難若此！

〔二·一〇〇〕臨摹二法

東觀餘論云：『世人多不曉臨摹之别，臨謂以紙在古帖旁，觀其形勢而學之，若臨淵之臨，故謂之臨。摹謂以薄紙覆古帖上，隨其細大而搨之，若摹畫之摹，故謂之摹。又有以厚紙覆帖上，就明牖景而摹之，又謂之響搨焉。二者迥殊，不可亂也。』

〔二·一〇二〕藏書之厄

廉州陳太史觀樓昌齊聚書五六千卷，見異書必借鈔藏之。嘗見余拙注意林，遽留抄一本，他可知矣。甲辰除夕前三日，寓舍不戒於火，毁滅無遺。余走弔之，嘆曰：『餘無足惜，十數年心血一旦盡矣！』余亦深爲惋歎，因憶魏了翁眉山孫氏書樓記及跋尤氏遂初堂書目，皆言昔人藏書鮮有久而弗厄者。梁隋之盛，或壞於火，或覆於砥柱。唐太玄文昭之盛，或毁於盜，或散於遷徙。本朝之初，江源叔所藏，合江南吴越之本數萬卷，而子孫不能有爲，臧僕竊以市人，裂以藉物者，不可勝數。安陵張氏得江書最多，其貧也一篋之富僅供一炊。王文康初相周世宗，多得舊書，李文貞所藏亦一時之冠，而子孫皆不克守也。宋宣獻兼有畢文簡、楊文莊二家之書，可敵中秘，而元符中蕩爲煙埃。晁文元累世之書，校讐是正，視諸家爲精。自中原無事時已有火厄，至政和甲午之灾，尺素無存。劉壯輿家廬山之陽，所儲亦富。今其子孫無聞焉。南陽開氏藏書五十篋，盡歸晁氏。眉山孫長孺〔二七〕自唐開成年建樓儲書，光啟元年僖宗書『書樓』二字賜之。僞蜀毁於火，乃還魚鯽。長孺之五世孫降衷，建隆初爲眉州别駕，市監書萬卷以還。天聖初，降衷孫號儒心者復入都，傳東壁西雍之副與官本，市書捆載而歸，即所居魚鯽建重樓藏之，比歲又毁於火。書僅有存者，六世孫某復建樓於舊址，走闕下借抄以補缺遺焉。錫山尤氏寶慶初亦厄於火。據鶴山之言，孫氏之屢絶而復興，尤氏雖有火厄而書録卒傳，固較愈於江、張諸家。然其遭厄亦甚，故鶴山以爲書爲天地神人之所靳，藏之往往遭忌也。吾浙明以來藏書甚多，今亦惟寧波范氏存耳。陳太史知有此，正無事戚戚矣〔二八〕。

〔二·一〇二〕　古文、奇字之别

東觀餘論跋蘇氏篆法後云：『漢甄豐稽正古文字，其一古文，魯堂壁中書也。其二奇字，即古文而異者也。』古文高質而難遽就，若三代鼎彝遺篆是已。奇字怪巧而差易，若漢書劉棻從揚雄所學及今夏鄭公所集四聲韻所載是已。今人往往不能辨，往往以奇字爲古文焉。

〔二·一〇三〕　指掌

人身膚肉惟手掌有文，指頭有腡。音螺。賢愚貴賤，於此略可見。

〔二·一〇四〕　相辛

古音駢字：『相拉，張融海賦作「來往相辛」。』『辛』字，字書不載。案：融字忍光，劉宋人。其海賦則顧凱之所稱實超玄虛者也。

〔二·一〇五〕　朝歌

水經注曰：『朝歌，紂都也。』晉灼曰：『史記樂書：「紂作朝歌之音。」朝歌者，歌不時也。故墨子聞之，惡而迴車，不逕其道。』論語比考讖曰：『邑名朝歌，顔子淵不舍，七十弟子揜目，宰予獨顧，由蹷墮車。』宋均曰：『子路惡宰予顧視凶地，故以足蹷之，使墮車也。』

〔二·一〇六〕　掂捶

掂捶即掂簸，稱量忖度也。俗云掂斤簸兩，亦作掂揣〔二九〕，亦作掂播。見古音駢字。

［二・一〇七］乾坤二字

龍龕手鑑雜部『䷀』、『䷁』注：『乾、坤二音，周易卦名。』『䷀』下又注云：『新藏作䷋。』案：☰爲乾，☷爲坤，故易於二卦注『乾上乾下』、『坤上坤下』。今以重卦之名爲音，則震、離諸重卦皆可爲音乎？不經甚矣！大抵收字之濫，此書爲最。釋藏杜撰之字，皆羼其中，世徒矜其浩博，不深究耳。

［二・一〇八］啞

異聞總録載：『宋嘉熙年蜀人崔福子爲父所逐，宿里廟，適梓潼帝君至，問何有生氣？廟神以福子告，帝君曰：「啞！」』『啞』字初不得其解。閲韓非子難篇：『晉平公與群臣飲酣，喟然嘆曰：「莫樂爲人君！惟其言而莫之違。」師曠援琴撞之，公披衽而避。琴壞于壁。公曰：「大師誰撞？」曠曰：「有小人言于側者，故撞之。」公曰：「寡人也。」曠曰：「啞！是非君人者之言也。」』説苑師經撞魏文侯事略同。『啞』下注云：『嘆息之聲。』然則帝君所謂啞，亦驚嘆之詞，蓋福子得罪於父，爲帝君所斥，一字中[三〇]已寓深意矣。

［二・一〇九］圓冠方屨

齊釋道盛啟武帝論檢試僧事云：『昔者仲尼養徒三千，學天文者則戴圓冠，學地理者則履方屨。楚莊周詣哀公曰：「蓋聞此國有知天文地理者不少，請試之。」哀公即宣令國内知天文者著圓冠，知地理者著方屨，來詣門。唯有孔某一人到，問無不對，故知餘者皆爲竊服矣。』

見弘明集。

〔二·一一〇〕鼎沸

史書都用『鼎沸』字。廣弘明集載後周王明廣請興佛法事，有云：『昔夏立九鼎以鎮九州。一州不靜，則一鼎沸；九州不靜，則九鼎都沸。』

校勘記

〔一〕守，抄本作『脩』。

〔二〕抄本脱『田真、孟宗……晉書有傳』等五十一字。

〔三〕同，影抄本作『周』，今據抄本改。

〔四〕羊，抄本作『年』。

〔五〕抄本無『傳』字。

〔六〕使，抄本作『俠』。

〔七〕載，影抄本作『戴』，今據抄本改。

〔八〕論，抄本作『諭』。

〔九〕齋，抄本作『齊』。

〔一〇〕抄本此處有『後』字。

〔一一〕袞，抄本作『衮』。

〔一二〕以，新唐書作「於」，于義爲優。

〔一三〕本句新唐書作「省史走其家上謁」。

〔一四〕從，抄本作「頌」。

〔一五〕子贛，即子貢。定州漢墓竹簡論語作「子贑」，漢石經作「子贛」。

〔一六〕本句晉書作「伯息忠訴辭稱枉焉」。

〔一七〕謂，抄本作「爲」。

〔一八〕本條之「釗」，抄本作「俞」；「俞、釗疑即一字」作「俞、俞疑即一字」；「「俞」、「俞」俱平聲」作「「俞」、「俞」俱平聲」。

〔一九〕抄本無「爲三澣」三字。

〔二〇〕本條「暢」，影抄本、抄本均作「暢」，今據通志改。

〔二一〕按，抄本作「案」。

〔二二〕抄本無「祀」字。

〔二三〕日，抄本作「雜」。

〔二四〕得，抄本作「德」。

〔二五〕本條「樽」，南史作「撙」。

〔二六〕王，影抄本作「玉」，今據抄本改。

〔二七〕本條「孫長孺」之「孺」，抄本作「儒」。

〔二八〕抄本此處有「者」字。

〔二九〕龍龕手鑑有「拂」字，是「摶」的俗字，疑此字也是「摶」的俗字。
〔三〇〕抄本無「中」字。

過夏雜録卷三

海寧周廣業

〔三・一〕陶淵明集

陶元亮風節既高，胸懷冲淡。其詩在文選中如雲間白鶴，矯矯不群。惜全集少佳本。友人鮑君廷博嘗於吴門書肆得舊刻陶淵明集，後爲家叔松靄春所有，甚寶秘之。余未得見。案：懶真子云：世所傳五柳集數本不同。遊斜川詩云『開歲倏五十』，非也。近得廬山東林舊本作『五日』，宜以爲正。然則此集在宋時當名五柳，但東觀餘論有跋陶淵明集後云：『政和二年歲壬辰六月十四日己亥，於洛都大福先寺校竟。』是又作淵明。據馬永卿云有數本，知當時寫刻非一。明板題陶靖節先生集，余謂不如五柳爲雅。

〔三・二〕韻海鏡原

唐顔魯公作韻海鏡原三百六十卷，依韻切〔一〕起『東』，字脚皆列古篆，而引説文、蒼、雅諸書，窮其訓解，次以經史子集，中兩字已上成句者，先後共事凡數十人。釋皎然詩云：『外史刊新韻，中郎定古文。菁華兼百氏，縑素備三墳。』時皎然亦與編輯，故贈詩云爾。其書不傳。唐藝文志并不録其名，殆汝州握節之後遺稿散失歟？惜哉！

〔三·三〕杭州南亭子記

杜牧之樊南文集有杭州南亭子記，凡千餘言，大率言佛經所説無間地獄，人有罪〔二〕惡，施僧事佛，即可消滅，以煽惑海内，崇飾寺宇，豢養徒衆，疲敝天下。文宗嘗謂宰相曰：『古者三人共食一農人，今加兵佛，一農人乃爲五人所食。聞吾民尤困于佛，念其本牢根大，不果去之。』武宗即位，獨奮怒曰：『窮吾天下，佛也。』始去其山臺野邑四萬所，冠其徒幾十萬人。至會昌五年，始命西京留佛寺四，僧惟十人。東京二寺。天下所謂節度、觀察三十四治所，得留一寺，僧準西京數。其他刺史州不得有寺。出四御史按行天下督之。御史乘驛未出關，天下寺至于屋基耕而刓之，凡除寺四千六百，僧尼笄冠二十六萬五百，其奴婢十五萬，良人枝附爲使令者倍笄冠之數。良田數千萬頃，奴婢口率與百畝，編入農籍，其餘賤取民直歸於有司。寺材州縣得以恣新其公署傳舍。宣宗即位，詔曰：『佛尚不殺而仁，且來中國久，亦可助以爲治天下。』州率與二寺，用齒衰男女爲其徒，各止三十人。兩京數倍其四五焉。著爲定論，以狥其習，且使後世不得復加也。』此與前所載唐書小不同，故復詳録之。趙郡李烈播自尚書比部郎中出爲錢唐令，取寺材作南亭于城東南隅，宏大焕顯，江平入天，越峰如髻，越樹如髮，孤帆白鳥，點畫上凝，東閩西越，宦遊善地也。杜記如此，今南亭不可踪迹矣。

〔三·四〕鮮于侚

唐鮮于侚字仲通，以字行，漁陽人。居巴蜀之新政，年二十未知學。父令徵切責之，乃于離堆山鑿石室以居，勵精爲學，至以鍼其臉使不得睡。開元二十年，年近四十，進士高第，官終京兆尹。漢陽太守顔魯公爲墓銘。鈎〔三〕臉事可與蘇秦刺股作對。

〔三·五〕伏突

李光弼，京兆萬年人。安史之亂，光弼討平之。以爲戰者危事，勝負難必。每臨陣嘗貯伏突于靴中，義不受辱。見顔魯公所作神道碑，伏突不知何物。

〔三·六〕徐秀

徐秀，東海郯人，天寶間官至信都郡長史，雅好攝生。在新安或指靈叟於秀，秀齋心四日，冞入其阻而後覲之，訊其由來，陳思王東閣祭酒蔣覬也。説魏時事歷歷可聽。稽首蘄之。叟曰：『從我必可度世。』秀以王事靡盬，退而辭焉，迴顧則爲茅草矣。

〔三·七〕張志和

張志和字子同，年十六明經擢第，仕肅宗，爲翰林待詔，尋貶南浦尉。不之任，扁舟垂綸，浮三江，泛五湖，自謂『烟波釣徒』，又號『浪迹先生』。著玄真子十二卷。兄浦陽尉鶴齡恐其浪迹不還，于會稽東郭買地結茅居之。浙江觀察使御史大夫陳少遊表曰『玄真坊』。又立閈閎，旌曰『迴軒巷』。門隔流水，十年無橋。陳爲創造，行者呼『大夫橋』。因作告大夫橋〔文〕謝之。肅宗嘗賜奴婢各一。志和配爲夫妻，夫曰漁童，妻曰樵青。人問之，曰：『漁僮使捧釣收綸，蘆中鼓枻，樵青使蘇蘭薪桂，竹裏煎茶。』大曆九年，顔真卿守吴興往訊之，顔以舴艋既湫，請更之。答曰：『儻惠漁舟，願以爲浮家泛宅，沿泝江湘之上，往來苕霅之間，野夫之幸矣。』其詼諧辨捷，皆此類也。右四則俱見顔魯公集。

［三·八］蕭翼賺蘭亭

張陶庵岱書蕭翼賺蘭亭序云：『王右軍蘭亭序醉中屬筆，醒後莊書，數十百紙都不及。右軍傳其七世孫，智永授弟子辨才。時唐太宗酷好二王真迹，民間進一字者賜萬錢，得真迹二千六百本，以未得蘭亭爲恨。乃敕辨才入内，道場供奉，百計誘之。辨才言失之兵燹，乃留辨才，密遣人搜訪，僅得智永千文以歸。辨才托疾還山。太宗謂侍臣曰：「辨才蘭亭死護不出，老禿木彊，須以計取。」左僕射房玄齡謂御史蕭翼有謀，可充此使。翼請得御庫二王雜帖三四通，易服至洛潭，隨客舟至越，衣黄衫，寬長潦倒，日入寺廡觀畫壁，過辨才院，踞門坐。辨才問之，曰：「某，北人。將少許蠶種來賣。」因延入琴棋款洽留飲，賦詩往來浹旬。翼出梁元帝畫職貢圖示辨才，辨才讚嘆。翼言收有二王真迹，真希世之寶。辨才笑曰：「明日可把來看。」翼如言先出二帖，辨才皆曰贋本。最後一帖秘匿數四始出。辨才熟視曰：「是則是矣，非得意書筆。」蹉口出「老僧有」三字，旋低頭默塞。翼力究之，乃曰：「老僧有真本。」又低語曰：「蘭亭。」翼謬言數經離亂，必是臨本。辨才曰：「智永臨終親付與我，那得差錯？」因自携梯向屋梁上取出。翼故指敗缺曰：「果是臨本。」分競不定，自此不復安梁上，並翼二王雜帖留案臨摹。一日辨才赴圮橋齋，翼紿守房弟子曰：「忘净巾在内。」爲撤闗，遂取蘭亭及雜帖軼出。辨才歸，急檢，已失。走翼所，翼已去，乃躃地大慟，曳杖追趕。翼走二十里始敢展看，山花盡開，後遂有「花街」之名。翼方開帖，辨才嚄唶而來。翼又走三十里，入永安驛，呼驛長曰：「急報汝都督齊善行。」善行至，老僧亦至。見翼氣勃舌缺不能語，但持杖亂撲之。翼環驛走，都督使人持辨才，令其喘定言之。翼遂對宣墨敕，大言曰：「吾，御史蕭翼，奉敕取蘭亭。爾當護送還闕。」辨才聞言，驚倒仆地，良久始蘇。翼遂奉帖進。太宗大悦，擢翼員外郎，賜金鏤瓶、瑪瑙碗、良馬、莊宅，並賜玄齡錦綵千段。始怒辨才慳吝，不與，數日，仍賜帛三千段，穀三千斛。辨才施於寺，建塔三級，是爲辨才塔。一時能書如歐陽、虞、褚皆臨搨相尚。太宗日不去手，嘗曰：「吾千秋萬歲後必得此殉葬。」一日賜太子燕，亦以語之。貞觀二十三年，太宗厭代，遂以真本殉葬昭陵。』案：辨才字玄静，於潛人，居天竺峰下，此事有無不可知。相傳閻立本嘗爲之圖畫鑒。又有顧德謙購蘭亭圖，宋會稽華安仁鎮雲門寺外勝迹諸咏云：『蘭亭墨迹何由見？祇説蕭郎奉使時。』見藜齋小集。明楊文貞士奇書蕭翼賺蘭亭云：『妙絶！真立本筆。其事後人然疑非一，觀此當必有因。吾家唐畫獨有此卷。』見東里續集。蓋閻畫猶有存者。南部新書則云：『蘭亭乃武德間歐陽詢赴越詐求之。始入秦府，麻道嵩奉教搨兩本，一送辨才，一王自收。嵩私搨一本。貞觀二十三年褚遂良請入昭陵，後乃得其摹本。』與此異。

〔三·九〕枳殼花

雍陶城西訪友別墅詩：『村園門巷多相似，處處春風枳殼花。』風趣甚佳。枳實、枳殼，皆藥名，枳即今枸橘，叢生多刺，春開白花。村人多植之，以爲虎落。初夏採其子曝乾，小者全用爲枳實，大者去穰用殼爲枳殼，則不應言枳殼花。余村行有句云：『港南埭北沿籬落，花滿春風枸橘香。』較爲得實。

〔三·一〇〕寶井游宫

范蠡收四方難得之貨。或藏之井塹，謂之寶井。麗色溢于閨房，謂之游宫。見雲仙雜記。

〔三·一一〕錦標集

『向道是龍剛不信，果然奪得錦標歸。』此唐盧肇及第後看競渡詩也。肇，袁州宜春人。方赴舉時，與同郡黄頗偕，黄富盧貧，郡牧（薦）〔餞〕頗甚盛，而肇策蹇而過。明春，盧爲狀元，因感事作。江西舉狀元自子發始，後人遂名其集爲錦標。余癸卯秋試，寓家屋宇宏敞，所容百許人，余居極卑濕，忽一日懸字幅於堂，書此二句，後署『癸卯秋琴圃伯』。兄存齋過見之，笑語余爲與（薦）〔餞〕之兆，已而果然。科名信有定數耶？然科名究何足重人？子發意中正恐未忘『狀元』二字，羅念庵所以不可及也。肇，武宗會昌三年狀元。

〔三·一二〕泥窗

蜀人謂糊窗曰泥窗。花蕊夫人宫詞曰：『蜀錦泥窗繞四廊。』見老學庵筆記。

〔三·一三〕杼山集

釋皎然杼山集詩致清逸，美不勝收。末卷有與顔魯公、張薦、李萼等聯句，戲爲大言、小言、樂語、饞語、滑語、醉語、遠意、暗思、樂意、恨意諸篇，皆屬滑稽。其樂語云：『若何既濟真僧喜蕚，新知滿座笑相親真卿。戍客歸來見妻子晝，學生放假偷向市膺。』滑語云：『雨裏下山踏榆皮真卿，莓苔石橋步難移晝。蕪荑醬醋喫煮葵令自，縫靴蠟綿油塗錐蕚。急逢龍背須且騎益。』暗思云：『斜風飄雨三十夜疾，鄰女餘光不相借巨川。迹滅塵生古人畫晝，洞房重鎖無隟罅均。燭滅更深月西謝從心。』樂意云：『良朋益友自遠來均，萬里鄉書對酒開晝。子孫蔓衍負奇才疾。承顏弄鳥咏南陔澄，鼓腹擊壤歌康哉巨川。』案：大言、小言料無有踰宋玉賦者，他若漢東方朔隱語『口無毛，聲謷謷，居益高』，郭舍人諧語：『令壺齟老柏塗，伊優亞狋吽牙。狋，五伊反；　吽，五侯反。』晉顧愷之與殷仲堪、桓靈寶共作了語，云：『火燒平原無遺燎顧，白布纏根樹旒〔四〕旐桓。投魚深泉放飛鳥殷。』復作危語，云：『矛頭淅米劍頭炊桓，百歲老翁攀枯枝殷。盲人騎瞎馬，夜半臨深池參軍。』實諸語之濫觴也。

〔三・一四〕李壽

北堂書鈔引吴録云：『海鹽李壽作糜以食饑者，而不自名。』此人當在三國時。崔秋谷表弟撰武原遺事曾收入否？

〔三・一五〕趙孟堅

趙孟堅字子固，海鹽人。寶慶初登進士，入元，隱不仕。兄子昂嘗往候之，登堂良久，絶不與見。既去，急呼童取水洗其坐處。其爲人孤介如此。書畫亦有名。劉克莊題其詩卷云：

『紫芝仲白俱仙去，晚秀惟君擅士林。字肖率更親手寫，詩疑賈島後身吟。九成合奏音方備，三染爲纁色始深。老去尤于朋友篤，未忘几研琢磨心。』有彝齋集四卷，姚桐壽樂郊私語入之元人，誤。

〔三·一六〕唐重進士科

唐重進士，謂之白衣卿相。視其榜爲千佛名經，末年尤甚。金華子雜編載許棠嘗語人曰：『往者，年漸衰暮，行倦達官門下，身疲且重，上馬極難，自喜一第以來，筋骨輕健，攬轡升降，猶愈于少年時。』則知一名能滌身心之疾，真人世孤進之還丹也。諺云：『人逢喜氣精神爽。』其許棠之謂乎？棠，宣州涇縣人，二十餘舉始及第。

〔三·一七〕銅鐎斗

宋楊冠卿字夢錫，江陵人。所著客亭類稿有古銅鐎斗頌，爲中隱壽，其序云：『淳熙丁未春，嘉興漁者得秦漢間飲器於海鹽斷岸石斗中，鶉首、鼎足、皤腹、圓蓋，有柄横揭，取象於斗。驗諸古昔，其龍眠所紀杜陵銅鐎乎？夏六月中隱先生懸弧旦。是器也，金堅質良，久而勿壞，可以酌酒醴，葆冲粹。門下士楊冠卿敬取爲先生壽，薰瀹百拜而獻。』頌曰：『維北有斗，斟酌元氣。酒漿不挹，斡乎天地。智者創物，尚象制器。鶉首山立，熊蹯鼎峙。揭以魁柄，可用酌醴。在昔杜陵，有曰馮氏。名紀銅鐎，芳流圖史。嬴顛劉蹶，陵遷谷異。漂轉人間，不知其幾。風雨剥蝕，鬼神呵衛。待人而寶，出爲嘉瑞。我中隱君，其汾陽裔。再造王室，維持國是。坯治一陶，埏埴萬類。海若效珍，坤靈隤祉。錫此大斗，酌之罔既。以介眉壽，以綏福履。興雍熙和，垂沐永世。』

〔三·一八〕五色雀

羅浮山有雀各自爲一色，棲于絶頂。每遇海風調順，曉日照耀，即逐色以類相從，次第飛入雲中，莫知所集。俗傳此雀好樂聲。昔南海尉作樂于山上，翔集久之。宋金君卿有五色雀詩，見金氏文集。

〔三·一九〕度周卿詩

度正字周卿，又字伯周，四川遂寧人。晚遊朱子之門，朱子深契〔五〕重之。嘗以『性善』顔其堂，詩文即名性善堂稿。贈張袁州隱齋云：『齊王非愛牛，厲人非愛子。秉彝未殄滅，生意不可已。倘能盡其端，萬物均一體。胡爲隔形骸？强自分彼此。達人有大觀，俯仰盡天理。從渠美與惡，不與我愠喜。敬問何以然，請先自克己。一』『少時見敲榜，濈濈背欲汗。及壯事州縣，稍稍竟不憚。由來祇一心，今昔非異見。君子遠庖廚，夫豈惡芻豢？長恐惡念熟，此道出無間。是隱乃在我，扁牓安用辦？君侯退歸來，此意却無限。二』『殺麑無戚容，活蟻有德色。不如未見蟻，生道猶不息。心如隔窗月，光不見微隙。不患無發時，却患發無益。一矜障萬善，千悔無一得。要加持養功，跬步見天則。宇宙渺無窮，此道足充塞。三』又籠雞詩云：『籠中畜一鷄，飲啄頗云足。其雞渾不顧，引頸欲逃出。旁雞大愛之，貪食籠中食。回旋欲歸籠，不省籠拘束。』讀前三詩令人惻隱之心滿腔活潑，讀後詩令人利禄之心化爲冰雪。

［三·二〇］鸞刀詩

嘉祐二年，歐陽文忠主省試，得程明道、張横渠、蘇子瞻、子由及曾氏兄弟。是年廷試鸞刀詩。度正詩有云：『考論勳庸推虎榜，講求師友是鸞刀。』

［三·二一］㬉淵

吴兔床騫刻孟子外書，後有涪翁㬉淵跋。㬉姓見古今姓氏書，音阮。唐時荆州多此姓。又洪适隸續有不全碑陰題名列議曹掾陰㬉武偉文，又文學史陰㬉超公叔，是漢時陰縣已有此姓矣。淵之爲人，朱氏經義考所載甚略。今考淵字亞夫，四川涪州人，性沉静，履行清修，深明經學，頗通世務。少從禮部尚書李燾遊。燾愛其志。中年往從建安朱子，朱子亦愛之，留與諸孫校書，及門最久，故聞記師説最爲詳備。其所得亦最精，時建陽坊刻朱子經説，淵所録易説實居其首。江東提舉李道傳集朱熹語録，淵所録亦附載其中。嘗應舉于鄉，適權臣以朱學爲僞，抑不敢取。及禁弛，淵已衰老，不復從事科舉。嘉定十四年十月明堂大禮赦文開項有保奏遺逸，時度正、權夔憲以淵應薦。見性善堂稿。

［三·二二］濂溪年譜

濂溪年譜，度周卿所著，今元公集有之。周卿〔六〕有跋濂溪序彭推官宿崇勝院詩後一篇云：『濂溪此序，乃官蜀所作，推官即程明道之外舅也。舊有石刻，温泉寺僧得之以貽正，正時方集濂溪遺文，且修其年譜，得之甚喜。其序乃濂溪自述其平日所歷，比他所記最爲詳備。恐久而漫滅，後摹刻二石。一置重慶郡齋，一置濂溪祠堂。』時嘉定十四年四月十二日，正方知重慶軍府事也。

［三·二二三］于湖集

張孝祥號于湖，有于湖集，合璧事類稱引甚多。楊冠卿有謝臨安趙安撫啟云：『准使帖遣劉忠等盜開于湖新集，改易元文追板入官，押出府界者，客常何之館亦既有年，求相如之文僅存遺稿。方與鳩工而鋟，遽聞售僞而假真。』又云：『竊惟文籍之興莫甚魯魚之辨，銘誄麋壽，歐氏特書，車改金根，昌黎無子眷。于湖之逸軌，邁漢廷之諸公。平生千萬篇，垂金薤琳琅之體；作詩三百首，掩咸池冥默之音。詒趨上帝之玉樓，公棄奚奴之囊錦，微茫手迹流落人間。』又云：『惟虞震電之取將，詎言雌霓之誤讀？以冰爲凝，以鼎爲則，如鄭亂雅，如紫亂朱，念謬于遠者，由差之毫釐，況附其真者，兹十焉八九。苟肆行而莫禁，則壞亂而不收。是須絶去其本根，毋使難圖于滋蔓。紙貴洛陽之市，方傳者以争先。雷轟薦福之碑，幸應焉如響。』全文見容亭類稿。蓋冠卿嘗爲于湖客，爲刊其遺稿，而劉忠等翻刊射利，趙安撫爲追削之，故其言如此。

［三·二二四］何潛齋詩

何潛齋觀禽鳥哺雛有感詩：『父母人心物豈無？静觀禽鳥見中孚。自來擇木心勞瘁，計得巢成口卒瘏。囝翅漸長郎罷短閩人呼子爲囝，呼父爲郎罷，仔身已壯阿婆癯江西呼子爲仔，呼母爲阿婆。人間恩義尚如此，幾箇林中反哺烏。』和文山先生詩：『坐對煙煤冷麝臍，一窗風雨慣幽棲。蠶叢國破鵑啼血，玉樹堂空燕落泥。華表有時歸老鶴，桃都何處聽天雞！十年往事俱塵土，莫上揚州唱竹西。』兩詩絶不相謀，而忠孝之誠盎然流露于筆底。故知道學必從忠孝出也。

〔三・二五〕鐵牛翁

鐵牛翁者，何景福字介夫，潛齋族孫，月泉吟社中人也。有詩一卷，甚奇偉。咏柳絮云：『繡床漸覺香毬滿，魚〔七〕艇初疑雪片多。』極體物之妙。又鼓角樓詩云：『龍吟一奏霜飛瓦，鼉吼三通月滿城。』

〔三・二六〕前定命

前定命俗號鐵板數，其爲四柱凡五十一萬八千四百，以包括古今天下生人之命，不知造自何人。蘇平仲以爲昉於虚中，然韓昌黎誌虚中墓但稱其以人生年月日推算命數，初不及時，則唐世尚無所謂八時四柱也。已見別録。平仲之説，曰：『其四柱同而賢愚、貴賤、修短、休咎異者，在乎世運、地域、氣候、禀賦焉爾。否泰、理亂、升降、消長，此世運也。五方、九州、山川、限隔，此地域也。一時離爲八刻，一刻爲初中末，此氣候也。受形之初，胎氣所鍾，此禀賦也。禀賦有厚薄，氣候有早晚，地〔八〕域有南北，世運有盛衰。明盛衰之機，別南北之辨，審早晚之節，權厚薄之等，以斷賢愚、貴賤、脩短、休咎之故，此談命之所以徵也。』其説精矣。然按之古人所謂三命，如援神契、論衡、孟子注所説受命、遭命、隨命，要不離乎『脩身盡道』四字。以最靈之人而皆可豫設一命以囿之，恐亦未然。謝應芳贈星術王逵夫詩有云：『天降災祥本在人，人能轉移天亦喜。君不見宋君三善言，熒惑退三舍。天人果相孚，大咎亦可謝。又不見韓退之，命在斗牛身坐箕，遭謗受謗能自知，怡然高咏三星詩。』可謂達者之言矣。

［三·二七］杜牧

杜牧自撰墓銘云：『夜就寢，有人朗告曰：「爾改名畢。」予生于角星。昴畢於角，爲第八宫，曰疾厄宫，亦曰八殺宫。土星在焉，火星繼木。星工楊晞曰：「木在張，于角爲第十一福德宫。木爲福德，大君子救于其旁，無虞也。」予曰：「自湖守不週歲遷舍人，木還福于角足矣。土火還死于角宜哉！」復自視其形，視浮而疾，鼻折山根，年五十斯壽矣。』已而竟卒。牧雖詩人，其言如此，亦知命之君子也。

［三·二八］富以德

元宣城貢仲章奎以勤儉起家。嘗曰：『富以力者苟得必易覆，富以德者難效必致遠。』可謂名言。仲章即尚書玩齋之父也。

［三·二九］瑞竹

天台丁復字仲容賦姚氏瑞竹軒詩云：『想見靈萠錦籜兼，露蕤戢戢長雙尖。蒼擘漢使騈頭節，翠擁吴姬總角鬟。迭和鳳聲風及檻，並回鸞影月當簷。何因末客勞前席，相對此君長捲簾。』玩詩意當是駢生竹，其稱瑞者，以此凡物本異而忽同者皆爲瑞。余家嘗有並蒂桃、並蒂菊、合歡瓜，自惟薄德，何以致此意者？先人之餘蔭乎？

〔三・三〇〕吴用章

吴康字用章，南豐人。生宋紹興間，敏博逸群，試不利，乃留情樂府，音韻雅正，性愛梅。爲賦詞自訪梅至結實十二闋，自紅梅至蠟梅六闋，又取古人梅咏可命題者自南枝至粉薄香殘四十四闋，總六十有二。仙源趙學士師有名之曰『雪香絶唱』。且亟稱其紅梅之句曰『試問海棠健否』、『海棠雖似減清香』。又稱蠟梅句曰『凌空蜂翼遞香來，驚破蜜房幽夢時』。謂知言。劉侍郎岑、夷陵尉胡夢賡皆爲作序，蓋與姜白石之暗香疏影、李溪老之漢宫春、劉行簡之夜行船並喧競麗者殆百十年。至咸淳，永嘉戲曲出，潑少年化之，而後淫哇盛、正音歇矣。用章善謔。嘗坐事繫獄，得釋，或詢獄中風景，憮然曰：『種種不便。』聞者絶倒。里人因祖爲俚語，至今云。劉壎爲作詞人吴用章傳，見水雲村稿。用章同時同里有玉壺彭氏，亦賦梅花百咏，半自作，半集句。寶祐中，陳文定公宗禮典中秘，鈔入秘府。其自作曰：『一谿煙月無人共，吹落梨花曉夢初。』有刊本，遭寇失之。今無有知其名者。所謂永嘉戲曲，蓋指高則誠琵琶記。則誠，永嘉平陽人也。至正五年，張士堅榜中第，授處州録事。草木子云：『俳優戲文始于王魁。永嘉人作。』

〔三・三一〕於菟夜兒傳

元廬陵王禮作於菟夜兒傳云：『兵興，荆楚洊爲藪，户口十餘萬，富積寶貨，男子從征戍，家居率婦女媪婢而已。有皮工蔡姓者出奸計，縫虎皮爲衣，手足著銅，距長二寸許，遇夜匍匐而行，若真虎〔九〕也。踰垣破門，婦女悉駭怖竄逸，雖奇貨重寶盡失，惴惴不敢視，以爲神虎。一郡相謂曰：「今之財物悖致也，其天降罰，因是孽而喪也，不然何出入不常，莫能逐也。」蔡由是日富，盡穽其有于床下，凡三歲不敗。鄰有袁氏者，家惟妾三人，一日刺豕。蔡市肉不得，怒。夜蒙虎皮入其室，衆妾逃。頃之，其一妾謂其二人曰：「恐虎去而不畏者踵入吾室，將盡吾有也。吾冒死覘，緩急汝吾助。」遂潛伺于室之奥，俄而虎復入，人立四顧，取虎所不取者。妾抱持之，大鬫。虎抉其面，躑其脛。妾察有異，抱愈力。呼二妾，二妾呼四鄰，四鄰集。蔡憂弗免，褪其皮逃去，腰以下未及褪也。妾以皮聞之官，官命大索，得之。掘蔡穽室得虎皮半截，驗之合。籍其家，坐其孥，梟其首。于是君子曰：「世之肆貪暴以戕害人者，蓋白晝之於菟也。蒙其皮爲妍于昏夜者，彼知僇之身爲於菟于白晝，而弗知己者又將誰僇耶？殆袁妾之未遇耳。世之畏威俯伏，寧虀粉其身而不思除其奸者，何智力不妾婦若也？」』嗟夫！余〔一〇〕取其言有合泰山婦人所云，故從麟原集録之。見元季吏治墮敗如此。

〔三·三二〕義犬傳

水雲村稿有義犬傳絶奇。略云：『閩僧祖傑挾貲豪恣，求得永嘉江心寺主席。有知識陳某者，本家城中，薄有資産，州縣利其富而懦，數因户役困苦之，積不堪，與妻謀捐田入寺，依傑勢苟活，乃徙近寺，爲任庫院之職。傑頻造其廬，窺其妻。始猶間往，久則輿至方丈，或累日彌旬乃反。妻怒，罵其夫曰：「初爲避官府謀庇身，今反失身如此。汝爲人夫，甘忍辱耶？」乃密謀遠徙于別島嶼瀕海大聚落也。有巡檢司又有一佛閣，宵遁，近閣而居。傑聞大怒，訪知所在，募惡少年十四人，使往屠之。約截取婦人雙乳來爲證。少年如命，夜舟徑〔一一〕造，盡殺其家七口，會天衝曉，倉皇鼓棹去。獨一人追逐弗〔一二〕及，潛登佛閣隱壁間。巡檢聞變，亟領卒掩捕，茫無踪迹。留連佛閣前。里社役首進飯，見事主家一犬跳嗥左右不已，叱去復來，嗥愈厲。巡檢舉餐，則又跳嗥大躍，至衝散其臺盤酒食，衆怒，擊犬，復不去。巡檢起，犬隨後銜其衣襟引至佛閣，仰而嗥，若欲言者。巡檢乃驚訝，曰：「是豈有異乎？」領卒登閣周視，則壁間微有衣露，視之，見一夫懷刃立，禽之，搜出雙乳，鞫得實，送縣上府。初，府有同知與傑交，後以疏慢銜之，及事露，即檄萬户府遣兵圍寺。傑囊槖充斥，裒金寶鈔貨凡四擎，授其徒，令疾赴都求内援。所蓄玉器悉碎之，既就逮。械送總管。總管其所素厚，欲全之，故緩其事，待京報。未幾，果聞懿旨召傑。同知令獄卒曰：「僧姦良人婦，又謀殺七人，可恕乎？汝速處置，當賞汝！」卒命傑醉飽，立懸枷梢于梁，囊沙置腦上，扼其氣，遂死。人皆快之，既死而旨至，無及矣。當日非此犬則失此賊，七人銜冤無訴矣。故傳之以愧世人之不如犬者。然斯人因避官府虐害而遷，遷非其所而蹈禍，至一家絕祀死刃下者七，蔓延奸僧惡少死于官者十五。推究禍原，皆當時官吏驅之入死地也。天道無知則已，誠有知，則彼官吏者伏冥誅禍後嗣決矣。』

〔三·三三〕齋中聯語

『百花鬧處松千尺，群鳥聲中鳳一鳴。』劉壎跋官文翁所作性命論引此二語，但不言誰所作。令『百』作『萬』、『鬧』作『開』、『鳳』作『鶴』，非也。齋中懸聯係沈益交書贈如此，故記之。

〔三·三四〕楊巨源

宋開禧二年，蜀隨軍轉運安丙受密詔討吴曦，事詳桯史。後讀水雲村稿，此詔乃楊巨源與丙密謀矯爲，此詔命丙權四川宣撫使、陝西、河東路招討使。巨源，益昌人。以右選爲忠州管下合江之倉官，其詔彭子申作，或曰白某用合江倉印。未幾，曦誅，丙由是擅勳名，富貴終身。而不知此舉實自巨源發之，乃爲讒疾所殺，悲哉！詔文四百餘字。

〔三·三五〕田贑

水雲村稿有四禽贊，一曰田贑，不知何鳥。贊曰：『似慵非傭，蹺足谿東。勿嘆無魚，有時會逢。』蓋即鵁鶄、信天翁之類。

〔三·三六〕袁鏞死節

元袁伯長撰四明志，偶遺袁進士鏞死節事。鏞之後人忠徹謂伯長之祖求與進士通譜，不許，伯長因泯其死節事。薛方山已譏其偏辭矣。今符臺集中載進士忠義甚詳，而不知前此表章者乃已有深寧居士。居士鼇山詩題下自注：進士袁鏞抗節死於此山，家人投山下溺死者十有七人。其詩云：『天柱不可折，柱折不可撑。九鼎不可覆，鼎覆人莫扛。袁公烈丈夫，獨立東南方。欲以一己力，代國相頡頏。適遭宋祚移，恥爲不義戕。奮然抱志起，誓欲掃攙槍。拔劍突前麾，手回日月光。賊勢愈猖獗，山摧失忠良。嗚呼絶倫志，不得騁寸長。妻孥悉從溺，枯骨誰爲襄。忠烈動天地，遊魂爲國殤。山水倍堪悲，抱恨徹穹蒼。穹蒼幸一息[一三]，庶幾紀星霜。西風白楊路，哀猿號崇岡。解劍掛墓柏，泣下沾衣裳。惜哉時不利，抽毫述悲傷。』見王尚書遺稿。王名應麟字伯厚，仕宋至禮部尚書，入元不出，亦鄞人也。進士得此詩足以不朽，復嘵嘵于志乘之有無，贅矣。

〔三・三七〕西湖欸乃集

朱梅邊西湖欸乃集南豐劉壎跋云：『日落雲昏，西窗剪燭，玩梅邊欸乃集，正似出涌金門行，湖光山色，柔風媚日，畫船細柳，開元事分明在眼。展轉三復，情致流麗，句律安熟，奕奕有富貴氣。非三家村中夫子語，蓋治世之音如此。視唐人挑野菜、摘山紫[一四]，氣味萬萬。惜未見夔州以後作也。噫！此士落江湖，熟思令人癭。』見水雲村稿。梅邊，不知其名字、里居。西湖志似未列其書，當查補入。

〔三・三八〕敕黄、繳黄、留黄

詩話載石曼卿延年登第，有人訟科場事，覆落數人，石與焉。追所賜敕牒，人皆泣而起，獨曼卿解靴還之。蓋宋制士人登科即授敕牒，以厚黄紙書之，名曰敕黄。然後赴部銓注、給誥[一五]、授官，自是脱韋布、列簪纓矣。水雲村稿載其七世族祖崵敕黄式云：中書門下牒、鄉貢進士劉嘏牒、奉宜賜同學究出身牒、至准敕故牒、景祐五年三月日牒工部侍郎參知政事李、右諫議大夫參知政事王、尚書左丞參知政事程、户部侍郎平章事章、門下侍郎兼兵部尚書平章事張。張即鄧公士遜，章即郇公得象也。又載宣德郎致仕劉公轉通直郎誥式。首行：宣德郎致仕劉況。二行：右可特授通直郎致仕。三行：敕朝散大夫致仕李書等。天以八寶貺朕，使增重社稷宗廟而爲神民〔一六〕主，故恭受于正月之吉，又推天貺以敷錫百工。乃自九品以上進秩一等。雖仕而告老者亦與焉。惟率德厲行俾里人有所矜式，以助予風化，則予汝嘉，尚其懋哉！可依前件。又另行：大觀二年十月四日，又行：中書令、中書侍郎臣林攄宣奉中書舍人臣俞栗。行：奉敕如右，牒到奉行。又行：大觀二年十月五日，又行：侍中云云。又行：十月六日戌時都事康繼隆受。又行：尚書令、尚書左右僕射、左右丞云云。又行：告通直郎致仕劉況奉敕如右，符到奉行。又行：左司郎中亮。又行：大觀二年十月七日下壎跋後云。宋朝中書造命，門下審駁，尚書奉行。故中書省有舍人主書黄告詞，苟命有不當，即不書，謂之繳黄，舍人書行矣。然過門下省有給事中主讀黄，苟命有不當，雖已書亦繳駁，謂之留黄。蓋以維持紀綱，杜絶僥濫也。故今誥中有三節：初(日)[曰]造命，則書名皆中書省官；次(日)[曰]過中，則書名皆門下省官；又次曰告行，則書名皆尚書省官。至是乃爲成命，其付出者，左司郎、中郎皆尚書省屬官，猶古丞相掾也。其時又有三省同奉聖旨之法，此則命出即行，無復論駁矣。此皆宋史所未詳，録之以存一朝典制。

〔三・三九〕列女圖

劉向列女傳七卷，顧長康爲之圖。宋初猶傳其三。黄伯思東觀餘論云：「吕縉等嘗見母儀、賢明、仁智三圖于江南人家。其畫爲古佩服，而各題其頌像側。後亡其二，獨存仁智一圖。自密康公〔母〕至趙將括母凡十五圖，是宜珍護，因手摹之。大觀元年望日也。」今刻有列女傳圖，鮑緑飲嘗買得其板，而未詳何人所刻，續增者新安汪氏爲多，疑汪氏梓之。然余閱汪氏譜傳，不言有刻此書者。

〔三・四〇〕世説新書

劉義慶世説新語，東觀餘論曰：「本題世説新書。段成式引王敦説澡豆事以證陸暢事爲虚，亦云近覽世説新書。而此本謂之新語，不知孰更名之，蓋近世所傳。」又曰：「世説之名，劉向六十七篇中已有此目，今書已亡。宋臨川孝王録後漢至江左名士佳話亦謂之世説。梁劉峻注爲十卷，採摭舛午處大抵多就證之，與裴啟語林出入，皆清言林囿也。」廣案：此書在隋志，原八卷，注十卷，皆但名『世説』，則後加『新書』，未必不因段氏而起。而又誤以『書』爲『語』也。唐志：劉義慶世説八卷，是矣。却云劉孝標續世説十卷，『注』與『續』當有别，非若『書』與『語』可通用也。

〔三・四一〕銑谿虬户

東觀餘論跋高彦休闕史云：「『彦休叙事頗可觀，但過爲緣飾，殊有銑谿虬户體，此其贅云。』廣按：唐徐彦伯爲文多變易求新，以鳳閣爲鵷閣，龍門爲虯户，金谷爲銑谿。後進效之，謂之澀體。此風至宋不絶，如所云『迅霆不及塞聦』之類。

〔三·四二〕西京雜記

西京雜記，隋志二卷，無撰人。唐志始以爲葛洪撰。東觀餘論云：『此書中事皆劉歆所記，葛稚川采之以補班史之闕。其稱余者皆歆本語，中有歆所記草木名。而段柯古作酉陽書乃云稚川就上林令虞淵得朝臣所上草木名，非也。蓋段誤以歆自稱余爲稚川耳。柯古博洽罕儔，猶舛謬如此。』吴郡黄省曾序云：『暇得葛洪西京雜記讀之，云爲劉子駿所撰，以甲乙第次百卷考比固作，殆是全取劉書，有小異同耳。洪又抄集固所不録者二萬許言，命曰西京雜記，予於是知固之漢書，蓋根起于子駿，而其擯落者幸存於雜記，惜今所傳已失其半，非洪故簡矣。然則書固劉作，而稚川採輯之功亦不可没。明刻徑題漢劉歆，又矯枉也。盧抱經學士有抄本，余嘗爲讐校云。

〔三·四三〕師春

東觀餘論校定師春，序略云：『臣所定著師春三篇，已可繕寫。』案：晉太康二年，汲郡民不準盗發魏襄王冢，得古竹書七十五篇。晉征南將軍杜預云：『别有一卷〔一七〕純集左氏傳卜筮事，上下次弟及其文義皆與左傳同，名曰師春。』師春似是鈔集人名也。今觀中秘所藏師春乃與預説全異。預云純集卜筮，而此乃記諸國世次及十二公歲星所在，並律吕、謚法等，末乃書易象變卦，又非專載左氏傳卜筮事，由是知此非預所見師春之全也。然預紀汲冢其書中有易陰陽説，而無彖、繫。又有紀年紀三代並晉魏事，疑今師春蓋後人雜鈔記年篇耳。然預云紀年起自夏商周，而此自唐虞以降皆録之。預云紀年皆三代王事，無諸國別，而此皆有諸國。預云紀年特記晉國，起殤叔，次文侯、昭侯，而此記晉國世次自唐叔始。三者又與紀年異矣。及觀其紀歲星事，有杜征南洞曉陰陽之語，由是知此書西晉人集録，而未必盡出汲冢也。今師春已亡，所傳止竹書紀年二卷矣。

［三·四四］周氏世譜

余家世譜舊本，宋南渡時從洛南〔一八〕携至錢唐，爲濂溪公所脩。自漢絳侯以下，世次、圖像系表，歷歷可按。首有岳武穆手書『世珍』二大字，南宋諸名人皆爲序。而始遷洛塘祖仲濆公譜序一篇，序漢初逮宋，宋末分支析派，源流尤極詳悉，讀之燎如指掌。考唐書宰相世系表所載止汝南、永安二望，亦甚疏略。謂允元、墀二相俱出決曹掾燕之後，其先平王少子烈，食采汝墳，生懋，懋生文，文生昇，昇生興，興生晏，晏生安，安生弘，弘生明，明生隱，隱生壽，壽生容，容生休，休生雄，雄生暉，暉生寬，寬生員，員生成，成生邕。秦滅周，并其地，遂爲汝南，著姓。邕生秀，秀生仁，字季房。漢興，續周之嗣，復封爲汝墳侯，賜號正公。以汝墳下濕，遷于安。成十子，長曰球，執金吾，生平陵令應，應生郎中孝廉道，道生五官中郎將約，約生決曹掾燕，燕裔孫表，表元孫曰允元，相武后。永安周氏則燕九世孫防，防十三世孫靈超，其先徙居永安黄岡，靈超第五子法尚，法尚玄孫塀字德升，相宣宗。大略如此而已。羅泌路史高辛紀云：『平王之子三：少曰秀，封汝川，謂之周，十九世并于秦，爲周氏。』注云：『并其地爲汝南郡，自烈至邕十九世，汝墳侯仁號正公，或云赧出，非長安、沛二望赧後。』鄧名世古今姓氏書辨證于『成生邕』下云：『秦滅周，并其地爲汝南郡，遂姓周氏，家於汝南。一云：秦黜周赧王爲庶人，百姓稱爲周家，因氏焉。』自應至允元並同。唐表又引元和姓纂曰：『汝南安城系出周平王次子秀，别封汝川，因家焉。漢汝南侯周仁徙汝南，六代孫燕。以上汝南。魏周斐孫浚，晉揚州刺史，生顗、嵩。顗右僕射安城侯，六代孫順生捨，捨生宏正、宏讓、宏直。宏正，陳左僕射，生墳，墳生若水。宏直生確，確孫翼，唐江王友，孫訥言，岷州刺史安城，沛國赧王之後。漢汾陰侯周昌從父兄苛，御史大夫，子武高景侯，又蒯成侯周渫與昌並沛人。以上沛國。陳留與汝南同祖晉周震。以上陳留。尋陽，晉梁州刺史周訪生建城公撫，撫生楚，楚生虓。五代孫羅睺，右武大將軍。生仲隱，唐平州刺史。以上尋陽。臨川狀云：本汝南人，徙臨川。宋臨海太守周穀玄孫寶玉，唐中州刺史，生褒，永州刺史。陳西豐侯周敷，孫宏毅，唐集州刺史。江陵公生處静、冲。以上臨川。廬江狀稱仁之後陳周士衡，桂陽王諮議，孫績，唐司刑丞，生利涉，比部郎中，利貞，御史大夫。以上廬江。泰山周燕子忠爲泰山太守，因家焉。汝南周仁之後。以上泰山。以上周氏八郡，並舊望。至永安狀稱仁之後代居黄州，梁保城侯周靈超生法僧、法尚、法明，亦與唐表同。以上永安。其下又有河間文安縣狀云：仁之後後周右僕射文安公惠達孫含恩，晉州刺史。以上河間。臨汝周仁之後，唐屯田員外郎基生允元，鳳閣侍郎平章事。以上臨汝。即唐表汝南。華陰狀稱十代祖謨自丹陽隨朱齡石入關，遂居華陰。隋樂州刺史樂陵公周儒生護仁，皇右武衛大將軍。洛州長史嘉川公生志珪、元珪，志珪亳州刺史，元珪少府監，生履順，冀州刺史。以上華陰。河東汾陰狀稱仁之後貞觀有周祖生元式、元達。元式生子敬、行沖，子敬主客員外郎。行沖，登州刺史，生彭年、喬年。彭年，蜀州刺史。喬年，大理司直。孫戴，大理評事。元達，國子博士。以上河東汾陰。清河：唐鳳閣舍人周茂楨，輝州參軍。以上清河。江陵金部郎中周行謩，隴西人，生娣姒。二字有訛。安西都護生泌，隴右節度，生皓，太僕卿。以上隴西。膳部郎中周調，淮陰人，弟澈，鄧州刺史。以上淮陰。監察御史周子諒京兆人，生頌，大理司直，生君巢，循州刺史。以上京兆。虞部郎中周文雄，比陽人。禮部郎中周琮，河間人。以上比陽、河間。長安本姬氏赧王之後，先天中避玄宗嫌名，改姓周氏。後周太僕願弟威，威生權，權生思忠、思恭。以上姬氏。河南：後魏官氏志：獻帝以先普氏改周氏。以上普氏。濟北周搖賜姓車非氏，隋復本姓。以上濟北。以上九郡爲新望。』據其所言：舊八望，曰汝南，曰安城，曰沛國，曰陳留，曰尋陽，曰臨川，曰廬江，曰泰山。新九望，曰永安，曰河間，曰臨汝，曰華陰，曰河東，曰清河，曰長安，曰河南，曰濟北。內除河南、濟北俱代北姓，長安本姓姬外，其臨汝新望即汝南舊望，不得分而爲二。且宋舊譜決曹掾燕明出絳侯之後，何以昌、苛、緤俱詳而獨遺絳侯一派？濂溪爲宋大儒，豈有不知所自出者哉？況漢書侯表惟恩澤侯表有周子南君姬嘉，以周後詔所褒侯三千户，元康閒改封周承澤侯，此赧王之後姬氏也。周之得氏以國爲邑，未敢知，要不越鄭夾漈所云后稷之後爲周氏也。漢世侯者表首絳侯勃，次汾陰侯昌、隆慮侯竈、魏其侯止、鄘音陪成侯緤、高景侯成、博陽侯聚，無所謂汝墳侯。仁者列傳周仁乃以醫見景帝，其先任城人，官止郎中令，又非唐表所稱仁字季房者。故路史注以唐表封周仁于衛爲非。文帝時有周仁無封也。絳侯，沛人，其先卷人，徙沛，卷縣屬河南，則其爲平王之後無疑，不此之據而泛爲稱引，失之愈遠。蓋姓纂、唐表雜採諸家譜狀，不復覈實，而鄧氏名爲辨證，實爲未能深考也。備録之以俟書於宗譜之後云。鄭夾漈氏族略：『暨氏唐上元中准制改周氏，代北賀魯氏，後魏時亦改周氏。』

〔三·四五〕陸氏望族

宋以來族望每一姓舉一最著之望概之，不審所出。如趙姓概曰清河，李姓概曰隴西是也。同里陸氏望曰河南。射山先生嘗序其家譜，以雲閒爲吴中四姓，歷引遜、抗以來謂斷，宜吴郡識者譏之，或言與平湖之陸同爲宣公之後。平湖譜余未得見。明萬曆閒粵東葉春及石洞集有族譜序云：『平湖陸氏譜自巡檢公至梧州公十一世。巡檢，江西人，宋末巡檢嘉興，家海鹽之當湖鎮，明宣德閒分置平湖，遂爲平湖人。巡檢公八世有峽江（今）〔令〕〔一九〕綸，九世有河南御史琳，十世有南康郡丞鰲，十一世則進士萬垓，時爲梧州太守者也。』譜輯于南康公，曰：『江西之譜亡于燹，故托始巡檢，蓋其慎也。』然則平湖之陸亦未敢祖宣公矣。陸氏居接濟，與余家相隔止一河，先本生高祖貞靖先生，與射山、綸山兩先生戚好，往還殆無虚日，陸氏族衆既繁，自成風氣。貞靖因戲爲接濟國志一卷。序有云：『始祖渾。』初讀疑用伊川、陸渾諱之，未必陸果渾後。後閲史記陸賈傳曰：『陸賈者，楚人也。』索隱：案陳留風俗傳云：『陸氏，春秋時陸渾國之後。晉侯伐之，陸渾子奔楚。賈其後。』又陸氏譜云：『齊宣公子友達食采于陸鄉，號曰陸侯。達生發，發生皐，適楚。賈其後。』乃知貞靖所云據陳留風俗傳也。但杜征南注左傳謂〔二〇〕『陸渾，允姓之戎。』而公羊傳作『賁渾戎』。賁雖亦音陸而字已異，故陸士龍作祖考頌不取之。其曰：『承黄虞之苗緒。』又云：『在周之衰，有嬀之後，將育于姜。』皆據譜言之也。

〔三·四六〕鄭景平

宋鄭景平字希尹，常熟人。以大理致仕，起守鄱陽判官，未半載，拂袖而歸。謂人曰：『天子命景平爲郡守，當以撫字爲職，乃不得行其志，今日須金幾百兩，明日須銀幾千兩，枯骨頭上打不出也。』景平後世要人身，其志竟不可奪也。見中吴紀聞。計其時蓋徽宗末年朱勔用事之日乎？

〔三·四七〕益國公世系

宋周益國公必大字子充，世居吉州廬陵。曾祖衎，中大中大夫；祖詵，左大中大夫；父利建，太學博士，贈朝請郎。利建兄利見，國子博士，知辰州，娶安陽尚氏朝請大夫直龍圖閣佐均之女，生四子：必達、必端、必正、必先，孫名澤。利見娶安陽王氏，給事中贈少保靚之女，子必大、必强，有雋才，再與鄉薦，年三十三而死，孫名綸。益公載于宗譜者如此。

〔三·四八〕孫芸香

孫芸香，錢唐人，益公侍妾也。淳静謹畏，精女紅，頗能爲新聲。年十七，事益公。後二年從歸廬陵。明年卒。乾道九年葬聖居山。見省齋文稿。

〔三·四九〕陳氏

吾州陳氏其先本姓高，冒外家姓陳，至今兩家譜系相通。案：古今姓氏書劉聰之臣陳元達字長宏，本姓高，以生月妨父，改陳氏。則陳之先或本氏高，未可知也。

〔三·五〇〕菊花娘子

成都府漢文翁石室壁間畫一婦人，手持菊花，前對一猴，號菊花娘子。大比之歲，乞夢頗有靈異。見己瘧編。

〔三·五一〕劅

俗以去六畜勢爲閹，蓋以人例畜。案廣韻元韻『劅』注云：『以刀去牛勢也，或作犍。』然則去六畜勢莫不以刀，即莫不名劅矣。吴音如煙，尚與『劅』近。

〔三·五二〕嫁婢延壽

宋時東州劉安行每啜茶必先酹中霤神。一夕夢道人告以禄命將終，我承酹茶之薦，今奉報也。劉念厨婢採薪性剛戾，我死必不能留。因與白金十星使嫁。頃之，復夢神欣躍告曰：『嫁婢之事天帝嘉之，許延一紀。』至宣和間，無疾而卒。見春渚紀聞。

［三·五三］名連『百』字

宋范蜀公子弟連名『百』字幾盡，至以『百發』、『百中』取名。李廌戲曰：『百伶、百俐、百巧、百窮，必不取爲名也。』蜀公掀鬚大笑。余外家盛氏於名下立『本支百世』四字，至妻昆弟輩皆連『百』字，余嘗舉此，不覺哄堂，有噴飯者。

［三·五四］潭應辰

元潭應辰字益之，湘潭人。父安榮素長者。至正庚辰大祲，無賴子譁然，具姓名稱貸于富家，不問允不允，輒發廩取粟。且至安榮所，安榮以民命爲急，欲因以乞之。應辰曰：『若爾，彼未必以爲惠，徒求效尤者耳。』乃集鄉鄰，與之粟曰：『積此將爲爾衆備也。幸相與守之。』衆欣然願盡力。無賴子計沮，官亦尋捕寘于法。蘇平仲爲述其事于墓誌中。近丙子春，禾郡及吾寧以上冬歉收，奸民遽鳩衆取富家粟，動以千計。里中胡氏首被其禍，乃急令人鳴金，號于鄉鄰曰：『能禦患者，願給三月口食。』于是，鄉鄰响應，争操鋤持棘以前。奸勢不敵而退。翌日，官捕其首惡，盡法治之，後遂帖然。始知周官比閭族黨之制，洵良法也。

［三·五五］魏證

余於古今避名事每見必録，叢稿數十卷。或問何用，余答以忠孝之一節，且以爲讀書稽古之助。或笑爲迂。余適閱金仁山論孟集注考證皆避宋諱。如齊桓公爲威公，魏徵爲魏證，引中庸『大德敦化』作『大德厚化』。初校以爲刊寫之誤，塗改之。繼閲元顧瑛草堂雅集中附瑛所作謝陸静遠蜜梅詩有云：『嫵媚已能知魏證，典刑時憶見中郎。』此便以宋諱爲故事，不知又將作何改法，或乃俯首曰然。

〔三·五六〕元刻圖書

王禮贈唐克謙圖書序云：『私印始於漢，以記〔二二〕姓氏，其字皆古篆也。隋唐而下舊式漸乖，至趙宋篆涉于巧，制涉于夸。于是古篆不復見。而淮南子所謂方寸之印者，殆虚語矣。元初，圖書篆隸一復于古，印廣以寸爲度，痛革宋季鐘鼎之謬制，而尚友千載。庶幾曄曄乎，淳龐之習矣！嘗玩印制而思，可以得河洛縱横之意焉，可以見井田開方之法焉，可以存盤鼎鐘鬲之古焉，可以識專門名家之學焉，可以寓防奸杜僞之意焉，是則印刻之古所益者廣矣。』見麟原後集，此可與吾子行學古編參看。

〔三·五七〕孟蜀官箴

成都文類載孟蜀後主昶著官箴曰：『朕念赤子，旰食宵衣。托之令長，撫養安撫。政在三異，道在七絲。驅雞爲理，留犢爲規。寛猛得所，風俗可移。無令侵削，無使瘡痍。下民易虐，上天難欺。賦輿是切，軍國是資。朕之爵賞，固不踰時。爾俸爾禄，民膏民脂。爲民父母，罔不仁慈。勉爾爲戒，體朕深思。』其仁民飭吏之意盎然言表，至宋太宗取『爾俸』二句、『下民』二句作戒石，立州縣廳事前，尤爲簡要。

〔三·五八〕岳覿

岳覿字明可，忠武曾孫，紹定初，以朝奉大夫爲京西提舉司，築〔一二〕平糴倉于襄，李曾伯爲作記。

〔三·五九〕『万』字

『卍』、『丙』、『丏』三字皆俗『万』字，是如來身有吉祥文也。見龍龕手鑑。

〔三·六〇〕李曾伯詩

宋李曾伯可齋正續稿俱四六，續稿有詩詞二卷。題懷遠樓云：『野草春千古，江天月一痕。』登四望亭觀雪云：『不知四面孰爲水，但見一般俱是春。』立春日雪云：『多謝玉妃鞭白鳳，爲催青青駕蒼龍。』登河山萬里樓云：『目窮夕照西沉際，心到寒江東盡頭。』皆好句也。

〔三·六一〕煙草

矩齋雜記載煙害云：『一友酷嗜煙，日百餘吸，已得奇疾。頭大如斗，牙齦潰爛出膿升許，穢聞列屋，死而復蘇。』又：『山陰荀仲淑自言犯血下，禁煙而止。後偶犯則增劇。南鄉孟氏家蓄蜜蜂，旁有種煙草者，蜂採其花，皆立死，蜜爲之壞。以是知煙之爲毒，不可鄉邇，養生家謂嚥津得長生，故「活」字從千口水。令灼喉熏肺以毒火爲活，可乎？』又云：『煙草始來自異域，今所在成熟爲土産，其毒似亦全減。』此節已採入動植小志中。凡物味辛、性熱者皆有毒，今育蠶家偶不慎，煙少許著葉上，蠶食之即吐清水而死。可以驗之。然烟草方出地，即有一種蟲食其葉，須不時剔除之，否則立盡。倘所謂蓼虫不知辛者乎？韓慕廬〔一三〕尚書煙筒不釋手，未聞召疾。近日嗜者益多，雖婦人小兒無不以嘘吸爲事者。

〔三·六二〕茅紹之

趙文敏公所書碑皆茅紹之鐫字，紹之精八法，故于字毫無所誤。後又有闕既濟者亦善刻字。謝應芳贈詩曰：『憶昔趙文敏公之寫天下碑，鐫字獨稱茅紹之，紹之之法在何許？八法靡有秋毫遺。嗟哉，文敏不同世！抱藝如茅，誰品第之？』

〔三·六三〕斛石

説文：『十斗爲斛。』古斛皆圓。晉書律曆志：古斛方尺而圓其外，徑一尺四寸一分四毫七秒二氂有奇，而深尺。今大司農斛圓，徑一尺三寸五分五氂，深一尺是也。今官斛方。農夫餘話云：『起宋賈似道。元至正間，中丞崔彧言其口狹底廣，出入之間盈虧不甚相遠，遂行于世，至今不改。但所容止五斗，與古所稱五斛、十斛，至于千斛皆不合矣。其以斛爲石，崖下放言謂漢以來始見之，石本五權之名。漢制：重百二十斤爲石，非量名也。以之取民賦禄，如二千石之數，以穀百二十斤爲斛，猶之可也，若酒麪爲石，俱不可通。』廣案：管子：『中歲之穀糶石千錢，大男食四石，大女食三石。』吴越春秋：『楚令得五胥，賜粟五萬石。』莊子：『大瓠實五石以盛水漿。』淳于髡飲一石亦醉，則石之名不始于漢，其俸米之石則又非准以石爲斛。續漢書百官志：『中二千石奉，月百八十斛。二千石奉，月百二十斛。比二千石奉，月[二四]百斛。』又云：『六百石奉，月七十斛。比六百石奉，月五十斛。』若以輕重計之，今斗米重十三五六斤不等，古權輕，斗米或重十二斤，則二千石應月得奉百六十餘斛，今云百二十爲少，六百石應月得奉五十斛，今七十爲重，此實不可强解。

〔三・六四〕義試詩

宋人絶句專尚禁體，其法以不露題字爲上，以渾融題意爲妙。以文會友，每用此以驗才思，謂之義試詩。見水雲村稿。

〔三・六五〕小生

杜牧之投知己書，自稱小生。

〔三・六六〕小兒仿本

葉盛水東日記曰：『上大人及王子去求仙云云。此數語經學小童臨仿字書皆昉此，謂之描朱。然莫知所謂，或取字畫簡少無他義，或云義有了了可解者，且有出也。諸暨陳儒士洙云：「嘗見宋學士晚年以眼明自矜，細書小字，書及此，學士其知所自耶？」』案：謝應芳龜巢稿曰：『訓蒙者率以「上大人」二十五字先之，以爲點畫簡而易習也。然所云「三千七十」指孔門弟子而言，則第四字乃聖人名諱，理合回避，豈宜呼之于口，以瀆萬世帝王之師乎？末兩語乖剌尤甚，某嘗易以數與方名曰：一二三四五六七八九十百千万兆東西南北上下左右前後，以字畫較之，亦簡易也。待其手熟，即兼以壹貳叁肆伍陸柒捌玖拾百仟萬字教之，以備公私計算之數。』案：應芳，元人，已云有此。高則誠琵琶記亦用之，疑此起於北宋塾師，時未知避孔子名也。

〔三·六七〕杜清獻詩

杜清獻公集有送耕甫弟赴補詩云：『所性常存存，危者惟人心。子才秀吾宗，一歎凡馬瘖。俊快恐易蹶，謹勿輕千金。賢關集多士，轡策方駸駸。功名亦漫爾，培護在資深。我嘗評京華，真是穢濁林。繩約稍自寬，一縱不可尋。蚤夜念倚門，翼翼如有臨。亟歸慰慈抱，毋浪花邊吟。子弟俊快誠不易得，然一縱便不可藥。』清獻于其弟服官之始，諄諄訓戒，而落句尤深得古人無忝之意，真名言也。

〔三·六八〕牛、女

謝應芳嘗與常州路學教授盛克明論文廟旁土地夫人像當毁。大旨謂聖人清廟之側，不當夫婦偶坐，呈身露面，眉案並食，以饗士大夫之籩豆。此猶爲文廟起見，非謂不應有夫人也。顧亭林論泰山府君夫人，推之無神不有夫人，因言世人好淫之甚。其言精矣。至若牽牛、織女，二星也。自張華槎客之説出，遂有鵲橋乞巧侈談美事。雖文人寄托，初無所損，究之理短。杜清獻範有七夕歌云：『象緯昭垂各度纏，牛女之説從何年？博物有志張茂先，客槎親見織與牽。坐令千載習繆傳，遂將濁欲穢清玄。詩史實録百世賢，亦以俚語形歌篇。君不見昭陽夜静玉欄邊，誰知漁陽萬騎横戈鋋？何如鳳簫縹緲緱山巔〔二五〕，舉手辭世乘雲駢。我欲浩歌痛飲秋風前，仰視星斗奕奕紛羅駢。安得壯士横笛一聲吹上徹九天！』魏了翁亦有七夕詩，其一云：『經星不動隨天旋，枉被嘲謔千餘年。無情文象豈此較，獨嗟陋習輕相沿。我嘗作詩詆誹之，尚有遺恨忏陳編。人于萬物爲至靈，聰明照徹天地光〔二六〕。其如形氣之所囿，則以學問開蒙顓。不知誰爲乞巧者，乃謂天孫執其權。天孫七襄不能報，世間之拙無加焉。癡兒騃女競針縷，高樓大第迷管弦。漢魏以來用一律，無人出語扶其顛。其間假拙濟巧者，又欲托此文姦言。敢因良會追往事，更發此語聲餘寃。』二公皆名儒，其所析辨，令人犁然當心。而清獻詩尤意氣横溢，聲情高壯，由其眼孔高，魄力大，不徒以翻案見奇也。

〔三·六九〕贈富室詩

杜清獻偶過一富室，款接甚厚。一日富室訪公，過午留食葱虀麥飯，怒而去。公貽詩云：『葱療丹田麥療飢，葱虀麥飯兩相宜。請君試上城頭望，多少人家午未炊。』其人得詩，終身愧不敢見。

〔三·七〇〕太歲歲次

魏了翁師友雅言曰：『紀以蒼龍者爲歲陽，如甲午之類，以歲陰爲龍集。書太歲則歲陽，書歲次則歲陰。』今此義罕有能分別者。如去年甲辰而人皆書歲次甲辰，今年乙巳而人或書太歲在乙巳，又云蒼龍在乙巳。

〔三·七一〕會稽秦頌德碑

始皇登會稽山刻石頌德，文在史記，碑在秦望山之東南何山。宋會稽尉梁某嘗登山求之，石存而字磨滅已盡，墨片紙而還，作古風記之，樂清王龜齡十朋次韻。見梅谿詩集。

〔三·七二〕白練雀

鳥有拖白練，南人呼練雀，四月始來，八月後不復見。余嘗賦詩。偶閲宋王質林泉結契凡五卷，第一卷爲山友辭，首列拖白練，序云：『身全白，嘴微紅，尾長，尤鮮白，聲清簡。又有拖紅練，通體深紅。』辭云：『拖白練，拖白練，蒼翠陰中玉一片。翻枝倒葉露微茫，風動樹鳴忽不見。穿向北，穿向南，山藤野蔓何能纏？嗚呼此友兮可解顔，溪山繚繞多林巒。』此下又有青菜子、屈陸兒、蘄州兒、山樂官、雪錢子諸鳥。其水友辭有紅鶴、魚姑、魚燕子、水鶯子、魚烏子、寐早子諸鳥，皆未經見。質字景文，號雪山。山東鄆州人。寓居興國軍，故其所叙之鳥有吴中所無者，快讀一過，真覺好鳥枝頭亦朋友也。

〔三·七三〕檜庭小稿

檜庭小稿，宋丹陽葛君顧起耕撰。陳起選入江湖集。陳思兩宋名賢小集亦有之。詩僅三十首，而名句絡繹。如春懷詩：『寒留柳葉淒迷處，春在梨花寂寞枝。』雨中夢故山云：『倦客一杯愁頓減，故鄉千里夢初成。』初春感舊云：『雲横楚峽縈新夢，月冷吴波憶舊遊。』立馬醉題花外驛，聞鶯笑倚柳邊樓。』檄雪云：『風約雲邊停鶴馭，冰清月際舞霓裳。』和盧州劉子泉秋懷云：『一庭莎艸蛩吟老，萬里梅花鶴夢長。』秋寓都城云：『雁拖暝色横秋塞，鴉帶寒聲噪夕陽。』覽鏡云：『雅志擬聯高士傳，倦游慵入少年場。』小隱云：『是非每向静中見，悔吝多從動處生。』疏槅云：『桂寫月標格，蘭傳秋典刑。』

〔三·七四〕魏文昌、韓斗南

潞安府志云：『壺關魏文昌本農夫，得秘書于神祠，習之，能隱形變化。嘗有事被逮，挾一丸擲之縣廳。及笞，瓦碎而體自若，尋縮入瓶中，呼之應而不出。尹怒，碎其瓶，再呼則片片皆應。後尸解去。』又洞源縣志云：『縣人韓斗南於石匣中得異書一卷，皆丹字，習之遂能隱化。縣令召而試之，與一罏，即縮入其中，碎之無形，呼之片片皆應。後莫知所終。』此二子與嘉興冷仙絶相類。

〔三·七五〕乜氏女

余舊嘗夢二麗姝皆乜氏。乜音彌也切，此姓甚僻。通志氏族略、古今姓氏書俱云蕃姓，今秦隴多此姓，望出晉昌、趙郡。案：北堂書鈔載幽明録云：『漢建武元年，東萊人乜姓家常作酒。一日，見三奇客共持麯至，索具酒，飲竟去。頃有人來云：見三鬼酣醉于林中。』則漢時已有此姓，但得之咸陟爲異耳。

〔三·七六〕簖泥

張考夫補農書：『按時趨功，稍暇即簖泥。』謂以竹罾簖取河底泥以壅田地，最肥且力永

肥。載得滿船歸插種，勝如賈販嶺南歸。』也。『篇』字見元史河渠志。宋毛元白翊吳門田家詩云：『竹罾兩兩夾河泥，近郭清渠此最

〔三·七七〕河鲀

河鲀魚，亦名河豚。雖云河而出於江者實多。吳人珍爲水族上品。江陰人嗜之。貢師泰記云：『漁者取爲羹，味絶美，用作鱠作鱐皆可。』余客江陰，見魚出時，居人争買取，無問肝卵腸胃雜食之，更相餽遺。比來松江其嗜之如江陰，二州人最爲善治河豚。問之，則間亦有死於是者。魚有三種：大者名青郎君，小者名斑兒，皆可食，獨河豚載之傳記。河豚又有三種：淺黑無雜文者最佳，褐色黑斑者次之，文如點朱者有大毒，其目睛脊血能立殺人，必剜去之。乙腴白如脂，俗號西施乳。肝大，類鳧雁者，亦有毒，然魚肥在此，去之則肉無味矣。卵細如粟，沃以酒，經宿大如彈丸，能脹人腹至死，食者皆棄之。獨江陰競啖無雜色，問之無他法，惟煮熟而已。見玩齋集。余客淮安，見市中争鬻之，間以充饌，則未敢以身試之〔二七〕。後遊江陰，土俗洵如玩齋所説，卒不入口。嘗有句云：『憑君莫説西施舌，能比西湖土鮒無？』嘗讀貢雲林和袁伯長食河豚詩云：『荻芽清軟芼蕫菘，腴腹披香玉乳同。直死端爲知味者，平生珍重雪堂翁。』可謂得觀頤〔二八〕之道，雲林即玩齋之父也。

〔三·七八〕林鬳齋詩

林希逸字肅翁，號鬳齋，又號竹溪。福清人。宋紹定進士，官至直寶謨閣。詩文共六十

卷，名竹溪集。其詩有真味，亦復排奡。徐朝奉挽歌詩云：『薤露曲，薤露歌，人生如露可奈何！如公九十鬢皤皤，有子百世名不磨。排奸直氣貫羲娥，教忠蜚奏金鑾坡。制書内出特旨褒，魚躍白金緋染袍。徑坂之門道日高，葵藿園中翁共哦。諸孫玉立春至和，生事以禮踰牲牢。公從諸仙遊爛柯，送車千兩山之阿。鴻章伐石質參軻，百年似此勝人多。翁歸如脱兒悲號，團欒一散頃兮俄。門人從今廢蓼莪，事親無足可奈何！事親無足可奈何！薤露曲，薤露歌。』此詩每句用韻，首尾重押『歌』、『何』二字，中忽入『褒』、『袍』、『高』、『牢』、『號』五字。考禮部韻略六豪係獨用，不與七歌、八戈通，不知虙齋此製名何體也。或但摘一『袍』字爲訛，疏矣。他若郊云即事云：『野店相依門向背，村童對語岸東西。草枯白見樵成徑，木落紅葉隨入溪。色有淺深峰遠近，影無長短樹高低。眼前好句閑收拾，歸到書窗却自題。』真一幅好村落圖也。

〔三·七九〕劉潛夫

劉潛夫克莊，淳祐間除秘書令少監，以不草史嵩之詔被劾，既復起爲起官舍人，又不肯草史宇之詔，風節凜然。晚年褫職。景定初，乃爲賈似道一出爲工部尚書，君子惜焉。余讀其南嶽詩稿即事云：『代耕豈若收躬稼，賜帛何如出自機？湖海浪遊今已倦，山林獨往未全非。』又云：『身隱免貽千載笑，書成猶要十年間。』别敖器之云：『東閣不遊緣有氣，草堂未買爲無貲。』其心事可謂皎然。謫罷時所作又送葉尚書奉初云：『笑向故山猿鶴説，古來晚節幾人全。』示兒詩云：『瓜芋村連一畝宫，閉門不復問窮通。生羞奏技伶人裏，死怕標名狎客中。講學有誰明太極，吟詩無路和薰風。身今老矣空追悔，但祝吾兒勿似翁。』偶賦云：『偶彈冠起成何事！徑拂衣歸自一奇。』則亦自悔之矣。其以拂衣爲奇，又自以爲善補過也。「奏技」二句可作千古官箴。但能念及死後名者，皆未爲真小人也。

〔三・八〇〕毛元白

柯山毛元白翃以詩鳴。端平間所著吾竹小稿，章不盈百。李韡所謂采詩家得其一二，如寶肆中犀璧雜于螺貝也。有掩卷詩云：『盈箱積案欲何如，誤盡蒼生半屬渠。陸贄後誰無負學，臯陶前是讀何書。鑿開素朴爲三畫，斲碎真淳遂五車。安得六經行世外，民風盡返結繩初。』和張梅深云：『幾踏槐花角寸長，擔簦羞作老來忙。立身早慕千層塔，閲世今知百戲場。從辟穀米惟嗜酒，自栽梅後不燒香。人生應爲青衫急，亦有秋蓉可製裳。』咏桂云：『天上分來種異常，年年花占菊前黄。堆將龍麝應難敵，隔盡屏帷亦透香。此日且饒秋富貴，全家疑在月中央。明朝酒醒風吹盡，贏得黄金滿步廊。』

〔三・八一〕龍門

尸子曰：『龍門，魚之難也。太行，牛之難也。』蓋河津一名龍門，兩旁有山，魚集其間。上則爲龍，否則暴腮點額。其魚或言鯉，或言鮪，或言鱣，大抵皆巨鱗也。唐韻、集韻皆云：『不得上，點額流血，水爲丹色，悲乎難至此乎！』陸農師曰：『善爲魚者不求爲龍，望龍門輒逝，故無暴腮點額之患。』然則非龍門能難魚，魚自難也。

校勘記

〔一〕切，抄本作『初』。
〔二〕罪，抄本作『善』，誤。
〔三〕鈎，抄本作『鍼』。
〔四〕旒，抄本作『旈』。
〔五〕契，抄本作『器』。
〔六〕卿，抄本作『君』。
〔七〕魚，抄本作『漁』。
〔八〕地，抄本作『也』，誤。
〔九〕虎，抄本作『貨』。
〔一〇〕余，抄本作『予』。
〔一一〕徑，抄本作『逕』。
〔一二〕弗，抄本作『勿』。
〔一三〕息，抄本作『見』。
〔一四〕紫，影抄本作『柴』，今據抄本改。

〔一五〕誥，抄本作「告」。

〔一六〕民，抄本「明」。

〔一七〕影抄本原字形作「弓」，當是「卷」的俗寫。

〔一八〕洛南，抄本作「洛陽」。

〔一九〕令，抄本、影抄本均作「今」，今據文義改。

〔二〇〕謂，抄本作「爲」。

〔二一〕記，抄本作「紀」。

〔二二〕築，抄本爲「作」。

〔二三〕慕，抄本作「墓」。

〔二四〕影抄本、抄本「奉」、「月」互乙，今據上下文正。

〔二五〕巔，抄本作「顛」。

〔二六〕光，抄本作「先」。

〔二七〕之，抄本作「也」。

〔二八〕頤，抄本作「魚」。

過夏雜録卷四

海寧周廣業

〔四·一〕京師

京師之名始見於詩公劉篇。鄭箋據爾雅釋丘云：『絶高爲〔一〕之京。』毛傳以爲『是乃大衆所宜居之地。』公羊傳曰：『京師者何？天子之居也。京者何？大也。師者何？衆也。天子之居必以衆大之辭言之。』又穀梁傳曰：『民所聚曰都。』故秦漢通謂之都。班固賦東都、西都是也。至晉避宣帝諱遂稱京都，江左或稱京輦、京邑。唐以來分道行省則單舉『京』或『都』，而臣庶推首善地必曰京師。京師，古燕薊地也。禮樂記：『武王封黄帝之後於薊。』史記周本紀作『封堯之後於薊。』其地爲今之畿縣。張茂節大興縣志曰：『大興於秦爲薊縣，以城西北隅有薊邱也。』燕在春秋有二：其一爲伯儵之後，姞姓。國在鄭衛之間，時號南燕。水經注所云有北燕，故以『南』氏者也。都胙。漢東郡燕縣，隋胙城縣。一爲召公之後。春秋襄二十九年：『齊高止出奔北燕。』穀梁傳曰：『其曰北燕，從史文也。』范寧謂時但有言燕者，故傳解之。史記燕世家『周成王封召公於北燕』是也。其始都之地不可考。惟裴駰注史引世本云：『春秋時桓侯徙臨易。』宋忠注：『今河間易縣。』此則今之易州。燕桓侯乃當魯莊公初年也。薊國，春秋無聞。燕之徙都薊，亦不知在何年。杜預注左傳襄二十九年：『北燕曰燕國薊縣。』鄭樵通志都邑略云：『北燕都薊。』注云：『幽州治。』元遼史地理志：『析（律）[津]縣本晉薊縣，改薊北縣，開泰元年更今名。』汪克寬胡傳纂疏云：『國在今大都路大興縣古燕城。』則遷都在魯襄前可知。考春秋莊三十年：『齊人伐山戎。』通志謂[二]山戎都薊，注：『今薊州治漁陽。』注又云：『北狄也。號無終子。』案：左傳昭元年：『晉中行穆子敗無終及群狄于太原。』乃今山西太原府陽高地。鄭氏誤也。汪克寬亦云：『薊州今大都路大興縣。』史記燕世家：『莊公二十七年，山戎來侵我，齊桓公救燕，遂北伐山戎而還，燕君送桓公出境。桓公因割燕所至地予燕，使共貢天子。』齊世家：『山戎伐燕，桓公救燕，遂伐山戎，至于孤竹。』水經注：『齊履北至無棣。』京相璠曰：『舊説無棣在遼西孤竹縣。』據此推之，則魯莊時薊國已爲山戎所有，而自見伐於齊之後，山戎不復見於經。穀梁傳：『齊北伐山戎，爲燕辟地。』又左傳僖十年：『齊侯、許男伐北戎。』杜注：『北戎，山戎也。』汪克寬辨其非是。意不久爲燕所滅，故燕得而都之。漢書地理志：『廣陽國薊縣。』注：『故燕國召公所封，莽[三]曰伐戎。』伐戎之名當由此也。戰國時燕在七雄之列。韓非子曰：『燕惠王以河爲境，以薊爲國。』蘇秦説燕文侯稱『東有朝鮮、遼東，東北有林胡、樓煩，西有雲中、九原，南有滹沱、易水，方城二千餘里。』地理志：『燕東有漁陽、右北平、遼西、遼東，西有上谷、代郡、雁門，南得涿郡之易、容城、范陽，北新城、故安、涿縣良鄉、新昌，及勃海之安次，皆燕分也。』則皆就薊言之也。秦置郡縣，薊仍舊名。項羽封臧荼爲燕王，都此。東漢幽州刺史治，魏因之，屬范陽縣。歷代沿革詳於史志。至遼始建。帝都，方石晉之割燕雲十六州也，在天福元年。遼陞幽州爲南京幽都府，在會同五年。後又改析津府，屬燕京，宋初僅得永清一縣，置霸州。宣和中得之，旋入于金。金之徙都也，改大興府，號大都。元初爲燕京路，至元元年改中都，九年改大都，二十一年置大都路，總管領六縣十州。詳大興縣志。括蒼周權有京都詩曰：『水入金河灔玉虹，填街車馬擁塵紅。九重天近風雲壯，萬雉城高鼓角雄。花底催朝官佩列，酒邊聽曲綺羅叢。太平光景春臺樂，物物薰陶聖化中。』此山集。當時勝概，略可想見。本朝定鼎神京，皇基億載，體元立制，星共辰居，若欲雍容揄揚，雖班張嘉頌，尚恐十分未舉其一端也。

〔四・二〕舊燕城

明一統志載：『舊燕城在順天府西南，遼金故都也。』遼史云：『晉高祖以遼有援立之勞，割幽州等十六州以獻。太宗升爲南京，又曰燕京，方三十六里。有八門，東曰安東、迎春，南曰開陽、丹鳳，西曰顯西、清晉，北曰通天、拱辰，大內在西南隅。』金史云：『天德三年，命張浩等增廣燕城門十三，東曰施仁、宣曜、陽春，南曰景風、豐宜、端禮，西曰麗澤、顯華、彰義，北曰會城、通元、崇智、光泰。又曰薊邱。在舊燕城西北隅，即古薊門，舊有樓館並廢，但門存二十一，阜旁多林木，蓊鬱蒼翠，爲京師八景之一，名曰薊門煙樹。又東南隅有銅馬門，即古薊城門，城有十門，此其一也。昔慕容雋得奇馬鑄銅像之，置之東掖，後人因以名門。』余齷齪旅寓，未違一訪其處，閲虞集道園集古録有遊長春宫詩序云：『國朝初，作大都於燕京東北，大遷民實之。燕城廢，唯浮屠、老子之宫得不毁，迨今二十餘年，京師人物日滋阜，而歲時游觀尤以故城爲盛。獨長春宫壓城西北隅，幽迥元契，游者罕窮其趣，而幽人奇士樂于臨眺，往往得意于其間。大德八年春，集與豫章周儀之、四明袁伯長、宣城貢仲章、廣信劉自謙、廬陵曾益初始得登宫之閣而觀之，神京雄據一勢，瞭然几席間矣。』然則舊燕城在元世固爲遊眺之地，而明人集中已鮮及之，何也？

〔四·三〕京城

京城，元大都城故址〔四〕也。明正統四年重築，周迴四十里，環城浚池，有九門：正南曰正陽，南之左曰崇〔五〕文，右曰宣武，北之東曰安定，西曰德勝，東之東北曰東直，南曰朝陽，西之北曰西直，南曰阜成。蓋永樂肇建時但作郊廟宫殿，未暇及城池，至是命太監阮安董其役，取京師聚操之卒萬餘倍操而用之，既成，建安楊少師、南郡楊少保偕諸學士登正陽門樓縱觀，南郡公有都城覽勝詩，和者成集，見東里續集。

〔四·四〕太學石鼓

國子監建自元世祖至元六年，明初北平府學，永樂元年改北平布政使爲順天府，因以府學爲國子監。文廟戟門内左右列石鼓十，形似鼓而頂微圓。初在陳倉野中，唐鄭餘慶遷置鳳翔縣學孔子廟，而亡其二。宋皇祐中向傳師購得之，大觀中，徙開封置辟雍。靖康末，金人取歸燕，置大興府文廟。元大德十一年，虞集爲大都路教授，移置今所。爲京師第一古物。元至中潘迪作音訓，今勒碑其旁。時惟第二鼓最完好，今所存者大率與馬驌繹史所載相合。馬云：『第一鼓共七十六字，連重文，下同。今全闕者五字，半闕者三字，餘皆可辨識。第二鼓共六十八字，今全闕者十五字，半闕者十二字，稍見者三字。第三鼓共七十四字，今全闕者七字，半闕者六字，稍見者一字。第四鼓共七十二字，今全闕者二十一字，半闕者十五字，稍見者四字。第五鼓共六十九字，今全闕者四十六字，半闕者二字，稍見者七字。第六鼓五季之亂散落民間，穴空以爲臼，即向傳師所得者也。每行僅存四字，其上皆闕二三字，完者四十字，半闕者四字。第七鼓共六十二字，今完者四字，半闕者三字，稍見者一字。第八鼓磨滅無文。第九鼓共八十一字。今全闕者二十四字，半闕者七字。第十鼓共七十三字，今祇半闕者六字而已。』是鼓説者非一，詳載日下舊聞。石鼓考[六]有目爲宣王鼓者，唐韋應物、韓退之、蘇子瞻諸賢是也。有目爲成王鼓者，董逌、程泰之諸賢是也。有目爲秦鼓者，夾漈鄭漁仲是也。後人各左右袒。獨(茬)[茌]平馬子卿定國以爲後周宇文氏物。王厚之復齋碑録、都穆金薤琅琳、趙崡石墨鐫華都詆訾之。竹垞亦謂爲傖父之言。以廣平心論之，成王及秦固屬影響，即宣王亦祇以襲用車攻，他無古據。夫十鼓爲物既鉅，非若鼎卣尊敦可藏篋櫝，岐陽、陳倉又非深山邃谷、人迹不到之地。許叔重説文搜集籀文不及此鼓，酈道元注水經，誌銘牌板，纖悉必録，豈有史籀真迹顯在目前反行脱漏？且自唐初逆溯至宣王千餘年，謂竟無一識字者物色及此，恐無是理是事。

當以馬説爲是也。金史文藝傳馬定國作辨萬餘言，出入傳記，引據甚明，惜全文不傳。焦氏筆乘爲申其説云：『北史蘇綽傳：「周文帝爲相，欲革文章浮華之弊，因魏帝祭廟，群臣畢至，命綽爲大誥行之。」是後文章皆依其體。而魏文帝大統十一年十月嘗西狩岐陽，其子武帝保定元年十一月丁巳狩於岐陽，五年二月行幸岐州。由此言之，則石鼓文爲宇文周時所造無疑，文既倣書，則詩體倣雅，亦無疑。觀武帝太和元年正月考路寢，命群臣賦古詩，亦其證也。況考古、博古二圖，集古、金石二録，凡篆文出三代者皆鐘鼎器物款識，無刻石者，惟贊皇山「吉日癸巳」四字以爲周穆王時書，詛楚文以爲春秋時書，世傳比干、吴季札墓碑雖皆刻石，前哲已辨其僞。漢書郊祀志起少昊、顓頊，歷三代，直至秦始皇始有立石頌德之文。故隋志所收有始皇刻石，前此未聞。則刻石當斷自始皇爲始，韓、韋臆度之語，要不足據。』弱侯斯論可謂暢矣！而於宇文氏西狩立石之事尚有未盡。北史周文紀既載魏文帝大統十一年十月大閱於白水，遂西狩岐陽矣。後周書又載大統十三年冬太祖奉魏帝西狩於岐陽。北史訛作咸陽。十四年夏五月，進授太祖太師，奉魏太子巡撫西境，自新平出安定，北史無此句。登隴刻石紀事，下安陽，北史無此三字。至原州歷北長城大狩。北史訛太守。將東趣五原至蒲川，北史作州。聞魏帝不豫遂還，此非西狩及刻石之明徵乎？然愚以爲此鼓當作於武帝時，何也？以文有『嗣王』。嗣者，魏明元帝諱也，雖在七世之外，猶當避之，魏避『嗣』爲『紹』。而北史高祖紀：『保定元年十一月丁巳狩於岐陽，十二月車駕至自岐陽。』後周書以爲壬午日也，是年十月甲戌朔，十一月爲甲辰朔，越十有四日，丁巳，逆計至十月二十三日爲丙申，與鼓文『日惟丙申，旭旭杲杲，我其旁導，乘馬既迪』爲啟行之期適合。又是年七月亢旱，而其詞有『我來自東，萋萋靈雨，奔流迸湧，盈盈渫隰』，『萋萋』二字據古文苑。是旱後得雨而喜也。又是年九月南寧州遣使貢滇馬及蜀鎧，而此文鋪張馬力最多。武帝初即位，故稱燕樂『天子來嗣，王始振振復古，我來攸止』。其曰『公謂大來，余及如茲邑，曷不余及』者，公當是晉公護或紀國公康、魯贇之類，乃陪從之人也。又曰『有謀有始，周爰止於是』者，孝閔帝嗣位，魏帝詔以岐陽地封帝爲周公，及受禪遂以爲有天下之號。故稱『周爰止於是』也。詩詞襲車攻，故用小序『宣王復古』之言，而曰『振振復古』，其實小雅諸什從未有章十五句多至二十句如此鼓者。猶大誥及受魏禪諸誥雖雜取尚書成篇，不可即謂之尚書也。夫其取詩於雅，取字於籀，取器於鼓，本刻意以摹古，而後人果以古目之。蘇勗、李嗣真輩乃爲其所愚而不知也。至其稱名通曰石鼓文，或曰獵碣。案：章懷注後漢書鄧隲傳『元二之災』云：『古書字當再讀者，即於上字之下爲小「二」字，言此字當兩度言之。』今岐州石鼓銘凡重言者，皆爲『二』字，明驗也。稱石鼓銘最爲確當。魏書孝武紀：『景明三年冬十月庚子，帝親射，遠及一里五十步，群臣勒銘于射所。』北史魏文成紀：『和平三年春，幸信都靈邱，南有山高四百餘丈，帝仰射，彎弧發矢，出三十餘丈，過山南二百二十步，遂刊〔七〕石勒銘。』此元魏刻銘之證。周受魏禪而仍其制，理有固然。況此十章言射者固居其四乎？陸友仁稱景明碑詞有『慨岐陽之末訓』，及有彼岐陽語，蓋以此地爲累代閱武狩獵之所，時已遷都，故閲武鄴南，而追述祖宗之事，著之于銘。陸氏據此是魏事，遂謂鼓非宇文物，疏矣！今宜正其稱曰後周武帝石鼓銘。其甲乙次第，繹史據施宿所定，與音訓小不同。舊讀古文苑，嘗參校諸書略爲更定。古文苑第六鼓當依嘉定孫氏作第一鼓，爲除道。第九鼓當依薛尚功作第二，爲夙駕。第一鼓當依鄭漁仲作第三，爲簡車馬。第三鼓亦依鄭作第四，爲選徒射獵。第十鼓當作第五，爲誓社。第八當作第六，爲肆武。第三當作第七，爲田畢數獲。第二作第八，爲觀漁。第七當依鄭作第九，爲充大庖。第五當作第十，爲順流而歸。如此按時考事，庶有可據。又何事取證于秦權，問形于蝌蚪之紛紛哉？馬子卿自號薺堂先生，宋温彦威使三京，嘗得其文，詳姚氏殘語、元氏中州集中。明季長洲韓隱君洽字君望作石鼓歌，極闢此鼓非籀所作。夫以石鼓銘爲史籀作者，特以『我車既攻』等語爲宣王詩耳，僞詩説遂謂：車工，宣王大閲于東郊，諸侯畢會，史籀美之；吉日，宣王田獵復古，史籀美之。二章既史籀作，何鑱于石者又異其詞乎？此又傅會之傅會者矣！

楊升庵論石鼓詆歐陽文忠爲師心獨見，又謂其不讀書，因作九可證。今觀之亦甚疏淺。其一曰後周吏部侍郎蘇勗云：『世咸言筆迹存者李斯最古，不知史籀之迹近在關中。』二曰章懷注漢書鄧隲傳『元元之災』引岐陽石鼓文凡重言者皆爲『二』字。三曰高宗時李嗣真書後品云：『蒼頡造書，鬼哭凛凛。史籀堙滅，陳倉籍甚。』四曰開元中張懷瓘書斷云：『籀文者，周太史史籀所作，其迹有石鼓文，今在陳倉縣，李斯小篆兼採其意。』五曰徐浩古迹記云：『史籀石鼓、李斯嶧山會稽碑、崔子玉篆、蔡邕鴻都、三體石經、八分，並爲曠絶。』六曰杜工部贈李潮八分小篆歌云：『陳倉石鼓久已訛。』七曰韋應物石鼓歌：『周宣大獵兮岐之陽，刻石表功兮煒煌煌。喘息逶迤相札錯，乃是宣王之臣史籀作。』八曰至德中，竇臮述書賦『篆則周史籀、秦李斯、漢有蔡邕，後世師之』。又曰『石雖貞而云泐，紙可壽而保傳』。其弟蒙注云：『史籀，周宣王史官。岐州府城南有周宣王獵碣十枚，上篆文今見打本。』其九即韓昌黎石鼓歌〔八〕。據所臚列正歐陽公所云唐人始盛稱之者也。何煩覼縷耶？元和縣志云：『石鼓文在天興縣南二十里許，形如鼓，數之十，蓋紀周宣王畋獵事。』唐貞觀中吏部侍郎蘇勗記其事云：『虞、褚、歐陽共稱古妙，歷代記地理者不存紀録，尤可嘆惜。』復齋碑録云：『唐自貞觀以來，蘇勗、李嗣真、張懷瓘、竇臮、竇蒙、徐浩皆以爲史籀筆迹，虞世南、褚遂良、歐陽詢皆有墨妙之稱。』則勗叙記明在貞觀間，升庵乃指爲後周人，啟口便欲欺世。即所謂虞、褚稱妙者，亦無確據。率更作藝文類聚，于巧藝部但載漢書『元帝善史書』小注應劭曰：周宣王太史史籀所作。大篆不及此鼓，永興書鈔亦無之。況前此宣王至隋幾千餘年，陳倉並非僻地，竟無一識字者物色及此，安得有是理也？蓋唐以詩賦取士耳，學之士務取新奇，不究出處，郢書燕説，難盡爲憑。文忠之所以深致疑也。有謂邳公綽爲勗之祖，不應不知其祖之所作。王順伯説。此又有辨。綽卒于大統十三年，而此石刻于武帝，綽安能預製此文？特勗倡爲此言，後人隨聲和之耳。瞿耆年籀史云：『篆書行筆當行于所當行，止于所當止。今位買窘澀，促長引短，務欲取稱，如「柳」、「帛」、「君」、「庶」字是也。意已盡而筆尚行，如「以」、「可」字是也。』又曰：『以器款「惟」字參古刻，「惟河惟鯉」之「惟」則曉然可見。蓋字畫無三代醇古之氣，斷非史籀迹。』此以其字辨之也。余不知書，視其文除襲用車攻、吉日外，句字支凑，詞義淺陋，如云『君子爰獵，爰獵爰遊。麀鹿速速，君子之求。』又『鰋鯉處之，君子漁之，謂之君子，而躬親逐鹿捕魚。』亦豈復三代人語耶？庾信（周）商調曲云：『酆宫[九]既會諸侯，于是（朝）〔穆〕岐陽或狩，淮夷自此平。』皆用成王事以比孝武帝。又祀圜丘歌首篇：『昭夏曰重陽，禋祀大報天，丙午封壇肅且圜。』又宇文氏日用『丙』之證也。其時[一〇]工書者有崔浩、王衮，即曲藝如冀儁之特工模寫，黎季明之篆楷兼精，趙文淵之牌牓莫逮，皆足踵武籀文，安在此鼓必出于三代乎？升庵不事詳考，惟恃口辨。丹鉛録既云秦鼓本集，又自云從李賓之得唐拓本，凡七百有二字，較覽古、集古所載，其字較倍，穿鑿附會。竹垞翁論之甚備，兹不具録焉。右所論祇據其年代，不嫌深考。若夫字畫之秀勁妍美，實有虹伸結絡、瓊樹雜披之妙。余來京師，甲辰閏三月朔即往視之，時有木欄[一一]護之，未能審諦。乙巳二月復往，始得快睹，摩抄再四，恨未得搨本，攜歸作鎮家寶也。

古文苑：『第四鼓有「六馬」字。』章樵注：『六馬，天子所駕。』夫六駕始于秦，宣王時焉得有六？海鹽張芑堂作釋存，余爲指出，芑堂乃檢元搨本，以爲實非『六』字也。

潘迪字愜山，其作音訓時，方爲司業，而祭酒則歐陽圭齋，博士則黄晉卿也。北宋搨本有彭城錢逵釋文。衹據薛尚功一家，故自以爲未備。

〔四・五〕辟雍

聖天子稽古右文，化成久道。以國學久未有辟雍，特詔創建于彝倫堂之南浚泉構屋，乾隆五十年乙巳春告成。大厦耽耽，規天矩地。橋門四達，節觀順鄉。二月六日上丁，皇帝乃整法輿詣文廟。躬行釋奠禮，遂臨幸雍宮，群臣侍講，四方文學之士，莫不矩〔一二〕步雍容，圜橋伏聽。洵古今之曠舉，盛世之隆軌也。臣草茅固陋，莫罄頌揚，又旅次乏書，不能深考。謹述周漢舊聞以備考證焉。

辟雍，天子教宮也。周以前未聞，蓋自文王創之，迨後有天下，遂以名天子之學。而諸侯不得立焉。其字本作辟廱。詩靈臺篇：「於樂辟廱。」禮王制：「天子曰辟廱。」陸德明釋文：「辟音璧。」許謙詩集傳名物鈔、何楷詩經世本古義並云：「辟通作璧。」三輔黄圖亦作「璧廱」。許慎説文：「廱，從广雝聲。亦作雝。」詩振鷺篇：「於彼西雝。」先儒皆以爲辟廱，而周禮注引逸詩〔一三〕亦曰：「有昭辟雝，有賢頖宮。」「雝」與「雍」通。尚書「雍州」，爾雅作「雝州」，是也。至尚書大傳「舟張辟雍」，始作「雍」。白虎通、東都賦等並同。唐玄度新加九經字樣云：「廱，正；雍，俗。今經典相承，『辟廱』用上字，『雍州』名用下字。」則知經典之外二字通用久矣。其命名之義，詩靈臺毛傳曰：「水旋邱如璧曰辟廱，以節觀者。」孔穎達正義曰：「璧體圓而内有孔，此水亦圓而内有地也，猶如璧然。水下而地高，故以邱言之。以水繞邱，所以節約觀者，令在外而觀也。』泮水篇鄭箋曰：『辟廱者，築土雝水之外，圓如璧，四方來觀者均也。泮者言半也。半水者，蓋東西門以南通、水北無也。』白虎通曰：『天子立辟雍何？所以行禮樂、宣教化也。辟者，璧也，象璧圓以法天也。雍者，壅之以水，象教化流行也。辟之爲言積也，積天下之道德。雍之爲言壅也，壅天下之儀則。故謂之璧雍也。』王制曰：『天子曰辟廱，諸侯曰頖宫。』外圓者欲使觀者平均也，又欲言外圓内方，明德當圓、行當方也。不言圓辟何？又圓于璧。何以知其圓也？以其言辟也。何以知有水也？詩言『思樂泮水，薄采其芹。』詩訓曰：『水圓如璧。』桓譚新論曰：『王者作圓池如璧形，實水其中，以圜壅之，名曰辟雍。言其上承天地，以班教令，流轉天道，周而復始。』又三輔決録曰：『辟雍，水四面周於外，象四海也。』蔡邕獨斷曰：『天子曰辟雍，謂流水四面如璧，以節觀者。』數説大致相同。漢以來皆主之。又鄭氏注王制曰：『璧，明也；廱，和也。所以明和天下。』孔穎達正義因之，謂於此學中習學道藝，欲使天下之人爲皆明達諧和也。此與詩箋、疏異，然杜佑通典兩存之。歸崇敬字正禮嘗論之曰：以制言之，壅水環繚如璧；以誼言之，以禮樂明和天下。則其理未始不足矣。莊子曰：『文王有辟廱之樂。』戴埴鼠璞謂其舉歷代樂名自黄帝至湯武而中言文王，則是以辟廱爲天子學〔一四〕，非也。詩固言『於論鼓鐘，於樂辟廱。』其『鎬京辟廱，無思不服』，亦無養才之意。莊子必有所據。朱子謂蘇氏引莊而曰『古人以樂教胄子』，亦以辟廱爲樂名，此一説也。魯詩解『辟廱』，文王宫名也。戴侗六書故：『舅駟曰：按譙周云：

成王作辟上宫，周器之銘多有曰〔一五〕「王在雝上宫」者，辟雍蓋二宫名也。古鼎銘又曰：「惟三月初吉，王在和宫，大夫始錫作彝。」又曰：「王在辟宫，獻工錫章。」雝，和也。和宫殆廱宫之異名歟？』廣案：單言辟者，左傳：『鄭伯享王於闕西辟，樂備。』在莊二十年。是惠王時東京亦有辟以陳樂，不必辟雍也。單言雍，則漢時三雍宫皆指辟雍，謂之宫可也。分爲二不可也。又陳耀文經典稽疑：『胡致堂云：「於樂辟廱」，辟，君也。廱，和也。「鎬京辟廱」義同。有聲上章曰「皇王維辟」，下章曰「鎬京辟廱」，則辟爲君無疑。』此數説可備多識，非正解也。

右辟雍名義

古制最詳於明堂，而辟雍書闕有間，説者因合明堂、廟學爲一。大戴禮盛德篇：『明堂九室，一室四户八牖，三十六户，七十二牖。蓋以茅，上圓下方，其外水名辟雍。』據通典録。禮統曰：『辟雍，圓如璧，壅以水，内如覆，外如偃盤。』見玉海。蔡邕明堂議曰：『人君南面，故以明堂爲名，取其宗祀之清貌，則曰清廟。取其正室〔一六〕之貌，則曰太廟。饗射、養老、教學、選士皆在其中。取其尊崇曰太室，取其堂曰明堂，取其四門之學曰太學，取其四面周水圓如璧曰辟雍，異名而同事，其實一也。』又月令記曰：『明堂上通乎天象日辰，故下十二辰象日辰也。水環四周，言王者動作法天地，廣德及四海，方此水也名曰辟雍。堂方百四十四尺，坤之策也。屋圓徑二百十六尺，乾之策也。太廟明堂方三十六丈，通天屋徑九丈，陰陽九六之變，且圓蓋方載，六九之道也。八闔以象八卦，九室以象九州，十二宫以應辰。三十六户、七十二牖，以四户八牖乘九室之數也。户皆外設而不閉，示天下不藏也。通天屋高八十一尺，黄鐘九九之實也。二十八柱列于四方，七宿之象也。堂高三丈，以應三統。四鄉五邑，以象五行。外廣二十四丈，應一歲二十四氣。四周以水，象四海。』晉袁準正論非之曰：『宗廟，鬼神所居，而使衆學處焉。饗射于中，説文：『天子饗射辟廱。』人鬼慢黷，非其理也。祭天于人鬼之室，非其處也。王者五門，宗廟在一門之内，若在廟而張三侯，又辟雍在内，人物衆多，非所能容也。』詳中郎集、詩正義、宋景文集。通典亦曰：王制云：『小學在公宫南之左，大學在郊。』下節即云：『天子曰辟廱，是學不與明堂同爲一物，天子宗廟在雉門之外。』孝經緯云：『明堂在國之陽，爲聽朔之所。』是明堂與祖廟别處也。王應麟玉海引唐會要云：『永徽二年七月二日詔議立明堂，令詳定(辟)辟雍制度。三年六月有司奏辟雍。』案：大戴禮無水廣内徑之説。蔡邕云：『水廣二十四丈，四周於外。』三輔黄圖云：『水廣四周。』與邕不異，仍云『水外周隄』。東京賦：『造舟爲梁。』禮記明堂陰陽録：『水左旋以象天。』今請減爲二十四步，造舟爲梁，其外周以圓隄，并取陰陽水行左旋之制，後以制度未定而止。廣案：明堂之非即宗廟，信矣。然鄭康成注玉藻『聽朔於南門外』云：『天子廟及路寢皆如明堂制。』又注考工記『匠人』云：『或舉宗廟，謂夏后氏世室。或舉王寢，謂殷人重屋。或舉明堂，謂周人明堂。互言之以明其同制。』則因同制而並謂其同事，又因宗祀而謂之廟，亦其理也。夫明堂、廟寢既皆同制，即辟雍不容獨異。

漢時明堂、辟雍、靈臺地並相接，時以三宮、三朝並稱，且〔一七〕直曰三雍，是就雍之以水言之。其制之同，更可知矣。蓋辟雍之爲制，實始於黄帝明堂。亦謂之合宫。漢公玉帶所上圖有云『一殿通水，水圜宫垣』者是也。故後言辟雍者往往於『明堂』連言之，更不復專詳辟雍制度。如酈道元水經注釋『廱』字云：『四方有水曰廱。』其所言辟雍皆明堂之辟雍〔一八〕也。詳後。惟不專詳辟雍，考訂殊難。宋孝武太明五年立明堂時，議謂明堂辟雍制無定文。自漢迄晉，莫之能辨。唐高宗永徽二年議建明堂辟雍，有司亦言大戴禮〔一九〕及前代説辟廱多無水廣内徑之數。蔡邕云：『水廣二十四丈，四周於水外周隄。』又張衡東京賦稱『造舟爲梁』。禮記明堂陰陽録『水旋以象天，水廣二十四丈』，恐傷于闊，請改爲二十四步，垣外量取周足。仍依故事造舟爲梁，其外以周圓隄，并取陰陽『水行左旋』之制。其後卒以諸儒紛競不定而止，以此故也。然辟雍之爲太學，王制既有明文，鄭康成亦謂太學即辟雍也。與靈臺〔二〇〕同在西郊，見詩正義。通典『辟雍』注引崔靈恩曰：『學制有二，一云制與明堂同體，五室四堂在一基之上，四方堂則以其方名學，蓋即大戴東學、西學、南學、北學之説。中央堂謂之太學。一云凡立之法有四郊及國中，在東郊曰東學，餘並以方名之，在國中謂之太學。』故鄭注祭義曰：『周有四郊之虞庠。謂四學。』由前説言之，益足證辟雍與明堂同制矣。但太學稱名又復不一。陸氏禮象據大戴謂周太學五：東爲東序，西爲瞽宗，南爲成均，北爲上庠，而辟雍居中，四門四橋，通於四方。陳詳道〔二一〕禮書則爲太學三：辟雍居中，即成均，左右輔以東序、瞽宗，即東膠、西學並建一邱之上。夫成均本五帝學名。董仲舒說。周立此宮。見文王世子注。一學明矣。文王世子上庠、東序其同在一處，可例推。成均所教國子專以樂事，均訓調，樂師調其聲，大樂正受其成，故曰成均。是專以教樂得名。辟雍之立，白虎通及五經異義皆云：『所以行禮樂、宣德化。』合諸辟綜文選注『大合樂饗』之説，則辟雍非即成均乎？朱子曰：『辟雍爲大射行禮之處。頖宮爲諸侯鄉射之處。故振鷺西雝，説者以雝爲澤，蓋即旋邱之水，而其學即所謂澤宮也。』案：射義『澤』取『擇士』之義，天子將祭，先習射於澤，而後射於射宮。鄭於『澤』但云宮名，『射宮』無釋。而儀禮鄉射禮『射不主皮』注則云：『凡祭取餘獲陳于澤宮，謂射得禽獸。然後卿大夫相與射而取之。』又云：『澤，習禮之處。非所以行禮。』至注於『郊則閭中以旌獲』云：『郊謂大射也，大射於太學。』王制：『太學在郊。』又樂記：『散軍郊射，左射貍首，右射騶虞。』注云：『郊射爲射宮于郊右，左東學，右西學也。』然則大射行禮斷宜在射宮，而不在澤宮，不當牽合旋邱之水以爲説。況東京賦詳言『合射辟廱』，又言天子『徐至於射宮』，注家明以辟雍爲射宮乎？竊嘗論之，周備四代之學〔一二〕，而惟辟雍爲本朝之學。衆學以分教王子、群侯世子、卿大夫之子、國之俊秀，而辟雍則唯天子視學。始合樂于此，饗射選士於此。視學必在春，入學舍菜合舞。秋，頒學，（舍）〔合〕聲之時，時則衆學士畢至，所謂大合衆以事也。平時學士各居其學以肄業，不敢居辟雍，諸侯之頖宮亦然，故惟魯菸止，而後小大從公，平時則在米廩、序、瞽宗而已，鄭人遊於鄉校，其非頖宮亦可知，惟非學士常居之地，故禮經言辟雍者絶少，然則成均、瞽宗、上庠、東序，實皆即一辟雍而分言之，若冠以總名，則但曰辟雍，此王制所以言『天子曰辟廱』也。説禮者偶未見及此耳。

右辟雍制度

靈臺詩序云：『民始附也。』以作於追王之後，故稱文王爲王。據竹書紀年，周作辟雍，在帝辛三十七年，時文王在位四十八年，前二年自程遷豐，後三年作靈臺。靈臺，靈沼。孟子謂當日之民相與樂奉之辟雍，亦祇隨事立名。如公劉之徹田爲糧，古公之臯門有伉，非有意爲子孫傳世計也。且以卑服即田之主爰始度築，其制亦必不盡如漢儒[二三]所説。及近所傳詩傳圖、禮器圖所有，但四周有水耳。思齊篇：『雝雝在宮。』箋云：『宮謂辟廱宮也。群臣佐文王養老則尚和。』又云：『文王之在辟廱也，有賢才之質而不明者亦得觀於禮，於六藝無射[二四]才者亦得居于位。言養善使之積小致高大。』振鷺毛傳曰：『雝，澤也。』韓詩薛君章句曰：『西雝，文王之雍也。』詩地里考曰：『言文王之時，辟廱學士皆潔白之人也。』又王氏曰：『辟廱有水，鷺所集也。』詩集傳名物鈔曰：『朱子云：「先儒皆謂辟廱在西郊，故曰西雝。」』禮王制正義引熊氏[二五]曰：『文王之時猶從殷禮，辟雍大學在西郊。』見『殷人養國老於右學，養庶老於左學』。注云：『右學，大學也。大學在西郊。左學，小學也。在國中。王宮之東。』鄭于『小學在公宮之左』亦注云：『大學、小學皆殷學。』三輔黄圖曰：『周文王辟廱在長安西北四十里，亦曰璧廱，如璧之圓，壅之以水，象教化流行也。』靈臺亦在長安西北四十里，是臺與辟雍同處。漢世遺址尚存。而左秦穆公舍晉惠公於靈臺。(相)杜注以爲周之故臺，所以抗絶令不得通外内。在僖十五年。其壅水猶可想見，不特四方而高也。黄圖又言靈囿在長安縣西四十二里，靈沼在長安二十里，囿沼不應與臺懸隔。疑有訛字。鄭康成謂辟雍及三靈皆同處在郊。又駁異義云：『於臺下爲囿、沼。』並見詩地里考〔二六〕。然則沼方而池圓，與辟雍相左右明矣。魏王泰括地志云：『辟雍、靈沼今悉無復處，惟靈臺孤立。』程泰之雍録云：『文王都豐，在今鄠縣豐水之西，豐宫、靈臺、靈沼、靈囿，皆在其地。』

右文王辟雍

文王有聲篇『鎬京辟廱』傳云：『武王作邑於鎬京。』竹書：『帝辛三十六年，西伯命世子發築鎬。』箋云：『武王于鎬京行辟廱之禮，自四方來觀者皆感化其德，無不歸服者。』夫但曰行辟廱之禮，則别建與否，不可知也。群經所説太學、成均、膠庠，又皆無辟雍明文。史記封禪書稱豐鎬有天子辟池。索隱云：『即周天子辟雍之地。』正義云：『周文武豐鎬皆置辟雍，故秦立祠。』案：豐邑在豐水之西，鎬京在豐水之東，此豐鎬辟池則未知爲文之池歟？武之池歟？三輔黄圖亦不及。唯詩地里考載戴氏曰：『武王都鎬京，爲四方來朝者豐不足以容之，先作辟雍以養人才。』張氏曰：『靈臺、辟雍，文王之學也。』辟雍之在鎬京，武王之學。今之學者皆據之。

右武王辟雍

漢書郊祀志：『周公相成王，王道大洽，製禮作樂。天子曰明堂、辟雍，諸侯曰頖宮。』玉海曰：『此在成王時。』

右成王辟雍

漢辟雍莫盛於永平，而其實昉于西京武帝。漢書河間獻王德傳：『武帝時，王來朝，獻雅樂，對三雍宮。』三雍者，辟雍、明堂、靈臺也。三宮皆壅以水，故名。應劭曰：『雍，和也。言天地、君臣、人民皆和也。』亦謂之三朝。詳後。其樂今亡〔二七〕，或曰即儀禮大射禮所奏新宮也。又終軍傳：『上對建三宮之文質。』注：『服虔曰：「明堂、辟雍、靈臺。」』藝文志有河間獻王對上下三雍宮三篇。後漢張純稱有河間古辟雍記，即此篇也。詳後。蓋河間多得古書，因武帝問三雍制度。而據古記以對，與獻雅樂是二事。三輔黃圖曰：『漢辟廱在長安西北七里。』漢書河間獻王來朝雅樂，武帝對之三雍宮。即此。謂武帝對之，誤矣。又案：史記封禪書但言武帝立明堂，無立辟雍明文。唯漢書兒寬傳云：『上東封泰山，還登明堂。寬上壽曰：「陛下發憤，合指天地，祖立明堂辟雍，宗祀太一。」』師古注：『祖，始也。』知當時辟雍與明堂同處。此明堂之辟雍，蔡邕説正如此。且不在長安。水經注汶水條載：『漢武帝封泰山，欲治明堂於奉高，濟南公玉帶上黃帝明堂圖，于是上令奉高作明堂於汶上，如帶圖也。古引水爲璧雍處，基瀆存焉，世謂此水爲石汶。』是其證也。又漢書禮樂志曰：『成帝時，犍爲郡於水濱得石磬十六枚，議者以爲譱祥。劉向因説〔二八〕上：「宜興辟雍，設庠序，陳禮樂，隆雅頌之聲，盛揖讓之容，以風化天下。」帝以向言下公卿議。會向病卒，丞相大司空奏請立辟雍。按行長安城南，營表未作，平帝即位，王莽爲宰衡。元始四年，遂興辟雍。』五年詔曰：『劉歆等四人使治明堂辟雍，令漢與文王靈臺、周公作洛同符。』于時典籍散亡，士罕稽古，故劉歆移書太常博士云：『學者信口説而背傳記，是末師而非往古，至於國家將有大事，若立辟雍、封禪、巡狩之儀，則幽冥〔二九〕而莫知其原也。』及既立辟雍明堂，大朝諸侯，徵蕭由望之子爲大鴻臚。三輔黄圖曰：『元始四年，起明堂辟雍，爲博士舍〔三〇〕，三十區爲會市，樓列槐樹數百行，諸生朔望會此市，各持其郡所出物及經書相與買賣，雍雍揖讓，議論樹下，侃侃誾誾。』水經注曰：『渭水東逕長安縣南，又東逕明堂南，舊引水爲辟雍處在鼎路門東南七里，其制上圓下方，九宫十二室，四嚮五室，堂北三百步有靈臺，是漢平帝元始四年立。』王應麟玉海郊祀門引隋宇文愷議曰：『元始四年八月，起明堂、辟雍長安城西門，一殿，垣四面八觀，水外周隄，壖高四尺。五年正月六日辛未，始郊太祖高皇帝以配天。二十二日丁亥，宗祀文帝於明堂以配上帝，親扶三老五更，因班時令，宣恩澤。』

右西漢辟雍

光武帝改都洛陽，建武五年，脩起太學，稽式古典，籩豆干戚之容備於列，服方領、習矩步者委它其中，既洋洋美觀矣。即位之三十年，四夷賓服，百姓家給人足。太尉趙意上言宜登封岱宗，正三雍之禮。中元元二之間，初建明堂，起靈臺，立辟雍。明帝即位，親行其禮。永平二年詔曰：『光武皇帝建三朝之禮，而未及臨饗。注：三朝：明堂、辟雍、靈臺。眇眇小子，屬當聖業。』間暮春吉辰，初行大〔三一〕射，令月吉日十月元日復踐辟雍，尊事三老，兄事五更。時天子冠通天，依日月，備法物之駕，盛清道之儀，坐明堂而朝群后，登靈臺以望雲物，袒割辟雍之上，尊養三老五更。饗射禮畢，帝正坐自講，諸儒執經問難於前，冠帶縉紳之人圜橋門而觀聽者蓋億萬計。八年又臨辟雍。以上見漢書帝紀、儒林傳及續志禮樂志。漢（宫）〔官〕儀曰：『明堂四面起土作壍，上作橋，壍中無水。辟雍四門，外有水，以節觀者。據此則明堂、辟雍有水、無水各異。門外皆有橋，觀者在水外。明堂去平城門二里所，天子出從平城門，先歷明堂，迺至郊祀。辟雍去明堂三百步〔三二〕，車駕臨辟雍，從北門入，至禮殿，升，歌鹿鳴，下，管新宫，八佾具備，萬舞於庭。三月、九月皆於中行鄉射禮焉。』以上見續漢志及後漢書注。先是，建武二十六年議禘祫禮，大司空杜陵張純字伯仁以聖王之建辟雍，所以崇尊禮義既富而教者也。乃案七經讖驗也、明堂圖、〔河〕間古辟雍記注：河間獻王獻雅樂，對三雍宫，有其書記也。孝武太〔三三〕山明堂制度，又得武帝時公玉帶黄帝明堂圖。明堂中有一殿，四面無壁，以茅蓋，水環宫垣，爲複道，上有樓。謂之昆侖宫。欲其奏之。未上，會博士桓榮上言，宜立辟雍、明堂。章下三公議，而純議同上。乃許之。又博士曹充褒字叔通之父持慶氏禮，亦受詔議立七廟、三雍、大射、奉老禮儀，又召拜承宫爲博士，而伏恭拜司空。又諸王來令辟雍，潁川太守任延亦召會辟雍。並後漢書。蓋創興于世祖，恢拓于顯宗，然後睹海流道德之富也。班固東都賦云：『永平之際，重熙而累洽，盛三雍之上儀，修袞龍之法服，鋪鴻澡，信景鑠，揚世廟，正予樂。』又辟雍詩云：『乃流辟雍，辟雍湯湯。聖王涖止，造舟爲梁。皤皤國老，乃父乃兄。抑抑威儀，孝友光明。』張衡東京賦云：『乃營三宫，布政頒常。複廟重屋，八達九房。規天矩地，授時順節。造舟清池，惟水泱泱。左制辟雍，右立靈臺。因進距衰，表賢簡能。馮相觀祲，祈褫禳災。』李尤辟雍賦云：『辟雍巖巖，規矩圓方。階序牖闥，雙觀〔三四〕四張。流水湯湯，造舟爲梁。神聖班德，因斯以匡。』又銘曰：『明王所建，方中圓外。清流四通，蕩滌濁穢。』其後順帝陽嘉二年、靈帝熹平六年，俱臨幸辟雍，此其大略也。其制又有所謂「側」字。何休注公羊『以人爲菑』云：『菑，周埒垣也，所以分别内外衛威儀。今太學辟雍有「側」字是也。』在昭二十五年。水經注『穀水』條云：『自樂里道屈而東，至陽渠。水又東，逕平昌門南故平門也。即平城門。又逕明堂北，漢光武中元元年立，尋其基構，上圓下方，九室，十二堂，以與蔡邕月令章句同。故引水以其下爲辟雍也。蓋即漢官儀所謂壍。……太學有漢石經，漢石經北有晉辟雍行禮碑，是太始二年立。案：通典晉武帝太始六年、惠帝元康五年，二行鄉事於辟雍。注：鄉事，鄉飲酒禮也。此云二年立碑，異。其碑中折，但世代不同，物有停敗，石經漫缺，存半毁幾，駕言永思，諒用憮焉。考古有三雍之文，今靈臺、太學並無辟雍處，晉永嘉中王彌、劉曜入洛，毁焚二學，尚髣髴前基矣。』

右東漢辟雍

案：辟雍之制在漢爲詳矣，自後魏明帝、晉武帝皆嘗舉臨雍之禮，王廙、王沉等爲之頌。

故水經注稱東京國子太學『漢石經北有晉辟雍行禮碑，太始二年立』。而徐陵辟雍頌有曰：『晉雍大啟，王㢊逞其詞〔三五〕。』至甘露間，遂以賦詩稽留，奏免侍中和逌、尚書陳謇等，殊失讚禮講德之意，且大率惑于更老之説，反致天子頒教之地，名實不應。始漢明帝既立辟雍，欲毀太學，以太尉趙憙〔三六〕言得以兼存，然太學自是日就頹廢。順帝永建六年，重加修繕，增置博士，而辟雍諸儒則以時會，故桓帝元嘉初詔云：『儒生汝南胡憲、陳留恭幸爽，或六十以下，常以月朔會辟雍，垂白安貧。』因試補郎。至魏晉以來，則專重太學矣。唐高宗永徽二年議立明堂辟雍，不果。武后證聖間重造明堂，惟于其下圍繞施鐵渠，以爲辟雍之象。至大曆八年，太子欲臨國學行齒胄禮，國子司業歸崇敬建議曰：『古天子學曰辟雍，在禮爲澤宫。此朱子説所由本，已詳前。故前世或曰璧池，或曰璧沼，亦曰學省。漢光武立明堂、辟雍、靈臺，號三雍宫。晉武帝臨辟雍行鄉飲酒禮，别立國子學，以殊士庶。永嘉南遷，惟有國子監學。隋大業中更名國子監。今聲明之盛，辟雍獨闕，請國子監爲辟雍省。』以憚於改作，議格不行。見唐書。宋徽宗崇寧元年所創辟雍，外圓内方，爲屋一千八百七十二楹，增生徒共三千八百人。内上舍生二百人，内舍生六百人，教養於太學。外舍生三千人，教養于辟雍。太學之不率教者移之辟雍。以祭酒總治兩學，而辟雍别設司業丞各一人，博士十人，正録各五十人，分爲百齋，講堂凡四所。見王栐燕翼詒謀録。當時謂之三舍法，三年駕幸太學，遂幸辟雍。大觀二年，御製辟雍記。其移不率教于辟雍，尤違古意，皆不足據。餘詳文獻通考、册府元龜、聶氏三禮圖諸書可考而知也。

〔四·六〕國學槐

國學彝倫堂，元崇元閣遺址也。吴澄有記。庭中老槐，許魯齋所植，乾隆辛未復榮，今尚存，旁發三蘖〔三七〕滋茂，爲五百餘年物，時許蓋爲大司成也。嘗論植物甚微，亦知托人以不朽。如韓昌黎刺潮州嘗手植橡于書堂，後人名爲韓木。明萬曆初，郭青螺守潮，與僚佐博士摩挲而嘆曰：『橡也，百千年猶韓之！』推而上之爲孔子手植檜，子貢手植楷，聖賢遺澤，固宜壽永神明矣。更推而上爲召伯棠。括地志云：『召伯廟在洛州壽安縣西北五里。召伯聽訟甘棠之下，周人思之，不伐其樹，後人懷其德，因立廟有棠在九曲城東阜上。』爾雅翼、詩地里考並引之。宋王存九域志云：『召伯甘棠在陝州府署西南隅。』此出于傳記，或是侈談古迹。後遇同年毛君郁青，言在河南陝州親見之，直上無枝葉，狀如舊棋杆，而皮理堅緻，爪掐不能入，其旁即召公廟，土人呼召公棠。陝州亦載之。此樹出于周初，當無古于此者。焦氏易林曰：『大樹之子，百條共〔三八〕母，當夏六月，枝葉盛茂，鸞鳳以庇，召伯遊暑，翩翩偃仰，各得其所。』可想見當時蔽芾景象。又陝西華陰縣華山廟有青牛樹。相傳老子出關時嘗繫青牛于此，亦無枝葉，質堅如石，而色常青。家兄嘗客秦見之，爲余言。任昉述異記又載曲阜古城顔回墓上石楠樹二株，可三四十圍。土人言顔子手植。

〔四·七〕雲麾〔三九〕將軍碑

國學文丞相祠東壁嵌二石礎，爲唐天寶間雲麾將軍李秀碑，北海太守李邕書也。邕所書雲麾碑有二：一爲李思訓，秦人；一李秀，范陽人。今世所傳搨本皆秦州碑也。范陽爲今良鄉縣地，其碑久斷裂，不知何時爲博學士[四〇]某斲爲四柱礎。明嘉靖間重修學宮，或見之，以告宛平令李蔭。蔭即寓書良鄉，令輿致之，嵌齋壁中，名其齋曰古墨，一時賦詩歌咏之。越若干年，京兆少君尹王惟儉移入署中，其後莫知所在。國朝康熙二十一年，鄉先輩石門吴公涵爲順天府丞，訪求久之，僅得二礎。恐其遂湮滅也，特移置府學文丞相祠，而詳記顛末于石礎，圓徑一尺許，字多漫。灼然可見者，南一礎十二字『書益乞議者數見召義修四厚』，北一礎『女利静大正文山大舉之碑式先公施及我公克廣爾祖水隴』凡二十四字。乙巳五月六日，與沈君廷龍同觀。案：金石録李琇碑，李邕行書。丹鉛録謂在蒲城縣，久斷裂。正德中，劉達夫御史謫蒲城，簿訪出，錮以鐵索，復爲完物，與此不同。書影載李蔭于署中掘地得柱礎六，存者百八十餘字。碑首存『故唐故』三字，亦與吴記不合，此碑搨本鮑緑飲有之，余亦嘗觀焉。

〔四・八〕金石經

明一統志：石經碑文在順天府舊燕城南，金國子學碑。碑上刻春秋、禮記文，今磨滅不完。此石經不知何時所刻，惜未得見。若房山縣石經山洞中所刻佛經三十餘處亦多毁踣，惟般若序品存。吾衍學古編載石鼓在燕都舊城文廟，今國子監，蓋金源盛時，燕京頗盛文物，後石鼓移大都，而石經不甚顯，當力訪之。

〔四・九〕元題名碑

進士有登科記、同年録，肇於唐，盛於宋。當時皆嘗鏤板，今所傳者獨紹興十八年同年小録、寶祐四年登科録，則以紫陽、文山二公皆爲不朽之人故也。其題名則刻石於相國、興國兩寺，至元世刻録如宋，而題名有記，且碑于石于太學，視宋增重矣。楊士奇東里文集有書元首科程文云：「元延祐乙卯廷試録一册，左右榜總五十六人，是録所刊對策凡四卷，五十有三人。先待制之文在焉，而五十六人家狀及其初授官悉具此板，行之録也。又書延祐二年進士題名記云：「右元延祐〔四一〕二年進士題名記，蓋先待制登第之歲也。此碑趙文敏公所書，刻石在北京國子監，此本故大學士胡文穆公所惠者，此石刻之記也。」案：延祐二年爲元設科取士之始。時張起巖爲狀元。東里所稱待制，則楊名景行後官至翰林待制者也。首科如此，則其後十數科皆有碑可知。朱氏日下舊聞載國學題名碑起明永樂而無元碑，惟吴青壇述異記云：「新安吴楞香爲大司成時，於啟聖祠土中得元題名碑三，俱至正年所刊，皆有正副榜，可見元人制舉之法。」王文安池北偶談則云：「元舊碑甚多，爲學胥所匿。今所立新進士碑率取諸此，廣人成均遍閲舊碑，見司成所獲三碑，儼然具在。其一則至正十一年進士題名記也。吾浙一人魯淵名在第三甲，文頗完，疑後人重鑿。一爲至正庚子國子貢試題名記，一爲至正二十六年國子中選生題名記。乃知元不獨進士有碑，並國子亦勒以貞珉。余方作浙士鄉會副榜考，急寫得之。當日儲才養士之意，尚可想見，不特制舉成法已也。字多漫缺，録其可辨者于右：

至正庚子國子貢試題名記：□□□□□□〔四二〕首闕數字。而列名進士榜□□榜廿人□□□科未有也。至正己亥當歲大比，□方郡縣訌於盜，士之流徙與客遊□□□議者□設科本以待士，而限貫□，使不得自見，非廣求賢之道也。乃行前代寓試之法，許在京官□吏各舉其人，貢郡府移春官，額視元籍而殺其數定取四色，進士合京額爲三十五人，公試生仍舊制，中書以聞，詔可。於是拔□□達寒雋，作士氣而彌皇文，甚盛舉也。國子生自鄉貢第者又廿一□□□，蓋自祖宗建學立師，逮今一百八十有七年，累朝涵養□□天□先後輩出彬彬然，題名可識也。矧比年來，遘時多難，諸君于天下事固精思熟策之，宜有文武長才出其間，用濟斯世，以報國家，光前修，爲□□□利達爲可羞，使來者觀之，而唶曰：太學有人。如是哉，則題名不徒記矣。予辱師也，故書以諗之。

正榜蒙古六人，可辨〔二〕者二：五兒字元道，脱歡字正顔乃。色目六人，可辨者一：神保字新道。漢人：郭永錫、楚杞、張鳴鶴、李志仁、王德芳、孔名闕。餘漫滅。

副榜蒙古四人，色目三人，漢人可辨者余桓字士立，寧州、蒙大庠字子高，定興、趙溥、李以約、張海趙州人、王琬字之義，海陽人、仇機、劉與、□王升、王宗仁，記係前國子祭酒張翥撰。翥字仲恭，晉寧人，仕至翰林待制。

至正二十六年，國子中選生題名記：初□□□□其藝蒙古、色目、漢人，凡三色，各取中式百二人，及科舉復行，合爲一試，異其考以廷對即□□□其出身蒙古，從六品；色目，七品；南人、漢人，從七品，亦可謂厚。至正二十五年冬，上猶閔學者之久滯，詔優異之廷議：蒙古秩正六品，色目秩從六，漢人秩正七。文在所取，而限於額數者爲副榜。副榜三色亦以次而升，奏上報可。明年春大比，拔其尤以充貢者，悉如舊制，授官有差。既而諸君子相謂曰：每試必題名於石，石必有文以記之。以余嘗列胄子之末，乃來請文，遂語之曰：國家當搶攘倥傯之際，留心文教，推恩多士，其願治之意至矣。豈非以文教之興彝倫攸繫，多士之勸人才所自出乎？孝父忠君，此爲學之本，豈徒曰禄位而已哉！諸君子發動于□必進而行其所學，勒功于鼎彝，流聲于竹帛，指其人而考其實，則今日之題名特爲他日之張本也。尚懋勉哉！既以是與之，而又爲之記。是歲提調貢舉則中書平章政事，七十知貢舉則中書左丞王時，同知貢舉禮部尚書徐昺，考試官則翰林學士陳祖仁，翰林直學士張以寧，禮部侍郎劉獻，御史臺政事岳信，監察御史王倫普、蘇天民，因並記之，撰人滅漫不辨。

正榜蒙古七人，賜正六品出身，授承直郎。色目六人，賜從六品出身，授承務郎。漢人、南人七人，賜正七品出身，授承事郎。

副榜蒙古六人。□以下俱不可辨。

［四·一〇］海子橋

海子橋之西有池焉，舊名積水潭。其水自玉泉來，流入都城，滙于此，汪洋如海，故名海子。由橋下穿宫墻而入曰裹河，環紫禁出東南之玉河橋，當正陽、崇文二門間垣下而出，與城河合名玉河。元王蒙海子橋詩云：『暮登海子橋，西繞紅門歸。霜楓著宫樹，葉葉帶紅飛。據鞍吹短笛，乘月搗征衣。江南冰雪裏，音信寄來稀。』蒙，字叔明，吴興趙文敏之甥也。海子橋本名越橋。

〔四·一一〕東西閘

京東西十一閘皆元至元二十一年郭守敬開通惠河時所建，西曰青龍、白石、廣源、高梁、澄清，東曰慶豐、平津、上平津、下普濟、通流、廣利。澄清在都城内，鼓樓南，海子東岸。慶豐在都城東，本第一閘，俗呼二閘者，以大通橋下亦有閘，故並數之。此地水木清妍，夏月饒荷芰，有(掉)〔棹〕可移。

〔四·一二〕四庫書目

欽定四庫全書計三萬六千卷，先寫成四分，計共十四萬四千册，分貯文淵、文源、文津、文溯等閣，續寫三分，頒發江南、浙江兩省，計共十萬八千册。四分全書俱用涇縣榜紙。續辦三分全書用棉白榜紙，紙質稍薄，前後面頁恐有磨損，仍用涇縣榜紙爲頁。

〔四·一三〕京學聖像

元貢奎雲林集有題京學所壁詩：『喜見京庠作，堂堂像素王。考工彰絶藝，施采耀靈光。配從儀刑肅，尊崇典秩常。經營出心匠，名托祀俱長。』據此則塑像清嚴可知，但『所壁』二字費解。案：草堂雅集有李廷璧元珪題所翁畫龍詩，所翁未考其人，意者繪塑兼精，故學壁亦其手歟？恐貢集抄本脱誤也。

〔四·一四〕平逆回

四十九年，甘肅逆回蠢動，未幾殄滅。督臣奏搜獲鹽茶等十五廳縣逆産，共山川水旱荒熟地五萬一千四百三十三畝六分零，瓦房、土房共三千八百三間，土窑六百一十五處，拆〔四三〕毁礼拜寺七十三間，並估價于甘省漢民招買、居住、耕種。或本省願買人少，許陝省漢民出價認買。

〔四·一五〕考試翰苑

乾隆五十年二月初三日，御試翰林學士以下諸臣於乾清宫，欽命三題：以仁安民、以義正我賦，以題爲韻；〔賦得〕『循名責實』，詩限『班』字，七律八韻；聖人定之以仁義中正而主静論。命大學士公阿、蔡尚書德等八人分閲卷第以進，按文字優劣分爲四等。一等陸伯焜、吴儆二員，由編修超授侍讀、侍講學士。二等蔡廷衡等二十五員，前列即予超擢，餘記名候〔四四〕陞。三等彭冠等五十員，侍讀以下各降一階，奪俸半年；編、檢俱奪俸半年，其有在館議叙者注銷。四等三十二員，侍講學士傅森布〔四五〕等十一員，改部分别録用；編修以知縣用者二員；休致者十一員；其留館者，前列二員奪俸二年，餘俱一年注銷；議叙關槐未曾用韻，奪俸三年。不入等者四員，俱褫職。舊例：翰林大考，五年一舉。後因修四庫全書久不行，至是書成，上意循名責實以清翰苑，故黜陟特嚴。先是閲卷大臣定關槐一等一名。既查得詩内『文豹窺來得一班』句應寫『斑』字，誤作『班』字用，而欽限『班』字，未經點出。奏附四等末。故雖留館而奪俸較重。時侍讀孫效、曾直上書房亦著休致，侍讀張燾、莊承籛本降中允、贊善等官，後以對品調部著令檢討。丁榮祚本在休列，呈請捐授内閣中書。

初十日上諭：此次考試，翰、詹嚴加甄别，滿員出缺甚多，除簡擢數人外，餘竟無員可補。與其濫竽充數，毋寧核實酌裁。所有現出之侍讀、侍講學士二缺已另降旨裁汰。嗣後，滿洲人員並當自知愧勉，詩書敦行，砥礪成材，以待國家器使，如果能蒸蒸日上，一變從前積習，人才蔚興，彼時自當補還舊額也。同日奉旨侍講學士負缺，著全魁補授，圖敏補侍讀，嵩貴補洗馬，所有滿侍讀、侍講學士各一缺，（滿侍讀、侍講、學士各一缺）俱著裁去。

十一日上諭：此次乾清宫考試，滿洲向别衙門陞用翰、詹等官，既閲其繙譯，又驗其人才，分列第一等一員慶齡，著加一級；二等二員觀、白麟；三等二員：右庶子傅彬，罰俸一年，侍讀八十二著休致；四等二員：右贊善塘五珠、右庶子九十四，不入等一員：右贊善阿禮謨，俱著革職。

〔四·一六〕終養

乾隆五十年正月，湖南巡撫陸耀奏請申終養之例，以廣孝治事：『竊照定例，官員父母七十以上，家無次丁，或年至八十以上，雖有次丁，俱准終養。蓋以朝廷用人首重忠孝。若甘棄老親，妄希榮進，其人于生我之愛，尚且漠如，將一切民風吏治何關痛癢！故定例之設，所以教天下之孝于家，而後可望其忠于國也。至人子出仕有年，其父母先已迎養在署，自可朝夕承歡，公私兼盡。若父母初未隨任，在外者不肯言歸，在家者轉出求仕，致使垂白之親倚門嘆息。或明知桑榆已迫，而强令跋涉相隨。皆于名教大有關係。臣接見屬員時，留意察詢，有試用知州李永埰，湖北石首人，由縣丞捐陞知州，分發湖南。據稱，伊父年已八十，家中止子侄侍奉。又試用知縣胡宗定，江西舉人，籤掣陝西，親老改發湖南，丁生母憂回籍，今服闋復來，嫡母在家，年已八十，雖有兩弟，俱非嫡母所出。查該二員俱例應呈告終養。今在省候補，正需時日，乃皆背棄老親，遠來待缺，雖其年力均可委用，然方今人材甚多，並不少此兩人。即俟終養事竣，再出報效，亦未爲遲。臣爲風俗人心起見，現勒令二員回籍終養，並通查所屬，如有應例告歸之員，即令呈請歸養。仰祈皇上俯鑒臣言，敕下各直省督撫，不論現任、試用人員，凡親年八十以上及獨子之親年七十以上者，通飭自呈聽其終養，似于皇上孝治天下之至意，不無少補。謹奏。奉旨允行。』廣案：『終養』字出蓼莪。詩序毛傳曰：『不得終養者，親病亡之時在役所不得見也。』蓋即『送終』之『終』，用之陳情則可，若得請後常言，但當依家語言『歸養』。

〔四·一七〕封贈章程

乾隆五十年，欽奉恩詔，内外臣工俱得封贈。郎中閻泰和等援照乾隆四十四年前任貴州巡撫圖思德代奏貴陽府知府陳業遠請將本身妻室應得封典貤贈曾祖父母之例，呈請禮部代奏。又郎中李潄芳等呈稱自幼孤苦，或受庶母、叔父母教育之恩，或受妻父母、兄嫂訓教之恩，願將本身妻室應得封典貤封部代爲奏，得旨准行。既而吏部以品有尊卑，宜限以制。據會典酌定章程四則：一本宗貤[四六]封：四品以下不得封曾祖父母。一外姻貤封：止許及外祖父母，餘概不准。一加級請封者：七品不得踰五品，八品以下不得踰七品。一改任請封：必職任官階俱改者方准重封，如止[四七]銜門地方調易而官階相同者，先已受封，不得重請。捐納各級俱不准計算。請旨增入會典，其已奏請貤封，與此例不符者，一概扣除，以昭慎重。奉旨所議是，依議。

［四·一八］律呂正義輯要

五十年八月上諭：古樂以宫商角徵羽爲五音，合變宫、變徵則爲七音。今之樂猶古之樂，何以樂部所奏樂章僅以五六工尺上等字爲音，而問之以宫商角徵羽，則茫然不知爲何事？近閲張照所奏論樂劄子，辨析頗詳。其所謂五六工尺上即宫商角徵羽，甚合古意。因復取律呂正義，再加參影抄本屬相合，因思今之五六工尺上與古之宫商角徵羽名雖異而實則同，聲音之道原欲避俗趨雅，今反援雅而歸於俗，非道也。況郊廟樂章，格天歆祖，正朝御殿，歌政臨民，鐘簴元音，自應用古制爲節奏。今樂部所定樂章俱取便用工尺，揆諸名義殊乖莊雅，但相沿已久，若猝令樂工等改習宫商角徵羽，則心手俱所未嫺，其勢亦有所難。朕意俗用工尺既與宫商角徵羽相同，嗣後，雖令樂工等取便用工尺等字，而于樂章每章每字下兼注宫、商、角、徵、羽、變宫、變徵字樣，皆令兼知，則不但用諸郊廟朝廷，倍彰莊雅，而以此潛移默化，漸復古音，未始非返樸還淳之一道。再古樂中琴瑟與金石並重。近來樂部奏樂，琴或間能操縵，而瑟則竟屬虚設，即業儒之人雖偶有學琴者，已非古道。至于瑟則未有能鼓者，是瑟之爲道，久已失傳。夫八音迭奏，琴瑟相宜，豈容偏廢？向來樂部奏樂，俱因笙笛聲壯，琴瑟〔四八〕聲細，爲其所掩。絲不如竹，古已有其語，是以樂工等罕有嫻習者，殊非八音咸備之意。前此，勵宗萬爲太常寺少卿時，寺丞張樂盛編輯〔四九〕壇廟樂章，勵宗萬爲之作序。維時已有律吕正義一書，而張樂盛所編書内樂章，並不仿照兼注宫商〔五〇〕，輒專注工尺，勵宗萬又不爲之定正。所謂不學無術，不可與言樂，安能窺律吕正義之博洽賅備耶？然律吕正義一書，卷帙既繁，剖析又極精微，樂工未易領會。德保係禮部尚書，太常寺樂部皆所綜理。莊存與則禮部侍郎，而兼管樂部。著德保、莊存與向武英殿咨取律吕正義刻本一部，將律吕正義書内每字下駢注宫商角徵羽及五六工尺上字樣者摘出，令樂工按書演習精熟，並著將琴瑟二器令樂舞生一體用心嫻習。蓋黄鐘爲萬事根本，五音十二律還相爲宫，所謂三分損益、隔八相生之説，其義原可貫乎今之工尺。蓋黄鐘生大吕，至半大吕而又生黄鐘。夫黄鐘宫也，以宫、商、角、徵、羽、變宫、變徵之位言之，則爲七。以其相生之數言之，則爲九。此隔八之説所由來也。如歲時之有八節，八節遞嬗而歲成矣。今之五六工尺上四合，合字音之終也。而節〔五一〕以生五，生生不窮，自爲循環，所謂貞下起元。聲音之道與政通也。著德保、莊存與悉心講求檢閲，于律吕正義一書取要節繁，輯爲簡要一編，會同軍機大臣酌定繕寫，進呈刊發。再律吕正義中原有御製補笙詩六首，騈注工尺宫商字樣者，一併入編，頒發學宫肄習，以示作樂崇德協律同和之至意。欽此。

［四·一九］許王臣七世同居

福建侯官縣許王臣自曾祖許友承以來，爰及孫、曾七世同居，有百餘丁。乾隆五十年巡撫題請旌表，御製詩章，御書匾額賜之，並照例給賞緞疋坊銀。

［四·二〇］撲毁去思、德政碑

乾隆五十年正月上諭：各省地方，無論大小文武各官，現有去思、德政等碑，俱著查明撲毁，該督撫務須實力查辦，毋得視爲具文，致蹈陽奉陰違之咎，並著每年年終奏聞。隨據雲南巡撫劉秉恬奏稱：雲南省城内外現豎歷任文武各官去思、德政等碑，自康熙初年迄乾隆年間，計大小文武各官去思、德政等碑一百餘座，非稱係地方官民所建，即指爲營兵、衙役所立，其碑詞類皆歌功頌德，無關實效。甚有備書某官德政碑、去思碑字樣，並未叙入事迹者，留之適以傳訛，不足爲懿好之公，俱逐一撲毁，其拆下碑石及亭頂座磚瓦等物，俱收貯以充公用。奉旨劉秉恬能飭屬詳查，撲毁竟無瞻顧，辦理甚屬可嘉。著交部議叙，各省著仿照劉秉恬所奏辦理，毋得視爲具文。嗣後四川總督李世傑奏：毁通省文武大小衙門碑共一千四百六十二塊，悉剗除文字，石塊充公。浙江巡撫福崧奏：毁省城碑八十二座，並近省各屬陸續報到一百四十六座，拆〔五二〕下碑石充公，再查各官署懸掛匾額，藉爲頌揚，其邀譽沽名與碑碣無異，亦飭毁拆。現據報到二百四十餘塊。廣西巡撫孫士毅奏：毁省城碑七十五座，仍飭各屬嗣後將萬民衣傘脱靴等事俱嚴行禁止。署江西〔五三〕巡撫舒常奏：毁省城文武大小衙門及南昌所屬去思、德政碑六十九座〔五四〕，禄位木碑二塊，通省共碑三百五十二座，牌七十五塊，其所毁各碑俱無旁頂，磚瓦等料石板亦均不甚厚，止堪補砌街道。山東巡撫明興奏：毁省城碑五十三座，各府〔五五〕州縣共九百一十二座，各協營一百二十座，通共毁一千零八十五座，其料留修理橋梁、道路。湖北巡撫吴垣奏：毁通省石碑五百三十三座，匾額十九塊。安徽巡撫書常奏：毁通省碑六百九十一座。

〔四·二二〕陳世元

十月奉上諭畢沅奏閩省監生陳世元赴豫教種番薯，因感受風寒，抵省後旋即病故等語。前因閩省番薯既可充食，又可耐旱，特令富勒渾等採寄河南栽種，陳世元因熟悉樹藝之法，情願赴豫教種，年老遠涉，頗急公，今患病身故，殊堪憫惜。陳世元著加恩賞，給國子監學正職銜，俾該生得邀身後之榮。並著畢沅妥爲照料，交伊子護送回籍，其子服滿後，願來引見者亦聽，欽此。

〔四·二三〕明陵

明陵在房山縣。乙巳春奉旨修葺，享殿神堂皆更新，諸陵前各樹穹碑而不鐫字。偶閲《寤凡云》：『唐乾陵、豐陵皆有無字碑。』嘗疑其故。劉賓客《嘉話録》云：『東晉謝太傅墓碑但樹貞石，初無文字，蓋重難製述之意。』此説亦通。

校勘記

〔一〕爲，抄本作『謂』。

〔二〕謂，抄本作『在』。

〔三〕莽，抄本作『莽』。

〔四〕址，影抄本作『趾』，今據抄本正。

〔五〕影抄本『祟』字漫漶不清。

〔六〕聞，抄本作『文』。

〔七〕刊，抄本作『刻』。

〔八〕抄本無『歌』字。

〔九〕宫，抄本作『公』。

〔一〇〕時，抄本作『事』。

〔一一〕抄本衍一『蘭』字。

〔一二〕矩，抄本作『舉』。

〔一三〕詩，抄本作『書』。

〔一四〕學，抄本作『樂』，誤。

〔一五〕抄本無『曰』字。

〔一六〕室，抄本作『色』。

〔一七〕抄本無『且』字。

〔一八〕雍，抄本作『容』。
〔一九〕言大戴禮，抄本作『大戴言禮』。
〔二〇〕臺，抄本作『代』。
〔二一〕詳，影抄本作『祥』，今據抄本改。
〔二二〕學，抄本作『樂』。
〔二三〕儒，抄本作『時』。
〔二四〕抄本無『射』字。
〔二五〕氏，抄本作『士』。
〔二六〕里，抄本作『理』。
〔二七〕亡，抄本作『之』，誤。
〔二八〕説，抄本作『設』，誤。
〔二九〕冥，抄本作『明』，誤。
〔三〇〕舍，影抄本作『合』，今據抄本正。
〔三一〕大，抄本作『天』，蓋涉下『天子』之『天』誤。
〔三二〕抄本脱『步』字。
〔三三〕太，抄本作『泰』。
〔三四〕抄本脱『觀』字。
〔三五〕詞，抄本作『時』。

〔三六〕熹，抄本作『熹』，誤。
〔三七〕蘖，抄本作『孽』。
〔三八〕共，抄本誤作『其』。
〔三九〕麾，影抄本誤作『摩』，今據抄本及下文正。
〔四〇〕博學士，影抄本作『學博士』，今據抄本。
〔四一〕祐，抄本作『右』。
〔四二〕影抄本用『〇』代表缺字，今改用通行的『□』代替，下仿此。
〔四三〕拆，影抄本作『折』，今據抄本。
〔四四〕候，抄本作『侯』。
〔四五〕傳，抄本誤作『傳』。
〔四六〕䭾，抄本誤作『馳』。
〔四七〕止，抄本誤作『上』。
〔四八〕瑟，影抄本作『琶』，今據抄本和上下文正。
〔四九〕抄本此處衍一『之』字。
〔五〇〕商，影抄本作『商』，今據抄本正。
〔五一〕節，影抄本作『即』，今據抄本。
〔五二〕拆，影抄本誤作『折』，今據抄本。
〔五三〕江西，抄本誤作『廣西』。

〔五四〕影抄本缺『衙』、『所屬』、『碑』等字，今據抄本補。

〔五五〕府，抄本誤作『撫』。

過夏雜録卷五

海寧周廣業

〔五・一〕關廟

正陽門關帝廟香火之盛，神籤之靈，甲於天下。備載劉同人景物略及寄園寄所寄、香祖筆記等書。向與崔子應榴同輯徵信編祠廟門，首列是廟，詳載詩記。甲辰三月朔，祇謁階下，拜舞之餘，搜訪碑刻所謂『三絶碑』者，竟不可得見，惟東廊外園墻嵌石有王季重詩並米勺庭跋，寫作均妙，亦可稱二絶。原編未及，特録于此。恭謁午門關帝廟有紀：『筳篿鵲聒擠寅昏，七尺英風帝睨存。祇把人中提萬國，大明先謁正陽門。』山陰王思任題，北地米萬鍾書。鍾字仲詔，順天人。萬曆乙未進士，官至太僕卿，與魏閹鄰居，求書翰不可得，因至褫職。其跋云：『焦弱侯廟碑已稱黄絹幼婦，但「正陽門」三字未出，則第謂之廟碑，而未必碑之正陽門也。吾年友王季重占此一絶，聖人神道設教，當與此門開闢萬年，而他碑亦可搥碎矣。因命鍾丹筆付石，以同不朽。鍾又〔一〕識。』廣案：『人中』二字，蓋用『日在天上，心在人中』語，嘗讀管子樞言篇有云：『道之在天者，日也。其在人者，心也。故曰有氣則生，無氣則死。』又劉晝新論云：『日在天之外，而心在人之內。物亦照焉。天秉陽而垂日，人抱陽而有心，日本明，雲翳之，浴于咸池，則光華繼照也。心本明，欲蔽之，湲以靈臺，則朋從退聽也。』人能知己之心如天之日，則庶幾矣。

〔五·二〕關聖敕封疏記

天啟四年七月，禮部題爲祀典宜明神號，宜正祈顯，然昭示不致，名實相違，敬神聖以□□明聖號事。祠祭清吏司案呈奉本部送禮科抄出。太常寺卿盧題稱：五月十三日欽承皇上遣祀漢壽亭侯前將軍。臣當對越時瞻像顧名，讀祭神之祝文〔二〕，與久傳之封號全不相當。皇祖朝臣山居日已聞漢壽亭侯奉敕旨封神大號，無論郡邑里巷，凡所聞見皆遵敕改易服像無異。即臣承乏遣祀入廟拜瞻，亦儼然帝者像也。夫戴冕衣衮豈曰無因，而本寺承祀實無所考，且業已帝而祝文猶是前封，但帝其像而不帝其號，無以妥神靈昭祀事。仰祈皇上敕示禮部查察。如皇祖之敕封非真，則中外何以知所敬？如皇祖之敕封爲真，則臣部何以無敕旨？□祀典不宜草略，禮制貴于畫一，務令名與實稱，庶人心罔豫，祭神神格，職守亦克稍明矣。等因奉熹宗皇帝聖旨，禮部知道欽此。敬遵抄出禮部送司案呈到部爲照。祀典之設，原以崇德報功。封號之加，要在循名覈實。我朝議禮定制，酌古斟今，凡前代所加岳鎮海瀆封號，郡邑城隍神號，盡行革去，其忠臣烈士亦止以當時封爵稱之，即間有新封，亦早經臣部題請，故廟貌攸崇，名實相稱。有其舉之莫敢淆也。惟是漢壽亭侯〔三〕前將軍關□〔四〕精忠大節，迄今耿耿不磨，故歲仲夏朝廷遣享祀、牲帛、祝號悉照祀典，從未有『三界伏魔大帝神威遠振天尊』之號也。近接太常寺盧大中之疏，臣案查往事茫無憑據，詢其所自，有云：萬曆四十二年間，忽中官捧衮冕並〔五〕『天尊』神號到廟中，謂此典出自皇祖特封。彼時並未知會臣部，而臣部亦無新式，所以歲時祝文猶仍『漢壽亭侯』之稱。故廟貌儼然帝像，而稱謂尚屬侯封。此寺目擊心維，顧名思義，而有祀典宜明之請也。臣以爲冠冕衮裳豈其無因，或者關聖顯應，聖祖特褒，俱未可知。□□皇祖元年早有此神號，不識有□□而敕有先後，關廟祝辭或仍舊號，或用新封。俾著爲令，昭示天下，庶祀典肅而人心正，貌廟益藉此以增嚴，兼名實符而英靈妥，神庥自丕彰于呵護。國家之典禮祭祀，□□尤彰〔六〕臣不□□□□，熹宗皇帝聖留這神號，遵皇祖特加敕封『三界伏魔大帝神威遠振天尊』。歷考祀典神封具在，□典欽敕傳示天下，使四海人民咸知崇奉久矣。著爲令典，乃若關聖神號元有『義勇武安王協天大帝』之稱號，迄今祇知稱崇而罔知封以何由、號以何加。至萬曆四十二年間，遍傳敕封『三界伏魔大帝神威遠振天尊』封號，未敕禮部題覆。天啟四年間，禮部題請欽敕『伏魔』封號，行示天下，祀典祝帛之制謹將題封之疏，欽敕之旨，勒之于前，以彰聖朝崇報忠義之典，臣子以知□□□□□盡臣節于生前，必享崇褒于萬禩，俾景仰興起，皆聖明激勸而然也。謹誌。崇禎六年五月吉日，信官徵仕郎浙江山陰弟子戴國俊同男光祚薰沐立石。右記刻石，嵌廟門西牆内。甲辰秋，廣與沈君廷霦手摹録出，内漫滅數處，皆仍之。此封號已載徵信編，而盧疏部議俱未能如此之詳。其『協天』封號亦已據載。今廟門東一碑大書『義聖忠王』四字，旁書『天啟元年五月十三日，長樂魏廣微沐手敬題』。後書『古歙程開祐[七]立』。此號又不知出何時，豈熹廟初有此封乎？但廣微何人，而猶留其續於此，蓋以帝君故人不敢去之，然魏之名終不嘗留也。

〔五·三〕文丞相祠

宋丞相文信國公祠在順天府學明倫堂東學，在明初爲大興縣學，永樂元年，改以大興、宛平二縣學屬焉。其充弟子員者皆大宛人，餘府屬州縣不得與丞相祠，舊在文廟大殿旁。正統十一年府尹王賢始建，宣德四年府尹李庸重修，並刻宋劉岳申[八]所撰傳于石，楊士奇作記，萬曆庚辰遷此。爲堂三楹，神龕下石刻公像，上自贊，即孔子曰『成仁』八句。西壁石刻一詩，云：『十年燕市過公祠，瓦閣松陰走馬遲。九死欲回唐宇宙，一生經繫漢威儀。雲飛斜照歸人晚，霜重無枝棲鳥疑。千古中原今故在，忠臣遺恨可曾知？』後署嘉靖甲寅春望南京户部主事嵩山李世德題。庭東嵌墻即劉傳，後題嘉靖間上石，則非宣德原刻也。岳申爲公卿人，其傳摭公所著日録吟嘯集、指南録、集杜二百首及宋禮部郎官鄧光薦所述督府忠義傳成之，視史爲詳實。許有壬嘗序之云：『公之孫富爲湖廣省檢校官，始出遼陽儒學副提舉劉岳申所爲傳，將刻之，使有壬序之。』見元文類中。又劉壎跋文丞相家傳云：『舊鈔文丞相紀年一帙，正與此同。今黄蕘屋此編比舊加詳，豈公時相從兵間同其事不忍遺，從而附益之耶？』家傳、紀年二書俱未見，不知視此若何。明人謁祠詩甚多，王文恪鏊云：『義氣横天白日陰，巍然遺像學宫深。千金欲買留侯士，三擊難回豫讓心。自昔奸諛誰不死，如今元社亦銷沉。黄昏柴市風沙幪，回首行人淚不禁。』顧文僖清用杜韻，云：『碧殿長松鎖十尋，曉雲將雪助蕭森。貂蟬不改厓山制，金石疑聞孔壁音。南去星潮嗟往事，北來祠廟豈公心？春風一掬唐衢淚，幾爲先生溫短襟〔九〕。』皆切學宮，然皆不勒石于祠，楊記亦無之，又有羅倫廟記，今亦不存。

〔五·四〕憫忠寺

遼史地理志南京道析津府載宋王曾上契丹事曰：『燕京有憫忠寺，本唐太宗爲征遼陣亡將士所造。遣朝使游觀。』明一統志：『憫忠閣在順天府西南十五里，唐太宗征遼歸，憫忠義陣亡之士，建此爲之薦福。本朝重修改爲觀音閣。此閣在元世有題咏。』周權〔一〇〕憫忠閣詩：『危梯飛搆上雲端，氣象雄深勢屹蟠。萬里乾坤雙望眼，千年城郭一憑欄。銷磨丹䨼風霜老，淩厲青雲星斗寒。日暮無窮懷古意，殘碑字字拂苔看。』此山集。卞思義字宜之，楚州人〔一一〕憫忠閣詩：『登臨獨上最高層，東北闌干不敢憑。雲近蓬萊連複道，天低星斗挂觚稜。愍忠曾葬征遼骨，破暗空存供佛燈。欲浣京塵振衣袂，泠風簫瑟灑炎蒸。』草堂雅集。今閣無聞，唯憫忠寺爲南城第一古刹。案：新書太宗貞觀三年閏月癸丑，爲死兵者立浮屠祠，唐時寺地屬幽州，則此所度乃征高麗陣亡士也。有碑現存，殿宇高厰，像設清嚴。所謂『法鼓所振變炎火于青蓮，清梵所聞易苦海于甘露』者，猶庶幾焉。遼統和十九年丁酉，寺僧有智光者嘗爲釋行均龍龕手鑑作序。王曾上事『憫』作『閔』，卞宜之詩書『憫』作『愍』，當因避金主諱而改。蓋金主諱旻，並『閔』避之故也。寺僧種菊多至數千本，九日節分餉貴家，好事者亦從而買之。

〔五·五〕東嶽廟

東嶽廟在朝陽門外一里許。元延祐中建，巍焕軒廠，天齊〔一二〕像係元劉元所塑。元史稱其巍巍〔一三〕然帝王之度，其侍臣像乃若憂深思遠者是也。元字秉元，薊之寶坻人，官昭文館學士秘書卿，庭中牌板林立，大興縣志稱有虞道園、趙松雪記，今止松雪碑，係天曆二年爲張宇初宗師立，非記廟也。明碑尚十數餘，率市民記香會、燈會、元寶會斂錢若干，皆摹去舊碑爲之者，殊可歎恨。貢奎雲林集有京城東嶽廟落成簡吴宗師詩云：『尊嶽開新廟，高承萬雉翔。寶花嚴像設，玉燭曜龍光。野潤春浮靄，齋清午積香。真人端傑見，衛道豈微茫？高士何年契，虚堂竟日留。老慚今日會，狂憶向時遊。種樹供棲鶴，開池待狎鷗。廛居真可隱，江海謾乘舟。』

〔五·六〕文昌殿銅驢

嶽帝殿東北有文昌殿三楹，旁有銅驢一，高大與世所有等，鞍韉俱備，傳是宣德年鑄，銅色光瑩，絶似鎏金鑪〔一四〕。按：閩人滉改過齋雜記載文昌祠在慈壽寺西元福宫。吾鄉查初白先生人海記云：『文昌與夾侍童子皆銅像。』徐志莘根味齋集亦有元福宫。看宣德銅驢歌舊皆録入文昌通紀。今元福宫在朝陽門内，與嶽廟相去約二里，不知何時移置此。文昌與侍從四人皆新塑，匾聯係乾隆年。每月朔望焚香者多，有患目者則捫驢目，患足則捫足，自朝至暮，撫摩不絶。

〔五・七〕帝京景物略

帝京景物略，人但知爲劉同人侗所作，不知宛平諸生于繼夏實助之。繼夏改名奕正，讀書好古，與同人及譚友、夏善兩人來京必主其家，後遊金陵，將復著南京景物略，未及而卒。

〔五・八〕滿井

滿井在東直門外，明袁宏道有遊記。

〔五・九〕元寧寺

元寧寺在東直門内稍北，本名圓寧寺，元大德(門)〔間〕創，以奉竺乾之教。明嘉靖間脩，國朝康熙年重脩，改今名。近增建極閣以祀。文昌里人周某倡捐，莊承籛作記。寺僧云：『學士恭泰昆弟嘗讀書於此。泰聯登鄉會，入詞館，其弟亦爲部曹。築此酬神貺云。』

〔五・一〇〕神籤

關帝籤有『前三三與後三三』，本禪語也。蘇東坡贈清涼寺和長老詩：『問禪不契前三語，施佛空留丈六身。』李俊民崇安寺重修三門上梁文云：『抛梁南瓶鉢，生涯共一龕。試問龍蛇今幾種？前三三與後三三。』乾隆甲戌冬，杭郡歲試，吾州人有占童生試題者得之，解者謂是九人而已。是題多舊文，因共誦習之。已而〔一五〕果然以雷同抄襲被斥者八十餘人，而獲售者未必皆夙搆也。因嘆神籤不可輕褻如此。

〔五・一一〕戊日

前門關帝廟，相傳逢戊日帝必親臨廟。謹案：詩『吉日維戊』，蓋戊爲剛日，而正陽門當午位，於干支皆爲中，神雖洋洋無不在，而應中居正，以時妥侑，理或然也。

〔五・一二〕觀音

前門西北隅有觀音廟。萬曆間，吾浙餘姚虞淳熙作重脩都城門廟記，略云：「廟觀自在及關公，大抵皆捍衛城隍，而吾鄉于公廷益實爲之總。案佛家之有觀音，號爲圓通。其法以爲身之圓者勿通，通者勿圓。獨耳根圓通可以普濟，故證果于聲聞。城爲聽瞻所集，故亦廟之，于公則都城隍也。」〔一六〕國朝順治己亥重建，康熙壬子脩。吾鄉黃文僖公機有記，朔望香火亞于關廟。

〔五・一三〕諸頂

春月，諸頂都人群往燒香，其神爲天仙玉女。昔宋真宗封泰山，有玉女出水面，建祠奉安，號曰聖帝之女，封天仙玉女『碧霞元君』。今泰安府泰山絶頂碧霞靈應宫是也。明弘治八年，山東巡撫熊冲重修，徐溥作記，既而鄒魯秦晉冀梁間無不祀之。北京之祠稱泰山頂上天仙聖母，分立數處，皆蒙頂名。麥莊橋曰西頂，草橋曰中頂，東直門外曰東頂，安定門外曰北頂。其最盛者爲宏仁橋，在京城東南四十里。四月十八誕辰，士女群聚，名曰香會。又東便門內有廟俗名王母宫，亦元君也。康熙年建，三月三日進香者雲集，內殿有額曰『群仙儓轅』。衆不知所出。案：度人經云：『五老啟途。』雲笈七籤云：『玉女群仙翼轅（儓）乘萬騎，浮空而來。』

額字蓋取諸此，又三千侍真扶轅，皆仙靈輳集之謂也。

［五·一四］萬柳堂

崇文門外東南二里許，有拈花寺，舊爲萬柳堂。元廉希憲别墅，盧摯、趙孟頫諸公嘗遊宴其中。國朝益都馮大學士溥因遺址築堂取萬柳名之，寺主［一七］石文茂、文柱、文彬皆設主奉之。余嘗過其地，求陶宗儀所謂數畝之池蓮。數百株之柳，僅存敗柳數十株，池則低窪而已。他若王惲所題匏瓜亭，虞集所咏南野亭，王士熙所稱玩芳亭，皆在城南，爲元時勝地，今皆不可踪迹。

［五·一五］龍見

金時有龍見燕京舊塘濼，手托一嬰兒，如少年中官狀，紅袍玉帶，略無畏怖之容，經三時始没。見草木子。

［五·一六］冬季啈經

京師寺廟，無論大小，將近長至，用黄色紙書『冬季啈經』四大字，貼山門外墻上。蓋竊倣儒家冬讀及董遇歲餘之意。案：佛經在漢明帝時郎中蔡愔得自天竺，馱以白馬者止四十二章而已。其時，楚王英尤崇信之，西域沙門齎佛經至者甚衆，然皆未能翻譯。永平中，法蘭始譯十住經，其後翻譯漸多。苻堅、姚萇時道安、羅什更大譯經論，今所傳維摩、法華等經是也。梁武大崇佛法，華林園中總集釋典凡五千四百卷，民間傳寫佛經多於六經數十百倍。後魏文成之世往西域采諸經律，得一百七十部。魏書釋老志云：『世宗武定末，凡有四百一十五部，合一千九百一十九卷。』隋書經籍志所載大小乘經律計一千九百五十部，六千一百九十八卷，今釋藏所有更十倍于此。開士修習，窮十二時之力，尚慮不能通解，何冬季足以盡之？昔釋迦在世，行教四十九年，天龍人鬼並來聽法。涅槃之後，聲聞弟子大迦葉、阿難弟子五百人，撰集三藏十二部經，其説法以人之性識根業各異，故有大乘、小乘之説。降至隋世，于大小乘外別爲雜經。又有後人僞造者，別爲一部，謂之疑經。意今冬季所唪其疑經乎？然余寓鄰僧寺，亦絶未聞有梵唱屠音也。釋氏糟糠，法中社鼠，即其所。自表見之四字知之矣。

〔五·一七〕陶然亭

正陽門外西南隅多隙地，舊爲黑窑廠。今有臺名窑臺。臺之西南高阜，廟祀文昌及觀音，火祖創自元世，幢刻牟尼大士〔一八〕像，及蒙古學文昌閣籤集唐人詩成之，凡百首，極有靈驗。閣旁翼以亭曰陶然，楚人江瑶所建，亦名江亭。軒户宏廠，西山當牖，最宜遠眺，未至亭里許，經一廢閣，云即此廟之山門也。葺之不過費貴人一朝之享〔一九〕，而磚甃傾圮不知幾何年矣。余甲辰春夏兩過之，不勝朽門之慮。迨乙巳新正經此，則已焕然。視其題額云『閻玉璽、陳銀官重修』。後改『官』爲『印』，久之復去『銀』字。銀官優狡乃能出餘力，大開方便之門異矣。閻即閻九，銀官妻兄也。陶然亭舊本爲士大夫觴咏之地，壁有詩刻石，皆名人。近廟僧利商民香資，亦聽酣宴于此。有宛平人宋天壽者，庫丁宋八之子，捐納州同。本年五月十四日拉賈珍、張楷、李佩等八人赴亭飲酒。珍賣南菜，楷開錢行，餘皆稱。是亭凡三間，席設兩旁，恐中間有遊人出入，布桌以隔之。俄户部員外王訒、安盛額，司務馬蓁，筆帖式懷豫，光禄寺署正邊啟崇因同至盆兒衚衕捐納布政使理問舒倫家拜壽，地與亭近，遂偕遊焉。安盛額、馬蓁、懷豫知亭已有人，却赴文昌閣，茶罷即散。王訒同邊啟崇從亭旁過道，繞進後軒，閒覽將出，見中間用桌塞路，命僕撤去。宋天壽不許。王員外發怒，作燕語罵曰：『你們什麽東西？不過庫丁之子，如此撒野！』天壽自以暴貴，聞斥其父賤，亦肆忿詈，隨以揪打，撕其衣，擲其帽，珍、楷助之，傷訒左目，李佩亦揭去邊寺正頂帽。訒奔控北城御史，送刑部審議，擬將宋天壽斥革[二〇]職銜，杖一百，徒二年半。賈珍、張楷、李佩、劉焜、任濤俱分别杖徒，仍各枷號滿日，折責擺站，紀元善、任灝、孫大文各責三十板。王訒以現任職官，無故閒遊，復不知自愛，與庫丁之子爭勝，出言肇衅，致取毆辱，有玷官箴，應革職。邊啟崇不行理阻，被扭落帽，應罰俸一年。安盛額等隨同前往，未便免議，應罰俸九月。南城父老謂自創亭以來，未聞有此厮鬧者。亭舊懸一聯云：『此亭風月足千古，使我襟懷時一開。』斯獄也，宋天壽等不足云，以華省仙郎欲與屠沽争風月，宜其禍不旋踵矣。

[五·一八] 廟會

内城廟會最盛，月以六日爲率，護國寺遇七、八，隆福寺遇九、十。百貨輳集於此。護國在西城，元建，以處喇嘛，初名崇國寺，相傳藏有明姚太師像。隆福在東城，明景泰四年建，有碑記，前後四殿皆爲層臺，環以石欄，左殿藏經，右殿轉輪，今兩寺皆西僧居之。

［五·一九］清真寺

東西牌樓南大街舊名明照坊，有清真寺。明景泰元年後軍都督府都督同知陳友建，初名禮拜寺，敕賜今名。户部尚書廬陵陳循記中有云：「其事切問謨領𠃿德爲教之旨有五，其一敬天忠君云云。蓋以奉天方之教者。其南一碑所鐫皆回回字，不可識。司香火者亦回人，其所讀經字正與碑同。陳友字文德，滁州全椒人。

［五·二〇］老龍松

沙窩門［二二］本名廣渠門。外南三里許，和碩武肅親王墓前有一松甚奇，大十圍，陰蔭畝餘，巨幹夭矯，盤屈而上，虬枝攫拏，儼如龍形，土人呼爲老龍松。四圍用木夾持之，故亦名夾松，木架凡六重，爲柱一百三十有七。王係世祖章皇帝之兄，順治八年薨。蓋百三十餘物也。先是家林汲編修語余有此，乙巳八月望偕友人盤桓其下，聞風聲謖謖，輒作貞白携琴想，聞天禧宫有古松四十四株，康熙間張公敦復、陳公廷敬俱爲賦詩，惜未及觀。大興縣志又載有護駕松云。金章宗時物，今不知所在。

［五·二一］夏至

諺云：『夏至少逢端午節，百年難遇歲朝春。』余已兩遇歲朝春矣。夏至值端午則未也。今年甲辰五月四日夏至前端午一日耳。周處風土記『端午日與夏至同』，言是日風俗相同也。

馬融、王肅謂夏至晝漏刻六十刻，冬至晝漏四十刻。鄭康成謂夏至日五十五刻，冬至四十五刻。㾓凡載正統己巳曆，晝刻五十九，夜刻六十一，以爲陰過，故有土木之變。元授時曆則長極于六十二刻，短極于三十八刻，以燕地稍偏北故然。今憲書〔二三〕晝夜凡九十六刻，蓋一時八刻也。

〔五・二二〕金危危

甲辰五月十一日值金危危，俗言是日祀財神可致富。案：危爲元枵，乃虛耗之象，又值危日，不得其安，宜不吉。而云得財，殊不可解。委曲求之律書，營室者主營胎陽氣，而産之東，至于危。危，垝也，鬼毁切。言陽氣之危垝，故曰危十月也，律中應鐘。又李淳風曰：『凡司人之星與群臣之（録）〔禄〕皆主虛危，又分野在岱，故岱宗爲十二諸侯受命府。』然則得陽氣之先爲受禄之府，所取其以此乎？抑財爲福亦能爲殃，以財爲危危者，正猶夢屍得官之意，祀其神以免耗散，非必求利益也。時有貰郎祀之甚虔，歌舞達旦，費數十金，及秋果獲膴仕，人以爲祀神之驗云。

〔五・二三〕簽貼乞補

凡校勘書籍有疑誤，多用小紙簽貼眉上，以便更定。世説載殷深源讀小品下二百籤，是晉已有之。明道雜志曰：『楊大年奉敕脩册府元龜，每數卷成，輒奏上，比降出，真宗常有籤貼，少差誤必見有數十簽。大年雖服上精鑒，竊揣幾暇不應能此，訪問乃知進本輒付陳彭年，凡謬誤皆簽貼以進。』今翰苑校官書，每簽必具名。至謄手爲字，工拙不等。拙者差落既多，又艱于易紙，則鑿去而補之，用津唾粘綴，久則脱，或數日即脱，有一紙得數窟籠者。俚俗謂孔爲窟籠，團爲突欒。見朱輔溪蠻叢笑。『繕寫』之『繕』，漢書注：『備也。』今直以『繕』爲『寫』矣。

［五·二二四］職官表

歷代職官表計内外官職六十七門，編成七十二卷。

［五·二二五］官稱

杜清獻集薦葛應龍劄子有『余兵書、袁吏侍、趙兵侍、李刑侍』之名，又言『水心葉公、景齋袁公』，奏牘有此稱謂，殊非體制。案：官稱在新唐書無不詳載，有至數十字者，以其有關職守，故寧繁不殺。自歐、宋二公修史務在簡者，遂多割截官名。踵事者遂以兵部尚書爲『兵書』，吏部侍郎爲『吏侍』，至君前臣名，古今達禮。南宋孝宗禮貌大臣宰相，不以名呼，誠屬謙德，豈有對君而可公其臣者？忠亮如清獻不免此失，所謂積習生常，有自來矣。

［五·二二六］日食

日月［二三］交會，日爲月掩，則日爲之食。曆家每以百七十有三日爲一交會，會時或稍有高下盈縮即不食。其道又有表裏，若日光在裏多依限而食，月光在表雖依限而食者常少，此天行之常度，故可預推而知之。食必在朔，亦有在正月者。史所載如漢光武建武二年，唐太宗貞觀四年、六年，以及德宗貞元五年、文宗開成元年、武宗大中八年皆正月日食。國朝康熙間亦有之。明年丙午正月丙午朔日食，司天奏聞屆期除照例行救護禮外，特詔免朝賀。皇上於宫中設香案救護，仰見聖天子敬天懋德之至意，不以躔度之恒稍紓宸敬焉。至于頻月日食，如春秋襄二十一年九月、十月，二十四年七月、八月，皆頻月書『日有食之』。漢高祖即位之三年十月、十一月亦頻月食，此則僅見之事，又非天度所可臆計矣。

〔五·二七〕啟心郎

伊成額，滿洲索氏鑲白旗人阿哈圖次子也。太宗文皇帝時中式舉人第一人，史館行步官至吏部啟心郎。見八旗氏族譜，此國初科舉職官之制，謹誌之。

〔五·二八〕包衣

旗下包衣人蓋世僕也，非特旨不能出籍。八旗萬毓哈氏尼喀達原隸正黄旗包衣，雍正元年因係定妃之外家，特旨出包衣，編半個佐領，令其曾孫謝尼管之。又官名亦有包衣，大者係六品，伊箇泰、海塔滿都、札恩特等並爲之。見氏族譜。

〔五·二九〕中堂

今稱内閣大學士曰中堂，不知起何時。或云即中丞也。案：漢志御史大夫二丞：一曰御史丞，一曰御史中丞。在殿中蘭臺掌圖籍，外督部刺史，内領侍御史，受公卿奏事。東漢省御史大夫官屬入中丞，特置中丞一人總之，權次尚書。晉稱爲臺主，唐改御史臺曰憲臺，中丞稱司憲大夫。杜工部贈夔州楊中丞詩，李義山集有代中丞榮陽公表狀，則皆以臺官出使者也。

今殿閣大學士勷贊綸扉兼統會府，位望迥出其右。惟漢初御史大夫副丞相，遇丞相更易，即以御史大夫代之。故漢書稱薛、貢、韋、匡迭爲宰相，薛宣、韋賢、匡衡皆丞相，貢禹則御史大夫。蕭望之任御史大夫，爲將軍，謂朱雲曰：『吾備位將相。』意者因是奉以中丞之稱，又以其在殿中與中丞無異，故名之歟？若史所有中堂，如晉明帝太寧二年次于中堂，穆帝升平三年親釋奠于中堂，此權以中堂爲太學。宋文帝即位于中堂，齊高帝車駕幸中堂聽訟，既皆非官稱，亦非人臣所宜用，唯儀禮有此二字。注以爲南北之中，或取此以見居尊之意耳。舊六部尚書皆稱大堂，而侍郎爲左右堂。今尚書止曰正堂，以避中堂之稱。

［五・三〇］翰林院庶吉士

進士臚唱之後越數日引見便殿，自第二甲以下欽點入詞館者最爲榮，選次分部，或即用知縣。餘悉歸班待銓，此定例也。嘗見一先達列銜某科進士，欽改翰林院庶吉士。余以進士賜出身，初未入仕，何以稱改？答云：進士應選知縣，今爲庶常是改也，心竊惑之。然舊讀明詩綜小傳中類此甚多，或當不誣。及閱明人文集，乃知此係前明舊制，非今所宜混用。顧東江清集翰林院以居，侍從官自學士而下皆以耆儒淳德進士高第者處之，臺閣元僚胥此焉出。高皇帝以人不易得，選編修張唯等十人入禁中，肄業文華堂以備任用。學士宋濂爲之師，文皇廣其員至二十八，以應列宿，以狀元曾棨輩與庶吉士同業大官給食内府，其地則今舊史館是也。其後始出就外署即兩廡而居之，此館選之始也。楊東里士（哥）［奇］集[二四]誌參政陳士啟墓云：『永樂元年癸未中江西鄉試，明年甲申中禮部會試、廷試，賜進士出身。凡進士未授官分隸諸司觀政。士啟在左軍都督府，時成國公掌府事，禮遇甚厚，召入翰林爲庶吉士，脩永樂大典。』又誌翰林院庶吉士王鑑墓云：『正統元年，鑑廷試第二甲之首，既有命大臣選〔二五〕進士如永樂甲申故事，進學于翰林，得十四人〔二六〕，而鑑字欽正居首，悉以爲庶吉士。』此則新進士于撥歷之後選爲庶常，改之所由名也。又弘治間徐文靖溥奏爲考選庶吉士事：『據給事中涂旦建議，欲選新進士改庶吉士入翰林院讀書，惟庶吉士之選自永樂二十年以來或間科一選，或科累選，或數科一選，或合三科同選，初無定限，每科選用，或内閣自選，或禮部選送，或會同吏部同選，或限年歲，或拘地産，或採譽望，或就廷試卷中查取，或別出題考試，亦無定制。本朝儲才惟此一途，自今宜立爲定制。一次一開，一次選用，待新進士分撥各衙門辦事之後，俾其中有志學古者，各録其平日所作文字如論策詩賦序記之類，限十五篇以上，于一月之内赴禮部呈獻，閱試訖，編號封送翰林院考訂。其中詞藻文理有可取者，按號行取，本部仍將各人試卷記號糊名封送。照例于東閣前出題考試，其所試之卷與所投之卷相稱，即收以預選。若詞意鉤棘而詭僻者，不在取例中。間有年二十五以下果有過人資質，雖無宿構文字，能于此一月間有新作五篇以上者，亦許投試，若果筆路頗通，其學可進，亦在備選之例。每科不必多選，所選不過二十人。每選不必多留，所留不過三五輩。如是則所選者多是已成之材，有所論譔，俱堪供事，將來成就，必有足觀者』云云。見謙齋文録。蓋其精詳慎重于始如此！既改之後，又令肄業署舍量其器能以次擢用，故人望之如登瀛洲然。雖其所傳館課録若干卷，不無浮靡之詞，末年至以翰林文章入十可笑之列，要之，流弊便然。非二祖立法之初意也。

〔五·三一〕進學

明時進士選庶常者，謂之進學。蓋令讀書中秘也，他日即文學侍從之臣也。其名起於永樂甲申，東里集中每言之。禮部侍郎章敞墓銘：『永樂甲申進士，選爲翰林庶吉士，與曾棨等二十八人同奉詔進學文淵閣。』餘見前。是年，吾寧沈升等五人與焉。吾浙初遊泮亦〔二七〕名進學，乃以館選望之，非僅謂博士弟子員也。

〔五·三二〕盧溝橋

盧溝橋建于元。已見紀程。明設徵税于此，元時未有也。貢奎盧溝野亭詩云：『出郭野塵絶，青山開畫圖。迴岡萬井聚，梁虹駕川途。杳杳車馬集，交臂無寧驅。粲此一畝宫，而有静者居。花木明窈深，魚鳥樂澄虚。濁醪得釀法，好客時與俱。昔我東南來，萬里馬足瘏。解鞍道旁樹，座渴嘗自沽。題詩忽在眼，日暮飛雲孤。』讀此詩想見是亭清曠之趣。今『盧溝夜月』雖標爲『燕山八景』之一，過此者絶不聞有井聚花鳥之美矣。

〔五·三三〕螞蟻墳

南海子在城南，方一百六十里，中有殿，舊名幄殿。殿旁有晾鷹臺〔二八〕。其西北隅，清明日蟻集成邱，中一邱高丈，旁三四邱高各數尺，竟日散去，曰螞蟻墳。相傳遼伐金，金軍没此，化爲蚩，感時序而動，理或然也。見大興縣志。

〔五・三四〕葉春及書

隆慶二年，惠州舉人葉春及應詔上書。其第二篇闢土田曰：古者畿内謂之甸服，粟米總銍於是而出，所以省輸將便資給也。國家建都北平，古爲燕國，是故諸侯宫闕城郭之壯麗，玉帛會同之輻輳，百官萬民之殷庶，何能仰望萬一？然自文公以後立于强國之間，北迫蠻貉，内錯齊晉，又嘗帥師争馳中原，乘勝逐北，翱翔千里之外，此其爲費非微細矣。蘇秦入燕時，東有朝鮮、遼，東北有林胡、樓煩，西有雲中、九原，南有滹沱、易水。即今畿内東西所至，視昔狹，而南有渤海、鉅鹿，至于邯鄲、城濮，蓋兼齊趙之地，長短相互實亦當之。昔者纖悉出于其國，而今盡仰給于江南，非所以富國息民也。蘇秦謂燕足于棗栗，粟支數年不言秔稻之事，豈非人謀地利漸乃出哉！臣觀往牒，何承矩耕水田于河北，虞集議海田于京東，脱脱大興營田，西自西山，東至于遷民鎮，南起保定、河間，北抵檀順，皆從司農佃種，欣慕之焉。水泉陂塘之迹，門堰捍築之方，召募敎授之法，器具工作之資，蜃蛤粟米之富，燦然可觀。按成法往智，數歲之後其效立見，此與轉吴會漕潞渚功相十、利相百矣。成化中，都御史原傑窮山澤計毫毛，取羸〔二九〕萬里而置隸千里之内，棄而不收，甚可惜也。祈發内帑金之未用者，暮〔三〇〕民開墾而責其速成，又在任事者。其言似有依據，可見施行，故從石洞集中録之。

〔五・三五〕官員儀從

官府出入必伍伯前呼導引，非以壯聲威也。西疇常言曰：「凡居人上有勢分之臨，唯存心以恕，乃可以容下。故行動必先謦欬，步遠則有前導，燕坐則毋簾窺壁聽，以君子不發人陰私，不掩人以所不備也。居官能知此意，庶幾慈惠之師矣。」然儀從烜赫，亦唯外任爲然。京員便甚簡寡，雖中堂不過四人輿，前開棍一對，後隨馬數匹而已。其騶哄固無聯坊呵止，不至百步餘。唯京兆巡城街道各御史亦用開棍，長丈餘。而促節俗名甘蔗棍，猶古者赤棒清道之意。部員例有伍伯出入衙署，則誰〔三二〕何謂之短道，更無所謂籠吹也。

〔五·三六〕何義門四拜李穆堂

徐廷槐字立三，號笠山，亦號止止老人。會稽人，工詩文。康熙十七年以諸生薦應制科不第，歸主淮陰程春谷家，諸名士皆與交結。後中庚子鄉試，雍正庚戌進士，時年五十矣。庚子主浙闈者李公穆堂。初房考得廷槐卷，不能句讀，以示同官，皆詫以爲奇。適李公至，索去，一讀一擊節，遂獲雋。公還京，長洲何義門焯趨造其門，掖公上坐，四拜曰：「如公斯可相天下士矣。」因屈指榜中某某，咨賞良久，又前揖曰：「天下能文者衆，總無出會稽徐某右者，吾未識其面，來京師吾將兄事之。」義門操選政，少所許可，獨傾倒廷槐，一時競傳四拜臨川事云。庚戌出奉新蘭皋帥公念祖門，帥後視學浙江，廷槐入幕，所拔皆奇峻。乾隆丙辰，尚書任公蘭枝保薦騷賦絶倫應制科，詩與同郡王雨楓霖雷同被劾，自是不復出，年七十六卒。學者稱墨汀先生，傳之者門人盧大榕也。程氏兄弟四人，春容其仲，名埈伯，字根輿。叔名塏，字爽林。季名嗣立，字風衣，最有名。埴舉康熙己酉，餘俱以諸生終。

〔五・三七〕高誘

高誘注戰國策、吕氏春秋、淮南子並行于世，而後漢書無傳。水經注稱是涿人，而明一統志順天府人物不載。

〔五・三八〕范陽盧氏

盧氏望出范陽，自曾至北朝稱右族。案：左傳昭二年：『齊子雅放盧蒲嫳于北燕。』意其後也。漢初盧綰封燕王，或其子孫家焉。

〔五・三九〕西山

西山在順天府西三十里，從朝陽門大街長安街望之可見。每大雪初霽，峰巒積素，最可觀。『京師八景』一曰『西山霽雪』，以此也。

〔五・四〇〕高梁河

明一統志：『高梁河，水經出自并州，黄河之别源，東逕昌平州沙澗，又東南經高梁店流入都城海子。』宋太宗伐遼，與遼將耶律沙澗等戰于高梁河，即此。案：是河去黄河遠，安得謂之别源？考水經作濕河，河别源乃豁然。

〔五・四一〕釣魚臺

釣魚臺在順天府西花園村。臺下有泉湧出，滙爲池。其水至冬不竭。相傳金時郡人王鬱隱此，作臺其上，假釣以爲樂。今俗呼望海樓。

［五·四二］玉河橋

玉河橋有三：一跨長安東街，一跨文德坊街，一近城垣，以皆在玉河，故名。水從禁城流出，春深冰涣，緑水生漪〔三二〕，岸柳映之，素鳧戲浴其中。

［五·四三］萬歲山

孟熙霏雪録〔三三〕：『元朝萬歲山廣寒殿内設一黑玉酒甕，玉有白章，隨其形刻魚獸出没波濤之狀，其大可貯酒三十餘石。』

［五·四四］站

站之名起于元，每站約百里内外，而有水陸之别。元史兵志云：『凡站，陸則以馬牛或驢，水則以舟。』草木子云：『傳命陸有馬站，水有水站，州縣凡十里立一鋪。大事則遣使馳驛起船馬，有劄子，小事則止以鋪兵傳送。』元經世大典序驛傳云：『至元二十六年，沿海鎮守蔡澤言泉州至杭州陸路甚遠，外國進貢方物，勞民負荷，馹馬多死。海道舊有三千水軍，合於海道立水站遞軍從之，名曰海站，後罷。又元貞元年丞相完澤奏：哈兒賓地界舊立狗站十二所，站户困乏，每户乞給鈔十定，聞其俗用青珠，宜兼與之。奉旨准奏。』今之站鋪蓋猶元制也。自用兵川蜀以來，軍營進守機宜皆隨時奏聞。驛站文書緊要者日馳五百里或六百里，加緊即八百里，郵遞之速，古所未有。

〔五・四五〕鼻烟

烟産不一處，其名亦殊。北方肆中所有大抵定子烟、葉子烟爲多。至鼻烟别一〔三四〕種，以小壺貯之黄色細末，以少許吸入鼻孔，無貴賤皆用之。見客首以相奉，不踰時吸數處，不知何藥物所製。聞出粤中，合用鵶片，價甚貴，佳者十餘金得一兩，亦不知何所裨益。壺小口彭腹，玻璃、水晶無一不有，廟集陳列此物最多。水烟出秦隴，大熱，壺如鞊韉，下承水，長其嘴以嘘之，此間人語云：客來坐炕拉手，不用喝茶喝酒，纔把水烟妝來，鼻烟先自傾取。

〔五・四六〕霧淞

冬月春初，曉霧將散，寒凝卉木，一望如瑶草瓊林，謂之霧淞，豐年瑞也。曾鞏齊州吟稿有詩云：『園林初日静無風，霧淞花開處處同。記得集英深殿裏，舞人齊插玉籠鬆。』又冬夜即事云：『香消一榻氍毹暖，月淡千門霧淞寒。聞説豐年從此始，幾回籠燭捲簾看。』自注：『齊寒甚，夜氣如霧凝于木上，旦視如雪，日出飄滿階庭，尤爲可愛，謂之霧淞。諺曰：「霧淞重，霧淞窮。」漢置甕飯，以爲豐年之兆。』蘇東坡詩亦有之，又名霜淞。余于乙巳季冬丙午正月八日兩度曉出見之，口占二十八字云：『綴葉粘花曉霧濃，江南驛使訝相逢。但教飯甕頻頻〔三五〕滿，目笑豚蹄祝歲農。』

〔五・四七〕豐臺

春秋草木諸花擔賣于市者，都從西門外來。有地名豐臺者，芍藥最盛，種之盈畦連陌，半開即剪入城市，往遊者必豫期留看，浩態狂香，實足蕩心眩目，然非有力好事不能也。此花一名辛夷，一名可離。春生紅芽作叢，莖上三枝五葉，似牡丹而狹長，高三二尺，花有紅白紫數種，品次牡丹。世謂牡丹花王，芍藥花相〔三六〕亦有香。陸璣以爲無香氣，誤〔三七〕也。

〔五·四八〕牛首魚

北土少魚，雖不至如洛鯉、伊魴貴于牛羊，然居常所有，止魴鯽之類。大者從天津來，價頗不廉。唯冬至後關東魚連輿而至，關外地寒，十月水冰。漁者秋深打魚，隨覆以冰，過驚蟄始爛，不復粥於市矣。内一種魚，圓首鋭鼻，口在頷下，長身〔三八〕無鱗，兩傍有邪行，自腮至尾如釘密布。大者五六十觔，極小亦十餘觔。内白理甚美，而首爲尤美，俗皆呼爲鱘鰉魚。案：宋人使北者稱混同江牛首魚，彼處珍品，得賜食以爲榮。亦曰牛頭魚。蓋即此魚，非鱘鰉也。余舊客江陰所見鱘鰉並不如此。或曰南方所有名著甲鱘鰉，此則真鱘鰉也。俟再考。

〔五·四九〕李翁

大興有李翁者，老而黠，有三子，皆充謄録，期滿需選。會國慶舉千叟宴，年自六十五以上者皆得與宴領賞，八十以上者加優。李年實七十八，增其四，遂膺上賞。未幾，湖南陸中丞奏准官員父母年逾八十者雖有次丁，亦勒終養，三子因俱停選。李乃悔恨祈死，使非虛加年甲，則封君矣。天惠之不可濫邀如此，然洹陽老對宋時已有之。

〔五·五〇〕豐扇

豐潤縣摺扇著名，畫人物亭榭極細，上者直數金，然大率士女會合及諸淫褻之狀，雅人弗尚也。明成化間南京摺扇最重，李昭骨、王孟仁畫兼之者，詫爲奇玩。嘉靖間已不可〔三九〕得。顧清江有詩云：『李郎扇骨王郎畫，三十年前盛有名。』其見稱名流如此，必有所以致之矣。

〔五·五二〕縉紳録

或問縉紳録所自昉，曰：昔唐宣宗大中元年，欲知百官名數，翰林學士令狐綯曰：『六品以下吏部注擬，五品以上政府制授，各有籍，命曰具員。』上命宰相作具員御覽五卷，置案上。是則縉紳有録起于唐也。

校勘記

〔一〕又，抄本作『人』，誤。

〔二〕祝文，抄本作『祀文』，當以『祝文』爲是。

〔三〕侯，影抄本誤作『後』，今據抄本正。

〔四〕抄本此處無空格。

〔五〕并，抄本作『昇』。

〔六〕彰，抄本作『影』。

〔七〕祜，抄本作『祐』，誤。

〔八〕申，抄本作『中』，誤。

〔九〕抄本脱『襟』字。

〔一〇〕權，抄本脱，影抄本此字模糊不清。

〔一一〕楚州人，抄本爲大字，當是注語。

〔一二〕齊，影抄本作『齋』，誤。據舊唐書禮儀志『唐玄宗封泰山神爲天齊王』。

〔一三〕抄本此處脱一『魏』字。

〔一四〕鑪，抄本作『罏』。

〔一五〕之已而，抄本作『而已之』，誤。

〔一六〕抄本此處脱『其法以爲身之圓者勿通，通者勿圓。獨』，重出『可以普濟，故證果于聲聞。城爲聽見瞻所』等字。

〔一七〕主，抄本作『王』。

〔一八〕牟，抄本作『矣』，誤。

〔一九〕享，抄本作『亭』，誤。

〔二〇〕抄本脱『革』字。

〔二一〕窩，各本作『寓』，疑當作『窩』。廣渠門又名沙窩門。

〔二二〕抄本此處脱『書』字。

〔二三〕月，抄本作『食』，誤。

〔二四〕抄本此處有『中』字。

〔二五〕抄本此處衍一『庶』字。

〔二六〕抄本此處衍一『入』字。

〔二七〕亦，影本誤作『六』，今據抄本正。

〔二八〕晾，抄本作『晾』，『晾』的俗訛字。帝京景物略作『晾』，是。

〔二九〕羸，抄本作『羸』。

〔三〇〕暮，疑爲『募』。

〔三一〕誰，抄本作『唯』。

〔三二〕漪，抄本作『猗』。從文意看，『漪』爲優。

〔三三〕録，抄本作『緑』，誤。

〔三四〕抄本脱『一』字。

〔三五〕抄本此處脱一『頻』字。
〔三六〕此處費解，『相』字疑衍。
〔三七〕抄本作『諆』。
〔三八〕抄本無『身』字。
〔三九〕抄本無『可』字。

過夏雜録卷六

海寧周廣業

〔六·一〕水筆

古筆皆用羊毛。崔豹古今注云：『秦蒙恬造筆，以枯木爲管，鹿毛爲柱，羊毛爲被。所謂蒼毫，非兔毫竹管也。』然則昌黎毛穎傳亦祇就唐言之耳。宋宣州諸葛氏筆擅名，當亦用兔。其後盛行無心散卓筆，始不用柱，意即今水筆也。水筆專用羊毛爲之，頗利疾書，但軟少力，於抄胥爲宜，書家不尚。唯湖筆純羊毫製者，鋒銛力勁，最便臨池。前門内劉必通硬〔一〕尖妙筆，招牌傳是董文敏題。疑當時得此法，若止如今所市羊毛水筆，則爲虚譽矣。初時價廉，五六文可得一管。列仙傳載漢桓帝時潁川李仲甫賣筆遼東市上，一筆三錢，有錢亦與筆，無錢亦與筆。此當是筆店之祖。而南方俗語『三箇錢買一管羊毛筆』或亦本此也。宋劉克莊書考詩：『五錢買得羊毛筆，自寫年勞送有司。』南岳詩集度正酬謂卿學士詩：『瓦劄帶塵壤，羊毛拂煙霏。』自注：『歐公硯譜特取瓦劄，謂胥吏以瓦劄研墨，作字尤快，羊毛筆之最下者。』性善堂稿是知價值之賤，今古略同。近以謄書者多踴貴，有至二十五錢者，謂之雙料，實猶是羊毛也。唐有刺虔州者，時宰托購新淦筆，因命老筆工製之，百日僅得二管以獻，試之甚不堪，怒欲罪之。工曰：『我所製乃歐、褚所用，請相君翰墨視之。』笑曰：『如此衹消三十錢筆。』不日獻五十管，試之大喜，厚賜工。岳相臺珂因試毘陵張顥筆，遂序其事，賦詩有云：『紛紛鵝管抱筩賣，恰費書三十錢。』然則字非虞、褚，筆價無過三十者矣。余拙書而習用湖筆，今不易得，以雙料水筆代之。戲咏云：『中書嗟老禿，新管束柔毛。摹畫心應盡，塗鴉興亦豪。錫床和水卓，銅錔帶雲韜。結習誰投得，寧論索價高。』

［六・二］眼鏡

靉靆始明中葉，近世盛行。通都大邑列肆居奇，既助老眼，復便短覷。客誦一肆中粘聯輯四書成語，頗精功〔二〕。聯云：『吾惛知斯二者，如用之，皆自明也。或近則有一焉，苟合矣，不亦遠乎？』蓋老眼用双以牿鼻，短視用隻以便携行也。

［六・三］琴韻

古人無故不徹琴瑟，今能其事者百不得一，習者既少，工拙亦莫之辨。己卯春客吴門，有羽士善琴，爲奏數曲，舉座皆曰工，而不知其所以工也。時逆旅主人婦頗知音。語人曰：『是指法不清，故絶無韻。』余與張竺仙起鳳、卧雲球聞之，相顧嗢噱，甚自愧也。昔唐于司空頔之嫂知音，於簾下聽客鼓琴，曰：『三分中一分箏聲，二分琵琶聲，絶無琴韻。』以今準昔，韻果不易言。乃獨冥會于闤闠，何〔三〕也？

［六・四］澆人

北方遇大風沙輒揚起，内城街道每日早晚有看街兵丁以水潑之，土常滋潤，輕塵不飛。案：魏書：『孝静帝天平二年五月大旱，勒城門、殿門及省府寺署坊門澆人，不簡王公，無限日，得雨乃止。』澆人即澆水之人也。旱燥需水〔四〕多，故雖王公亦令出人助役，然非常例，故得雨即止。『澆人』二字甚新，余暮歸有句云：『多謝澆人新灑路，輕埃不上帽簷來。』

〔六·五〕火石

古者取火以木，其代以石，不知始何時。潘岳河陽縣詩：『欻如敲石火，瞥若截道飈。』則晉已有之。李長吉南國詩：『沙頭敲石火，燒竹照漁船。』殷堯藩暮春述懷詩：『鄰屋有聲敲石火。』張喬送新羅僧詩：『落帆敲石火。』蓋此物於行旅最宜，近用火絨引之，尤便攜帶。

〔六·六〕煤炭

煤炭一名石涅，一名石墨，亦名石炭。山海經：『女床之山，其陰多石涅。』水經注：『鄴縣三臺，其冰臺有數井，藏冰及石墨焉。石墨可書，又然之難盡，亦謂之石炭。』又引西域記云：『屈茨北二百里有山，夜則火光晝日但煙，人取此山石炭，冶此山鐵，恒充三十六國用。』本草又有鐵炭、烏金石、焦石等名。李時珍曰：『上古以之書字，謂之石墨。今俗呼煤炭。煤、墨音相近也。』宋有石炭場掌受納出賣。案：煤炭色正黑，其明如金，故名烏金石。其潤如脂，故又名黑石脂。本草分黑石脂、石炭爲二，非也。都下以此代薪。宋朱弁炕寢詩所云『西山石爲薪，黝色驚射目』者是也。元至元二十四年置西山煤窑場，有提領大使各員領馬安山大峪寺石灰煤窑[五]。明一統志順天府土産有煤炭、石炭。其『石炭』注云：『俗呼水和炭。水和者，取煤搥碎，入水及黄土捷之，印成方塊，長三寸許，俗謂之熟煤，實非二物也。』煤炭有毒，生者尤烈，熟者差緩，水蘿蔔解之。隋文帝時王劭疏請變[六]火曰：『今温酒及炙肉，用石炭、木炭、火竹、火草、火麻、蕡火，氣各不同。石炭色黑，屬水；性燥，屬火。故其氣兼焦朽，味合苦鹹。識勞薪者，自能辨之。』

〔六・七〕治湯火咒

治湯火咒云：『龍樹王如來，授吾行持北方壬癸禁火大法。龍樹王如來，吾是北方壬癸水，收斬天下火星辰，千里火星辰必降，急急如律令！』咒畢，手握真武訣吹之，即用少許冷水洗，雖火燒手足成瘡，亦可療。見夷堅志丁上。

〔六・八〕觀音咒

京師刊施觀音心咒，每朔望在前門關廟送人。余所得先後數紙。是咒舊止十句三十六字，今『婆訶』下添『天羅神，地羅神，人離難，難離身，一切災殃化爲塵』五句十九字。始於宋朱道誠妻王氏，金州推官之母也。王素誦十句咒，年四十九，病篤，家人方治後事。王忽見青衣人曰：『爾平生持觀世音心咒，但少十九字，增之當益壽。』王不識字，青衣令隨聲誦之，乃念『天羅神』云云。既醒，疾尋愈，後至七十九。紙世由此增爲十五句也。事見王鞏聞見近録。

〔六・九〕後檔車

京員所乘有後檔車，餘皆中檔。『檔』應作『轄』，龍龕手鑑有之。案：齊書輿服志『重翟車』注：『畫輪，鐵鐺。』『漆畫輪車』注：『金塗鐺。』『漆畫牽車』注：『師子轢，鐵鐺。』則字當從金旁。又詩名物考：『載脂、載舝是兩事，字書：舝，車軸耑鍵，字亦作轄。以金爲之，無事則脱，行則設之。蓋軸穿于轂，而舝則貫于軸之兩端，以鍵夫輪者也。』今脂則脂其軸與轂，舝則加其鍵。漢陳遵以客車轄投井中，雖有急不得去，以無鍵則不可行也。然古今制殊，難以證説，其所謂轝者兩手對舉之車，今俗呼一把手是也。韻會：『車軸謂轊[七]頭也。』轊即車軸之耑貫，古所謂轄。急就章注：『轄，豎貫軸頭，制轂之鐵也。』運車之力全在軸。春秋時，陽貨之叛，盡借邑人之車，鍥其軸，麻約而歸之，欲絶追者。正以此。其軸末之傅[八]以鐵籠，則自戰國田單始。元史輿服志：『輿：軸一，輪二，軸之𤓰羅二。』𤓰羅，不知何物。

［六・一〇］香油

油有兩種：萆蔴子油爲燈油，脂蔴油爲香油。燃燈香油爲優，仕宦家用之。前明宫中亦用此油，末年避熹宗嫌諱呼曰脂蔴水。脂蔴一作芝麻，本名胡麻。莊綽雞肋編曰：『油之通于四方[九]，可食與然者無如芝麻。其性有八拗，雨暘時薄收，大旱方大熟，開花向下，結子向上，炒焦壓榨才得生油。膏車則滑，鑽鋮乃澀。』今膏車但用芝蔴油，不復用脂也。

［六・一一］取燈兒

引火物南方用杉木薄片，名發焠。輟耕録。北方多燃煤炭，引火用細麻骨，長七八寸，醮硫黄，謂之取燈兒。今煤市街有取燈兒衚衕，疑昔有鬻是物者，因名。

［六·一二］賣花聲

都下賣物者多爲曼聲，其語不可辨。大率誇美炫售之詞。賣花尤甚。負籠入衢巷，先用手掩其一耳，望門高唱。必掩耳者，一以專力於喉，一則門内有應者恐爲己聲所混，掩則聽之諦也。倡畢，視其行止，即知應否。但駐足片時，即有粉臉猩唇者三五啟扉而出矣。若通衢估衣市，群囂雜出，聲非不長，音［一○］節殊促。穀梁傳所謂『聽遠音者聞其疾而不聞其舒』是也。

［六·一三］茶肆

茶肆内城爲盛，前門次之，座客常百餘，然不過市民雜聚，啖小食，恣劇談而已。非若洪忠宣續松漠紀聞所云『設雙陸局，或五或六，多至十也』。案：古無『茶』字。吴志韋曜飲酒不過三升，孫皓密賜茶荈以當酒飲。茶始見於此。唐宋始盛稱之。燕京茶肆不知起何時。金史食貨志：『章宗泰和六年，尚書省奏：「茶者食之餘，非必用之物。比歲上下競啜，農民尤甚，市井茶肆相屬。市旅多以絲綿易茶，歲費不下百萬。」因命七品以上官，其家方許食茶，仍不得賣及饋獻。不應留者，以斤兩立罪賞。七年，更定食茶制。八年，制親王、公主及見任五品以上官，素蓄者存之，禁不得賣饋，餘人並禁之。犯者徒五年，告者賞寶泉一萬貫。』據此則金末已無茶肆矣。食茶猶漢書言食酒也。

［六·一四］燈花

李時珍本草發明云：『昔陸賈言燈花爆而百事喜。漢書藝文志有占燈花術。則燈花固靈物也。』廣案：漢志無此，惟新唐書藝文志、鄭夾（際）［漈］通志藝文略有。唐李淳風占燈經一卷。西京雜記載陸賈曰：『燈花得錢財。』故庾信對燭賦云：『本知雪光能映紙，復訝燈花會得財。』其百事喜則唯蜘蛛集爲然〔一一〕。杜少陵詩：『燈花何太喜！』是燈花亦主喜事也。每客夜更深，寒檠相對，忽爾繁花吐艷，珠綴星聯，雖未必果有喜事，亦足破寂消愁。嘗〔一二〕愧無佳句答之，閲宋元人詩有專咏燈花者，輒録於此。宋陳起燈花戲簡西鄰詩：『西鄰逸韻偕秋清，瑶琴曾許月下聽。神馳吟境日復日，金飈〔一三〕轉矣寒此盟。昨夕相逢再有約，六花飛時湖上行。短檠不密泄此意，煇煌粟粟攢金英。閧〔一四〕堂一笑前未睹，信手閒閲燈花經。一主飲席設林麓，一主盍簪獲良朋。便欲箋天檄滕六，銀盃逐馬快此情。曉來喜見萬瓦白，迺是天宇清霜明。得非分去聲薄誤燈花，還復燈花戲老兄。』芸居乙稿王鎡詩：『喜信今宵報與誰？玉人曾剪畫雙眉。等閒開落銀釭見，衹問春風不得知。』月洞吟陳鑒之與客夜飲蠟燭有花客請賦詩：『圓蒲促坐話情真，蠟炬能花似有神。畢竟蜂鬚膏馥在，酒餘依舊十分春。』東斋小集元貢奎燈花詩云：『今夕離家遠，燈花儘意開。緑烟浮小暈，紅焰落輕煤。影照頻占喜，心挑莫見猜。遥知兒女坐，歡笑對銀臺。』雲林集張雨燈花聯句序云：『永嘉李季和十月三日夜霜天殊寒，兩燈作花，遂聯句於酒間。』詩云：『星閣迎寒閟，霜鐘動夜樅孝光。酒深燔木火，漏下續蘭釭。寸草熒芝小雨，丹葩瑞帶雙。金枝交婉孌孝光，銀粟亂鬖鬉。蝎結飛蛾笑雨，膏融吐鳳⿰亻雙。汞珠光透鏡孝光，火齊幻垂幢。的的輝青瑣雨，淫淫颭玉缸。燭龍擎紫蓋孝光，翹燕綴紅⿰石雙。鄰眼書窺隙雨，仙眉黑暈窗。狂吟心蘂發，喜聽足音跫孝光。折埊風吹座，鈎簾月動江雨。青〔一五〕藜如見遇，揮手出紛龐孝光。』（見草堂雅集。）

〔六·一五〕斗姥百字咒

斗姥百字心咒，得之江西曾氏。時在秀水官舍，辛卯十一月也。自是每晨持誦。原刻有音因仍，未及考〔一六〕定，亦有字書未載者。閱龍龕手鑑，附記數字於此。伽，音迦。囉，力何、力沙二反。咜，莫郎反。哩，音里。唵，烏敢反。呾，當達反。此書出於梵莢〔一七〕甚多，當得其正。

〔六·一六〕方言

水經注引地里風俗記云：『燕語呼毛爲無，故毛鄉城作無鄉城。』今呼毛若卯，無若墨，音猶相混也。鄭氏周禮注：『河間以北，煮穜〔一八〕麥賣之曰逄。』許氏説文：『北方人謂鳥腊曰腒。』釋文盧云：『腒，雉腊，燕地足雉也。』晉書欒肇論語駁曰：『燕齊謂勉强爲文莫。』

〔六·一七〕米價

賓退録唐太宗貞觀年，米斗三錢，後世以爲美談。梁天監四年，米斛三十錢。唐元和六年，天下米斗有值二錢者。廣案：漢書食貨志：『宣帝時穀〔一九〕至石五錢。』穀一石得米五斗，是斗米僅值一錢，可謂極賤。南宋末臨安府斗米十千，見杜清獻集。貴矣！而荆南孫儒之亂，斗米四十千，持金寶换得一合一撮，謂之道腸米，見南部新書。道腸，清異録作『通腸』。可謂極貴。

〔六・一八〕穀父蠶母

紺珠集載沈汾續仙傳曰：『三川飢，三青衣童子語人曰：「世人厭棄五穀，地司已收五穀之神矣。可相率祈謝穀父蠶母，當致豐穰〔二〇〕。」』廣案：此事最足醒世。今人幸生盛代，年奏婁豐，衣租食税者固罕知節嗇，即氓庶亦習於鮮美，狼籍傾污，視不甚惜，此實足以感召天殃，近南方蠶收既薄，蘗起幽昌，可不惕然知儆乎？余書家函後云：『聞説東南雨澤愆，預愁米價倍前年。急從穀父殷勤謝，莫道青衣事浪傳。』正用此也。穀父蠶母，疑即吴農所稱田公地母。俗多肖像祀之。

〔六・一九〕象

象者，南越大獸。其字象牙、耳、四足之形。聖人作易取之，睥以名子，秦以號郡，由來舊矣。然多力難致，人罕得見。故尸子稱中黄伯曰：『余左〔二一〕執太行之獶，而右執雕虎。唯象之未與，吾心試焉。有力者則又願爲牛，欲與象鬥以自試。尸子已亡，見班固思玄賦注。』韓非子解老篇：『人希見生象，而得死象之骨。案其圖以想其生，故諸人之所意想者皆謂之象。』淮南子説林訓：『象肉之味不知於口。』又氾論訓：『象見其牙而大小可論也。』觀三子之言，其皆未見生象可知。三國時，孫權致巨象於魏武帝，欲知其斤重，其子冲謂置象船上，刻其水痕所至，稱物以載之，則校可知矣。蓋自見騶文公之後，史言獻象，創見於此經。所稱象箸、象輅、象笏、象弭之類，皆指其牙也。海賈名爲白暗，甚貴之。今則通用，不甚珍異。酉陽雜俎云：『大象百頭，頭有十才。』佛書又言：『普賢乘六牙白象。』唐李嶠賦象詩亦曰：『六牙行致遠，千葉奉高居。』今京師有巨象可折十橋，形略如豕，灰色，疏毛，冬則盡脱，皮如癩，鼻長委地，兩牙横出二三尺許，或交於鼻前。説文：『牙，牡齒也，象上下相錯之形。』釋名以爲『樝牙』。蓋象有牙，復有齒。故左傳稱象齒焚身，二牙特其最長且露者，曰六曰十，乃并齒計之。吕覽：『馬齒十二與牙三十。』高誘注：『馬上下齒十二，牙上下十八，合〔二二〕爲三十。』是馬亦有齒，復有牙也。聞順成門内象房各有象奴謹事之，當知其詳。宋至道中，詔問大食國貢使取象法，對云：『用象媒誘致，以繩漸羈縛之。』或云：『伺其出入之處，掘坎鋪薄板，覆草其上，往往墮入，漸以甘蔗等物餌之，乃聽人指使。身具有十二生肖肉，惟鼻是己肉，其力亦全在鼻，耳後有穴，薄如鼓皮，一刺即斃。象胆随四時在足，三歲一乳，最大者爲豫。』左傳定四年：『吴敗楚，及郢，楚王使鍼尹固執燧象以奔吴師。』注云：『燒火燧，繫象尾，使赴吴師，驚却之。』案：上文楚子取妹季芈〔二三〕以出，涉睢，與固同舟，於時水次倥偬，安得有象？據本文言，執乃假爲烽燧之象，使執以示吴，若有伏兵者，然非真有火也。註誤，或遂附會爲火牛之祖矣。

〔六·二一〇〕駱駝

駱駝本名橐駝。漢書作『橐佗』。常惠、匈奴等傳。師古曰：『言能負橐而駝物也。』鹽鐵論作『馲駞』。郭義恭廣志作『馲馳』。龍龕手鑑作『驝駞』。其義同也。逸周書王會解云：『伊尹爲四方獻令，正北空同、大夏、莎車、姑他、且略、貌胡、戎翟、匈奴、樓煩、月氏、孅犁、其龍、東胡，請令以橐駞、白玉、野馬、騊駼、駃騠、良弓爲獻。』明非中原所有，而蘇秦言燕代橐駝、良馬，是[二四]六國時北方已有之，燕代在漢[二五]爲漁陽、右北平、雁門等郡。何太史公史記又稱橐駝爲匈奴奇畜？文帝時嘗獻一匹，其貴如此。及武帝伐大宛時，出燉煌者驢、橐駝以萬數，則又不勝其多。此所難强解者。今燕地饒産，幾同牛馬。舊説力負千斤，雖未盡爾，然實能勝重，居平用馱煤炭等物，狀如胡羊，昂首短尾，背隆起二處，足三折，其卧屈足，彎不著地，而漏明者名明駝，最能遠行。古詩『願借明駞千里足』是也。冬春之交，髦毛秏。音毛、音奈，多其奈毛[二六]也。夏秋則疥，或遂禿剥。北魏邢子才謂劉晝六合賦『正如疥駱駝，伏而無斌媚』是也，其鳴曰圖，乙鍣反。能知水脉所在。博物志云：『遇其處，以足蹋地，不肯行。』又知風信，東夷且末國[二七]西北有流沙數百里，夏中有熱風將至，惟老駝知之，即相聚埋其口鼻于沙中。人每以爲候，亦即將毡擁護鼻口，其風迅疾，斯須過盡，若犯者必至危斃。蓋亦靈獸也。漢書西域傳又言：『大月氏國出一封橐駝。』師古曰：『脊上有一封也，封言其隆高若封土也。』今俗呼爲封牛。封音峰，本亦作犎。』後漢書順帝記陽嘉二年『疏勒國獻師子、封牛。』李賢曰：『東觀記……封牛，其領上肉隆起若封然，因以名之。即今之峰牛。』夫項領隆高，而又名以一封橐駝，宜封牛與槖駝爲一物矣。然與師子同貢方物，又謂之牛，自别一物。顔、李注雖不詳，不謂即今駱駝，説者因杜少陵詩有云『紫駝之峰出翠釜』，酉陽雜俎載將軍曲良翰有駝峰羹，爲衣冠家名食，遂欲混合爲一。不知此在爾雅名爲犦音雹牛，郭璞注：『即犎牛也，領上肉犦眹起高二尺許，狀如槖駞，肉鞍一邊。健行者日三百餘里，今交州合浦、徐聞縣出此牛。』此注極其明白。少陵及柯古所稱駝峰，蓋亦指此。癸辛雜識云：『駝峰之雋，列于八珍，駝似豖，其背隆起，特肥美，今奉天亦産之。與駱駝似是而實非也。』古諺云：『少所見多所怪，見槖駝道是馬腫背。』格物洵不易哉！

〔六·二二〕風箏

唐元微之連昌宫詞曰：『鳥啄風箏碎珠玉。』此風箏，今簷前鐵馬也。得風摇動，聲諧宫徵。宋田表聖錫有專咏風箏詩，首云：『白蘋洲上春風生，畫樓檻迴銀箏鳴。鏗鏘節奏急復慢，空中一部天樂聲。』是也。全篇見咸平集，甚長。今春月坊巷小兒施放風鳶，都下亦呼風箏。舊説紙鳶入空，小兒仰面張口向之，能洩内熱，或云南史梁武末，羊車兒作紙鴉，繫以長繩。簡文于太極殿前向西北風而放，事由此始。北史：『元世哲從弟黄頭，使〔二八〕與諸囚自金鳳臺各乘紙鴟以飛，黄頭獨能至紫陌乃墜。』是紙鳶又名紙鴉、紙鴟也。其曰箏者，既糊紙于竹胎，復著厚紙和絹其中，風入則箏箏然聲似軋箏，故名。南方所有，大率鳶、鴉、鷹、鷂之類，間爲蝴蝶、美女，小兒已極誇美。此間形製百出，凡有翼如鳳、鶴、山雞、蝙蝠，以及複翅之蜻蜓、蚱蜢，固靡不肖其形，他若和合三星、八仙、鐘鼎、瓶罍，斯已奇矣。乃至鱧、鯷、蝦、蟹、蛙、蠍、蜈蚣，亦皆傅翼搏風，翺翔雲際。真所謂人巧奪天工也。

〔六·二二〕都街

都街九達，其旁市肆商賈百族，稗販夫婦居焉。鋪面侈麗者，雕梁（縷）〔鏤〕檻，黝漆糝金，上用鬧斗八，皆髹繪。西河沿銀樓爲最。他如茶社、酒樓，亦必高楣綵幄。侑茶率以麵食，下酒則窮水陸之珍，竭南北之味。昔宋魯宗道微服飲仁和肆，百物皆備，恐尚無此盛也。

〔六·二三〕沐猴戲〔二九〕

正月多沐猴戲，衣冠進退，干戈馳逐，行丐者以博錢餬口。夫猴生于山林，性黠難制，而顧然者教訓馴習之，久乃惟人是從。故曰揉曲木者不累日，由來漸矣。

〔六·二四〕太平鼓〔三〇〕

正月小兒擊油鞔扁鼓，柄下連四五鐵環，擊時以手振其環，與鼕鼕聲相應，謂之太平鼓。大興縣志亦云『民間擊太平鼓』。

〔六·二五〕狗尾草

北方蓋屋以瓦，用土和石灰厚塗之，可禦盜，兼避風。四月有草茸生，青翠可愛。五六月結穗，方秋實落，即黃而萎矣。貧者力不能薙除，經涉冬春。望和黃茅，名狗尾草。案：太平御覽：韋曜（問）〔問〕曰：『甫田維莠，今何草？』答曰：『今之狗尾也。』羅願爾雅翼：

『莠草似稷無實，今之狗尾也。』北人呼稗亦名狗尾，其實二種。孔子惡莠亂苗。戰國策：魏文侯曰：『幽莠之幼也，似禾。』今此草與禾絶異。南方亦多，但不在屋耳。余爲賦屋上草一篇：『樹至夏初方發，葉未九月已萎。』唯松柏常青，歲寒後彫。至此益信。

〔六·二六〕琉璃廠

正月朔至十七日，琉璃廠市集最盛。書畫、珍玩、花木俱在火祖廟。百戲、雜物在廠橋北隙地，然不過木偶土稚之伎，橦木緣絙之戲，遊人駢聚，轂擊肩摩。余亦往焉。雖不能效杜司徒著麄布襴衫入市看盤伶傀儡，聊以遊目，亦足解愁。

〔六·二七〕楊木牙籤

酒數行後，庖人進剔牙籤，人一根，以楊木爲之。云：常用去風，不損齒。案：法苑珠林：『佛言：嚼楊枝有五利益：一、口不苦，二、口不臭，三、除風，四、除熱病，五、除痰癊。或云：一、除風，二、除熱，三、口知味，四、能食，五、眼明。不嚼者有五過失：一、口氣臭〔三一〕，二、不善别味，三、熱癊病不消，四、不引食，五、眼不明。』又『三千威儀』云：『用柳枝有五事：一、斷當如度，二、破當如法，三、嚼頭不得（遇）〔過〕三分，四、梳齒當中三嚙，五、當汁澡自用。刮舌，又有五事：一、不得過三反，二、舌上血出當止，三、不得大振手污〔三二〕僧伽梨若足，四、棄柳枝莫當人道，五、當著屏處。』柳枝即楊枝也。自淮以北有楊無柳，爾雅：『楊，蒲柳。』邢疏：『楊，一名蒲柳，生澤中，可爲箭笴。』左傳所謂『董澤之蒲』，鄭康成曰：

『水楊也。葉圓闊，樹與柳相似，故名楊柳。』采薇：『楊柳依依。』左傳『董澤之蒲』即此。凡有白、青、赤三種。白楊，葉圓枝弱，微風大摇。古詩『白楊多悲風』是也。青楊，葉長。赤楊，霜降則葉赤，材〔三三〕理亦赤。此樹易生，倒植之亦生，折而植之亦生。别有黄楊，性堅難長。俗言：歲長一寸，閏年則短一寸，北方所用楊爲多焉。

〔六・二八〕袴

自山東蘭山以北，婦女有袴無裙，已載之冬集紀程矣。此風不知始何時。案：莊綽鷄肋編云：『燕地諸倡皆以子爲名，若香子、花子之類，無寒暑必繫錦裙。』然則宋時諸倡尚裙，况在良家？漢書外戚傳：『孝昭上官皇后，霍光外孫。光欲后擅寵有子。帝時體不安，左右及醫皆阿意言宜禁内，雖宫人，使令皆爲窮絝，多其帶，後宫莫有進者。』注：『服虔曰：「窮絝，有前後當，不得相通也。」師古曰：「絝，古袴字。」』窮絝即今之緄襠袴也。史但言窮絝，則單複裙不待言矣。晉書王宏傳：『太康中，宏爲司隸校尉，時制庶人不得衣紫絳及綺繡錦繢，宏因遣吏科檢婦人袒服，至褰發于路，由是獲譏。』則袒服之不當暴露明矣。魏書禮志論戴記『童子不衣裳』，謂童子未就外傅，往來父母慈乳之前，故許其無裳，以便易之。若志學之後，將冠之初，年居二九，質並成人，受道成均之學，釋奠上庠之内，將命孔氏之門，執燭曾參之室，而唯有掩身之衣，無蔽下之裳，實所未安。是則元魏時男子十五以上便不可無，豈有朱粉其面，綺羅其襦，而獨可不蔽下者？鹽鐵論稱匈奴無裙袴、曲襟之制。淮南子：『九疑之南，民人短綣不袴，以便涉游。』説文：『濊貊中女子無絝，著縛衣，狀如襜褕。』溪蠻叢笑：『犵犵以裙代袴。』蓋皆囿于俗使然，齊、魯、燕、趙不應有是也。

［六·二九］揖

顔氏家訓曰：『南人賓至不迎，相見捧手而不揖，送客下席而已。北人迎送並至門，相見則揖，古之道也。』我善其迎揖。今則南北正相反，初見自覺其倨，久之亦相習。其實在南時無不揖者，惟元正，則北人雖相遇于市亦必揖，分卑者並曲跽，市人並（乂）［叉］手致敬，謂之拜年。

［六·三〇］衚衕

都下街巷多以衚衕爲名。衕，通街也。見説文。『衚』字不載字書。遼僧行均居京師憫忠寺，所輯龍龕手鑑載俗字甚夥，而彳部有『⿰彳胡』字，注云：『俗音胡。』無訓。其『衕』字亦但云『通街』。則知遼時尚無此稱。疑元明人就『（衚）［⿰彳胡］』字加『亍』也。亦有以街名者。如菓子街、瓜子街之類。案：輟耕録：『都下六局：菓子局、蜜煎局、菜蔬局、油燭局、香藥局、排办局。』今之瓜菓殆舊名歟？『衚衕』字罕見于詩，唯樓鑰小谿道中有云：『後衕環村儘迴遊，鳳山寺前換行舟。』『衕』有『同』、『洞』二音。樓蓋作去聲用。

［六·三一］冰床

北方河冰合時，用木艦，平其底，上可坐一二十人，以篙撑刺，往來冰上，其疾若馳，謂之冰床。按：夢溪筆談云〔三四〕：『信安、滄景之間，冬月作小坐床，冰上拽之，謂之凌床。予嘗按察河朔，見挽床者相屬。問之，曰：「此運使凌床，此提刑凌床。」聞者莫不掩口。』北人呼冰爲凌，『凌』音同『靈』，故皆掩口，今直呼『冰床』是也。然官員無乘此者，時又有溜冰之戲，靸鞋疾走如飛。

〔六・三二〕奶子茶

奶子茶用牛乳合鷄子成之，即古所謂醯〔三五〕酪。晨飲可充飢虚，亦壯脾胃。楊允孚灤京雜咏云：『皮囊乳酒鑼鍋内，奴視山陰對角羊。』

〔六・三三〕名刺

劉熙云：『書姓于奏白曰刺。』後漢書所載如高彪覆刺遺孔融書，孔融、王朗修刺以侯邊讓，蓋即今書柬帖也。禰衡遊許下，懷一刺，既無所之，至于字漫滅。此止書鄉邑名氏，當時所謂爵里刺，乃今之履歷。或修謁通姓名，自叙稱謂，則通曰名刺，今謂之帖子。京師初亦行用之，近士大夫通謁袛以紅紙，長五六寸，闊三四指，書姓名，背注寓所，不知所昉。大興縣志稱元旦冬至日，姻友俱投刺互相拜答。志作于康熙十二年，其説風俗尚如此。或云始乾隆二十五年海寧朱名登泰字又韓者，其人布衣而好交結，創爲此法。人樂其簡便，相習用之。

〔六・三四〕戲子會

三月十八日戲子會，其所奉之神唐明皇也。優伶、獶雜、百戲異陳，亦有臺閣儀衛，觀者如堵。四月二十八日，縫婦紝女千百成群，往藥王廟進香，謂之剪刀會。

［六·三五］七夕曝水

大興縣志風俗曰：『七月七日，婦女曝水，日中水膜生，投以針則浮。視水底針影，巧則喜，拙則嘆矣。』案：古法穿針向月，此獨以日，意者姮娥藏拙，故羲和代之耶？余有咏云：『簾鈎纖月漏清光，隔院如聞蘭麝香。却怕素娥疏懶甚，針浮水面候斜陽。』

［六·三六］苦蔞塗面

鷄肋編曰：『燕地仕族女子皆髡首，許嫁方留髮。冬月以苦蔞塗面，謂之佛妝，但皆傅而不洗，至春暖方滌去，久不爲風日所侵，故潔白如玉也。』近苦蔞無聞，但多用面藥及泥粉耳。女子十二三情識已開，過三十便成老嫗，所謂顔如玉者，曾幾何時！

［六·三七］剪綹

剪綹賊俗呼小侶，多匿于鬧市人衆處。物失去，初不自覺，旁觀見者皆不敢言，恐其讎怨也。余嘗出崇文門，佩一䴙鵜匣，覺背後有掣之者，回顧其人，方傴而行。昔唐時有愚者應選入京，皮袋爲賊窃去，乃云：『鎖匙尚在我衣帶上，彼偷我袋，何物以開之？』正恐遇小侶連衣帶也不能保歸。語同人，爲之一笑。案：武林舊事：『闤闠之地剪脱衣裳環佩者，謂之覓貼兒。』

［六·三八］膾魚

鄭氏周禮注：『燕人膾魚，方寸切其腴以啗所貴。』

［六·三九］荳芽兒

市人呼舉子落解、貢士下第者爲荳芽兒。菉荳或大豆水漬透，入木桶中，置暖處，經霜芽長二三寸，肥白可葅食。以其不種而生，故取喻焉。

［六·四〇］燈圓

正月以燈圓相餽遺，俗直呼爲元宵，猶八月之月餅，皆應時之物也。顧東江清以燈圓餉陸太僕詩：『三五新正憶故園，屑雲縻玉鬧春盤。小奴解作江南意，遠客都忘歲暮寒。梅欲鬥圓忙著子，雪如争巧故成團。玉厓太僕真清吏，莫認明珠按劍看。』蓋是時北方未有此，故文僖頸聯云云。今則頗有，平時則買掛粉、湯圓，謂之南點心。

［六·四一］乾姊妹

夫尊于朝，婦貴于室，禮也。同鄉婚友，饋問往來，亦情也。或遂結爲乾姊妹，酒食徵逐，甚者干與外事，出奇制勝，輕薄子目爲女寇。

［六·四二］蒲萄、羊肉

北方蒲萄甚佳，白如水晶者尤上。有紫者多曝乾，散市四方。遵化縣東南三十里有蒲萄山，盛產蒲萄，山因以名。畫墁録云：『陶隱居注本草「蒲萄」：「北人多肥健，諒食此物。」』却不知有羊肉麵，胡羊尾極肥。淮南子曰：「無角者膏而無前，有角者脂而無後。無角者犬豕之屬，肥從前起者也；有角者犁羊之屬，肥從後起者也。」』又曰：『禽獸之性大者爲首，而小者爲尾，尾大於要，則不掉矣。今獸之大者無如象與駱駝及牛三物，尾皆極小，故多力。胡羊尾雖短，而肥大，故行遲。』

〔六·四三〕牛角

考工記稱材之美者，首燕之角。淮南子曰：『北方之美〔三六〕者，有幽都之筋角焉。』列女傳曰：『傅弓以燕牛之角。』蓋取其瑩潤緻密，至今猶然，以製器亦佳。

〔六·四四〕窩窩

用小米磨粉爲之，略似饅頭而無餡，俗呼窩窩。

〔六·四五〕花狀頭

矩齋雜記云：『明萬曆間，涇川章孝廉少勵操行，領薦後稍懈。久不第，嘗赴公車，同寓少年挾妓，强之雜坐。少酣，少年請占兆，以骰子六紅爲花狀頭，奪者得妓。章一擲得之，遂不辭。適妓體毒將發，逡巡中夜，謂不敢污貴人。章怒罵曰：「若嫌我老耳，新狀頭不病也。」一狎中毒，榜發復黜歸，至半塗，瘡潰其鼻，慚見故鄉，自經逆旅。人曰：「可憐六粒骰子，斷送半生道學。」』愚山書此事，足令虛憍之徒流汗浹背，蓋茌平〔三七〕以北，流娼甚多，發解者往往有染，姑無論是非，獨不計利害乎？余親見有因此致病者矣。

〔六·四六〕戲園

城内外戲園凡三十餘所，班名最著者曰永慶、萃慶、宜慶，各有旦擅場。所至聚觀，占席稍遲，即無所容。所演號秦腔者，大都淫哇之音，媟嫚之狀，至極醜則必齊聲曰好。其實不過鬌髮朱粉有類婦人耳。歌喉既非李八郎，弓足復遜黄幡綽，而狎之者或且〔三八〕千金買笑，寒生饞眼則製詞賦以媚之。彼偶開筵醵會，投片紙相招，雖典質必應，咄嗟間朱提可擲。出則壯輿，居必華屋，皆出豪家橐也。會給事御史孟公生蕙奏請逐禁彈唱變童俗所謂檔子者，廷議以秦腔戲旦既亂雅音，更縻不貲之費，今改習崑、弋二腔，衣帽不得侈僭，其風稍戢。初戲文始宋末永嘉草木子所稱南戲，元初京師多演之。明時又有海鹽腔、弋陽腔，而弋陽尤盛。崑腔則始於崑山人梁辰魚字伯龍撰江東白苧，妙絶一時。其邑人魏良輔能喉轉音聲，始變弋陽、海鹽舊調爲崑腔。伯龍因填浣紗記付之，王元美詩所云：『吴閶〔三九〕白面冶遊兒，多唱梁郎艷雪詞』是也。今傳奇家諸戲弋陽弟子能改調歌之，唯浣紗不能也。旦所由名不可解。遼史樂志有七旦，即七聲也，云自隋以來樂府取其聲四旦二十八調爲大樂，則旦其樂聲乎？裝旦，吴子貴武林舊事已載之矣。陳耀文謂生浄丑旦名義，見太和正音，惜未見其書。

〔六・四七〕厠屋

劉熙釋名曰：『厠，言人雜在上非一也。或曰溷，言溷濁也。或曰圊，至穢之處，宜常脩治，使潔清也。或曰軒，前有伏，似〔四〇〕殿軒也。』此事雖極猥瑣，然實居家所必不能無。周禮宫人：『爲其井匽，除其不蠲，去其惡臭。』鄭司農注云：『匽，路厠也。』左傳：『晉厲公如厠。』漢書：『武帝臨厠見衛青。』此宫中之厠也。戰國策：『趙襄子〔四一〕如厠，心動。』史記萬石君傳：『郎中令石建洗沐歸，爲其父奮浣滌中裙厠牏。』牏音住，短薄板也。蓋即厠籌，舊解謂厠溷垣墻，或又言厠竇虎子行清，恐皆未的。晉石崇奢侈，客入其厠，誤認爲内，此富貴家之厠也。甚者外屏。南天溷七星主天厠，星家以爲天之厠溷。南方士庶莫不有厠，歲暮則祀厠神，謂之厠姑，即紫姑也。歐陽文忠嘗謂措思在三上，厠上實居其一。江淮以北乃絶無此，都城居民輒乘夜傾穢臭溝，或穿墻以出，狼藉甚矣！獨通街有所謂茅房者，外雜列什器骨董之物，内即匽厠。入者輸一文，蓋市民剔糞爲生，往往有致富，如唐之羅會者。由是專室狹廬牟利，如龍斷然。内城尤多門幌，用布幅雜繪人物戲齣，溲處四壁懸士女會合之圖以引屋頭者，潑少年借此遊目，或日數登焉。嗟乎！市儈博錢，納污奚惜，而遂犯誨淫之罪，得非厠屋之一厄乎？棄器曰茟〔四二〕，古作⿱畢彐〔四三〕，音畢。見龍龕手鑑。屋頭俗謂如厠也，并州人鑿土爲屋厠，在所居之上故也。一云：北齊文宣帝怒魏郡丞崔叔寶，以溷汁沃其頭。後人或當食、或避親長，不敢正言溷，因影爲沃頭。見資暇録。古者謂之更衣，其名最雅。今言出恭，又不知何取也。

〔六·四八〕甜水井

内城近東街市去水稍遠，得井水甜者便以瀹茗，但初沸時有沫浮起，入碗少頃結成衣，以磁蓋揭之，色焦黄或黑，未幾又凝聚如初，此茶經所謂『水膜，如墨雲母，飲之，其味不正』者也。初謂腥甌膩鼎使然，手自滌器煮點，仍復爾爾。性既嗜茶，非是無以療渴，吸穢入肺，誠非所宜。然此水亦斗十錢，長安百物貴，即水知之矣。

［六・四九］哈噠

紬匹肆有哈噠粉絹。哈噠，滿洲地名亦作哈噠，蓋其地出素絹，因名。婦人用以護領。

［六・五〇］西瓜

北方菓實無不佳者，以土燥性鬆而肥故也。揭曼碩京城雜言曰『桃李大于拳，枣栗充餱糧。誰謂苦寒地，百物莫得傷』是也。西瓜大者數十觔，瓤皆檀香色。有白瓤者更佳，不多得。案：削瓜、包瓜事詳于經。郭義恭廣志記其所出以遼東、廬江、燉煌之種爲美。有烏瓜、魚瓜、貍頭、蜜筩、龍蹄、羊髓等名。今所稱西瓜，南方亦有之，云宋洪皓使金從燕中得其種，謂是金主征西域時所得，遂美冠諸瓜，味甘如蜜，然不及此間之大。今京師多以水貯之以荐客。元周衡之權詩云：『當年傳種非東陵，蒲萄石榴來與並。碧壺深貯白沆瀣，霜刃凍割黃水晶。豪家晏客侯鯖列，火酒鯨吞嫌内熱。此時專席荐冰盤，分與風前滿襟雪。』此山詩南方西瓜，如宋毛珝儀真詩云『販來北枣堪充膳，種得西瓜可析酲』是也。

［六・五一］蘋果

蘋果亦名蘋婆果，色味俱佳。唐永徽中，魏郡人王方言曾獻果子紀王慎，慎貢於高宗。以爲朱柰，又名五色林檎，或謂之聯珠果。上重賜方言爲文林郎，因又號『文林果』。

［六・五二］草帽花

婦人插髻蒲草花，有肖韭菜之類者，有爲船者，有爲鞋者。獨草帽花織細篾爲笠，北方謂笠爲草帽，上綴珠翠，雜小花，頂懸孔雀，雙眼小，翎長可七八寸，争飾首以爲妍，若用鵝毛則直賤矣。

〔六·五三〕無花果

護國寺東多花廠，四時之花略備。有一種葉如枇杷而小，著子纍纍，鬻賣花者曰無花果也。案：宋景文益部方物略有天仙果贊，其序云：『樹高八九尺，無花，其葉似荔支而小，子如櫻桃，纍纍綴枝柯間，六七月熟，味至甘。』贊曰：『有子繫枝，不藹而實，薄言采之，味比蜂蜜。』荔支葉未之見，不知即此果否。

〔六·五四〕巴吉

巴吉，國語曰法世，猶言努力向上也。滿洲或以此命名。近見奏牘亦用之。嘗見朱蒿庵先生日劄云：『人生盡一巴字。一日不巴，一日自暴棄矣。』意蓋如此。

〔六·五五〕棲苴

劉跂暇日記：『北人樹上曬乾菜，冬來食之。詩所謂棲苴，言如鳥棲也。』案：苴，詩本作『苴』，當音槎。正義謂是草木之枯槁者。此作『苴』，亦通。

〔六·五六〕火判

正月元夕前後，市人率錢摶巨土偶，空其中，以煤實之，坐臺上，燒令通紅，口鼻耳目諸竅吐焰蜿蜒，謂之火判，云可獲福。殆猶南方之燒田鼉也。

［六・五七］烏、鵲、鴿

烏多烏鴉及鵲。烏有四種：小而純黑，小觜，反哺者，慈烏也。似慈烏而大觜，腹下白，不反哺者，鴉烏也。似鴉烏而大，白項者，燕烏也。似鴉烏而小，赤觜，穴居者，山烏也。山烏絶少，上三種所在多有。以其聚散不常，故曰烏集、烏合，亦曰烏散。漢書谷永傳『烏集雜會』、後漢書耿弇傳『烏合之衆』、史記南匈奴傳『雲屯烏散』是也。又性多猜，始雖甚善，後終不親。管子『烏鳥之狡，雖善不親』是也。然觀其銜曉群飛覓食，晚各歸棲故林，亦似知時審幾者，何待聽緡蠻而始嘆不如也？鵲噪多主喜。西京雜記云：『乾鵲噪而行人至。』禽經：『靈鵲兆喜。』客中聞唶唶聲，眉爲之豁然。南人喜鵲惡鴉，北人喜鴉惡鵲，又不能不隨俗而變。鴿無常匹，故字從合，每月生子，故易繁。人多取食之，卵可瀹羹。

［六・五八］雨沙

雨沙，北方常有之。穀梁傳曰：『著于上，見於下，謂之雨〔四四〕。』今沙不由風起，自然從空而飛，一望昏黑，頃之，著地皆黃。或以黑漆盤盛之，見其點滴如細雨焉。毛詩傳：『霾，雨土也。』

［六・五九］鞊鞾、韄韡

鞊去吉反鞾都昆反，胡人酒器。韄蘇各反韡徒各反，胡履也。並見龍龕手鑑。

［六・六〇］　蜘蛛

甲辰七月從陳〔四五〕太史觀樓借得四庫目録十册，手録其書名，撮其大概，其已經目者略之，時以校讎餘暇急手寫畢，腕幾欲脱，目爲腫，不之倦也。初十日晌午，忽有小蜘蛛懸于靉靆之外，當左目之下。蜘蛛主喜，而在目下，意必有應。至十四日，果得家書。余自入都八〔四六〕月，未得一信，始信杜少陵『抵萬金』之言爲不虚也。『目』之横爲『四』，蛛其知之矣。

［六・六一］　亮鐘、亮梆

唐制：六街鼓節，日暮八百聲而門閉。五更二點鼓自内發，諸街鼓承振，坊市門皆啟，鼓三千撾，辨色而止。今街徼擊梆，取木空其中擊之，聲邦邦然。蓋古時柝之遺意。趙岐孟子注云：『柝，行夜所擊木也。』范寧公羊注云：『柝，兩木相擊。』周禮：『修閭氏，掌比國中宿互㰛〔四七〕者。』鄭司農云：『㰛，謂日夜擊㰛。』蓋邏巡之法柝爲尤宜，初更鐘樓鳴鐘，而撥街柝應之，一更擊一下，二更擊二下，至更將盡，則雜擊數十下，畢仍一下，至天明止。謂之打亮梆，漏鐘亦然，謂之打亮鐘。

［六・六二］　相船法

相船法，頭高於身者，謂之望路，如是者凶。雙板者凶，隻板者吉。以舫底板數之五板（所）、七板爲隻，六板、八板爲雙。見談苑。

［六・六三］　捉盲

今小兒有捉盲戲，緣起宮中。北齊書：『皇甫玉善相人。文宣欲試之，以帛巾袜其眼，使歷摸諸人。至文宣，曰：「此最大達官。」於任城王曰：「當至丞相。」于常山、長慶二王並曰：「亦貴。」』殆此昉也。嫏嬛記曰：『明皇與玉真恒于皎月之下以錦帕裹目，在方丈之間互相捉戲。玉真捉上每易，而玉真輕捷，上每失之，滿宮之人撫掌大笑。』明天啟宫詞曰『内人深藏學迷藏』，即捉盲，亦云摸盲。

〔六·六四〕禪宗

禪家兩宗：南能爲頓宗，北秀爲漸宗。

〔六·六五〕藕

陸璣詩疏云：『幽州謂藕爲『光旁』，爲光如（斗）〔牛〕角。』王質林泉結契『賦藕』條詞云：『光旁聊見幽并兒。』自注：『藕條號光旁者，希見之稱。』毛晉詩疏廣要云：『今北人便以藕爲荷，亦以蓮爲荷。』今京師西直門外植荷甚多，荷藕之稱與南方無異。不聞光旁，亦非希見矣，凡物皆先華後實，獨此華實齊生，以善耕泥，故字從耦，又性偶生也，月生一節，閏輒益一葉，曝乾用以裹物。

〔六·六六〕竹、梅、桂

竹性惡寒喜濕，故有『九河鮮育，五嶺實繁』之語。北方絶少，間有之，亦無青葱摇曳之態。梅過江盡變爲杏，故人有終身不識梅者。猶逾淮之橘，遷地勿良也。爾雅説梅有三：『時，英梅』者，雀梅也。『杬，槊〔四八〕梅』者，杬樹似梅也。至所謂『梅柟』，郭注：『如杏實酢。』孫炎曰：『荆州曰梅，揚州曰柟。』詩終南『有條有梅』是也。案：陸璣詩疏：『梅樹，皮葉似〔四九〕豫章，豫章〔葉〕大如牛耳，一頭尖，赤心，花赤黄〔五〇〕，子青不可食。柟葉大，每三四葉一藂，木理細緻，子有赤、白兩種，揚州人曰梅。』則與今所謂梅迥别。故埤雅據之以爲一木二名。郭璞所注誤。而毛子晉以未釋『摽有梅』之『梅』爲欠事也。柟木直上，柯葉不相妨，此方墓上多植之梅，惟盆供間有之，亦自南方來，明年多不復花。桂則未之見也。

[六·六七] 棗、栗、榛

燕地饒枣栗。賈誼新書懸弧之禮曰『北方之弧以棗』。棗者，北方之木也。栗五方皆有。陸璣曰：『漁陽、范陽産者甜美長味，他方悉不及。味鹹性温，理筋去風。昔有病足弱者坐栗下食之，便能起行。』榛，説文作『辛木』，廣雅作『辛』。詩疏、本草皆作『莘』。趙岐孟子注作『榟』，栗屬也。有二種：一皮葉皆如栗，子小如杼子，味亦如栗。詩『樹之榛栗』是也。南方謂之錐栗。一枝葉如木蓼，高丈餘，子如橡子，作胡桃味，核中悉如李。詩『山有榛』是也。周禮〔五一〕以充籩實，昏禮爲女贄。陸璣、羅願俱謂漁陽、遼、代、上黨皆饒。今果肆獨榛實去殼，蓋是物中空者多，土人採得以水驗之，沉者撾取攜入市賣之，浮者以付商販，故南方有『十榛九空』之語。

[六·六八] 鸇隼

詩疏：『晨風，一名鸇，似鷂，青黄色，燕頷，鉤喙，向風摇翅，乃因風飛急疾，擊鳩鴿燕雀食之。』郭璞爾雅注以爲鷂屬，北人亦多畜之。隼亦鷂類，一名擊征，一名題肩，鼓翅迅疾。韋昭以爲鶚。李善云：『奮擊之鳥，通呼曰隼。』禽經曰：『鳥之小而鷙者，皆曰隼。』

［六·六九］蟋蟀

蟋蟀，一名蛬，聲如急織，故又名促織。陸璣曰：『幽州人謂之趨織，督促之意也。』今猶名趨趨。秋時市兒捕得之，以高（梁）［粱］稈空其中而納之，或買畜以觀其鬥。考古人于秋蟀［五二］未有言其善鬥者。唐宫中始有此戲。至宋賈似道酷好之，遂爲著經，謂其合類頡頏以決勝負，英猛之態甚可觀也。又云：『白不如黑，黑不如赤，赤不如黄。赤［五三］小黑大，可當對敵之勇，黄大白小難免侵凌之虧，又有仰頭、捲鬚、練身、踢脚四病切不可犯，若兩尾高低曾經有失，兩尾垂萎並是老朽。』嗟呼！平章蟋蟀可謂精矣，其於國事何如哉！

［六·七〇］白翎

北方有蟲曰白翎，如蠛蠓而細，其翎白色，故名。夏月嗑人膚，輒起紅粟，奇癢，甚則成瘡，大率如南方之鷄末子，察難知也。乙巳六月暑濕薰蒸，此虫極多。余作詩責之，遂絶，不復至，亦似有知者。

［六·七一］蠍

蠍一名蠆，螫人蟲也。莊子：『其智憯于蠆蠍之尾。』通俗文：『長尾爲蠆，短尾爲蠍。』

左傳：『蠭蠆有毒。』國語：『申生曰：「雖蠍譖，焉避之？」』是蠍與蠆小有別。詩『卷髮如蠆』謂其尾曲上捷，左傳：『子爲蠆尾。』然則蠆尾較長，信也。京師居人多以紙泥窗壁，夜聞其行有聲，剔燭去之。舊云鼠婦之大者化爲此虫，蜥蜴能食之，故蜥蜴亦名蠍虎。又爲蝸牛所食，規之以迹不能動。今人蠍螫人，以蝸牛涎塗之立愈。嵇含曰：『諺云：「遇滿百，爲蠍所螫。」而唐制三月上巳日，賜侍臣柜柳棬，帶之免蠆毒，是教其下怙過也。』陶隱居曰：『有雌雄。雄〔五四〕者螫人，痛〔五五〕止一處。雌者痛牽諸處。入藥用尾，謂之蠍梢。北方生捕之，噓以風即止不動，取貯筒中聽用。或戲以筳擊其背，輒反其尾，螫之不得，自中其背。如是數四，宛轉而死，死則尾脱，藥力緩矣。』〔五六〕

己巳嘉平十四日男勳懋敬校。

校勘記

〔一〕抄本此處無『硬』字。
〔二〕功，抄本作『切』。
〔三〕何，抄本作『可』。
〔四〕水，抄本作『公』。
〔五〕抄本『煤窑』二字爲小字注。
〔六〕變，抄本作『爕』，誤。
〔七〕轄，抄本作『轊』，正字通車部：『轊，俗「轄」字。』

〔八〕傳，抄本作『傳』，形近而誤。
〔九〕四，抄本作『西』，據雞肋編當以『四』爲正。
〔一〇〕音，抄本作『者』，誤。
〔一一〕抄本此句句首『其』前有『則』字。
〔一二〕嘗，抄本作『賞』，誤。
〔一三〕飈，抄本作『飇』。『飈』是『飇』的今字。龍龕手鏡風部：『飈飇，二今。飇，正，布遥反，狂風也。』
〔一四〕閧，抄本作『開』，形近而訛。
〔一五〕抄本此處脱『青』字。
〔一六〕考，抄本作『老』，誤。
〔一七〕荚，抄本作『莫』，誤。
〔一八〕穜，抄本作『種』。今周禮籩人鄭玄注作『穜』，當以『穜』爲正。
〔一九〕縠，抄本作『糓』。『縠』、『糓』異體。集韻屋韻：『縠……或從米。』
〔二〇〕穰，影抄本作『禳』，今據抄本正。
〔二一〕左，抄本作『在』，誤。
〔二二〕抄本此處衍一『合』字。
〔二三〕芊，影抄本、抄本均作『芊』，當爲『芊』之誤。
〔二四〕抄本此處無『是』字。
〔二五〕抄本此處衍一『漢』字。

〔二六〕抄本無『其奈』二字。

〔二七〕末，影抄本、抄本均作『未』，當爲『末』之誤。

〔二八〕抄本此處脱『使』字。

〔二九〕抄本此處無『戲』字。

〔三〇〕抄本此處無『鼓』字。

〔三一〕臭，抄本作『复』，誤。

〔三二〕污，抄本作『汗』，誤。

〔三三〕材，抄本作『村』，形近而訛。隸辨卷六：『寸……亦作才。』

〔三四〕抄本此處衍一『云』字。

〔三五〕抄本此處無『醮』字。

〔三六〕抄本此處衍一『美』字。

〔三七〕荏，抄本作『荏』，誤。

〔三八〕且，抄本作『者』。

〔三九〕闐，抄本作『闐』，誤。

〔四〇〕似，抄本作『以』，誤。

〔四一〕趙，抄本作『起』，誤。

〔四二〕芊，抄本分爲『世』、『千』兩字，誤。

〔四三〕𪓐，抄本作『𪓐』。龍龕手鏡雜部有此字，作『𪓐』。

〔四四〕雨，抄本作『南』，誤。
〔四五〕陳，抄本作『東』，蓋當作『陳』。
〔四六〕影抄本此處衍一『閱』字，今據抄本正。
〔四七〕互榛，抄本作榛榛。今周禮作『互榛』。
〔四八〕檗，抄本作『繫』，誤。
〔四九〕似，抄本作『如』。
〔五〇〕抄本此處衍一『子』字。
〔五一〕抄本此處脱『禮』字。
〔五二〕蟀，抄本作『蟋』。
〔五三〕赤，抄本作『亦』。
〔五四〕抄本此處脱一『雄』字。
〔五五〕痛，抄本此處作『病』。『痛』爲是。
〔五六〕抄本卷末有『過夏雜録終』五字。

過夏續録

過夏續録目録

過夏續録……（一一五六）

過夏續録

海寧周廣業

〔一〕靳氏

左傳莊十一年：『宋公靳之。』注：『戲而相愧曰靳。』吴元滿六書正義乃云：『靳姓，宋公靳之後，楚大夫靳尚、漢靳欽。』可怪也！

〔二〕桑欽

水經世傳桑欽作。王應麟地理通釋云：『桑欽君長〔一〕，漢成帝時人。見儒林傳。隋志不言欽撰水經。』又引通典曰：『水經不詳所撰者名氏，亦不知何代之書。』廣案：漢書：『欽，河南人。嘗從平陵塗惲子真撰毛詩地理志。』本注往往引桑欽説，疑君長故明於水道者，特非今之水經耳。姚寬西溪叢語則云：『別有桑欽。』

〔三〕易圖

十三經原有圖者惟禮記投壺，餘皆無圖，而後儒補爲之。易六十四卦二體六爻之畫，聖人但爲之象，此不圖之圖也。自朱子本義列九圖於卷首，學者尊信之，以爲易之精蘊在是矣。間有疑而辨之者，終未明暢。吾浙胡東樵著易圖明辨十卷，始河圖、洛書，訖象。數流弊先列諸家論説，後斷以案。舉凡劉牧、陳摶〔二〕、邵堯夫及九宮、參同契諸似是而非之説，一概廓清，使五百年來理障一朝開朗，雖紫陽復起，亦無以易其言。真包犧之嫡冢也。東樵胡氏名渭，原名渭生，字朏明，東樵其別號，德清人。有刊本，余從邱芷房〔三〕師借讀一過。東樵自爲題辭云：『詩書禮樂春秋皆不可以無圖，惟易則無所用圖，六十四卦二體六爻之畫，即其圖矣。』案：圖與象不同，古所謂圖，肇端托始得其仿佛而已。故爾雅訓『圖』爲謀。象則擬諸形容，灼然可見矣。孔子曰：『河出圖，洛出書，聖人則之。』是知伏羲作卦先按諸圖，繼定以書，六十四卦即六書中所謂象形者。圖不可謂之書，書亦不可謂之圖。伏羲之卦，書也，兩圖在其中矣。傳曰：『物生而後有象，象而後有滋，滋而後有數。』六十四卦，象也，而數出焉，物生即其圖也，如畫家畫人物，以人物爲圖，而後畫以象之；無人物，無可象也。既以象之，從其始亦遂名之曰圖。伏羲雖聖，無河圖亦不能憑空畫卦，無洛書亦不能撰奇耦之畫。故曰不圖之圖。易通卦驗云：『伏犧精作易，無書以畫事。』此言以畫卦事爲治也。王充論衡云：『伏犧以卦治天下。』蓋古人治民不徒文告，聲律身度，君之一身即圖也。正月之吉，懸治象之法于象魏，又圖也，然則文周未繫辭之先，易之爲易，乃純是圖。今云『惟易無所用圖』，未免語病。當云：詩書禮樂春秋皆當別爲之圖，惟易則本書即圖，六十四卦二體六爻之畫是也。

〔四〕詩換字有深淺

三百篇有數章文同，止〔四〕於句中換一二字者。國風尤多，然其意自有淺深。謝枋得詩傳注疏説風雨篇云：『「凄凄」則風微雨細，但見其寒凉。「瀟瀟」則風勁雨大，瀟瀟然有聲。「如晦」則風狂雨驟，天昏地黑，一節緊一節。「夷」則心氣平和，「瘳」則如病頓愈，「喜」則有歡樂之心，不止於瘳也，亦一節深一節。』其説草蟲、甘棠、北風諸詩並然。余嘗推此以讀諸詩，大率如此。疊山可謂深於詩矣！是書早佚，近從永樂大典摘出，刻之知不足齋叢書中。

〔五〕春磨寨〔五〕

唐僖宗中和三年，陳州四面賊寨相望，擄民充食，號爲春磨寨。見册府元龜。

〔六〕偷江東集

後梁羅紹威字端己，魏州貴鄉人。太祖時爲魏博節度使，封長沙郡王，好書賦詩，時江東羅隱盛有詩名，紹威遣使叙南巷之敬，隱乃聚所爲詩寄之。紹威酷嗜其作，因名己所爲曰偷江東集。嘗有公讌詩云：『簾前淡泊雲頭日，座上蕭騷雨腳風。』雖深於詩者亦嘆服焉。見永樂大典本傳。

〔七〕禁毀碑碣

後唐明宗長興二年四月幸河南府，禁人毀廢所在碑碣。見薛氏五代史。

〔八〕五不足懼、六深可畏

薛氏五代史載明宗長興二年大理少卿康澄疏言：『國家有不足懼者五：陰陽不調、三辰失行、小人訛言、山崩川涸、蟊賊傷稼。有深可畏者六：賢人藏匿、四民遷業、上下相狥、廉恥道消、毀譽亂真、直言蔑聞。』帝優詔獎之，識者謂可畏六事實中時病。廣案：上五事皆下六事所致。知所畏，則不必懼，不知所畏，徒懼無益。否則天象示儆，災眚迭見，亦天人之變，侈然聽之，勢必至勸。長星食肉糜而後已，可乎哉！

〔九〕五經印本

宋史藝文志：『周顯德中，始有經籍刻板。』案：晁公武石經考異稱國子監有長興板本，則後唐明宗時已有之矣。薛氏五代志不載。惟石晉高祖天禄五年五月命道士張薦明以道、德二經雕上印板，學士和凝撰序，頒行天下。八年三月國子祭酒兼户部尚書田敏以印本五經書上進，賜帛五十段。二丈爲一段。實少帝嗣位之二年也。漢隱帝乾祐元年五月，國子監奏周禮儀禮公羊穀梁四經未有印板，願集學官參校雕造從之。據此，則五經印自唐而群經備於漢周也。

〔一〇〕方虚谷

陳櫟定宇集〔六〕有哭方虚谷先生詩，自注：『丁未歲正月十四日卒於杭。』詩云：『目深窺理窟，身獨據詩壇。偏得古猶少，兼全公不難。槐柯千里幻，椿算八旬寬。癖愛湖山好，郎君待闔棺。』余案：癸未雜識别集載方回事甚詳，極其醜詆，且謂鄉曲怨之切齒，遂寓杭之三橋旅樓而不歸。又云：年已七旬，不歸田野。棄妻子，留連杭邸。買少艾之妾，歌酒自娱。則其人之無行可知。今觀定宇詩亦美中寓諷，末言『郎君待闔棺』尤爲棄妻子之明證。前輩詩便是史，不似後人一味贊頌也。

〔一二〕區田

齊民要術載氾勝之書『區種法』曰：『湯有旱災，伊尹作區田，教民糞種，負水澆稼。區田以糞氣爲美，非必須良田也。諸山、陵、近邑、高危傾坂及邱、城上，皆可爲之。區田不耕旁地，庶盡民力。凡區種，不先治地，就荒地爲之。以畝爲率，令一畝之地，長十八丈，廣四丈八尺，當橫分十八丈作十五町，町間分爲十四道，以通人行，道廣一尺五寸；町皆廣一尺四寸，長四丈八尺。尺直橫鑿町作溝，溝〔廣〕一尺，深亦一尺。積穰于溝間，相去亦一尺。嘗悉以一尺地積穰，不相受，令宏作二尺之地以積穰。種禾、黍于溝間，夾溝爲兩行，去溝兩邊各二寸半，中央相去五寸，旁行相去亦五寸。一溝容四十四株，一畝合萬五千七百五十株。種禾、黍，上令有一寸土，不可令過一寸，亦不可令減一寸。凡區種麥，令相去二寸，一溝容五十二株，一畝凡四萬五千五百五十株，麥上土，令厚二寸。凡區種大豆，令相去一尺二寸。一溝容九株，一畝凡六千四百八十株。禾一斗，有五萬一千餘粒。黍較少，大豆一斗，一萬五千餘粒。區種荏，令相去三尺。胡麻，相去一尺。天旱常溉之，一畝常收百斛。上農夫區，方深各六寸，間相去九寸，一畝三千七百區。一日作千區。區種粟十二粒。美糞一升，合土和之。畝用種二升。秋收，區別三升粟，畝收百斛。丁男長女治十畝。十畝收千石。歲食三十六石，支二十六年。中農夫區，方九寸，深六寸，相去二尺。一畝千二十七道，用種一升，收粟五十一石，一日作三百區。

下農夫區，方九寸，深六寸，相去一尺。一畝五百六十七區，用種六升，收二十八石。一日作二百區。昔兖州刺史劉仁之曰：『昔在洛陽，于宅外以七十步之地域爲區田，收粟三十六合。』然則一畝之收有過百石矣。少地之家所宜遵用〔七〕也。區中草生，茇之。區間草，以剗剗之，若以鋤鋤，苗長不能耘之者，以劬（劬）鐮比地刈其草矣。』氾勝之曰：『驗，美田至十九石，中田十三石，薄田十石。「尹（澤）〔擇〕」取減法。「神農」復加之。骨汁、糞汁種種：剉馬骨、牛骨、麋鹿骨一斗，以雪汁三斗，煎之三沸。取汁以漬附子，率汁一斗，附子五枚。漬之五日，去附子。擣麋、鹿、羊矢等分〔八〕，置汁中熟撓和之。候〔九〕晏温，又溲曝，狀〔一〇〕如「后稷法」，皆溲汁乾乃止。若無骨，煮繰蛹汁和溲。如此則以區種之，大旱澆之，其收至畝百石以上，「十」倍於「后稷」。此言馬、蠶，皆出〔一一〕之先也，及附子，令稼耐旱，終歲不失于穫。穫不可不速，常以急疾爲務。芒張葉黄，捷穫之無疑。穫禾之法，熟過半斷之。』又氾勝之曰：『薄田不能糞者，以原蠶矢雜米種種之，則禾不蟲。又取馬骨剉一石，以水三石煮之，三沸，漉去滓，以汁漬附子五枚。三四日，去附子，以汁和蠶矢、羊矢各等分，撓呼老反，音攪。令同同如稠粥。先種二十日前時，以溲種如麥飯狀。當天旱燥時溲之，立乾；薄布，數撓，令易乾。明日復溲。天陰雨則勿溲。六七溲而止。輒曝藏，勿令受濕。至可種時，以餘汁溲而種之，則禾稼不蝗蟲。無馬骨，亦可用雪汁。雪汁者，五穀之精也，使稼耐旱。常以冬藏雪汁，器盛，埋於地中。治種如此，則常倍收。』金汁難造，頃一友言一法，甚簡易：取糞不論濃淡，貯缸中，以皂礬即緑礬約略多少入之，攪勻曝日中，數日便澄清如水，不臭，金汁成矣。

〔一二〕戲下

史記項羽本紀：『諸侯罷戲下。』注家以爲『戲』同『麾』，旌也。案：說文：『戲，三軍之偏也。一曰兵也。從戈虛聲。』徐鍇曰：『史記所謂「戲下」也，惟智反，則當讀如字。』

〔一三〕吳彩鸞書唐韻

吳彩鸞本女仙，自言西山真君之女。唐太和末，進士文簫客鍾陵，中秋于歌場邂逅，遂嫁之。簫拙於爲生，彩鸞以小楷書唐韻一部，市五千錢爲餬口，計一日可了數萬字。自是世多得焉。歷九年，同仙去。宋御府藏正書唐韻十有三。後有詹鸞者，慕彩鸞，因名鸞。書唐韻極有功緒，御府亦藏之。見宣和書譜。

〔一四〕歲華紀麗

唐韓鄂，昌黎人，著歲華紀麗四卷，海鹽鄭端簡有之，胡震亨寫寄俞羨長，令入唐類函歲時部。

〔一五〕儒學傳

史末有以『儒學』稱者。東都事略始有儒學傳。宋史又改爲『道學』，不知道學傳爲六朝時黃冠之學，其書名見太平御覽甚多，不如『儒學』爲得實也。其作元公傳云：『周敦頤字茂叔，春陵人也。初名敦實，以蔭爲將作監主簿，調南安軍司理參軍。南安囚，法不當死，轉運使欲深治之，敦頤争不勝，投其告身以去，曰：「如此，尚可仕乎？殺人以媚人，吾不爲也！」轉運使感悟，囚卒不死。後通判永州，用吕公著薦擢廣南東路〔一二〕轉運判官，移提點刑獄，以病求知南康軍，病且劇，上南康印分司南京。敦頤酷愛廬阜，買田其旁，築室以居，號曰濂溪，卒年五十七。敦頤倡明道學，程珦嘗與爲友。珦之二子顥、頤聞敦頤論道，遂厭科舉之業，慨然有求道之志。敦頤嘗著通書行于世，子燾爲宣文閣待制。』案：東都事略百三十卷，王稱撰，叙事簡核有法，但少略耳。元公二子：長燾，次壽字元翁。黄魯直跋周元翁龍眠居士大悲贊云：『吾友周壽元翁，純粹動金石，清節不朽，雖與日月争光可也。其言語文章，發明妙慧，非爲作使之合，蓋其中心純粹而生光輝耳。少時在廬陵與之同僚，此時元翁猶少年，已能重厚抑畏，無兒子氣，遂（濟）〔洊〕登。兹茂叔有子，蓋豫章生七年便知其有棟梁用耳。』中疑有誤字，當更考。山谷又書次韻周元翁遊青原山寺後云：『予曩時上七祖山，極愛其山川，故爲予友元翁作此詩。又出上方之南，得古釣臺，嘉遯世不見其光輝者，元翁亦請余賦詩。詩曰：「避世一邱壑，似漁非世漁。獨尋嘉橘頌，不遺子公書。笋蕨林塘晚，絲緡歲月除。安知冶容子，紅袖泣前魚？」元翁以青原遺迹，但有顔公大字書，當並刻此二詩，使來者得觀焉。其後各解官去，不果刻。海昏王子駿以生絹來乞書。子駿于余外家有連，故書。予之能以青石板而遺之祖山，亦一段奇事。』元翁，余家譜有傳。觀山谷二跋，亦可想其風致矣。

〔一六〕福德桑

齊民要術：『蠶初生以毛掃，用荻掃，則傷蠶。調火令冷熱得所。小時採福、德上〔一三〕桑謂福德土也。著懷中，令暖，然後切之。』

〔一七〕切韻

沈括筆談：『切韻之學本出西域，漢人訓字止曰讀如某字，未用反切。然古語已有二聲合爲一字者，如「不可」爲「叵」，「何不」爲「盍」，「如是」爲「爾」，「而已」爲「耳」，「之乎」爲「諸」之類，似西域二合之音，蓋切字之原也。如「輭」字文從而、犬，亦切音也。殆與聲俱生，莫知從來。今切韻之法，先類其字，各歸其母，唇音、舌音各八，牙音、喉音各四，齒音十，半齒、半舌音二，凡三十六，分爲五音。天下之聲，總於是矣。每聲復有四等，謂清〔一四〕、次清、濁、平也，如顛、天、田、年、邦、胮、龐、厖之類是也。皆得之自然，非人人〔一五〕爲之。如「幫」字横調之爲五音：幫宮之清、當商之清、剛角之清、臧徵之清、央羽之清。縱調之爲四等：幫宮之清、滂宮之次清、傍宮之濁、茫宮之不清不濁是也。就本音、本等調之爲四聲：幫宮清之平、牓宮清之上、傍宮清之去、博宮清之入是也。四等之聲，多有聲無字者，如封、峰、逢止有三字，邕、胸止有兩字，竦、火、欲、以皆止有一字。五音亦然，滂、湯、康、蒼止有四字。四聲則有無聲，亦有無字，如蕭字、肴字，全韻皆無入聲，此皆聲之類也。所謂切韻者，上字爲切，下字爲韻，切須歸本母，韻須歸本等。切歸本母，謂之音和，如「德紅」爲「東」之類，「（紅）〔德〕」與「東」同一母也。字有重中重、輕中輕，本等聲盡，汎入別聲，謂之類隔。雖隔等須以其類，謂唇與唇類，齒與齒類。如「武延」爲「綿」、「符兵」爲「平」是也。韻歸本等，如「冬」與「東」字母皆屬端字，「冬」乃端字中第一等聲，故「都宗」切「宗」字第一等韻也，以其歸精字，故精，徵音第一等聲。「東」字乃端字中第三等聲，故德紅切「紅」字第三等韻也，以其歸匣字，故匣，羽音第三等聲。又有互用借聲，類例頗多，大都自沈約爲四聲，音韻愈密。然梵音則有華、竺〔一六〕之異，南渡之後，又雜以吴音，故音韻厖雜，師法多門。至所分五音，法亦不一，如樂家所用，則隨律命之，本無定音，常以濁者爲宫，稍清爲商，最清爲角，清濁不常爲徵、羽。切韻家則定以唇、齒、牙、舌、喉爲宫、商、角、徵、羽，其間又有半徵、半商，如來、日二字是也。皆不論清濁。五行家則以韻類清濁參配，今五姓是也。梵學則喉、牙、齒、舌、唇之外又有折、攝二聲，自臍輪起至唇上發，如『鈝』浮金切之類是也。攝聲鼻音，如『歆』字鼻中發之類是也。字母則有四十二，曰：阿、多、波、者、那、囉、拖、婆、茶、沙、嚩、哆、也、瑟吒二合、迦、娑、麽、伽、他、社、鎖、呼、拖前一『拖』輕呼，此一『拖』重呼。、奢、佉、叉〔一七〕二合、壤、曷、攞多二合、婆上聲、車、娑麽二合、縒、伽上聲、吒、拏、娑頗二合、娑迦二合、也娑二合、室者二合、佗〔一八〕、陀。爲法不同，各有理致。雖先王所不言，然不害有此理，歷世浸久，學者日深，自當通徵耳。』

〔一八〕工尺

俗樂用工尺『上四』等字。案：『四上』見楚辭大招，云：『四上競氣，極聲變只。』王逸注：『四上謂上四國代、秦、鄭、衛也。』洪興祖補注：『四上謂聲之上者有四，謂代、秦、鄭、衛之嗚竽也，伏犧之駕辨也，楚之勞商也，趙之簫也。』文選顏延之三月三日曲水詩序：『三奏四上之調，六英九成之曲。』注亦用王逸說。然由競氣、極氣聲思之，當非『上四國』之謂，而調之謂也。今十字譜已見宋史樂志，而猶未明。惟沈括補筆談最詳。其言曰：『十二律，每律名用各別。正宮大石調、般涉調七聲：宮、羽、商、角、徵、變宮、變徵也。今燕樂二十八調，用聲各別。正宮大石調、般涉調皆用九聲：高五、高凡、高工、(高)[尺]、上、高一、高四、勾、合，凡大石同此，加下五，共十聲。中呂、雙調、中呂調皆用九聲：(竪)[緊]五、下凡、高工、尺、上、下一、下四、六、合，雙角同此，加高一，共十聲。高工、[高大石調、]高般涉皆用九聲，下五、下凡、工、尺、上、下一、下四、六、合，高大石角同此，加高四，共十聲。道調宮小石調、正平調皆用九聲：高五、高凡、高工、尺、上、高一、下四、六、合，小石調加勾字，共十聲。南呂宮歇指調、南呂調皆用七聲：下五、高凡、高工、尺、高一、高四、勾，歇指角加下工，共八聲。仙呂宮林鍾商、仙呂調皆用九聲：緊[一九]五、下凡、工、尺、上、下一、高四、六、合，林鍾角加高工，共十聲。黃鍾宮越調、黃鍾羽皆用九聲：高五、下凡、高工、尺、上、高一、高四、六、合，越角加高凡，共十聲。外則爲犯。燕樂七(音)[宮]：正宮、高宮、中呂、道調宮、南呂宮、仙呂宮、黃鍾宮。七商：越調、大石調、高大石調、雙調、小石調、歇指調、林鍾調(商)。七角：越角、大石角、高大石角、雙角、小石角、歇指角、林鍾角。七羽：中宮呂調、南呂調又名高平調、仙呂調、黃鍾羽又名大石調、般涉調、高般調、正平調。』又云：『十二律並清宮，當有十六聲。今燕樂止十五聲，蓋今樂高於古樂二律以下故無正黄鍾聲。今燕樂止以合字配黄鍾，下四字配大吕，高四字配太簇，下一字配夾鍾，高一字配姑洗，上字配中吕，勾字配蕤賓，尺字配林鍾，下工字配夷則，高工字配南宫，下凡字配無射，高凡字配應鍾，六字配黄鍾清，下五字配大吕清，高五字配太簇清，緊五字〔二〇〕配夾鍾清。雖如此，然諸調殺字，亦不能盡歸本律，故有祖調、正犯、偏犯、傍犯，又有寄殺、側殺、遞殺、順殺。凡此皆後世聲律瀆亂，各務新奇，律法流散。然就其間亦自有倫理，善工皆能言之，此不備紀。』

〔一九〕孔子有妾

孔子有妾，古所未聞。楚詞東方朔七諫曰：『路室女之方桑兮，孔子過之以自侍。』王逸注：『言孔子出遊過於客舍，其女方采桑，一心不視，善其貞信，故以自侍。』過，一作遇。此説不知何據。

〔二〇〕病無人過目

岳肅之嘗以所著數種及奏稿遺參贊高紫微，聞以閲讀，未及賜報，平日正病無人爲〔二一〕過目者，兹不待向有所别白，平生漫浪筆研間爲不虚矣。因贈二首。其一云：『夜半軍書尚掣鈴，想應欹枕夢難成。新凉頗復欺長夜，舊事何妨閲短檠。人説文衡〔二二〕真有托，公於詩卷若爲評。復襄遺迹吟如許，試考當年六萬兵。』見玉楮詩稿〔二三〕。大抵人有著述，後人既苦無相知定之者，當時又慮無肯細讀一過者，非箇中人不能道此語也。

〔二一〕自全計

何孟春餘冬序録稱其先世萬十九公值元季之亂，衆議欲避兵入廣，欲結寨防盜，請公爲率，公概不許。曰：『匹夫懷璧必爲身累！』乃盡出其貲與人，蕩其宇，身挈妻子，走山田間，與故佃夫別覆茅以居，耦耕自活。鄉有識效之曰：『是固自全計也。』遠近聞之，無入掠其鄉者。

〔二二〕江湖風信

沈括筆談云：『江湖間唯畏大風，冬月風行有漸，船行可以爲備。惟盛夏風起於顧盻間，往往罹難。聞江國賈人云：「夏月風多作於午後，船行者，五鼓初起，視星月明潔，四際至地，皆無雲氣，便可行，至巳時即止，如此無復與暴風遇矣。」國子博士李元規云：「平生行江湖，得此術，未嘗遇風。」』余嘗聞友人張宜君云：『日將落時，西北忽有紅氣一道，似虹非虹，謂之風牌。逾一兩時，必有狂風暴雨，船行宜早停泊，嘗兩度見之，皆不爽云。』

〔二三〕文翁

張崇文歷代小志：『文翁姓文名黨字仲翁，景帝時蜀郡太守。』今漢書不載其名。

〔二四〕魯子

公羊傳稱引魯子者五，何休無注。郝經三傳以語、孟傳注無魯子，疑『魯』爲『曾』傳寫之誤，因謂左氏、公羊皆出曾子。案：漢書古今人表魯子列中〔二四〕，與沈子、北宮子、尸子同等，沈子善春秋，則魯子可知。豈可强改爲『曾』邪？

〔二五〕考工記

周官補以〔二五〕考工記，釋文引鄭氏曰：『此前世識其事者紀録以備大數爾。』其何以名『考工』，未有説。案：漢書百官表：『少府秦官有考工室，武帝太初元年更名考工室爲考工。』史記：『田蚡嘗請考工地益宅。』如淳曰：『冬官爲考工，專作器械也。』如淳曰：『考工，官名也』，然則考工記固先秦之書矣。

〔二六〕漢語

漢書貢禹傳：『俗皆曰：「何以孝弟爲？財多而光榮。何以禮義爲？史書而仕宦。何以謹慎爲？勇猛而臨官。」』

〔二七〕及第、出身

進士前三人謂之及第，餘皆賜出身。宋元明以來大概相同。第者，名第也。漢書儒林傳：『太常歲課郡二千石所上，能通一藝已上，補文學掌故缺，其高第可以爲郎中，太常籍奏。』此『第』字所由昉也。隋唐設進士科，天下州縣貢士試禮部試〔二六〕，合格者爲及第，亦曰登第，言其姓名入等第也。否則爲下第、落第、不第，皆罷黜者也，時進士極少。至宋乃多至數百〔二七〕，分五甲，獨第一人爲及第，餘皆出身，而不得謂之及第。今惟及第者皆授官，餘則或入館分部選縣，而縣又有即用、歸班之分，歸班非十餘年不能服官也。故同在一榜，而有仙凡之隔。

［二八］西山

京師西面有山，峰巒雄峻，去城三十里而遥，蒼翠之色撲人眉宇，余欲一往探其勝，未果。每大雪初霽，朝陽照曜，其如燭龍之在崑山。京師八景，其一爲『西山霽雪』。帝京景物略云：『西望一山，高秀如駝峰者，戒壇後五里極樂峰也。』

［二九］積水潭

積水潭即西海子也。東西闊二里許，中多植荷花，人因名蓮花池，又名浄業湖，以水陽有浄業寺也。水從宫墻流入禁城爲太液池，俗呼海子套。詳燕都遊覽志。嘗於夏月至金鰲、玉蝀觀荷，折而北出北安門，至鼓樓西斜街銀錠橋，地當潭北，所見無非荷花。案：太液池舊爲西苑禁地，非大臣賜遊不得到，今紫禁城外並許車馬往來，經之者如逢仙界，因紀〔二八〕以詩云：『太液池邊仙境寬，當年西苑賜遊難。聖朝處處同民樂，菡萏花開得飽看。』

［三〇］熊公故第

北半截衚衕與爛麪、繩匠等衚衕毗連，其地房宇相傳皆明嚴分宜舊址。今割裂不可考，唯聽雨樓尚爲東樓遺迹，喬木參天，爲數百年物。樓入國朝，數易其主。康熙間，吾鄉湯西厓先生居此，於樓北土中得石數笏，移置書齋前，吾寧查他山老人嘗題爲得石軒，今石尚存，有之者即他山之從孫也。樓之東北别一宅，康熙間熊文端公賜履故第，有堂曰翔鶴堂，後北廊有石刻嵌壁十八片，上勒聖祖臨董帖，謹識於此。

尋章摘句，華麗詞藻，非帝王之所本。朕四十餘年，惟日兢兢，未嘗晷刻稍釋萬幾，自警也。政事稍暇，頗好書射，歷年以來，所積臨摹字幅，賜卿等觀看：『故園渺何處，歸思日悠哉。淮南秋雨夜，高齋聞雁來。良宵迎爽至，舊簡拂塵看。駒影過窗駛，螢光映室寒。吟餘砧欲度，檢處燭初殘。漫訝還生卧，潛來太乙觀。五車繙未易，尺璧寶非難。月幌牙籤白，霜庭草帶丹。居然照千古，糟粕笑侯桓。』前有康熙御書之寶〔二九〕，後署『賜經筵講官東閣大學士兼吏部尚書加一級臣熊賜履』。熊，湖廣孝感人，順治戊戌進士。康熙十四年，由翰林院學士授武英殿大學士，尋罷。三十八年，復由吏部尚書授東閣大學士。四十八年卒于家，謚文端。其罷任年月未考。見中書掌故彙記。嘗見所著下學堂劄記二卷，皆格言也。

〔三一〕古銅戈

古銅戈，一重六两三錢，無銘，色紅，多翡翠斑。汪君廣仁得之肆中，程君爲摹圖。

〔三二〕四出五銖鐵錢

四出五銖錢鐵一，吴君騫寄其友陳君克恕者，云乙巳夏秋之交，江浙大旱，太湖水涸數百里，有〔三〇〕漁人掘土，得一獨木船，長二丈，闊四尺，中有五銖錢三百餘千，半雜沙土，衆争取之。吴君購得數十枚，面有『五銖』二字，背文四出，乃梁普通中所鑄鐵錢也。按之〔三一〕洪遵泉志，大小輕重悉合。其船繫烏溪港口，數月無售者，乃析爲薪，因謂是年之旱爲蕭梁以來所未有。余嘗記詹景鳳性理小辨記一事：萬曆十七年東南大旱，自正月至七月不雨，彭蠡、洞庭、太湖皆涸，見太湖中心有石井及井欄尚存，欄下有稻穰數束，尚未朽。此湖入國朝二百餘年未涸，此稻穰知是何代物，夫〔三二〕井欄、稻穰必其始瀕湖居民而後没于湖者，謂爲中心，恐未必然。若此船入土既深，非旱之奇而且久者，無由掘得也。是年，程君易疇遊楚，親見鄱陽湖僅如一溝，小船皆牽挽而行，况太湖乎？

〔三三〕穿井

穿井以得泉者爲貴，味美難涸。欲知之者先用數大盆貯水置數處，俟星氣清朗，于盆中觀所照星何處最大而明，則地中必有甘泉，識其處掘之。見癸辛雜識續集。居家者亦不可不知。

〔三四〕京城門名

京城創自遼金，門名屢易，今九門皆因明舊，然如順成、齊化、平則三門，民俗所稱與門額不同。考元至元初十一門：南三門，正曰麗正，右順承，左文明。北二門，東安貞，西健德。東三門，右齊化，左光熙。西三門，正和義，右肅清，左平則。明初廢光熙、肅清，餘仍之。正統四年重修，改麗正爲正陽、文明爲崇文、順承爲宣武、齊化爲朝陽、平則爲阜成。乃知俗稱尚沿元舊，而易『承』爲『成』也。

〔三五〕衚衕

京師坊巷衚衕，名目極繁，難盡記憶。余初至此，頗類温人入周，問其巷而不知也。然其命名必有自昉。舊有坊巷衚衕記，不可得見。海寧會館之西名棉花衚衕，畫爲上下，又各分一二三四等條。友人有寓此者，戲以劉棉花自比，見之題咏。按：明成化間有劉閣老吉，保定博野人，屢爲臺諫所劾，而寵眷益隆，人謂之劉棉花，以愈彈愈起也。事載芷沅治世餘聞、文林琅玡漫抄等書。余謂此衚衕未必因劉得名，而因是可見前明弊政。凡小人得志，臣鄰攻之益力，主上護之益堅，是教之持牢也。故大人在格君心之非，而人不足與適也。

〔三六〕名刺

癸辛雜識曰：『昔日投門狀，有大狀、小狀，大狀則全紙，小狀則半紙。今時之刺，大不盈掌，足見禮之薄矣。』菽園雜記曰：『漢晉用名刺。唐用門狀。嘉靖時士大夫刺紙用白鹿紙，如兩指闊，而書簡或用顔色蘇箋，以爲大事，亦止一尺長耳。近則競用奏本白綠羅紋箋，甚至松江五色蠟箋，臙脂毬、青花鳥〔三三〕，格眼白綠，官司年節以大紅紙爲拜帖，餽送以銷金大紅紙爲禮書，封筒長五六尺、闊四五寸云，起於京師貴戚。可謂奢侈暴殄之極矣！』是二説者，草窗以小刺爲薄，文量以大紙爲侈，蓋皆失其中者也。近京師尋常拜客，止用片紙，單書姓名於上，甚省煩費。而外省州縣禀帖必用青梅紅全紙爲之，紳士遇婚嫁皆銷金大紅全簡長筒，蓋即紙札一項，費已不貲。夫子不云乎『禮與其奢也寧儉』？

〔三七〕俗字

邸抄中有『皝』字。『乙巳六月初七日夜，直隸吉之奚妻尹氏獨在室皝臥，有楊秀恭者潛南方亦謂挺身而臥曰𨈆，以偃然如尸，故每以爲怒詈之辭，居常不輕用也。
往圖姦，尹氏喊嚷，始逃。隨羞忿投繯。題請旌表。』案：『𨈆』字不經見。惟説文長箋『矘，目無睛，直視也。借凡直曰矘，如卧地曰矘，瀉地曰矘』之數〔三四〕字旁從目，與此從身者不同。

〔三八〕紙燈

元夕前後内城東單牌樓、外城菜市口諸處，俱買五色紙燈，謂之燈市。間有謎字，亦無異思，其無由揣擬者，則鼓兒詞也。

〔三九〕蒿子燈

中元用新荷葉炷燈于中，謂之荷葉燈。又以蒿草高六七尺者，枝葉繁茂，綴紙於枝葉間，仍各懸綫香一炷，每本可綴百數十炷，候〔三五〕夜焚之，謂之蒿子燈。蓋古人焫蕭之意。漢書：『練時日焫膋蕭。』注：『李奇曰：「蕭，香艸也。」』

〔四〇〕拜月

中秋以紙印作兩層，上層月殿，下層白兔擣藥，四面用蘆糊作長槅，謂之月光菩薩，猶南方所謂馬張也。月上時，素饌瓜菓，向東望祭，婦女羅拜，謂之拜月光。

〔四一〕小兒食疳

小兒飲食不節，致成疳積，腹脹泄瀉。用皮硝叁錢、杏仁七粒、生梔子七枚、紅棗七箇、葱白連鬚七根、飛麪三〔三六〕錢，酒釀混酒脚亦可和擣如泥，攤貼腹上，以布縛之，腹露青黑色，五日一換，以腹白爲度。重者不過三作，無不愈者，曾試有驗。

[四二] 驗方神咒

元伊世珍瑯環記載經驗方云：經霜冬瓜皮同朴硝煎湯洗，翻花痔立愈。又法：以蘿蔔洗之，亦治痔。按：姚寬西溪叢語引臨安府仁和縣圖經云：『縣東十里出鹽消，煉成朴消。又有冬月自地中湧起消，通透光瑩者名霜花，亦名劍脊消。藥中用爲玄明粉、紫雪之類。』生白礬末半分，入臍以一指甲水滴之，治婦人小便不通。細辛、白芷、雄黃、好酒、硃末入麝香少許，服，治毒蛇、風狗咬。鹽和油敷，治蜘蛛咬，遍身生絲。亂髮灰吹入鼻，治鼻[三七]衄欲死。黄連一兩酒浸，曬吴茱萸一兩，滚湯泡七八次，聞木犀香止，曬乾，用真神麯和爲丸，梧[三八]子大，食後荷葉湯送三十丸，治梅核膈。余三弟婦患此十數年，百藥不效，惜未知此方也。蜜陀僧、滑石等分，生姜汁調敷，治腎囊瘡。用碗水[三九]虚空以手指寫『天上金雞叫，地下草雞啼，兩雞并一雞，九龍下海，喉嚨如滄海』二十五字，口誦七遍，飲之愈骨鯁。又書『馬飛龍下，魚化丹邱』八字亦佳。見二酉餘談。又空同子載骨鯁方，以玉簪花根汁滴之則化。詹景鳳性理小辨載二方，遇仙胡麻丸，治癩，風土胡麻，去土，净白蒺藜，研去刺，揀净炒白苦參去蘆各八兩，軟防風去蘆、荆介穗去梗各六兩，川當歸，去蘆，酒洗蔓荆，去衣，不見火各四兩，大風子去殼，净四兩，切片研細，布包二層扎緊，用火燒净瓦二片，將紅，用一片蓋，雙腳著布底厚鞋踏緊，油净爲度。

[四三] 點春、打春

屠用謙綿州志：『立春先一日，春官著綵衣舞於公堂，説吉利語，謂之點春，本日謂之打春，遂鞭土牛至碎也。』案：打春，浙中亦有此稱。點春，字則甚新也。

〔四四〕太學碑

太學文廟大成門外，碑板林立。階東一碑，爲元加封詔書。階西一碑，爲元加贈聖祖父母詔書。又西三碑：一爲進士題名；二爲國子生題名録，皆明、國朝進士，題名元明者，皆有記刻上方，列進士姓名、籍貫〔四〇〕於下方，國朝皆無記。階之極西末新豎一碑，係乾隆庚子題名，先兄名籍在焉。兄以親老急於禄仕，授寧波教授，未及終養，遽以病亡，睹之益增傷感。嘗元試進士先後共十餘科，加國子公試中選等題名，當有二十餘碑，何以止存其三？葉盛水東日記云：『聞（統）〔阮〕安督工建太學時，悉取前元進士碑，磨去刻字，置之隙地，令三年一立石，皆此物也。若新建廟學之碑，則即程鉅夫國子學先聖廟碑石，而又屬鉅夫裔孫南雲書之。當時以爲非偶然之故也。』又云：『太學有前元加封孔子制碑卧草間。天順四年，劉祭酒從益語李閣老曰：「欲具奏重立門下。」李言此立則可耳，何用奏？盛謂從益曰：「此前代所立，若建學時，因而不改可也。今國子監建自我朝，已有御製文，一旦復立前代詔旨，若具奏重立，恐亦未當。」其後不知如何，既而兩碑者皆立而復仆矣。』據葉説如此，元加封碑即今階東西之碑也。其重立又不知何時。新立之進士碑，或云市諸舊廟，磨去其字爲之，然文字稀少，石亦狹小，即買之新石亦非難也。程鉅夫碑立於仁宗皇慶二年。

〔四五〕僧尼

僧尼人皆呼之爲老爺，否則怫然不悦。僧極俗黠，其飲酒食肉固無論也。梁家園壽佛寺僧嘗募錢，冬月施粥，人多目爲善僧，後竟以元夜開放烟盒誘奸民，杖而逐之。姚福青溪暇筆載：『成化間，有富商寓齊〔化〕門一寺中，僧利其重貲，命衆徒先殺其二僕，旋以帛縊〔四一〕商死，埋寺後土中，以僕尸壓其上。越二日，有貴官過之，寺犬嘷不已，逐之，去而復來。官疑之，令人隨犬所至。犬向瘗所伏地悲嘷。因發視之，得二尸。尸下有呻吟聲，乃商復活也。灌以湯，少頃能言，遂聞于朝，捕僧寘法。是歲，例該度僧，因是而止。』嗚呼！僧不犬若也哉！

〔四六〕貢院

貢院在海岱門内觀天臺西北。黄溥閒中古今録曰：『明永樂中，親軍指揮紀綱宅址，綱以恃權怙勢，坐事伏誅，籍没夷族。』畿輔通志云：『元禮部舊基，明永樂時改，萬曆初拓地重建。』

〔四七〕召公

順天府學〔四二〕名宦祠，首召公。案：召公，尚書、史記名奭，説文引史篇名醜，春秋時號公亦名醜。

〔四八〕文文山

文信國祠舊建於柴市，今在府學，明季史閣部之生也，母尹氏夢信國入其舍，遂誕育焉。

前生、後生俱以忠烈著異矣。閣部名可法字憲之，大興人，揚州梅花有衣冠墓。先是，桐城左忠毅公視學京畿，拔置第一名，入拜夫人。曰：『吾諸兒碌碌，他日繼吾志事者，此生也。』後左以劾直臣璫死獄中，史亦握節以死焉。

〔四九〕閻、陳二典史

向客江陰，有弔閻、陳二公詩。後考縣志，不甚詳其事。頃見畿輔通志人物忠節門載：『閻應元字麗亨，紹興人，徙家通州，以吏員除江陰縣典史，禦海寇顧三麻有功，遷廣東英德縣主簿，道阻未赴，寓縣之東鄉。爲人鳳眉面黑，有智略，好騎射。嘗集鄉勇千人，以保一鎮。順治二年，大兵破江寧，列城皆下。江陰諸生許用倡守城，應者數萬。典史陳明遇主兵，用徽人邵康公爲將，而前都司周瑞龍泊江口相犄角，大兵擊敗之。明遇乃延應元入城，屬以兵事。應元〔四三〕請設高皇帝位，勵衆以大義。衆皆哭，願以死效，乃悉計拒，守八十日。城中食且盡，我兵乘風雨以大砲擊城。城崩，應元持短兵接戰。知不敵，至睢陽廟，奮聲大呼自沉於溪，溪淺，被曳出，死之。陳明遇、許用、邵康公同日死。』此叙閻事詳矣，當再考陳公事也。

〔五〇〕天齊帝像

齊化門外嶽廟帝及侍從像爲元世劉元所製。元寶〔坻〕人，始爲黄冠，師青州把道録，傳其藝。至元中，兩都名刹佛像多出其手。上都三皇尤古粹。仁宗時，元既塑天齊帝像，其侍從像久未措手。偶閲秘書圖畫，見唐魏徵像，瞿然曰：『得之矣。非若此，莫稱爲相臣。』遽走廟中成之。官昭文館學士。見元史。藝事雖微，尚必師古如此。東嶽廟創自張留孫，成於吴全節，時爲仁宗壬戌、癸亥年也。

［五一］王守備

王政行號次泉，昌平州人。明季嘗官守備，旋棄去。闖賊破京師，懷宗殉社稷，梓宫在殯，僞符下昌平，令葬而不給錢，遂無有以爲意者，政行乃糾義士，合政行得十人，痛哭，各出家貲凡三百五十千，請於官，啟田妃墓，納帝后其中，事竣，復痛哭而去。王政行以其子太學生敬嘗乞墓表于韓慕廬宗伯得傳，餘九人莫或知其姓氏矣。

［五二］古墨齋

古墨齋者，明萬曆中宛平令李蔭得唐李邕雲麾將軍殘碑嵌〔四四〕壁，而因以名其齋也。事詳前録。偶閲石墨鐫華載：『雲麾將軍碑在蒲城，楊用脩謂已斷，正德中，劉遠夫御史以鐵束之。又謂已亡。朱秉器又言良鄉有此碑。蒲城者，趙文敏臨書。今蒲城碑尚存未斷，無鐵束事。且薄城李思訓葬處北海，真迹非文敏所能；良鄉本肥媚，文敏書無疑，楊、朱二公未嘗至蒲城而朱尤瞽斷。余讀之益嘆金石之學不易言也。』夫良鄉之碑即趙明誠金石録所載唐雲麾將軍李秀碑在幽州者。今止存二石礎，子函復何所見而以爲肥媚耶？其能瞽斷更甚于朱。今碑移置文丞相祠，古墨齋名莫或知其存否。畿輔通志有李言恭古墨齋雲麾將軍斷碑歌一首，特録於此：『蒼頡史籀不可起，蝌蚪鳥迹今已矣。書苑千載尊鍾王，乃有北海接其軌〔四五〕。秀勁首推雲麾碑，當年落筆風雨隨。何人擊斷成碪礎？神物終爲造化私。歲歲委置荆榛裏，瓦礫冰霜竟誰視？數字糢糊苔蘚封，雙螭斷缺斤斧毁。吾黨好古有李侯，忽焉搜致如琳璆。一朝置向高齋壁，拂拭光芒動斗牛。李侯邀我把酒看，白日高堂氣自寒。人生屈伸亦猶此，屈於不知伸知己。』金石録：李秀碑，李邕撰並書。按：明皇以天寶三年改『年』爲『載』，今是碑元年正月立，而稱元載，何哉？據此，則趙氏猶及見此全碑也。子函不知有此，反以朱爲謷斷，可怪也！

〔五三〕四庫書字數

四庫全書開館於乾隆三十八年，先辦四分，續辦三分。每分計字七萬萬三千零八十一萬九千。前四分計共二十九萬萬二千三百二十七萬六千字，後三分計共二十一萬萬九千二百四十五萬七千字。薈要二分，計六萬萬字。全書薈要中各種提要計一千三百二萬字。先後考取謄録二千餘名，每名寫二百萬者列爲一等，一百六十五萬者列二等。篆字以一作十，隸字以一作五，圖一頁作字一千。疏者自兩三頁至八九頁折作一頁，中作兩三頁至十一頁不等。字不端楷者記過一次，罰寫字一萬。各省採進遺書並各家進呈書籍計共一萬三千五百零二種，除重本二百七十二種，已經發還各家書籍三百九十種外，送武英殿繕寫者三千九百八種，存原書九千四百十六種，内應遵旨交武英殿者六千四百八十一種，應發還各家者二千九百十八種，應銷毁一百四十四種，抽毁書一百八十一種。乾隆五十一年，奉旨清查實數，續辦三分，發生監蔡本俊〔四六〕等二十四人校對。五十二年春事竣，俱恩賞舉人，内丙午先自中式舉人者一名蔣光弼，賞給後因承辦李清諸史同異斥革者一名朱文鼎。

〔五四〕端罩

五十一年二月十六日賜禮部尚書彭元瑞黑狐端罩一件。謝表云：『著來恩重，憶舊服之鶉懸。捧出心驚，愓微衷于鵜翼。』

〔五五〕賢良祠

五十一年二月奉旨原任大學士于敏中著撤出賢良祠。三月，奉旨原任大學士徐本、高斌，伊犂將軍伊勒圖、直隸總督方觀承、兩江總督薩載，俱入祀賢良祠。

〔五六〕張烈婦

邱甲妻張氏，直隸人，家貧。甲傭于外，張依弟文禮以居。夜作無油，從鄰婦于忠元妻劉氏會績。有劉士遠者素狎。文禮是夜就忠元索逋，忠元赴集未回，劉出應。適士遠手携瓜子糖，劉輒取啖數枚，以其餘入。偶憶是日係張生辰，（庾）〔諛〕言無物相請，即以糖爲壽。士遠在院實與聞之。忠元旋歸，語竟各散去。翌日，士遠謔文禮曰：『昨晚吾曾買糖壽爾姊。』文禮歸問其姊，張以士遠造言褻狎，羞忿自縊。士遠依出語褻狎令本婦一聞穢言即便輕生，杖一百，流三千里例治罪，母老獨子，决杖留養。張氏照例旌表。甲辰臘月事。

〔五七〕韋馱保

韋馱保者，正藍旗人，娶民人湯作新女爲妻。作新家貧嗜酒，屢向馱保索飲，醉輒使酒。會除夕號呶不已，馱保之父諾爾布厭之，馱保遽促令去，且戒曰：『後不必來。』作新懷忿而歸。先是，湯氏患胃痛，馱保延醫調治。作新責其不先關白。後痛復發，馱保懲前事，走告作新，數往未值，最後乃發怒，踹門吵嚷。作新初未知爲女病求醫也，聞之亦大怒，控之京城吏目。馱保慮赴案拘留，勢必革退名糧〔四七〕，因自碾煤末一包，稱是作新所給伊女毒藥，令其調酒與伊母張氏服食，隨經救解。誣控于步軍統領衙，囑父母及妻扶同執證。妻初不從，馱保以休退嚇之，始允。既交部鞫訊，始果供認，加以窮詰，旋即吐實。部擬：湯氏被夫抑勒，誣告其父，與子孫謀告父母者有間，但既知誣告，不即吐實，應照子孫告父母，但誣即絞律絞立決。韋馱保流三千里，加徒役三年，係旗人，應折枷鞭責，但湯作新係外姻緦麻尊長，因口角微嫌，輒起意誣以謀命重情，致陷伊妻于繯首，應從重發往伊犁充當苦差。奏上，奉旨湯氏著改爲應絞，秋後處決。韋馱保情節可惡，僅發伊犁不足蔽辜，著削去旂籍，往伊犁給魯特爲奴。乾隆五十一年事。案：此事如果韋馱保所告屬實，湯作新固應絞候〔四八〕，湯氏聽從父命，謀毒親姑，雖未致死，罪亦應大辟。然則馱保此舉已早置作新父子死地矣。作新父女絶無致死伊母之心，保忽起殺機，僞造毒藥，逼妻調進，復堅供其妻父、髮妻共謀毒其生身之母，幸而作新部訊昭雪，而其女即免弑姑之罪，已蹈弑父之刑矣。夫此二人者，於韋馱保皆爲至戚，而皆有死之之心，實爲倫理所不容。聖主洞察其奸，改從重法，所以示懲戒者深矣。

［五八］命案

河南巡撫畢奏魯山縣人張山牛慘殺張拉一家七命事。山牛先賃拉屋居住，因與王順、劉庚閏群開賭，爲拉所逐，山牛遂夜糾順等以借錢爲名，殺拉及其母、嫂、妻、子女七人。山牛擬凌遲立決，餘擬斬。此五十一年二月事。本年命案有殺一家三命者，有五命者，至七命以爲極多矣。乃冬季山西巡撫勒奏絳州稷山縣武生裴泰祥因被史古年鷄姦，索銀未得，殺死古年及妻、媳、子孫一家十命。以一人手刃十人，視山牛更毒，比之虎狼，有過之無不及矣！

［五九］攔路虎

京師浩穰，莠良雜處，前門爲肩摩轂擊之地，尤多匪竊。丁未五月，中城御史勒奏稱：正陽門外中城兩坊所屬，有白日搶奪錢文賊匪一名，又有綽號攔路虎姚四、花貽膊任老兒等十數名，交部究辦。又有李三者，在周姓店鋪吵罵，驗其兩膊，上扎刺花事。同時，又有一人自稱綽號花貽膊李四，在大栅欄口外大街混罵營城司坊，攔阻過往行人。拿驗貽膊，上果亦扎刺『万』字。請旨將李三、李四先於生事地方枷號三月，滿日移交刑部，發黑龍江給披甲人爲奴，遇赦不准減等。以爲在輦轂重地擾害鋪户良民，自稱綽號，肆行無忌，混罵營司，毫不畏法者戒。又有趕車小民周三綽號周總兵亦拿獲重治。先是剪綹賊俗呼『小侶』，葉盛水東日記作『小李』，謂是昔時此賊之首，故傳以爲號。知此風相沿已久，然未有公言搶者，唯歲底封篆後，南城僻處傍晚經由都有被搶帽子之事，今於白晝通街肆行無忌，藐法極矣！勒御史此舉，都人盡稱快焉。説文長箋：『剪綹，通若作柳。』彼於衆中割衣盗物，則當作縷。縷，綫也。

［六〇］衛人

京師送喪最侈，舁柩者常多至六七十人，不問貴賤，惟力是視。舁柩槓木大斗許，長三四丈，塗以硃，小槓數十，繩繫叠架，亦塗硃。蓋即大小槓，已非二三十人不能舉矣。此必前代專爲職官飾，而後民庶亦通用之也。又有衛人者，以紙作人物、輿馬以及功布、亞翣、幢幡、蓋旂之類，填塞街衢，一路抛撒大白紙錢，紛飛布地。乞兒争拾之，以多爲貴。既殯之後，纔過百日，則已琴横凶席，繡積麻筵矣。昔漢韓延壽爲潁川太守，定嫁娶喪祭儀品。民遵其教，賣偶車馬、下里僞物者，棄之市道，蓋動以誠也。

［六一］元宵

京師正月燈節前後，市肆用糯米作粉團，名曰元宵。閱綿州志〔四九〕亦有此稱，謂十五日用祀天地、家神及祖先，祀後合家食之，謂之迎元宵。又元旦爆竹開門，向吉方拜，名曰出方。京師亦有向喜神方行之説，謂之迎喜。

［六二］周萃元

周萃元，江蘇贛榆人。由進士選廣東雷州府徐聞縣知縣，履任十年，有繼母吕氏在籍。丙午春，忽有人向藩司捏報丁憂，制府委員接署，萃元自訴並無其事。奏聞，奉硃批，奇事必應嚴察重治。今獲犯否，速奏來。欽此。隨據署督孫究出，係萃元族侄周永廷所爲，擬絞，入秋後情實處決。

〔六三〕儒門教

田恒實本名田恒，本安徽亳州人，其兄嘗以行混元邪教伏誅，恒實亦枷責。歲丙午，豫省多患時症，亳與永城縣接界，因往彼倡立儒門教名，編造歌詞，云每日念三次，望空禮拜，可消灾獲福。詞云：『清清凉凉棟梁材，翻三四五〔五〇〕正午年，大家都到龍華會，候着佛法保周全。』適有李善如患病，恒實令念之，果愈，遂入其教。不一月〔五一〕，轉展誘至十數人。縣令張珠訪拿詳究，奏聞部議斬決。上念其因貧困造歌騙錢，尚無悖逆不法情事，改應斬監候〔五二〕。見又七月邸抄。

〔六四〕京官

官於京師者謂之京官。宋時已有之。見老學庵筆記。今卿尹三四品謂之京堂官，八品以下謂之小京官。

〔六五〕太陽生日

二月初一日，俗傳太陽生辰。市民買五色餻啖之，謂之太陽餻。

〔六六〕文武官階封號

乾隆五十一年七月三日，通館進呈皇朝通志職官略一門所載文武官階，文職自正一品至從九品，共十八階；武職自從一品至七品，止十一階，多寡懸殊。上諭武職正一品應照前次欽定領侍衛内大臣爲正一品，增[五三]入一階，其正七以下，亦於内外武職微員酌定正從，照文階一體釐正。又志載，武官正從一品俱封榮禄大夫，正二至從五[五四]俱將軍，將軍爲專閫之帥，大夫係文臣之稱，乃舊例則封將軍，今又更封大夫，名義混淆。嗣後，正一至從二俱封將軍，正三至從九酌予都尉、騎尉、校尉等字，以示區別。十一月大學士[五五]阿等奏：查中樞備考自正一品領侍衛内大臣起至從八共十六階，自從一品提督起至正七共十一階，但文職合内外統計始有十八階，武職合内外止十六階，少正九、從九二階。查八旂有藍翎長、太僕寺委署固山達无[五六]品級，今擬將藍翎長作正九，太僕寺委署固山達作從九，又緑營七品以下未經設有官階，内外合計已足十八階之數，各省駐防將軍舊例入正一品。三十二年奏改從一，查總督品係從一將軍，亦從一品制相當，應仍從舊。其封贈一二品封將軍，三四品都尉，五六七品騎尉，八九品校尉。奉旨依議。

［六七］開溝

京師開溝多在二月，經年積穢，散布街衢，行者掩鼻，謂之開臭溝。遇天晴，則十餘日變成乾土，隨風飛揚，撲人頭面矣。溝寬深儘可容人，幸糞土填塞，可免無憂洞、鬼樊樓之弊。

［六八］黄道

大駕將出，先期治平街道，鋪黄沙。宋制已如此，謂之黄道。

［六九］土饅頭

南城鮮民居，荒塚纍纍，俗呼土饅頭。宋王梵志詩云：『城外土饅頭，餡草在〔五七〕城裏。每人吃一箇，莫嫌無滋味。』

〔七〇〕蒙雙氏

搜神記載昔有蒙雙氏，高陽氏之子，同産而爲夫婦。帝放之崆峒之野，相抱而死，神鳥覆以不死草，七夕復生，遂同〔五八〕體、二頭、四手足。近亦有犯是而偕逃者，父母諱之，不復追索，久之復歸，則兒女成行矣。父母亦不深怒，爲鄰右所逼，執訴之官，問大辟。臨刑之日，二人年皆二十許，在獄嘻笑自若，蓋彼但知姦罪止笞，忘其爲同産也。蒙雙復活，神鳥豈曲庇此禽獸哉！正欲留以儆世也。

〔七一〕詩經題誤

丙午，雲南主試秦翰編潮，江蘇人；章中書煦，浙人。第二場詩經題舊例於風、大小雅、頌中各出一題。是科三、四題俱出大雅，又先後倒置，主試隨自檢舉，以諸生俱已就稿，不能更换也。監臨參奏議處。案：江鄰幾雜誌載歐陽永叔主文省試，豐年有高廩詩云出大雅，古今人何不相及耶！

〔七二〕欽賜舉人

丙午鄉試，直省奏諸生八十、九十以上應試三場完卷，未經中式者俱奉恩旨賞給舉人，一體會試。八十以上者，順天五名：侯瑛、蘇彩飛、王泓、梁元鉟、劉子旭；江南六名：趙有爲、金有光、許承恩、趙宏誠、張家賢、朱詩；　江西一名：　涂紅鵬；　浙江四名：　章宸衛、張潘、任際泰、周庠登；　福建二名：　林復發、曾錫嘏；　湖南二名：　何紹治、王澤週；　河南六名：　程鳴岐、韋元勲、閻遐齡、毛景燧、王輝祖、周思義；　山東六名：　朱渭揚、桑振采、軒轅圻、李冕、方永祥、王嘉賓；　陝西二名：　房彦貴、喬壬；　四川二名：　彭有飛、譚諭美；　貴州三名：　孫彦、葛維楠、李良棟。九十以上者，湖南一名：　葉有聲；　河南一名：　王協恭；　山東一名：　李宏道；　廣東三名：　謝啟祚、已中式舉人彭一猷、中式副榜謝璜。奉旨彭一猷、謝璜俱賞給舉人。丁未會試，禮部奏七八九十舉子五十餘人，奉旨九十以上給翰林編脩銜，八十以上檢討，七十以上國子監學録。國家壽考作人，皇上優恤耆壽，皆殊恩異數也。王世貞鳳洲雜記：『景泰中，北京鄉試陳循、王文子皆下第，訴〔五九〕考官故抑之，詔特許其子會試。時謂欽賜舉人。』此出于狥私，非若本朝之優老勸學也。

〔七三〕鴻禧

新年門换紅〔六〇〕對，有官者换官銜，封條大書『鴻禧』二字，貼照墻或門内屏上。

〔七四〕脂粉

香奩，家習〔六一〕用脂粉字。然南中婦女罕有用胭脂者，北方婦女年三十以下不論妍醜，無不以脂點唇。伊席夫世珍瑯嬛記引采蘭雜志云：『黄帝鍊成金丹。鍊餘之藥，汞紅於赤霞，鉛白于素雪。宮人以汞點唇則唇朱，以鉛傅面則面白，洗之不復落，後世效之，以施脂粉。』余戲咏土風詩云：『燕姬十五嫁東家，珠翠妝成草帽花。炕寢起來無箇事，吸煙纔罷口脂搽。』

〔七五〕換帖

假兄弟曰換帖，曰拜把子。此風最盛，不問氣類，惟勢利是騖，甚至有以朝列下比優伶者。伶人最重旦色，但邀一顧盻，雖纏頭百萬不惜矣。情契既篤，結爲哥弟，公然行之書柬、扇面。稱人曰第幾行兄，自稱曰愚弟，炫耀稠人，恬不知恥！

〔七六〕綿州諺

綿州志風俗志載諺語有風趣。三月三日婦女頭戴薺花，諺云：『三月三，薺花兒賽牡丹。』八月聞雁，語云：『八月初一雁門開，雁兒頭上帶霜來。』

〔七七〕馬弔

近日盛行馬弔，謂之打弔。上自士夫，下及僮豎，得暇即聚，相見輒問弔興何似，各談勝負，在群座中，了無怍色。不知馬弔果何物耶。其葉子，自萬貫以上皆圖宋江等形。菽園雜記謂宋江等〔六二〕皆大盗，作此者以賭博如群盜相奪之行，故以此警世，而人爲利所迷不悟也。余謂人各有氣類，今以冠裳之人，終日與群劇盜相對，意欲何爲？設令清夜自思，定當流汗浹背。

〔七八〕燒料瓶

歲時廟會鬻燒料瓶者至多，云以糯米汁燒就緑色，大小俱有，或作葫蘆形，亦有紅色者，小兒以貯水蓄金魚，脆薄易碎。治世餘聞云：『俗呼泡燈，黄巖王古直，不羈之士。得之，日夜玩弄以爲奇物，一日誤觸碎，怫然曰：「吾平生家計在此，今落盡矣！」』此言雖謔，實則萬事皆泡燈也。余有句云：『愛汝晶光照眼明，琉璃一片碧盈盈。世間幻相原無定，水面浮漚滅復生。』

［七九］煤土

賣煤土者，用單輪小車載入都城〔六三〕，大小塊皆堅而黄色，煤肆屑煤以是土水和之，仍以木匡範成方塊，嘗問此土所自出，人皆不知。閲明劉定之遊梁氏園記云：『京師西南五六里有舊城，即唐藩鎮、遼金别都之城也。元遷都稍東於是，舊城東半遂入於朝市間，全無迹可見，而西半猶存，號爲蕭太后城，遼時太后也。梁氏園在焉。城甓皆爲人取去，僅存土梗，土皆正黄。土人取之和煤炭以燒。』乃知此土皆從城西南來也。記又云：『唐時此爲范陽藩鎮，安史反後，改名盧龍，而所治幽州薊縣不改。今移『薊』以名州，移『盧龍』以名衛，去此各數百里。其實唐之盧龍與薊在此也。遼金即因此爲都。』此説可補前録所未備，見畿輔通志。志又云：『舊燕城在宛平縣西南，遼時築土城在宛平縣西北〔六四〕八里，即元大都故城，俗名土城關。』

［八〇］賃房

京官皆賃屋以居，間有自搆者，非饒裕者不能也。賃直，多者每月數十金，極廉亦每月六七貫，縱非華屋，終殊陋室矣。崔銑洹詞載：『成化中，風俗淳朴，先君爲司馬郎，銑時十歲，記先君賃屋自深巷入，轉東土垣小門内屋三間，秣馬。又土垣小門入，寢三間，東三間爲客次，寢之對有(楹)[垣]及門，小屋二間，爨室也。』弘治中，官頗治屋，然西泠閣老宅、尹天官故第，又名以賄敗者，在陋巷，榱柱皆樸樕小材，但稍廣廠。今被召至京大官，自造華居，劈石采椽，連甍别院，有價至萬金者。李序庵第燕客，酒半，出玉斝相酬，金銀不足珍。噫！樂極矣，能無悲乎！詔還梁儉庵司徒。徒人丐子相語曰：『今天開眼，取回梁爺，然則司馬入朝，百姓留之，宜也。』西長安有屋一區，價二百金，予嫌其太陋，儉庵至即居之，但掃除塗塈，予愧不及也。然予不能久留京師，故做官署貰民居而已。

〔八二〕敕建護國帝君廟

護國帝君廟，即文昌帝君廟，在厚載門外北鼓樓大街東南，俗名帽兒衚衕，其東北則順天府署也。是廟見青溪漫稿、續文獻通考，並云在北安門外。景泰五年因舊重建。日下舊聞據順天府志云：北城靖恭坊有敕建碑，其曰護國帝君，則見馮可賓重刻化書，有憲宗敕諭及碑。廣向纂通記已詳載之。甲辰春，入都訪求所謂靖恭坊者，人皆不知。王疏雨秋曹嘗屬北城坊官訪查未得，因循三載，闕焉瞻謁，因請於京尹南滙吴師始得之。丙午十一月二十一日，與沈舍人劍舟偕往，居人尚稱梓潼廟。門額有『敕建護國帝君廟』七字。内二殿，正殿帝君位，中兩聖配位，東西神座前有銅鑄大鉢，可容五斗，上鑄『景泰七年十月日造』八字，朱緑，色可愛。賜額、御碑則無一存者矣。殿前老楓一株，廢井一口，後殿已奉大士，而西夾室復有帝君聖配二像。按：憲宗碑稱舊廟百三十餘年，知爲元末所建。自景泰迄成化累經修飭，爲春秋致祭之地。至弘治議罷祀，而荒落日益甚焉。司香火者一老翁，詢以始末，了不能知。廣别有謁廟記。劍舟名叔埏，嘉興人，素嚴事帝君，登丁未進士，吏部主事，以親老寧歸。

〔八二〕火祖廟石幢

火祖廟在南城，中有陶然亭，爲都人遊宴之地，故但稱爲陶然亭云。亭面西山，一望峰巒皆在窗牖下，多水窪。秋深，蘆花如雪，洵爲奇觀。庭中有石幢一，上有蓋，下鑿蓮座，中爲八角，其四角皆刻佛像，四角皆刻字，前二行梵語，用漢文〔六五〕，後二行用女直字，其一角末題『金天會九年四月十九日』。考是年爲金太宗晟即位之九年壬子，宋高宗建炎四年也。自金世祖收國元年乙未遷都于燕至是十六年矣。女直字體與趙崡石墨鐫華所載天會十二年都統經略、郎君行記略異，其即完顔希尹所造女直大字歟？石質亦瑩潔可愛。

〔八三〕窑臺

窑臺在陶然亭東北半里，其地舊爲黑窑廠，此遺址也。高可四五丈，三面正方，北面有徑可躡而上，有廟亦祀火祖。天壇在其東，黑龍潭在其南，一望葱翠，皆居民種藝之所，菜畦新緑，尤可愛。廟旁土屋二椽小憩，野翁進茶，泉水頗清。余於初秋同張恂庵查生遊陶然亭，歸途嘗一登之。有詩云：『雲山滿眼快登臨，蘆荻秋風吹客襟。祇覺去天纔尺五，不須拔地有千尋。茶甌細瀹清香發，菜稜平鋪積翠深。孤樹夕陽靈鵲噪，似言潭底聽龍吟。』自謂頗盡其概。黑龍潭，都人禱雨地也。

〔八四〕夕照寺

夕照寺在沙河門外，有掩骼埋胔。會紳士醵金置地一區，屋二間，命寺僧主其事，每歲春夏秋，雇人持籮夾取遺棄骨殖貯屋中，春、秋二仲埋地坎，洵義舉也。又有義園，在宣武門西南，『園』字取曾子問『下殤土周葬於園』之義，蓋以槀葬不能備禮也。嘗見程篁墩集記陳瑞卿備兵臨清，憫客死無歸之櫬，以贖鍰搆地東西崖各二十畝，繚以崇垣，井畫之，井方闊以丈，其隅樹所宜木四，而中葬其一，櫛比棋布，使無相亂。置籍記死者歲月，豎石識姓名、州邑。竣遷改焉，各創屋八楹，召二僧守之，立表曰『義塚』。深合周官蜡氏骴禁之法，此法儘可倣而行之。

〔八五〕姚彬廟

内西華門外西南里許，街巷曲折，名九條灣，有姚彬關帝廟。塑像作姚彬形〔六六〕，裸而反縛將就刑，帝介胄臨訊，左右神將共七人，俱仰承帝命狀，神采如生，與劉同人、趙吉士所載略同，當是好事者倣元塑也。

〔八六〕善果寺

善果寺在宣武門西南三里許，有數碑。一爲翰〔六七〕撰，盱江嚴安理撰文云：『地誌宛平縣白紙坊有南梁漢興元府之唐安寺舊址，太監陶榮安南人，永樂年入侍遊憩於此。天順甲申奏請重建，賜今額。』一抱犢山人李紳記弘治間太監姚訓塑羅漢事，一周洪謨記：開山募疏者爲善士李鼐，羅漢五百尊，侍從蕃漢人物倍之，奇形詭狀，無所不有，皆木胎紙裹數重，加之髹繪，錯以金綵，工巧絶倫，殆不減僧乾北方變也。西廊第一間塑陶淵明、遠公、羅脩静三人，東廊第一間塑功德主姚訓，地下復有冠帶而坐者，像較鉅，不知何人。後殿毘〔六八〕盧閣馮溥題額，溥舊寓與寺近，本朝重修，溤有力焉。

〔八七〕長椿寺〔六九〕

長椿寺在土地廟斜街，萬曆四十年孝定太后爲水齋大師建。米勺庭萬鍾記並書。碑側有孫文紹承澤跋。自言及見水齋與勺庭云後殿有多寶滲金佛塔，高丈五尺，寺藏九蓮菩薩畫像，題宏慈極聖智上菩薩。崇禎庚辰敬繪，此慈聖皇太后像也。畿輔通志〔七〇〕載阜成門外八里莊有萬曆丙子所建慈壽寺，後殿有九蓮菩薩像，未及往觀也。

〔八八〕江東王

北半截衚衕關帝廟正殿之西廡祀江東王。按：王姓石名固，秦人。前門百籤，人謂之江東籤，蓋其始本係江東王所有。陸粲庚巳編載蘇州教場側有江東行祠，以百籤決休咎，甚驗。因記數事云：長洲趙同魯得『前三三與後三三』。縣橋許氏得『百里鵬程君有分』。學生周景良問科名，得『巍巍獨步向雲間』，皆今前門百籤詩也。不知何時歸之關廟〔七一〕，而人亦不知有江東矣。是廟祔祀于旁，尚有不忘本之意歟？

〔八九〕隆福寺

隆福寺在内城東四牌樓西。明景泰四年建，大殿有轉輪藏，其下推運者皆刻回回人像。寺初成時，縱民入觀，寺僧集殿上，一回人持斧突入，殺二僧。並執訊之，則憫我教門人經年〔七二〕推轉辛苦，是以讐而殺之，無他故也，因棄市。事載陸容菽園雜記。謂回人黨護族類，雖死不過顧如此。

〔九〇〕中頂

右安門俗名南西門外數百步地名草橋，有護國泰山中頂普濟宮，俗名中頂。前明萬曆癸丑建，以祀碧霞元君，五頂之一也。每年四月朔開廟，士女進香雜沓。碑板頗多，其一爲宛平王熙撰，餘皆磨去舊文另刻新記。又庭西一碑，上下旁側鐫龍而無字，疑明世御製碑未及鐫字者。

〔九一〕護國寺

大隆善護國寺，元世爲西崇國寺。明宣德間重脩，係元脱脱丞相舊址。佛座下尚有遺像。或云永樂間姚廣孝居此，有遺像藏焉，有元碑，皆闕書不能識。

〔九二〕文昌祠

唐執玉等畿輔通志祠祀志：『文昌祠在府學内，春秋仲月丁日祭。各州邑祀同。』『魁星閣在府學内，春秋仲月丁日祭。各州邑祀同。』二段當補入通紀。

〔九三〕天主教堂

天主教堂在宣化門内東十數步，面城墻，西洋人所奉也。本故明首善書院，地名大時雍坊十四鋪，天啟初御史臺搆買倡建，都御史鄒南臯元標、副都御史馮少墟從吾集都人士講學于此，御史周宗建董其事〔七三〕，葉文忠向高撰記，董文敏其昌書。天啟二年開講，俄而郭允厚、朱童蒙等疏諭以講學爲門户。及黨禍大作，御史倪文煥奏毁書院，崇禎時禮部尚書徐光啟率西洋人湯若望等修曆于此，後遂爲教門所有。黨禍皆言東林，東林亦書院也，在無錫。顧涇陽致仕時得楊龜山講學故址，搆精舍焉，從遊最盛，附臣璫者遇正人皆目爲東林，而耳食之徒亦争以得入東林爲榮，黨錮所由起也。

〔九四〕劉猛將軍廟

劉猛將軍爲驅蝗之神，南方多祀之，謂可除蝥賊之屬。春日出巡田中，香火最盛。北方有廟，始雍正初，今在順天府治。（幾）〔畿〕輔通志引降靈録之神名承忠，吴川人，元末授指揮，弱冠臨戎，兵不血刃，盜皆竄，適江淮千里飛蝗蔽野，揮劍追逐，須臾蝗飛境外，後因鼎革，自沉於河。有司奏請，遂授猛將軍之號。

〔九五〕西峰寺

西山寺宇之多，見辛齋詩話。近不知若何，有西峰寺者，女冠張李氏重脩，氏本順天府順義縣興周營人，爲〔七四〕同縣張國輔妻。先是瓦子街有李行婆，以拉鐵銷鍊募〔七五〕錢，能用手按摩、針扎治疾。氏延治國輔病得痊，遂習其法。李婆死，氏即取其鐵鍊繫項，出外募化。行至通州，風雪迷路，即於雪地帶銷打坐。見者異而詰之，以能治疾告。試之有驗，居民信之。旋來京以尼稻山爲師，然終不落髮。國輔死，遂至西山西峰寺，自號西山老祖活佛，畫符賣藥，看香治病，遠近被惑者甚衆。烏任氏係原任大學士三寶之寡媳，嘗使治病，施銀萬七千兩，崇飾殿宇，又置供器銀三千兩，遣女奴雙慶隨之，跪香念佛。烏任氏亦屢赴寺燒香住宿。特（英）〔莫〕氏係現任銀庫員外郎恒慶之妻，亦施銀萬七千餘兩，金子二百七十兩，修三教庵，改名靈應寺，遣婢玉喜跟隨服侍。特莫氏亦屢燒香住宿。李氏則往來兩寺，跏趺蓮座，男女膜拜，晝夜煽誘。有工匠任極盛者，代爲經理脩廟，並爲圖畫李氏坐雪、徒衆羅拜狀，凡五軸，計得贏〔七六〕餘銀八百兩。李氏器用侈僭甚，至坐褥、靠墊俱用黄緞。事聞，部議李氏絞決。上以鄉婦無知，治病騙財，從寬監候。任極盛絞立決。烏任、特莫兩家照所施修廟銀兩十倍科罰。李氏三子：次新德已故，長明德開設木廠，幼廣月出家爲僧，俱以伊母故致富，並追入官。西峰靈應寺改募僧人住持，李氏財物除經卷、畫像、佛龕、五供、旛旗、鐘磬仍給還二寺外，餘並入官，計可數萬金。乾隆丁未六月事。

〔九六〕憫忠寺

憫忠寺已詳前録。畿輔通志云：『唐貞觀十九年，太宗憫陣亡軍士，于幽州城内建憫忠寺。中有高閣。諺云：「憫忠高閣，去天一握。」』案：金石録載唐幽州昭仁寺碑，貞觀三年立，是太宗與薛舉戰處。又云：『太宗即位，詔爲義士、凶徒殞身戎陣者各建寺刹，命儒臣爲銘，凡七碑。今憫忠碑乃天寶年安史所立。京城寺刹此爲最古。』東都事略載契丹主隆緒聞宋真宗崩，令燕京憫忠寺置真宗靈御，建道場百日云。

〔九七〕義聖忠王

神號加封事體重大，關帝自宋元以來褒嘉非一，見諸正史傳記。舊輯事迹皆嘗考核編入，從未聞有所謂義聖忠王者。今前門廟門東有石碑，大書『義聖忠王』，前小書『天啟元年五月十三日』，後小書『南樂魏廣微沐手敬書，古歙程開祐題』。開祐不知何許人，魏則當時巨奸，爲魏奄鷹犬者也。逆奄受誅，廣微前死。喬若雯流列其奸狀，請斲其棺，不爲過當。乃此號既不由朝議，復無典據，而奸人之筆污我帝廷，何以〔七七〕至今不碎也？魏係大名府南樂縣人，萬曆甲辰庶吉士，天啟二年由南京禮部侍郎陞禮部尚書，入爲東閣大學士，三年十月任，十一年進文淵閣，五年進建極殿，尋致仕，在閣三年。見王正功中書典故彙記第七卷題名。

〔九八〕紀夢

丙午閏七月二十二日五更，夢張補齋示余一地圖障子，云：此君家新阡也，有山，山上有臺。夢中自以爲横山也，穴在檀山，其外已有一墓，而新阡在其稍北。補齋留心堪輿，夢兆當不虛，特紀之。

〔九九〕日通丸

遇日食，以麪向日和水溲爲丸，圓眼大，取盆盛水令滿，加竹篩其上，匀鋪藥曝乾，每丸中有一孔，名曰通丸。治膈食，每服三錢。初起者，三四服愈；積久，多服亦愈。張恂庵説。

［一〇〇］下第預兆

丁未會試，頭場頗可意。三場入號舍，見墻上墨書一『佳』字，余曰此未成『進』字也，且小住爲佳，心惡之。出闈時以『辵』〔七八〕字足成『進』字，自知必下第矣。後卷落第十四房，首藝僅默讀四五行，餘更不寓目。問之，旗人也。既聞此房落卷率如此，時同考旗（藉）［籍］四員，皆倦于批閲，卷在其房者，謂之投旗。然得失有數，余之預兆豈人力所能轉移哉？『進士』二字見王制。三國蜀志注引續漢書曰：『會稽朱儁字公偉，少爲郡功曹，察孝廉，舉進士。』則知進士之舉，東漢末有之。

［一〇一］害少

都人以怕羞爲害少。少，當作㚾。蔌園雜記云：『㚾，音少。杭人謂男子之有女態者。近檔子盛行擇童子十二三妍好者，飾以衫裙，兩兩迭唱淫詞，作懷春狀，以極醜爲好，廉恥之心自幼已消喪無餘，能害㚾者誰哉？達官每出，少從蜂擁，必選俊美之童，謂之小妖，尤不知何所取也。』

［一〇二］一（千）［干］一（万）［方］〔七九〕

今市語以一千爲一干，一萬爲一方。初謂就字形而變其音耳。閱箬陂繼世紀聞，知始明正德間，時逆奄劉瑾用事，賄賂公行，有干謁者云一干，即一千之謂；一方，即一萬之謂。後漸增至幾干、幾方，猶今言黄物、白物也。

〔一〇三〕看心

丁未重九後二日，偶讀蘇詩，至次韻惠循二守許過新居云：『也知卜築非真宅，聊欲踟跌看此心。』憶庚午秋先師近墅先生移居硤石，揭此二語於後堂，謂廣曰：『此心最難看，亦最易看，即大學所謂慎獨也。』今逾三十年，言猶在耳。又甲辰堨後，寓内城，五月十七日閲史記周本紀，至宣王時『檿弧箕服』事，憶己未之夏，侍先君子於許氏書塾，先君方覽是書，呼廣前講此事，因言此言妖也，傳稱人棄常則妖興，惟修德可以弭之。古今家國初無二理，其他隨便指示，類此非一。自見背以來，忽忽四十餘年，老大飄零，負父師之訓多矣，觸緒追思，泣然泪下。

〔一〇四〕鐵樹

右安門外居民類以種花爲生。其南三四里，翟氏花園有樹長三尺許，圍可七八寸，葉如合歡而尖長堅厚，生於頂，凡十數，有似稯櫚蒼色，老而經霜則黄，乃剪〔八〇〕去之，自根以上斑駁如鱗鬣，乃剪痕也。花翁曰：『此名鐵樹，百五六十年矣。』因記王濟君子堂日詢手鏡云：『吴浙間俗諺見事難成即云「須鐵樹開花」。余以〔八一〕廣西横州馴象衛殷指揮家園中見一樹，高四五尺，幹葉皆紫黑色，葉小，類名楠，質理堅厚。殷云：「此鐵樹也。每遇丁卯年乃花四瓣，紫白色，如瑞香，瓣較少，圓，一開累日不凋，嗅之有草氣。」』今此樹幹葉、形色皆與王濟所見不同。〔問〕〔八二〕花翁：『曾有花否？』云：『自祖父以來，不聞有花。』豈鐵樹亦有兩種歟？

［一〇五］杜若

杜若花，燕人呼六月菊，以其開于夏也。亦名『江西蘭』，或云『江西臘』。有粗葉、細葉二種，黄心千瓣，色甚艷，亦頗耐久。

［一〇六］指甲草

鳳仙可染指甲，北方呼指甲草，亦名染甲桃。滄州人呼爲『海南花』。

［一〇七］菊

憫忠寺、長椿寺〔八三〕皆種菊數千本。三月間，先植蒿草于盆，培壅使肥，以菊傳接之。秋間分遺仕宦家，亦以鬻錢。必用蒿者，菊種佳者少，傳接則一本可化爲數十本，且明春根發芽，仍爲蒿種，不他傳也。凡傳花接木，雖歷年久，花木盛長，其本茁，芽仍然故質。余家園中一李樹，大盈把，初用桃接，每年春，近根桃葉，其上爲李，不差錙黍。草木子謂此乃天之主宰，所謂帝也。然物莫能兩大，人之嗣續亦然，養子繁盛，本支未有不衰者。

［一〇八］榆梅

北平山中有榆梅，亦名榆葉梅，俗名蘭支。二三月間開花，絶類紅梅，而差小，色微淡，枝葉如榆，故名榆梅。京師每百花將開，輒剪其條賣之，以胍肫音孤都，花蘂〔八四〕也多寡爲價之高下，用插瓶缶。余書齋亦然。丁未二月二十八日早，僮忽携榆梅數莖養瓶中，至晚忽胍肫〔八五〕

盡開，其一莖以數十朵簇成一毬，穠艷可觀。初疑爲花瑞，卒無應，意其性然也。

［一〇九］浮草黄花

大名府萬全縣有愛陽河，即遼史所稱愛陽川也。在炭山西北二十里，本放牧之地。下有頑冰黑色者數尺，冰上有浮草，性涼，尤宜飼馬。地又生黄花，大如錢，人馬踐踏萎悴，明日復生如新。見畿輔通志。

［一一〇］蓬

蓬，土人名蓬蒿，亦曰同蒿，可縛爲帚，故又呼苕帚草。其形狀、性質，友人程易田通藝録釋蓬言之備矣。案：漢書賈山傳至言曰：『曾不得蓬顆蔽冢而託葬焉。』注：『服虔曰：「塊（墤）［墣］作冢也。」臣瓚曰：「蓬顆猶裸顆小冢也。」晉灼曰：「東北人名土壤爲蓬顆。」』師古以爲皆非，顆謂地塊，蓬顆謂塊上生蓬者耳。余案：服、晉以『蓬顆』爲土塊固非，師古以『顆』爲塊亦非。蓬生，枝葉稠密，大如圓蓋，蔽土尺餘，故蓬以顆計，言無一顆之蓬以蔽冢也。又武五子傳昭帝賜燕剌王旦書曰：『當是之時，頭如蓬葆，勤苦至矣。』『當是』八字，汲古本無。注：『葆，草木叢生之貌。』案：禮記：『不樂葆大。』注：『葆之言哀也。』則蓬葆正言髮糾結哀聚之意，又羽葆之葆猶蓋也，亦以不暇櫛沐，散出如蓋也。此二條狀蓬最確切，書此以補之。

［一一一］椿夾

椿樹，京城最多。四五月間枝端出莢，薄如黄嫩小葉，多至數十瓣，秋深漸黄。每莢中有一實如小核，中有仁，白色。凉風頓起，飄摇滿地，大而逾抱，小而拱把，皆如是。其不結莢者，十之一耳。丁未年始見之。

〔一一二〕頻婆

《娜嬛記》引《采蘭雜志》曰：『燕地頻婆味雖平淡，夜置枕邊，微有香氣。』即佛書頻婆華樹也。昔袁上方以此致張玉，由此觀之，則當時未必不以爲相思也。案：此俗但名頻果，味不〔八六〕如色。故《法華經》稱如來唇色赤如好頻婆果。余戲有句云：『報李投桃逐艷姿，枕邊若爲助相思。試看一點朱唇好，大覺金仙本入時。』宋徽宗宣和元年詔改佛爲大覺金仙，餘爲仙人大士。見《東都事略》。房山縣上方兜率寺後園有頻果二樹，結實甚繁多。頻果園，《畿輔通志》入古迹，花淡紅可愛，土人取實，不忍剪買也。

〔一一三〕金錢花

金錢花，直莖，高二三尺，葉細長而疏。夏秋之交節間開花，紅色，午後始開，夜半而落。故又名子午花，俗名夜落金錢。

〔一一四〕鷄冠

各種皆有，矮者居多，名壽星鷄冠。庭際植數本，皆紅色而矮。

〔一一五〕無花果

無花果一名映日果，堅幹大葉。夏結實如小李。盆種之。畿輔［通］志據倦遊録謂即木饅頭，非也。已詳前録。

［一一六］王瓜

二月間王瓜初出，大如拳者，一枝直銀二錢。都人争買之，爲筵宴珍品。酒肆剖賣，長指許者四條爲一盤，價倍常饌。

［一一七］粱

粱亦謂之粟，北方直呼爲穀，或竟云小米。有黄色、白色二種。莖亦似麥，一穗數百粒，有有芒者，有無芒者。春種秋熟，可煮粥。北方給食恃此爲多，高粱本名蜀秫〔八七〕，亦有紅、白二種。即南方所稱露稷黍也。穇子大致如粱，而穗分數岐，亦可煮粥〔八八〕。

［一一八］延荽

京師酒肆所設饌上必加生延荽葉覆之。案：博物志：張騫使西域得之，本名胡荽。潘岳閒居賦：『蓼荽芬芳。』六書正義云：『蘆屬，可以香口。』

［一一九］種花樹法

余久困名場，每有歸耕之志。但苦無田，故詳録區田法，思以少許勝多許，又念三時餘暇，繞宅樹花果既可取實，又足娱目。偶見癸辛雜識續集有數條，善而録之。春花半開者插蘿蔔上，種以土，時澆溉之，異時花過根已生矣。又種葡〔八九〕萄法：正月末〔九〇〕，取嫩梗長四五尺者捲爲小圈，先抄坎土，沃以肥，埋之，留二節在外，候春氣萌動，衆萌競吐，在土〔九一〕中者不能條達，則盡萃出土之二節，不二年成大棚，實大如棗而多液。又桃樹生小蟲，滿枝黑如蟻，俗呼呀蟲，極難去，法用多年竹燈檠掛壁間者，懸樹間，則紛紛墜下。此前二法蕃其種類，後一法除其奸蠹，雖小，有至道焉。當試爲之。

〔一二〇〕駱駝

駱駝古謂之橐。漢書百官志〔九二〕：大僕有牧橐、昆蹏令丞。應劭注：『橐佗、昆蹏，好馬名。』其背謂之肉屏。明初南詔梁王女阿禚詩曰：『肉屏独坐細思量。』蓋蒙人不論男女，皆騎駱駝也。楊慎滇載記、田汝成炎徼紀聞並載之。

〔一二一〕檳榔

檳榔產嶺南，能下氣消食，一名賓門藥餞。詳南方草木狀。北方以爲常食，佳者一枚直五六錢，切作小塊，啖之〔九三〕牙頰間，頃之吐涎〔九四〕如血。余偶嘗之，真所謂滋味絶媚嫵也〔九五〕。

校勘記

〔一〕影抄本、抄本均作『長君』，今據漢書儒林傳正。

〔二〕搏，影抄本作『搏』，今據抄本正。

〔三〕邱，抄本作『卯』，蓋誤。

〔四〕止，抄本作『正』，蓋誤。
〔五〕寨，影抄本誤作『棋』，今據抄本正。
〔六〕定宇，抄本作『定于』。四庫全書收有定宇集，抄本誤。
〔七〕抄本此處脱『用』字。
〔八〕等分，影抄本、抄本均作『分等』，今據齊民要術正。
〔九〕候，影抄本作『侯』，今據抄本正。
〔一〇〕狀，抄本作『收』，當是『狀』形近誤字。
〔一一〕出，齊民要術作蟲，疑『出』爲『虫』之訛。
〔一二〕南，抄本作『甫』。
〔一三〕德上，抄本作『土』，誤。
〔一四〕抄本此處脱『清』字。
〔一五〕抄本此處無『人』字。
〔一六〕竺，抄本作『笠』，誤。
〔一七〕叉，影抄本作『乂』，抄本作『又』，當是『叉』的誤字。
〔一八〕佗，抄本作『陀』，與後『陀』字重複。
〔一九〕緊，抄本作『豎』，誤。
〔二〇〕抄本脱『字』字。
〔二一〕抄本此處無『爲』字。

〔二二〕文衡，抄本作『衡門』。
〔二三〕楮，抄本似作『褚』。抄本、影抄本『木』、『衤』旁常相混。
〔二四〕影抄本此處衍一『中』字，今據抄本。
〔二五〕抄本此處脱『以』字。
〔二六〕此處影抄本作『試禮試部』，不通，今從抄本。
〔二七〕多至數百，影抄本作『多數至百』，今據抄本。
〔二八〕紀，抄本作『記』。
〔二九〕寶，抄本作『室』，誤。
〔三〇〕抄本此處脱『有』字。
〔三一〕抄本此處脱『之』字。
〔三二〕夫，抄本作『失』，誤。
〔三三〕烏，抄本作『烏』。
〔三四〕數，影抄本作『類』，今據抄本改。
〔三五〕候，影抄本作『侯』，今據抄本改。
〔三六〕三，抄本作『叁』。
〔三七〕抄本此處脱『治鼻』二字。
〔三八〕抄本此處脱『梧』字。
〔三九〕碗水，抄本作『水碗』。

〔四〇〕貫，抄本作『貴』，誤。

〔四一〕謚，抄本作『溢』，誤。

〔四二〕府學，抄本作『學府』，誤。

〔四三〕抄本此處脱『入城，屬以兵事。應元』諸字。

〔四四〕嵌，影抄本作『嵌』，『嵌』的異體字。今據抄本。

〔四五〕軌，抄本作『軋』，誤。

〔四六〕蔡，抄本作『察』，誤。

〔四七〕名，抄本作『各』，誤。

〔四八〕候，影抄本作『侯』，今據抄本。

〔四九〕綿，抄本作『錦』。

〔五〇〕五，抄本作『年』。清代檔案史料叢編載川陝楚白蓮教師傅所傳歌詞正作『五』。

〔五一〕抄本此處脱『月』字。

〔五二〕候，影抄本作『侯』，今據抄本。

〔五三〕增，抄本作『贈』，誤。

〔五四〕抄本此處衍『從五』兩字。

〔五五〕抄本此處脱『士』字。

〔五六〕无，影抄本作『旡』，抄本作『元』，今據義改爲『无』。

〔五七〕草在，抄本作『都出』。

〔五八〕抄本此處脱『同』字。
〔五九〕訴，抄本作『訢』，誤。
〔六〇〕抄本此處無『紅』字。
〔六一〕抄本此處脱『習』字。
〔六二〕抄本此處脱『形，萩園雜記謂宋江等』諸字。
〔六三〕抄本此處脱『城』字。
〔六四〕抄本此處脱『北』字。
〔六五〕此處疑有脱漏。
〔六六〕抄本此處有『形』字。今據補。
〔六七〕翰，抄本作『韓』。
〔六八〕毘，抄本作『昆』。『毘盧』是佛名，『昆』誤。
〔六九〕本條之『椿』抄本均作『春』。
〔七〇〕本書《畿輔通志》之『畿』，影抄本誤作『錢』，或誤作『幾』。今據抄本正。下同。
〔七一〕廟，影抄本作『庿』。『庿』是『廟』的古字。
〔七二〕年，抄本作『門』，誤。
〔七三〕事，影抄本作『争』，今據抄本正。
〔七四〕爲，抄本無『爲』字。
〔七五〕募，抄本作『摹』，誤。

〔七六〕羸，抄本作「羸」。
〔七七〕抄本此處脱「何以」。
〔七八〕辵，抄本作「從」，誤。
〔七九〕本條「一干」、「一方」、「幾方」之「干」、「方」，抄本均作「千」、「万」。
〔八〇〕抄本此處有「日」字，影抄本也有「日」字，但似已删去。
〔八一〕以，抄本作「似」，誤。
〔八二〕「問」字，影抄本、抄本均無，今據文意補。
〔八三〕椿，抄本作「春」。
〔八四〕藥，抄本作「藥」，誤。
〔八五〕抄本此處脱「肊」字。
〔八六〕抄本此處衍一「知」字，蓋是「如」字之誤。
〔八七〕秫，抄本似作「秋」字。
〔八八〕本條之「粱」，抄本均作「梁」。
〔八九〕葡，抄本作「萄」，誤。
〔九〇〕末，抄本作「不」，誤。
〔九一〕抄本此處脱「土」字。
〔九二〕當爲漢書百官公卿表。
〔九三〕影抄本衍「中鏘」兩字。

〔九四〕涎，抄本作『延』。

〔九五〕抄本卷末有『過夏續録終』數字。